Location
mode d'emploi

Location
mode d'emploi

2016

Yves Rouquet
Docteur en droit,
Rédacteur en chef de l'*AJDI*
Revue *Actualité Juridique Droit Immobilier*

Avec la collaboration de
Adrien Matillon
Avocat à la Cour,
pour l'ensemble des développements en fiscalité

Delmas express

11e ÉDITION
À JOUR AU
22 février
2016
PARIS

Dans la collection Delmas express

Aller aux prud'hommes 2015|2016, 3e éd.
Kebour-Rejasse A., Guérinot S.

Assistante maternelle, mode d'emploi 2013|2014, 2e éd.
Guiomard P.

Copropriété, mode d'emploi 2016|2017, 7e éd.
Mathieu B.

Devenir auto-entrepreneur 2016|2017, 4e éd.
Delpech X.

Divorce mode d'emploi 2015|2016, 6e éd.
Lalère P.

Donations 2013|2014, 1re éd.
Legrand V.

Protéger un majeur vulnérable 2013|2014, 2e éd.
Pécaut-Rivolier L.

Dans la collection Encyclopédie Delmas

Agent immobilier 2016|2017, 17e éd.
Amoyel G., Moyse J.-M.

Baux d'habitation 2014|2015, 8e éd.
Des Lyons H., Rouquet Y.

Copropriété 2015|2016, 22e éd.
Sabatié C.

Marchand de biens 2014|2015, 10e éd.
Delesalle Th., Monnot J.-L.

Sociétés civiles immobilières (SCI) 2013|2014, 12e éd.
Buhl M.

Service relations clients
+33 (0)8 20 80 00 17 tél.
+33 (0)1 40 64 52 90 fax
serviceclient@dalloz.fr

ISBN 978-2-247-16116-4
ISSN 0750 3431
Dépôt légal
avril 2016

www.editions-delmas.com

Delmas est une collection des Éditions Dalloz

31-35, rue Froidevaux
75014 PARIS
75685 PARIS CEDEX 14

+33 (0)8 40 64 54 54 tél.

www.editions-DALLOZ.fr

Avant-propos

La onzième édition de **Location, mode d'emploi** est à jour des nouveaux textes d'application de la loi dite « Alur » du 24 mars 2014 (notamment contrats types de location et notice d'information, encadrement des loyers, commissions de conciliation, pièces justificatives pour les candidats locataires et les cautions).

Ont également été prises en considération les lois « Macron » et « transition énergétique » des 6 et 17 août 2015, la loi d'adaptation de la société au vieillissement du 28 décembre 2015, les dernières lois de finances et la loi de modernisation de notre système de santé du 26 janvier 2016.

Simple et complet, cet ouvrage, annuel depuis 2008, s'adresse aussi bien au propriétaire soucieux de gérer au mieux ses intérêts qu'au locataire désireux d'entretenir une relation harmonieuse avec son bailleur.

Il les guidera tout au long de leur parcours, de la recherche de logement ou de locataire jusqu'au congé et à ses suites (dont l'expulsion), en passant par la signature du bail, l'entrée dans les lieux, le paiement du loyer, la déclaration fiscale, la détermination et le règlement des charges locatives, le renouvellement du bail ou la restitution des locaux.

Non seulement il leur indiquera, étape après étape, l'étendue de leurs droits et obligations mais, de plus – au travers de nombreux exemples, lettres types, modèles d'actes et références de décisions de justice –, il leur apportera les clés pour faire respecter les premiers et satisfaire les secondes.

Yves Rouquet

Sommaire

Delmas express

mode d'emploi

Comment se repérer ?

Mise en garde contre un risque.

Conseil.

Extrait d'une décision de justice particulièrement utile.

Texte officiel : article d'un code, d'une loi, d'un décret...

Illustration de l'explication par un exemple.

Pour trouver plus facilement les réponses à ses questions, figurent à la fin de chaque Delmas express, des **Compléments** :
- un **mini code**,
- un **glossaire**,
- une **foire aux questions (FAQ)**,
- la **liste des exemples d'actes**,
- un **index thématique alphabétique**.

1

Recherche d'un logement ou d'un locataire

> Recourir à une agence ?
> Recourir à un marchand de listes ?
> Quelle loi pour quel bail ?
> Comment rédiger une petite annonce ?
> Selon quels critères choisir un locataire ?

Deux possibilités se présentent. La première est de passer par une **agence immobilière** qui fait signer au propriétaire un **mandat de recherche de locataire**, voire un **mandat de gestion** (v. ss n° 102). C'est **simple**, mais c'est aussi **plus cher**, du moins à court terme, même si **certains frais seront partagés** avec le locataire (v. ss n° 106).

La deuxième possibilité est de **s'occuper de tout** directement. Rédiger correctement sa **petite annonce** (v. ss n° 114) et **choisir un bon locataire. Quels critères retenir ?** Avant tout, ceux qui garantissent la **solvabilité** du locataire (v. ss n° 123), **justificatifs** à l'appui (v. ss n° 125). Mais il faut veiller à **éviter les discriminations** (v. ss n° 119).

› Recourir à une agence ?

101 **Agence ou pas agence ?** C'est souvent la première question qui vient à l'esprit de celui qui est à la recherche d'un locataire. La question se pose dans des termes différents pour le locataire en quête d'un logement puisque l'important pour lui est surtout de trouver ce qu'il cherche.

Côté bailleur donc, la réponse dépend de différents critères. S'il a du temps à y consacrer, le goût de la gestion et des contacts, il pourra préférer passer une annonce dans un support spécialisé (presse régionale, journaux gratuits, sites Internet...) et se charger lui-même des visites, de la sélection des candidats et de l'élaboration des différents documents (contrat de bail, état des lieux d'entrée, etc.). À l'inverse, s'il est très occupé, ou éloigné du bien qu'il met en location, il aura intérêt à se rapprocher d'une agence immobilière qui se chargera de tout.

Mais, dans les deux cas, il existe l'enjeu d'une partie de la commission de l'agence qui sera partagée entre le locataire et le bailleur (v. s^s^ n° 215).

102 **Mandats proposés par l'agent immobilier.** Pour pouvoir être rémunéré pour son intervention, l'agent immobilier doit être titulaire d'un mandat écrit.

Deux sortes de mandats sont proposées dans le cadre de la location d'immeubles à usage d'habitation :

– un simple mandat de recherche de locataire (v. s^s^ n° 103);
– un mandat de gestion locative qui s'ajoutera souvent au premier (v. s^s^ n° 107).

N'est pas agent immobilier qui veut. La profession d'agent immobilier est une profession dont l'exercice est réglementé notamment par la loi du 2 janvier 1970, dite loi Hoguet (L. n° 70-9, 2 janv. 1970, *JO* 4 janv., p. 142), et son décret d'application du 20 juillet 1972 (Décr. n° 72-678, 20 juill. 1972, *JO* 22 juill., p. 7773). L'agent immobilier doit en particulier :

– détenir une carte professionnelle délivrée, en application de la loi du 24 mars 2014, dite loi Alur (L. n° 2014-366, 24 mars

2014, *JO* 26 mars, p. 5809) par le président de la Chambre de commerce et d'industrie. Cette carte est renouvelable tous les dix ans (depuis le 1er janv. 2006, au lieu d'un an auparavant, en application de l'art. 80 du Décr. du 20 juill. 1972) ; ce qui sous-entend, pour le professionnel d'avoir justifié de son aptitude professionnelle, d'une garantie financière, d'avoir contracté une assurance « responsabilité civile professionnelle » et de ne pas être frappé d'une incapacité ou d'une interdiction d'exercer ;

– avant toute intervention de sa part, faire signer un mandat écrit au mandant ;
– remettre un exemplaire du mandat à son client, lequel exemplaire doit porter un numéro de registre ;
– afficher ses tarifs dans l'agence (TTC), ainsi que le numéro de la carte professionnelle, le montant de la garantie, la dénomination et l'adresse du consignataire ou du garant.

»» Mandat de recherche de locataire

103 **À l'initiative du bailleur ou du locataire.** Le bailleur bon gestionnaire mais peu versé dans la négociation – ou déjà bien occupé – peut confier à l'agent immobilier la seule mission de trouver un locataire présentant toutes les garanties nécessaires. C'est l'objet du mandat de recherche de locataire qui l'autorisera à conclure le bail aux conditions convenues avec le bailleur (le mandant).

Réciproquement, un locataire qui recherche un type de logement très précis dans un environnement déterminé peut aussi confier ses intérêts à un professionnel, dans le cadre d'un mandat de recherche d'un bien immobilier. Toutefois, compte tenu de la tension enregistrée sur le marché locatif depuis plusieurs années, une telle démarche s'avère en pratique assez rare.

104 **Mandat exclusif ou non.** Lorsque le mandat est exclusif, le bailleur ne peut plus, pendant la durée prévue du mandat (en principe, trois mois) confier à une autre agence la mission de lui trouver un locataire, ou même entreprendre de louer seul son bien.

En signant un mandat non exclusif, le bailleur conserve cette liberté.

105 **Dans tous les cas, attention à la portée de l'engagement pris.** L'agent immobilier à qui a été confié (à titre exclusif ou non) le soin de trouver un locataire doit légitimement pouvoir disposer de temps pour mener à bien sa mission.

Le mandat de recherche de locataire prévoit donc souvent dans sa clause « Durée » une première période de validité (en général trois mois) pendant laquelle le mandat ne peut être révoqué. C'est une sorte de période incompressible qui précède la reconduction tacite du mandat au cours de laquelle le mandant retrouve la possibilité de révoquer le mandat, selon des formes prévues (par ex., par lettre recommandée avec AR avec un préavis de quinze jours).

Si, au cours de la période incompressible initiale, le bailleur change d'avis (il ne veut plus louer le bien, il préfère désormais le vendre...), sauf si l'agent immobilier renonce à ses droits, le bailleur devra payer la commission prévue par le contrat.

C'est pourquoi, le bailleur ne doit pas se contenter d'un accord verbal. Il doit exiger un écrit daté et signé de l'agent reconnaissant qu'il a bien été informé de sa décision, qu'il est d'accord pour arrêter les recherches entreprises, et qu'il ne lui réclamera aucune indemnité en contrepartie ou aucune autre indemnité que celle dont il a été déjà convenu.

106 **Qui paie la commission de l'agent immobilier ?** La réponse à cette question diffère selon que le bail a été signé avant le 27 mars 2014 ou à compter de cette date, qui est celle de l'entrée en vigueur de l'article 5 de la loi du 24 mars 2014, dite loi Alur.

Toutes les précisions sont fournies au n° 214.

»» Mandat de gestion

107 **Nature et objet du mandat de gestion.** En signant ce mandat, le propriétaire confie à un professionnel la gestion du bien qu'il met en location.

Ce mandat est indépendant du mandat de recherche. Le même agent est souvent chargé à la fois de trouver le locataire, puis de gérer le bien. Le professionnel peut aussi n'être mandaté que pour gérer le bien loué à un locataire qu'il n'aurait pas eu pour mission de trouver.

Les frais de gestion avoisinent **5 ou 6 %** des sommes encaissées (loyers et charges). En échange, l'agent assure la gestion courante (encaissement des loyers, délivrance des quittances, ordre donné à des entreprises pour la réalisation des réparations courantes ou urgentes, etc.).

La signature d'un mandat de recherche de locataire et de gestion locative est en principe le passage obligé pour pouvoir souscrire une assurance impayés de loyers (concernant la garantie des risques locatifs – GRL –, v. s[s] n° 509).

Les assurances impayés de loyers puisent leur légitimité dans l'article L. 121-6 du code des assurances, selon lequel « tout intérêt direct ou indirect à la non-réalisation d'un risque peut faire l'objet d'une assurance ».

Par ce mécanisme, les agences immobilières proposent aux bailleurs qui acceptent de leur confier la gestion de leur bien, une assurance qui garantit le paiement du loyer et prend en charge le coût de la remise en état en cas de dégradations constatées en fin de bail. Cette prestation est facturée en plus des honoraires de gestion (généralement 2 ou 3 % de toutes les sommes encaissées par l'agence). Elle n'est ouverte qu'au propriétaire qui accepte de louer son bien à des locataires répondant à des critères drastiques de solvabilité.

› Recourir à un marchand de listes ?

108 **Définition.** Apparue dans les années soixante-dix, l'activité du marchand de listes consistait à proposer aux particuliers, par voie d'annonces de presse ou d'accès à des serveurs, téléphoniques ou

télématiques, un service « sans commission » permettant de vendre, d'acheter ou de louer un bien immobilier. Mais avant de pouvoir accéder au service, il fallait payer un droit d'entrée ou d'abonnement... et ce n'est qu'après avoir payé que de très nombreux clients se sont rendu compte qu'il y avait en réalité peu d'offres sérieuses et récentes pour beaucoup de demandeurs !

Le législateur a réagi en 1994 en soumettant l'activité de marchand de listes à la loi du 2 janvier 1970, dite loi Hoguet, sur les agents immobiliers. Quant au décret d'application de la loi Hoguet, depuis le 1er janvier 2006, il institue une carte professionnelle spécifique aux marchands de listes (Décr. 20 juill. 1972, art. 1er, 3°).

109 **Obligations du marchand de listes vis-à-vis du propriétaire qui recherche un locataire.** Il ne peut pas inscrire un bien immobilier dans un fichier ou sur une liste « sans détenir préalablement une convention à cet effet rédigée par écrit et signée par le propriétaire du bien ou le titulaire de droits sur ce bien » (Décr. 20 juill. 1972, art. 79-1).

De son côté, le bailleur doit être en possession d'un exemplaire de la convention qui doit porter un numéro d'inscription et mentionner son objet, sa durée, la description du bien ou des biens sur lesquels elle porte, le montant de la rémunération que le bailleur devra, le cas échéant, supporter, et les moyens que doivent mettre en œuvre le marchand de listes et le bailleur pour s'assurer que ne figurent dans le fichier ou sur la liste que des biens disponibles.

110 **Obligations du marchand de listes à l'égard du candidat locataire.** Le contrat, dont un exemplaire doit rester en possession de l'acheteur de listes et qui doit porter un numéro d'inscription, précise son objet, sa durée, les caractéristiques du bien recherché et le montant de la rémunération convenue (Décr. 20 juill. 1972, art. 79-2). Ce contrat doit par ailleurs rappeler l'interdiction, pour le titulaire de la carte professionnelle, de recevoir paiement préalablement à la parfaite exécution de son obligation de fournir effectivement les listes ou fichiers promis.

Quelle loi pour quel bail ?

111 **Législation applicable.** Le champ d'application de la loi du 6 juillet 1989 (L. n° 89-462, 6 juill. 1989, *JO* 8 juill. p. 8541) a un peu évolué avec la réécriture de son article 2 par la loi du 24 mars 2014, dite loi Alur.

Parues au *JO* du 26 mars, les modifications de la loi du 24 mars 2014 ne sont opposables qu'aux baux conclus à compter du 27 mars 2014, date de son entrée en vigueur.

Les baux en cours au 27 mars 2014 restent, quant à eux, régis par les dispositions antérieures à la loi du 24 mars 2014, dite loi Alur.

112 **Champ d'application de la loi.**

> **Pour les baux conclus avant le 27 mars 2014**, les dispositions de la loi du 6 juillet 1989 s'appliquent aux locations de locaux à usage d'*habitation principale* ou à usage mixte professionnel et d'habitation principale ainsi qu'aux garages, places de stationnement, jardins et autres locaux, loués accessoirement au local principal par le même bailleur.

> **Pour les baux conclus à partir du 27 mars 2014**, aux termes de l'article 2 de la loi du 6 juillet 1989 dans sa rédaction issue de la loi du 24 mars 2014, dite loi Alur, la loi s'applique obligatoirement lorsque le logement loué (un appartement ou une maison) est :
– soit un local à usage d'habitation et qui constituent la *résidence principale* du preneur. Le local est alors destiné à servir d'habitation principale à son locataire. Il en va de même des locaux loués accessoirement au local principal par le même bailleur (un garage, une aire ou place de stationnement, un jardin, d'autres locaux) ;

CODE **Notion de « résidence principale » et charge de la preuve.** La résidence principale est entendue comme le logement occupé au moins huit mois par an, sauf obligation professionnelle, raison de santé ou cas de force majeure, soit par le preneur ou son conjoint, soit par une personne à charge au sens du code de la construction et de l'habitation (L. 6 juill. 1989, art. 2, dans sa rédaction issue de la loi du 24 mars 2014, dite loi Alur). En cas de litige sur le point de savoir si le locataire occupe les lieux au titre de sa résidence principale, la charge de la preuve pèse sur le locataire (Civ. 3e, 20 sept. 2006, n° 05-16.363, NP).

– soit un local à usage mixte professionnel et d'habitation : le local est alors destiné à la fois à servir de résidence principale au locataire, et de lieu d'exercice de sa profession (cabinet de médecin, de dentiste, bureau d'avocat, atelier d'architecte…) (v. ss nos 202 et 1403).

113 **Exclusions de la loi du 6 juillet 1989.**

> **Pour les baux conclus avant le 27 mars 2014**, sont exclues du champ d'application de la loi du 6 juillet 1989 les locations qui portent sur :

– des locaux exclusivement professionnels : leur statut dépend alors de l'article 57 A de la loi du 23 décembre 1986 (L. n° 86-1290, 23 déc. 1986, *JO* 24 déc., p. 15531), dite loi Méhaignerie, voire sur option des parties, du statut des baux commerciaux (C. com., art. L. et R. 145-1 s.) ;

– des résidences secondaires, qui ne relèvent que de la convention des parties ou, à défaut, du code civil ;

– des locations à caractère saisonnier, qui relèvent de la convention des parties ou, à défaut, des règles de droit commun posées par le code civil avec deux tempéraments : d'une part, pour la bonne information du locataire, le bailleur doit se conformer aux dispositions de l'arrêté du 16 mai 1967 qui lui imposent de communiquer au candidat locataire différentes informations concernant le logement loué et les conditions de la location ; d'autre part, le bailleur doit aussi respecter les dispositions de l'ancien article 3-1 de la loi du 6 juillet 1989, lui imposant de fournir au locataire un dossier de diagnostic technique (v. ss nos 403 s.). Un chapitre est d'ailleurs consacré à la location saisonnière (v. s^{s} n°s 3201 s.);

- des logements-foyers qui relèvent de la loi du 30 juin 1975 et des articles 6, alinéa 1er et 2, et 20-1 de la loi du 6 juillet 1989 imposant au bailleur de délivrer un logement décent (v. s^{s} n°s 607 s.);
- des locaux meublés, des logements de fonction ou des logements consentis aux travailleurs saisonniers, à l'égard desquels le bailleur doit malgré tout respecter les articles 3-1 (ancien), 6, alinéas 1er et 2 et 20-1, relatifs au diagnostic technique et à la délivrance d'un logement décent.

Sur la notion de « résidence principale », v. s^{s} n° 112.

> **Pour les baux conclus à partir du 27 mars 2014**, sont exclues du champ d'application de la loi du 6 juillet 1989 les locations qui portent sur :

- des locaux exclusivement professionnels (voir ci-dessus);
- des résidences secondaires (voir ci-dessus);
- des logements-foyers, qui relèvent des articles L. 633-1 et suivants du code de la construction et de l'habitation et des articles 6, alinéa 1er et 20-1 de la loi du 6 juillet 1989 imposant au bailleur de délivrer un logement décent (v. s^{s} n°s 607 s.);
- des logements meublés, régis par le titre Ier *bis* de la loi du 6 juillet 1989 (soit, par les art. 25-3 à 25-11 de la loi; v. s^{s} n° 202);
- des logements attribués ou loués en raison de l'exercice d'une fonction ou de l'occupation d'un emploi et aux locations consenties aux travailleurs saisonniers, à l'égard desquels le bailleur doit malgré tout respecter l'article 3-3 de la loi du 6 juillet 1989, relatif au diagnostic technique (v. s^{s} n°s 403 s.), ainsi que les deux premiers alinéas de l'article 6, de l'article 20-1, relatifs à la délivrance d'un logement décent (v. s^{s} n°s 607 s.) et de l'article 24-1, permettant à plusieurs locataires ayant un litige d'origine commune de donner mandat à une association pour agir en leur nom.

» Comment rédiger une petite annonce ?

114 **Objectif de l'annonce.** Il s'agit de présenter le bien mis en location et les conditions de cette location… avec une contrainte de place, puisque le nombre de lignes disponibles est limité. Il faut qu'à sa lecture, celui qui recherche un logement puisse tout de suite comprendre que ce qui est proposé correspond à ses propres critères de recherche.

> ⚠ Attention aux exagérations (ou omissions) qui pourraient avoir pour conséquence de tromper le lecteur : si les juges se montrent forcément moins sévères avec un particulier qu'un professionnel, il faut savoir qu'une plainte pour publicité trompeuse peut être déposée si l'annonce contient des allégations, indications ou présentations fausses ou de nature à induire en erreur.

115 **Caractéristiques essentielles du logement proposé à décrire dans l'annonce.** Ces dernières se rapportent à l'habitation elle-même : nombre de pièces, de chambres, de salles de bains, terrasse, jardin, balcon, exposition, étage, quartier, superficie, etc.

Pour faciliter cette description, il peut être utile de connaître précisément le mot ou l'expression qui qualifie tel ou tel élément de l'habitation. C'est pourquoi un extrait du lexique réalisé par le Bureau de Vérification de la Publicité (BVP) est reproduit, qui constitue l'annexe de sa recommandation sur les maisons individuelles (l'index intégral est disponible gratuitement sur le site du BVP, www.bvp.org). Ces définitions n'ont qu'une valeur indicative (pour des extraits v. s^s^ n° 134).

116 **Conditions de la location présentées dans l'annonce.** Autre série d'informations utiles :

– la date de disponibilité du logement (« libre le 1er juin 2013 »);

– le montant du loyer;

– le montant de la provision pour charges (v. s^s^ n° 1313).

Il est bien sûr interdit de formuler dans son annonce des exigences discriminatoires (v. s^{s} n° 119).

117 **Étiquette énergie.** En cas de location d'un bien immobilier, le classement du bien au regard de sa performance énergétique doit, depuis le 1er janvier 2011, être mentionné dans les annonces relatives à la location, selon des modalités définies par décret en Conseil d'État (CCH, art. L. 134-4-3).

Ce dispositif a été complété par les articles R. 134-5-1 et suivants du code de la construction et de l'habitation, applicables depuis le 1er janvier 2011.

Les annonces immobilières insérées dans la presse écrite doivent mentionner la lettre [comprise entre A et G] correspondant à l'échelle de référence du classement énergétique prévu par le *e* de l'article R. 134-2 du code de la construction et de l'habitation (il s'agit du classement du bâtiment ou de la partie de bâtiment en application d'une échelle de référence établie en fonction de la quantité annuelle d'énergie consommée ou estimée, pour le chauffage, la production d'eau chaude sanitaire et le refroidissement, rapportée à la surface du bâtiment ou de la partie du bâtiment).

Cette mention précédée des mots « classe énergie » doit être en majuscules et d'une taille au moins égale à celle des caractères du texte de l'annonce.

Les annonces affichées dans les locaux des personnes physiques ou morales exerçant une activité liée à l'achat, la vente ou la location d'immeubles bâtis, à la gestion immobilière ou à la vente de listes ou de fichiers relatifs à l'achat, la vente ou la location d'immeubles bâtis, doivent faire apparaître le classement énergétique du bien sur l'échelle de référence prévue par le *e* de l'article R. 134-2 du code de la construction et de l'habitation.

Cette mention, lisible et en couleur, doit représenter au moins 5 % de la surface du support.

Les annonces présentées au public par un réseau de communications électroniques doivent faire apparaître le classement énergétique du bien sur l'échelle de référence prévue par le e de l'article R. 134-2 du code de la construction et de l'habitation.

Cette mention, lisible et en couleur, doit respecter au moins les proportions suivantes : 180 pixels × 180 pixels.

› Selon quels critères choisir un locataire ?

118 **Critères objectifs.** Seuls des critères objectifs doivent guider le bailleur dans sa démarche (v. s^s n° 121). Toute discrimination est interdite par la loi.

›› Attention aux pratiques discriminatoires !

119 **Cas de discrimination.** Là encore, il convient de distinguer la législation applicable avant la loi du 24 mars 2014, dite loi Alur de celle qui prévaut depuis.

> **Pour les baux conclus avant le 27 mars 2014**, les motifs de discrimination visés étaient l'origine du locataire, son patronyme, son apparence physique, son sexe, sa situation de famille, son état de santé, son handicap, ses mœurs, son orientation sexuelle, ses opinions politiques, ses activités syndicales et son appartenance ou sa non-appartenance vraie ou supposée à une ethnie, une nation, une race ou une religion déterminée. Étant précisé que la loi interdit toute « discrimination directe ou indirecte » (L. 6 juill. 1989, art. 1er anc.).

> **Pour les baux conclus à partir du 27 mars 2014**, date d'entrée en vigueur de la loi du 24 mars 2014, dite loi Alur, aucune personne ne peut se voir refuser la location d'un logement (L. 6 juill. 1989, art. 1er nouv.) pour un motif discriminatoire défini à l'article 225-1 du code pénal, c'est-à-dire toute distinction opérée entre les personnes physiques à raison :
– de leur origine;

- de leur sexe ;
- de leur situation de famille ;
- de leur grossesse ;
- de leur apparence physique ;
- de leur patronyme ;
- de leur lieu de résidence ;
- de leur état de santé ;
- de leur handicap ;
- de leurs caractéristiques génétiques ;
- de leurs mœurs ;
- de leur orientation ou identité sexuelle ;
- de leur âge ;
- de leurs opinions politiques ;
- de leurs activités syndicales ;
- de leur appartenance ou de leur non-appartenance, vraie ou supposée, à une ethnie, une nation, une race ou une religion déterminée.

Le défenseur des droits (qui a, notamment succédé à la Halde depuis le 1er mai 2011) peut être saisi par tout candidat locataire qui s'estime victime d'une discrimination illégale.
Pour ce faire, il doit lui adresser un courrier adressé à l'adresse suivante :
Mission Lutte contre les discriminations et promotion de l'égalité – 11, rue Saint-Georges, 75009 Paris (pour tout renseignement, voir le site du défenseur des droits : www.defenseurdesdroits.fr, ou téléphoner au 01 53 29 22 00 ou adresser un courriel à communication@defenseurdesdroits.fr).

Le bailleur se montrera d'autant plus prudent qu'il lui appartiendra de prouver que sa décision de refus était justifiée, le candidat locataire éconduit n'ayant qu'à faire état d'« éléments de fait » (tels des soupçons, des rumeurs ou des paroles plus ou moins explicites prononcées par le bailleur) pouvant laisser supposer que le bailleur a eu un comportement discriminatoire.

La loi a donc renversé la charge de la preuve, sachant que le juge formera « sa conviction après avoir ordonné, en cas de besoin, toutes les mesures d'instruction qu'il estime utiles ».

Ainsi, la prise en compte, par le bailleur, des caractéristiques du local qu'il entend louer pour choisir son locataire semble aujourd'hui bien hasardeuse.
En effet, le fait de ne pas vouloir louer un logement au cinquième étage sans ascenseur à une personne handicapée physique, ne s'apparente-t-il pas à une pratique discriminatoire (aucune personne ne peut se voir refuser la location d'un logement en raison de son handicap, précise le texte) ?
De la même manière, il faut certainement s'interroger sur la légalité du refus de louer un studio à un couple avec enfants, puisqu'« aucune personne ne peut se voir refuser la location d'un logement en raison [...] de sa situation de famille » (à charge toutefois pour lui d'user des lieux paisiblement).
Mais ce sont certainement là des cas extrêmes puisque, en pratique, la discrimination se fonde plutôt sur l'origine et la couleur de la peau.

120 **Sanction encourue par le bailleur.** En cas de pratique discriminatoire, le bailleur peut être condamné à verser des dommages et intérêts à la victime. C'est la seule sanction envisageable.

Le juge ne va en effet pas ordonner au propriétaire de conclure un bail avec un candidat qu'il n'avait pas retenu, d'une part, parce qu'entre-temps, le logement aura vraisemblablement été loué et, d'autre part (et surtout), car cette relation contractuelle qui débuterait sur la condamnation de l'une des parties serait, à tout le moins, de très mauvais augure...

Pratique autorisée du « testing »

La pratique dite du « testing » a été légalisée par l'article 225-3-1 du code pénal. Il s'agit en quelque sorte de la consécration du droit à la provocation à la discrimination, lorsque le but est de démontrer cette discrimination. Cette pratique, déjà admise par la Cour de cassation, permettra à un locataire, ou à une association, de tester tel ou tel bailleur, voire l'intermédiaire professionnel, notamment en lui soumettant des dossiers similaires sauf sur un point, critère de choix susceptible d'être discriminatoire.

»» Critères que le bailleur peut retenir

121 **Critères objectifs.** En définitive, seuls deux critères objectifs semblent pouvoir être retenus.

Il s'agit de la destination des locaux et, surtout, de la solvabilité du locataire.

122 **Destination des locaux.** Elle peut être soit uniquement d'habitation, soit mixte, d'habitation et professionnelle ; elle va, en toute objectivité, guider le choix du bailleur.

Ainsi, un local proposé à la location pour un usage exclusif d'habitation (en raison notamment des stipulations du règlement de copropriété) ne convient pas, c'est une évidence, à un médecin souhaitant exercer sa profession dans une partie des lieux.

123 **Solvabilité du locataire.** C'est bien évidemment le principal critère. Le bailleur ne doit pas hésiter à prendre tous les renseignements utiles : il en va de la sécurité de l'engagement qu'il s'apprête à contracter pour trois ans ou plus.

Le *ratio* couramment admis veut que le loyer ne représente pas plus de 30 % des revenus mensuels du ou des locataires.

Cette étape est parfois mal vécue. Côté bailleur, il est certainement plus commode de confier cette mission à un professionnel de l'immobilier, qui saura poser les bonnes questions et demander la communication des bons documents, d'autant que la loi interdit au bailleur de demander certains d'entre eux (v. s^s^ n° 125).

Il sera par ailleurs de bon conseil pour préciser au bailleur si, compte tenu des revenus du locataire pressenti, il est ou non nécessaire de lui demander de fournir une caution.

La caution est la personne qui s'engage à payer le bailleur en lieu et place du locataire défaillant (v. ss n° 501). Cela n'a rien à voir avec le dépôt de garantie qui est une somme (d'un montant égal, au plus, à deux mois de loyer hors charges) que le locataire doit verser lors de la signature du bail et qui est destinée à « garantir l'exécution de ses obligations locatives par le locataire » (un impayé de loyer ponctuel, des dégradations, etc., v. ss n° 508).

124 **Responsabilité de l'agent immobilier.** Bien plus, le professionnel à qui le bailleur aura confié un mandat de recherche d'un locataire sera astreint à un devoir de conseil et de vérification.

Il peut engager sa responsabilité s'il :

- n'examine pas les bulletins de salaire, manifestement maquillés ;
- ne procède pas à des vérifications complémentaires auprès de l'employeur ;
- n'obtient pas d'engagement de caution alors que les revenus du locataire sont, à eux seuls, manifestement insuffisants ;
- ne prévoit pas de cautionnement pour la période de tacite reconduction du bail ;
- ne convoque pas la caution lors de la signature du bail, mais se contente de remettre au locataire un exemplaire du bail en lui demandant de se charger de le faire signer par la caution ;
- fait rédiger et signer à la caution un engagement sans valeur juridique (sur le formalisme requis et pour un exemple de caution v. ss n° 507).

> L'agent immobilier auquel est confiée la gérance d'un immeuble est tenu de s'assurer, par des vérifications sérieuses, de la solvabilité réelle du preneur (Civ. 1re, 28 mars 1984, n° 82-16.915, *Bull. civ.* I, n° 118), mais aussi de la caution (Paris, 14 janv. 1999, *SDSIM c/Barreaud*).

»» Quels documents peuvent être produits par le locataire ?

125 **Documents que le bailleur peut demander au candidat locataire.** Aux termes de l'article 22-2 de la loi du 6 juillet 1989, dans sa rédaction issue de la loi du 24 mars 2014, dite loi Alur :

> « La liste des pièces justificatives pouvant être exigées du candidat à la location ou de sa caution par le bailleur, préalablement à l'établissement du contrat de location, est définie par décret en Conseil d'État, pris après avis de la Commission nationale de concertation. »

Concernant les pièces justificatives pouvant être exigées de la caution, v. s[s] n°s 207 s.

Le décret est paru. Il s'agit du décret n° 2015-1437 du 5 novembre 2015 (*JO* 7 nov., p. 20832). En vigueur depuis le 8 novembre 2015, ce texte fixe, en annexe, la liste des pièces justificatives pouvant être exigées de chacun des candidats à la location.

»»» Documents que le bailleur peut demander au candidat locataire

126 **Pièce justificative d'identité en cours de validité.** Peut être exigée une pièce justificative d'identité en cours de validité, comportant la photographie et la signature du titulaire parmi les documents suivants :
- carte nationale d'identité française ou étrangère ;
- passeport français ou étranger ;
- permis de conduire français ou étranger ;
- document justifiant du droit au séjour du candidat à la location étranger, notamment, carte de séjour temporaire, carte de résident, carte de ressortissant d'un État membre de l'Union européenne ou de l'Espace économique européen.

127 **Pièce justificative de domicile.** Peut être exigée une seule pièce justificative de domicile parmi les documents suivants :

– trois dernières quittances de loyer ou, à défaut, attestation du précédent bailleur, ou de son mandataire, indiquant que le locataire est à jour de ses loyers et charges ;
– attestation d'élection de domicile établissant le lien avec un organisme agréé au titre de l'article L. 264-2 du code de l'action sociale et des familles ;
– attestation sur l'honneur de l'hébergeant indiquant que le candidat à la location réside à son domicile ;
– dernier avis de taxe foncière ou, à défaut, titre de propriété de la résidence principale.

128 **Un ou plusieurs documents attestant des activités professionnelles.** Peuvent être exigés un ou plusieurs documents attestant des activités professionnelles parmi les documents suivants :

– contrat de travail ou de stage ou, à défaut, une attestation de l'employeur précisant l'emploi et la rémunération proposée, la date d'entrée en fonctions envisagée et, le cas échéant, la durée de la période d'essai ;
– l'extrait K ou K *bis* du registre du commerce et des sociétés de moins de trois mois pour une entreprise commerciale ;
– l'extrait D 1 original du registre des métiers de moins de trois mois pour un artisan ;
– la copie du certificat d'identification de l'INSEE, comportant les numéros d'identification, pour un travailleur indépendant ;
– la copie de la carte professionnelle pour une profession libérale ;
– toute pièce récente attestant de l'activité pour les autres professionnels ;
– carte d'étudiant ou certificat de scolarité pour l'année en cours.

129 **Un ou plusieurs documents attestant des ressources.** Peuvent être exigés un ou plusieurs documents attestant des ressources parmi les documents suivants :

– le dernier ou avant-dernier avis d'imposition ou de non-imposition et, lorsque tout ou partie des revenus perçus n'a pas été

imposé en France mais dans un autre État ou territoire, le dernier ou avant-dernier avis d'imposition à l'impôt ou aux impôts qui tiennent lieu d'impôt sur le revenu dans cet État ou territoire ou un document en tenant lieu établi par l'administration fiscale de cet État ou territoire ;
- trois derniers bulletins de salaires ;
- justificatif de versement des indemnités de stage ;
- les deux derniers bilans ou, à défaut, une attestation de ressources pour l'exercice en cours délivré par un comptable pour les professions non salariées ;
- justificatif de versement des indemnités, retraites, pensions, prestations sociales et familiales et allocations perçues lors des trois derniers mois ou justificatif de l'ouverture des droits, établis par l'organisme payeur ;
- attestation de simulation établie par l'organisme payeur ou simulation établie par le locataire relative aux aides au logement ;
- avis d'attribution de bourse pour les étudiants boursiers ;
- titre de propriété d'un bien immobilier ou dernier avis de taxe foncière ;
- justificatif de revenus fonciers, de rentes viagères ou de revenus de valeurs et capitaux mobiliers.

130 **Copie des documents ou originaux.**

Selon l'article 1-III du décret du 5 novembre 2015, les pièces produites peuvent être des copies des documents originaux. Elles sont rédigées ou traduites en langue française et les montants inscrits convertis en euros. Les documents originaux doivent toutefois pouvoir être présentés à la demande du bailleur.

»»» Limite et sanctions

131 **Co-signature d'un ascendant ou d'un descendant.** Par ailleurs, l'article 22-2 de la loi de 1989 précise que, « en préalable à l'établissement du contrat de location, le bailleur **ne peut imposer la co-signature d'un ascendant ou d'un descendant** du candidat à la location ».

132 **Sanctions.** Enfin, ce même article envisage les **sanctions** en cas de manquement à ses dispositions. Une amende administrative prononcée par le préfet (après que l'intéressé a été informé de la possibilité de présenter ses observations dans un délai déterminé) est encourue. Son montant, qui doit être proportionné à la gravité des faits constatés et qui ne peut être prononcé plus d'un an à compter de la constatation des faits, ne peut être supérieur à 3 000 euros pour une personne physique et à 15 000 euros pour une personne morale.

Faux documents

133 **Actions du bailleur.**

Faux documents produits par un « candidat locataire »

Il peut arriver qu'un locataire fournisse des faux documents, en particulier, de fausses fiches de paie. Le bailleur qui a été abusé dispose de deux actions. La première, pénale, consiste à porter plainte sur le fondement de l'article 441-1 du code pénal qui punit de trois ans d'emprisonnement et de 45 000 euros d'amende le fait de produire des faux documents « de nature à causer un préjudice » et qui ont pour objet ou qui peuvent avoir pour effet d'établir la preuve d'un droit ou d'un fait ayant des conséquences juridiques.
La seconde, civile, consiste à demander en justice l'annulation du bail pour dol en établissant que, sans les « manœuvres dolosives » du locataire, le bailleur n'aurait pas signé le bail.

Glossaire

134 **Définitions du BVP.**

ANCIEN Immeuble construit avant 1948.

BALCON Espace ouvert situé en saillie, par rapport au nu courant de la façade et muni d'un garde-corps.

BOX Emplacement de stationnement d'un ou plusieurs véhicules, couvert et cloisonné, mais sans fermeture.

CABINE Réduit dans lequel on peut mettre 1 ou 2 lits superposés.

CABINET DE TOILETTE Local aménagé pour les soins corporels et comportant au moins un lavabo.

CAVE Local souterrain à usages divers.

CELLIER Local à usages divers situé en surface.

CHAMBRE INDÉPENDANTE Pièce habitable comportant un point d'eau et un WC, indépendants ou collectifs.

CHAMBRE DE SERVICE Pièce habitable située à l'extérieur de l'appartement, comportant un point d'eau et un WC, indépendants ou collectifs.

COMBLES Volume délimité par la toiture d'une construction et le plancher haut du dernier étage et susceptible ou non d'être aménagé en pièces d'habitation.

CONFORTABLE Comportant au minimum salle d'eau, WC, coin cuisine et chauffage.

COIN CUISINE Emplacement à usage de cuisine incorporé à une pièce principale.

CUISINE Pièce destinée à la préparation des repas et comportant un évier ainsi que les emplacements et branchements nécessaires à l'installation et l'utilisation d'appareils électroménagers et de cuisson.

CUISINETTE Petite cuisine.

DÉPENDANCES Locaux à usage privatif, extérieurs au logement.

EMPLACEMENT DE PARKING Espace à usage privatif matérialisé dans un parc de stationnement.

ÉTAT NEUF Jamais habité depuis la remise à neuf.

GARAGE Espace couvert et clos pour remiser un ou plusieurs véhicules.

GRENIER Combles accessibles, non habitables.

LINGERIE Local réservé au rangement, à l'entretien et au repassage du linge.

LOGGIA Soit un balcon couvert et fermé au moins sur un côté, soit un espace ouvert situé en deçà du nu courant de la façade.

MANSARDE Pièce située dans les combles brisés.

NEUF Jamais habité.

PARC Terrain clos, planté d'arbres et aménagé en vue de l'agrément.

PARKING, PARC DE STATIONNEMENT, AIRE DE PARCAGE Zone couverte ou non, destinée au stationnement des véhicules en dehors de la voie publique.

PENDERIE Volume de rangement équipé pour suspendre des vêtements.

PIÈCE Espace entièrement clos comportant une ou plusieurs ouvertures et constituant l'un des éléments du logement.

PIÈCE PRINCIPALE Pièce destinée au séjour ou au sommeil.

PLACARD Enfoncement, saillie, recoin de mur ou de cloison, fermé par une porte et constituant une armoire fixe.

RANGEMENT Volume fermé destiné à entreposer des objets et situé à l'intérieur d'une maison.

RÉCENT Immeuble construit après 1948.

SALLE D'EAU Local aménagé pour les soins corporels et comportant au moins une douche et un lavabo.

SALLE DE BAINS Pièce aménagée pour les soins corporels et comprenant une baignoire, un lavabo et parfois un bidet et une douche.

SÉJOUR DOUBLE Pièce éventuellement décloisonnée, comportant au moins deux fenêtres et pouvant faire deux pièces habitables séparées.

SOUS-SOL Partie d'une maison aménagée sous le rez-de-chaussée.

STUDIO Logement comportant une seule pièce principale, un coin cuisine, une salle d'eau et un WC.

TERRASSE Toiture horizontale pouvant être accessible pour un usage collectif ou privatif dans des conditions fixées par le règlement de copropriété.

TERRASSE-JARDIN Terrasse partiellement ou totalement aménagée en jardin dans des conditions fixées par le règlement de copropriété.

TOUT CONFORT Desservi par un ascenseur-descendeur, avec cuisine, salle de bains, WC intérieur et chauffage.

VÉRANDA Terrasse, loggia ou balcon clos de vitrage et couvert.

2
Signature et coût du bail

> Qui signe le bail ?
> Pièces justificatives pouvant être exigées de la caution
> Qui supporte le coût de la rédaction du bail ?

Le bail organise les relations à venir entre le bailleur et le locataire. **C'est donc un élément central.** Il est important de savoir **qui doit signer le bail** en cas de pluralité de locataires ou de bailleurs par exemple (v. ss nos 204 s.), **et qui supporte le coût de sa rédaction** (v. ss no 215). Il est aussi utile de savoir, lorsqu'une **caution** s'engage aux côtés du locataire, quelles sont les **pièces justificatives que le bailleur peut exiger de sa part** (v. ss nos 207 s.).

201 **Contrat écrit ou verbal ?** Le bail est quasiment toujours formalisé dans un contrat écrit. Toutefois, un bail verbal est aussi tout à fait valable. Les juges en reconnaissent la régularité et cela malgré les dispositions de l'article 3 de la loi du 6 juillet 1989 (texte pourtant d'ordre public ; *JO* 8 juill. p. 8541) selon lesquelles « le contrat de location est établi par écrit ».

Mais se contenter d'un bail verbal n'est pas satisfaisant pour le bailleur car cela revient à s'interdire de conclure un bail pour une durée réduite (v. ss n° 308), d'appliquer une clause de révision (par définition inexistante dans un bail verbal), d'augmenter le loyer lors du renouvellement (v. ss n° 314), ou encore de prévoir la résiliation de plein droit du bail pour défaut d'assurance (v. ss nos 321 et 2827).

On ne saurait trop recommander au locataire comme au bailleur de conclure un bail par écrit car c'est à cette seule condition qu'ils vont pouvoir bénéficier pleinement du statut des baux d'habitation.

202 **Champ d'application de la loi du 6 juillet 1989.** Il n'est possible de signer un bail soumis aux dispositions de la loi du 6 juillet 1989 que si le locataire est une personne physique à la recherche d'un logement destiné à devenir, selon la terminologie adoptée par la loi du 24 mars 2014, dite loi Alur, sa « résidence principale » (là où la législation antérieure envisageait l'habitation principale du locataire) ou à être utilisé à un usage mixte (v. ss n° 112).

Lorsque le logement loué est en réalité la résidence secondaire du locataire, les dispositions de la loi du 6 juillet 1989 ne s'appliquent pas, même si le contrat de bail y fait référence (Civ. 3e, 21 mars 2007, n° 06-11.843, *Bull. civ.* III, n° 41).

Le locataire qui recherche un local pour le seul exercice de sa profession libérale ou commerciale ne peut pas signer un bail « loi de 1989 ».

Les règles applicables aux locaux meublés ont été modifiées par la loi du 24 mars 2014, dite loi Alur, v. ss nos 3201 s.

203 **Exclusions du champ d'application de la loi du 6 juillet 1989 de certains logements.** Sauf exceptions (v. s[s] n°s 112 et 113), les dispositions protectrices de la loi du 6 juillet 1989 ne s'appliquent pas davantage aux locations à caractère saisonnier ni aux logements-foyers, aux logements attribués ou loués en raison de l'exercice d'une fonction ou de l'occupation d'un emploi ou encore aux locations consenties aux travailleurs saisonniers.

Qui signe le bail ?

204 **Signature du bail par le bailleur.** Lorsque le bailleur est une personne physique qui gère elle-même ses biens, cela ne pose aucun problème : c'est lui qui doit signer le bail.

Si le bien loué est commun aux époux propriétaires, un seul des conjoints peut passer le contrat de bail (C. civ., art. 1425).

Lorsque le bien loué est en indivision, les indivisaires qui représentent au moins les deux tiers des droits indivis peuvent conclure ou renouveler un bail d'habitation (C. civ., art. 815-3). Ils sont néanmoins tenus d'en informer les autres indivisaires afin que l'acte leur soit opposable.

Le même texte précise que lorsqu'un indivisaire prend en main la gestion des biens indivis, au su des autres et néanmoins sans opposition de leur part, il est censé avoir reçu un mandat tacite, couvrant les actes d'administration, mais non les actes de disposition ni la conclusion ou le renouvellement des baux.

Mais l'un des indivisaires peut aussi recevoir un mandat de tous les autres et dans ce cas sa seule signature suffit. Il faut un mandat, dont il est expressément fait état dans le contrat de location.

Si le bien est grevé d'usufruit, seul l'usufruitier aura le pouvoir de signer le bail.

Si le bailleur est une personne morale, c'est forcément son représentant (désigné par les statuts ou l'assemblée générale de la société ou de l'association propriétaire du bien à louer) qui doit signer le bail. Il appartient alors au signataire de prouver qu'il a le pouvoir de le faire (en fournissant copie des statuts de la société ou du procès-verbal d'assemblée).

Enfin, lorsque le logement loué est géré par un administrateur de biens, que le bailleur soit une personne physique ou une personne morale, c'est à cet administrateur de biens, mandataire du propriétaire qu'il revient de signer le contrat (sur la question v. aussi s^s n° 303). L'administrateur de biens est en possession d'un mandat de gestion (v. s^s n° 107) dont il doit être fait mention dans le bail.

205 **Signature du bail par le locataire.** Lorsque le bail est signé par plusieurs locataires, chacun doit apposer sa signature sur le bail.

CODE **Consécration de la colocation par la loi Alur.**
L'article 8-1 de la loi du 6 juillet 1989 inséré par la loi du 24 mars 2014, dite loi Alur et applicable aux contrats signés à compter du 27 mars 2014, définit la notion de **colocation** et le régime qui lui est applicable.

Il s'agit de la « location d'un même logement par plusieurs locataires, constituant leur résidence principale, et formalisée par la conclusion d'un contrat unique ou de plusieurs contrats entre les locataires et le bailleur ».

Le texte précise notamment que la colocation est soumise à la loi du 6 juillet 1989 (que les locaux soient loués vides ou meublés) et que le montant de la somme des loyers perçus de l'ensemble des colocataires ne peut être supérieur au montant du loyer applicable au logement. Il est par ailleurs prévu qu'un décret en Conseil d'État (à paraître) adapte à cette situation les normes de décence du logement (au sujet desquelles, v. s^s n°s 609 s.).

Le bail signé par les parties doit respecter les termes d'un contrat type défini par le décret n° 2015-587 du 29 mai 2015 (*JO* 31 mai, p. 9035, v. s^s n° 345)

Les parties peuvent envisager que le bailleur souscrive une assurance pour compte récupérable et résiliable au sens de l'article 7 *g* de la loi du 6 juillet 1989 (à ce sujet, v. s^s n° 1603).

Quant aux charges locatives, elles peuvent, au choix des parties, soit, comme dans le droit commun, faire l'objet d'une provision mensuelle (et d'une régularisation annuelle, v. s^s n° 1315), soit faire l'objet du versement d'un forfait.
Enfin, le texte prévoit la solidarité des colocataires (v. s^{s} n° 1206) et de la caution (v. s^{s} n°s 502 s.).

Dans le cas d'un couple marié ou, depuis la loi du 24 mars 2014, dite loi Alur, dans le cas de partenaires liés par un Pacs qui en font la demande conjointement, les deux époux ou partenaires sont cotitulaires du bail portant sur le local servant effectivement à leur habitation (C. civ., art. 1751, mod. par L. 24 mars 2014). Ainsi, la signature de l'un d'entre eux est suffisante.

En cas de concubinage sauf si le bailleur exige la signature des deux concubins en qualité de copreneurs, la signature de l'un d'entre eux sera suffisante.

En pratique, si la couverture financière du signataire n'est pas suffisante, le bailleur va demander que le concubin/partenaire soit également signataire du bail. À l'égard du concubin, il faut exiger un engagement solidaire (la loi n'instaurant aucune solidarité entre concubins ; sur les incidences d'une clause de solidarité sur les obligations des copreneurs, v. s^{s} n°s 345 et 1206) et indivisible (permettant au bailleur de se retourner pour le tout contre un seul des signataires).

Nombre d'exemplaires à signer en fonction des locataires

Situation	Signataire(s)*
Locataires copreneurs	Tous les copreneurs
Locataires mariés	Un seul des époux
Locataires concubins	Un seul (sauf si copreneurs)
Locataires pacsés	Un seul si demande conjointe de cotitularité

* En dehors de l'éventuelle caution.

Une telle clause ne présente en revanche aucune utilité pour des partenaires pacsés puisqu'ils « sont tenus solidairement à l'égard des tiers des dettes contractées par l'un d'eux [...] pour les dépenses relatives au logement commun » (C. civ., art. 515-4).

206 **Signature du bail par la caution.** Lorsque le bailleur exige que les engagements du locataire soient garantis par une personne en qualité de caution, et même si la loi ne comporte aucune obligation en ce sens, on ne saurait trop conseiller aux parties de prévoir, à côté de la signature d'un cautionnement en bonne et due forme (v. s[s] n° 507), que la caution signe également le bail. Son information n'en sera que plus grande.

En toutes hypothèses, « le bailleur remet à la caution un exemplaire du contrat de location », ce qui sous-entend que le bail ait été établi en suffisamment d'exemplaires (L. 6 juill. 1989, art. 22-1).

Pièces justificatives pouvant être exigées de la caution

207 **Pièces définies par le décret n° 2015-1437 du 5 novembre 2015.** Aux termes de l'article 22-2 de la loi du 6 juillet 1989 dans sa rédaction issue de la loi du 24 mars 2014, dite loi Alur :

> « La liste des pièces justificatives pouvant être exigées du candidat à la location ou de sa caution par le bailleur, préalablement à l'établissement du contrat de location, est définie par décret en Conseil d'État, pris après avis de la Commission nationale de concertation. »

C'est le décret n° 2015-1437 du 5 novembre 2015 (*JO* 7 nov., p. 20832), en vigueur depuis le 8 novembre 2015 qui fixe, en annexe, la liste des pièces justificatives pouvant être exigées des cautions des locataires.

Concernant la liste des pièces justificatives pouvant être exigées de chacun des locataires, v. ss n° 124.

208 **Pièce justificative d'identité en cours de validité (personne physique).** Peut être exigée, pour les cautions personnes physiques, une pièce justificative d'identité en cours de validité, comportant la photographie et la signature du titulaire parmi les documents suivants :
- carte nationale d'identité française ou étrangère ;
- passeport français ou étranger ;
- permis de conduire français ou étranger.

209 **Pièce justificative d'identité en cours de validité (personne morale).** Peuvent être exigés, pour les cautions personnes morales, les deux justificatifs :
- extrait K *bis* original de moins de trois mois de la société ou les statuts ou toute autre pièce justifiant de l'existence légale de la personne, faisant apparaître le nom du responsable et l'adresse de l'organisme ainsi que la preuve qu'une déclaration a été effectuée auprès d'une administration, une juridiction ou un organisme professionnel ;
- justificatif d'identité du représentant de la personne morale figurant sur l'extrait K *bis* ou les statuts.

210 **Pièce justificative de domicile.** Peut être exigée, une seule pièce justificative de domicile parmi les documents suivants :
- dernière quittance de loyer ;
- facture d'eau, de gaz ou d'électricité de moins de trois mois ;
- attestation d'assurance logement de moins de trois mois ;
- dernier avis de taxe foncière ou, à défaut, titre de propriété de la résidence principale.

211 **Documents attestant des activités professionnelles.** Peuvent être exigés, un ou plusieurs documents attestant des activités professionnelles parmi les documents suivants :
- contrat de travail ou de stage ou, à défaut, une attestation de l'employeur précisant l'emploi et la rémunération proposée, la

date d'entrée en fonctions envisagée et le cas échéant la durée de la période d'essai;
- l'extrait K ou K *bis* du registre du commerce et des sociétés datant de moins de trois mois pour une entreprise commerciale;
- l'extrait D 1 original du registre des métiers de moins de trois mois pour un artisan;
- la copie du certificat d'identification de l'Insee, comportant les numéros d'identification, pour un travailleur indépendant;
- la copie de la carte professionnelle pour une profession libérale;
- toute pièce récente attestant de l'activité pour les autres professionnels.

212 **Documents attestant des ressources.** Peuvent être exigés, un ou plusieurs documents attestant des ressources parmi les documents suivants :
- dernier avis d'imposition ou de non-imposition et, lorsque tout ou partie des revenus perçus n'a pas été imposé en France mais dans un autre État ou territoire, le dernier avis d'imposition à l'impôt ou aux impôts qui tiennent lieu d'impôt sur le revenu dans cet État ou territoire ou un document en tenant lieu établi par l'administration fiscale de cet État ou territoire;
- titre de propriété d'un bien immobilier ou dernier avis de taxe foncière;
- trois derniers bulletins de salaires;
- les deux derniers bilans ou, à défaut, une attestation de ressources pour l'exercice en cours délivré par un comptable pour les professions non salariées;
- justificatif de versement des indemnités, retraites, pensions, prestations sociales et familiales et allocations perçues lors des trois derniers mois ou justificatif de l'ouverture des droits, établis par l'organisme payeur;
- justificatif de revenus fonciers, de rentes viagères ou de revenus de valeurs et capitaux mobiliers.

213 **Copie des documents ou originaux.**

Selon l'article 1-III du décret du 5 novembre 2015, les pièces produites peuvent être des copies des documents originaux. Elles sont rédigées ou traduites en langue française et les montants inscrits convertis en euros. Les documents originaux doivent toutefois pouvoir être présentés à la demande du bailleur.

» Qui supporte le coût de la rédaction du bail ?

214 **Principe posé par la loi du 6 juillet 1989.** En la matière, il convient de distinguer la situation applicable avant l'entrée en vigueur de la loi du 24 mars 2014, dite loi Alur, de celle qui prévaut depuis.

> **Pour les baux conclus avant le 27 mars 2014**, « La rémunération des personnes qui se livrent ou prêtent leur concours à l'établissement d'un acte de location d'un immeuble appartenant à autrui [...] est partagée par moitié entre le bailleur et le locataire » (L. 6 juill. 1989, art. 5 anc.).

Seul l'établissement du contrat de location (initial ou de renouvellement) va donner lieu à une rémunération supportée à parts égales par le bailleur et le preneur, à l'exclusion de tout autre acte, tel que l'état des lieux ou le « contrat de réservation » que l'agent immobilier a pu faire signer à un candidat locataire (sur la possibilité de faire appel à un huissier de justice, pour dresser l'état des lieux et la répartition des frais qui en découlent v. s^{s} n° 2704).

> **Pour les baux conclus à compter du 27 mars 2014**, date d'entrée en vigueur de loi du 24 mars 2014, dite loi Alur, le principe est que la rémunération des personnes mandatées pour se livrer ou prêter leur concours à l'entremise ou à la négociation d'une mise en location d'un logement est à la charge exclusive du bailleur.

Ce principe connaît toutefois des exceptions, puisque :

– Les honoraires, dus à la signature du bail, des personnes mandatées pour effectuer la **visite du preneur**, **constituer son dossier** et **rédiger un bail** sont partagés entre le bailleur et le preneur. Le texte précise en outre que le montant TTC imputé au preneur pour ces prestations ne peut excéder celui imputé au bailleur et doit demeurer inférieur ou égal à un plafond par mètre carré de surface habitable de la chose louée fixé par voie réglementaire et révisable chaque année, dans des conditions définies par décret.

Il s'agit du décret du 1er août 2014 (décr. n° 2014-890, 1er août 2014, *JO* 6 août, p. 13028).

Ce texte distingue une « zone très tendue » (Paris, certaines communes des Yvelines, des Hauts-de-Seine, de Seine-Saint-Denis, du Val-de-Marne et d'Enghien-les-Bains dans le Val d'Oise) et une « zone tendue », correspondant aux zones mentionnées qui figurent sur la liste annexée au décret du 10 mai 2013 (Décr. n° 2013-392, 10 mai 2013, *JO* 12 mai, p. 7959 ; mod. par décr. n° 2015-1284, 13 oct. 2015, *JO* 15 oct., p. 19137) relatif à la taxe sur les logements vacants (v. ss n° 1213), à l'exception des communes situées dans la zone très tendue (ci-dessus mentionnée).

Depuis le 15 septembre 2014, le plafond pour les prestations de visite du preneur, constitution du dossier et rédaction du bail est égal :

– à 12 €/m^2 de surface habitable pour un logement situé en zone très tendue ;

– à 10 €/m^2 de surface habitable pour un logement situé en zone tendue ;

– à 8 €/m^2 de surface habitable pour un logement situé en dehors d'une telle zone.

Ces plafonds sont révisables chaque année au 1er janvier par arrêté ministériel en fonction de la variation du dernier indice de référence des loyers publié.

– Les honoraires dus à compter de la réalisation de la prestation des personnes mandatées pour réaliser un **état des lieux** sont partagés entre le bailleur et le preneur. Là encore, le montant TTC imputé au locataire pour cette prestation ne peut excéder celui imputé au bailleur et demeure inférieur ou égal à un plafond par mètre carré de surface habitable de la chose louée fixé par voie réglementaire et révisable chaque année, dans des conditions définies par décret.

En application du décret du 1er août 2014 susmentionné, depuis le 15 septembre 2014, le plafond applicable, révisable lui aussi chaque année au 1er janvier par arrêté ministériel en fonction de la variation du dernier indice de référence des loyers publié est égal à 3 €/m^2 de surface habitable.

> CODE Les trois premiers alinéas de l'article 5-I de la loi de 1989 ainsi que les montants des plafonds qui y sont définis sont reproduits, à peine de nullité, dans le contrat de bail lorsque celui-ci est conclu avec le concours d'une personne mandatée et rémunérée à cette fin.

215 **Application du principe posé par la loi du 6 juillet 1989.** Le texte vise aussi bien l'agent immobilier que le notaire, l'indivisaire mandaté par l'indivision pour signer le bail en qualité de conseil juridique (Civ. 3e, 29 avr. 1987, n° 85-15.705, NP), le conseil juridique ou l'avocat.

Le bailleur ne peut pas se faire rémunérer lorsqu'il a lui-même établi le bail.

3 Clauses du contrat de bail

> Clauses obligatoires du bail
> Clauses souhaitables
> Clauses formellement interdites
> Autres clauses illicites et clauses abusives
> Contrat de location

La loi **impose** de faire figurer au bail **certaines clauses** (v. s^s^ n°s 303 s.). La **prudence** invite à en insérer d'autres dans le but d'anticiper les éventuelles difficultés à venir dans la relation contractuelle (v. s^s^ n° 321). **Tout n'étant cependant pas permis,** certaines clauses peuvent être formellement **interdites** (v. s^s^ n°s 322 s.), jugées **illicites** (v. s^s^ n° 343), ou encore considérées comme **abusives** (v. s^s^ n° 344).

301 **Législation applicable.** Le contenu du contrat de bail a été modifié avec la réécriture de l'article 3 par la loi n° 2014-366 du 24 mars 2014 (*JO* 26 mars, p. 5809), dite loi Alur.

Parues au *JO* du 26 mars, les modifications de cette loi ne sont opposables qu'aux baux conclus à partir du 27 mars 2014, date de son entrée en vigueur.

Les baux en cours au 27 mars 2014 restent, quant à eux, régis par les dispositions antérieures.

302 **Principe.** Le contrat de location est établi **par écrit** et, aux termes de l'article 3, alinéa 1er de la loi du 6 juillet 1989, dans sa rédaction issue de la loi du 24 mars 2014, doit respecter un **contrat type** défini par décret en Conseil d'État, pris après avis de la Commission nationale de concertation (décret n° 2015-587, 29 mai 2015, *JO* 31 mai, p. 9035, v. ss n° 345).

Tout contrat de bail doit impérativement comporter un certain nombre de clauses et d'annexes. À l'inverse, certaines clauses sont strictement interdites (v. ss n° 322) ou jugées abusives (v. ss n° 344).

> Le bailleur ne peut se prévaloir de l'absence de l'une des clauses impératives dans le contrat de location.

Clauses obligatoires du bail

303 **Identification du bailleur.** En la matière, la loi du 24 mars 2014, dite loi Alur, n'a pas apporté de modifications significatives.

Avant comme après ce texte, lorsque le bailleur est une personne physique, le bail doit indiquer son nom et son domicile. Par « domicile », il faut comprendre, « le lieu de son principal établissement », c'est-à-dire l'adresse de sa résidence principale.

Pour un bailleur personne morale, le contrat doit mentionner la dénomination du bailleur (« Société Y ») et l'adresse de son siège social.

Si le bien est géré par un mandataire, en plus de ces informations, le bail doit mentionner les coordonnées et l'adresse de ce dernier (nom et domicile du mandataire personne physique ou dénomination et siège social de l'agence immobilière).

Quand le bailleur déménage en cours de bail, il lui incombe de communiquer au locataire ses nouvelles coordonnées (domicile ou siège social).

> Si le bailleur n'indique pas ses nouvelles coordonnées, il ne peut pas reprocher par la suite au locataire de lui avoir envoyé son congé à l'ancienne adresse. La notification sera tout de même considérée comme valable.

304 **Changement de bailleur en cours de bail.** Là encore, la loi du 24 mars 2014, dite loi Alur, n'a pas changé la donne.

Lorsque le logement loué change de propriétaire en cours de bail, soit en cas de vente (mutation à titre onéreux), soit en cas de décès du bailleur ou d'une donation (mutation à titre gracieux), « le nouveau bailleur est tenu de notifier au locataire son nom ou sa dénomination et son domicile ou son siège social, ainsi que, le cas échéant, ceux de son mandataire », en vertu de l'article 3 de la loi du 6 juillet 1989 modifié.

> Même si aucun texte ne le dit, cette information doit parvenir au locataire dans les meilleurs délais (de préférence, par lettre recommandée avec demande d'avis de réception, voire par acte d'huissier). On mentionnera toutefois cette jurisprudence de la Cour de cassation, qui se contente de l'indication de la dénomination et du siège social du nouveau bailleur dans le congé (Civ. 3e, 5 avr. 2006, n° 05-10.218, *Bull. civ.* III, n° 93).

Le changement de propriétaire n'a aucune incidence à l'égard du locataire. Au-delà du fait que le locataire va changer d'interlocuteur, ses droits et obligations restent les mêmes. En effet, il est titulaire d'un contrat de bail qui est opposable au bailleur originaire comme à tous les bailleurs successifs (sur l'incidence à l'égard de la caution de la vente du logement en cours de bail v. s[s] n° 505 ; sur la question de la restitution, en fin de bail, du dépôt de garantie v. s[s] n° 2627).

305 **Identification du locataire.** Depuis la loi du 24 mars 2014, dite loi Alur, le contrat doit mentionner « le nom ou la dénomination du locataire ».

Cette exigence qui n'existait pas jusqu'alors ne vaut que pour les contrats signés depuis le 27 mars 2014, date d'entrée en vigueur de la loi du 24 mars 2014.

306 **Date de la prise d'effet du bail.** En pratique, la date de la prise d'effet va souvent différer de quelques jours de celle de la signature du bail. Mais dès la signature du bail, le locataire est engagé. Il ne peut donc rompre la relation contractuelle qu'en délivrant un congé en bonne et due forme et en respectant le préavis de trois mois en principe (v. s[s] n° 2511), réduit à un mois dans certains cas (v. s[s] n° 2514).

> **Pour les baux conclus avant le 27 mars 2014** (soit, avant l'entrée en vigueur de la loi du 24 mars 2014, dite loi Alur), cette indication n'est pas essentielle (Civ. 3e, 28 oct. 2009, n° 08-20.224, *Bull. civ.* III, n° 237) : si la date d'effet du bail n'est pas précisée, cette omission n'empêche pas la formation du contrat de bail. Faute d'indication dans le bail de la date de prise d'effet, celle-ci intervient au jour de la signature de l'état des lieux, de la remise des clés et de la prise d'effet de l'assurance locative. Ce, même si, en pratique, l'entrée effective dans les lieux a été postérieure (Rennes, 21 avr. 2011).

> **Pour les baux conclus à compter du 27 mars 2014**, l'indication de la date de prise d'effet du contrat est un élément obligatoire du contrat de bail.

307 **Durée du bail.** Avant comme après la loi du 24 mars 2014, la loi ne fixe que la durée minimale du contrat : les parties sont libres

de contracter pour une durée plus longue (Civ. 3e, 28 nov. 2006, no 05-17.726, NP). Il a notamment été jugé qu'est valable un « bail viager », c'est-à-dire un contrat de location conclu pour toute la vie du locataire (Civ. 3e, 10 mars 2010, no 09-12.135, *Bull. civ.*, III, no 56).

> ⚠ Toutefois, il est impératif de fixer un terme au bail. En effet, à défaut, en vertu de l'interdiction des engagements perpétuels, le contrat serait nul.

Cette durée minimale n'est opposable qu'au bailleur, puisque le locataire peut, à tout moment, donner congé en respectant un préavis de trois mois, voire d'un mois (v. ss nos 2511 et 2514).

Il y a lieu de distinguer deux cas de figure :

– le bailleur est une personne morale (une société) : la durée du bail est au moins de **six ans** ;

– le bailleur est une personne physique (un particulier) : le bail doit être conclu pour une durée au moins égale à **trois ans**.

Est assimilée à un bailleur personne physique, la société civile familiale (société constituée exclusivement entre parents et alliés jusqu'au 4e degré inclus, c'est-à-dire une société créée entre un père et son fils, un grand-père et son petit-fils, entre deux sœurs, entre une tante et sa nièce, entre cousins), ce qui exclut notamment la société constituée entre concubins, les partenaires pacsés, ainsi que le bailleur qui loue un logement en indivision. Ces deux cas sont visés à l'article 13 de la loi du 6 juillet 1989 (*JO* 8 juill., p. 8541).

Sur la suspension de la durée du bail en cas d'insalubrité des lieux ou de péril, v. ss no 2501.

Durée du bail en cas de convention avec travaux signée entre le bailleur et l'Anah

Après l'accord exprès des parties, le contrat de location peut être renouvelé **avant l'expiration du bail en cours** quand le propriétaire a signé avec l'Agence nationale de l'habitat une convention avec travaux mentionnée aux articles L. 321-4 et L. 321-8 du code de la construction et de l'habitation, et sous réserve que les ressources du locataire en place soient conformes aux plafonds prévus par cette convention. Ce régime est dérogatoire (L. 6 juill. 1989, art. 10). L'offre de renouvellement doit alors être présentée par lettre recommandée avec demande d'avis de réception ou par acte d'huissier dans le délai de **trois mois** après l'accord des parties. Le montant du loyer fixé par le contrat de location renouvelé doit être alors fixé selon les règles applicables au conventionnement des logements avec l'Anah (www.anah.fr).

308 **Possibilités de signer un bail à durée réduite.** Cette exception, qui ne concerne que le bailleur personne physique ou assimilés (v. ss nº 307), lui permet de s'engager pour une durée comprise entre un et trois ans dès lors qu'il peut faire état de raisons professionnelles ou familiales impérieuses.

Il doit s'agir d'un « événement précis [qui] justifie que le bailleur personne physique ait à reprendre le local pour des raisons professionnelles ou familiales » (L. 6 juill. 1989, art. 11, al. 1er). Dans ce cas, les parties peuvent « conclure un contrat d'une durée inférieure à **trois ans mais d'au moins un an** ». Le contrat doit mentionner les raisons et l'événement invoqués.

L'événement professionnel ou familial doit concerner le bailleur lui-même. Par exemple, son départ à la retraite, sa mutation ou la nécessité qu'il a de loger l'un de ses proches.

Le libellé de la clause doit être très précis. Le bailleur ne peut pas se contenter d'indiquer qu'il a besoin de disposer du logement pour son fils « pour des raisons professionnelles ou familiales ». Il doit préciser que celui-ci sera dans l'obligation de récupérer le local à la fin de ses études, en raison de son retour en France, par exemple.

309 **Terme du bail à confirmer ou à reporter deux mois avant le terme fixé.** Deux mois au moins avant la fin du bail, et même si la loi est muette sur la forme que doit revêtir cette confirmation, il est nécessaire (pour une question de preuve) d'adresser un courrier par lettre recommandée avec AR ou de procéder à une notification par huissier. La confirmation postérieure à la date d'échéance du bail à durée réduite serait nulle (Civ. 3e, 11 juill. 2007, n° 06-17.229, *Bull. civ.* III, n° 131).

Il est conseillé d'envoyer la lettre recommandée avec AR largement plus de deux mois avant ladite confirmation, de manière à pouvoir, le cas échéant, recourir dans les délais aux services d'un huissier. En effet, si le locataire est absent lors de la présentation de cette lettre et ne vient pas la retirer à la Poste, la confirmation ne sera pas considérée comme ayant été régulièrement faite.

Si le bailleur confirme la réalisation de l'événement, le bail s'achève selon les stipulations du contrat (le locataire est alors déchu de plein droit de tout titre d'occupation à la date initialement prévue). Bien entendu, il faut que l'événement envisagé dans le contrat se réalise à la date prévue. Il incombera au bailleur d'en rapporter la preuve. À défaut, le bail sera réputé avoir été conclu pour trois ans.

310 **Report du terme du contrat.** Autre possibilité : le bailleur propose au locataire le report du terme du contrat, compte tenu de la réalisation différée de l'événement. Le bailleur ne peut user de cette faculté de report qu'une seule fois : au 2e report, le bail se transforme alors *ipso facto* en bail de trois ans.

Si le bail initial d'une durée réduite est transformé en bail de trois ans, l'article 11 de la loi du 6 juillet 1989 prévoit que « le montant du nouveau loyer ne peut être supérieur à celui de l'ancien éventuellement révisé [...] » (sur la question de la révision v. s^{s} n° 1225).

> **EXEMPLE** Le 10 janvier 2015, un bail de 12 mois est signé entre M. Michalon (locataire) et M. Naudin (bailleur). Ce dernier sera muté dans la ville où est situé le logement loué à compter du 1er janvier 2016.
>
> Le 30 septembre 2015, M. Naudin apprend de sa hiérarchie que sa mutation est repoussée au 1er juillet 2016.
>
> Il avertit immédiatement M. Michalon, lequel retire la LRAR le 4 octobre 2015, soit plus de deux mois avant le terme du contrat : le terme du bail est reporté.
>
> Le 15 avril 2016, toujours par LRAR, M. Naudin confirme qu'il sera bien muté à la date du 1er juillet.
>
> Comme le 26 avril 2016, M. Michalon n'a toujours pas été retirer son courrier, M. Naudin a recours à un huissier.
>
> Le 29 avril, M. Michalon est averti que son bail se terminera bien le 1er juillet.

311 **Consistance et destination des lieux.** Le bail doit mentionner si le local loué est une maison, un appartement, le nombre de pièces, s'il comporte des annexes... Toutes ces informations seront aussi consignées dans l'état des lieux d'entrée (v. ss n° 604).

Le logement doit absolument être à usage d'habitation principale ou mixte (habitation et exercice d'une profession).

312 **Surface habitable de la chose louée.** Depuis 2009, le contrat de location doit préciser la surface habitable de la chose louée (L. n° 2009-323, 25 mars 2009, *JO* 27 mars, p. 5408).

La loi du 24 mars 2014, dite loi Alur, précise qu'il s'agit de la surface habitable « définie par le code de la construction et de l'habitation ».

Par « surface habitable », il faut entendre la surface de plancher construite, après déduction des surfaces occupées par les murs, cloisons, marches et cages d'escaliers, gaines, embrasures de portes et de fenêtres (CCH, art. R. 111-2, al. 2). Étant précisé qu'il n'est pas tenu compte de la superficie des combles non aménagés, caves, sous-sols, remises, garages, terrasses, loggias, balcons, séchoirs extérieurs au logement, vérandas, volumes vitrés prévus à l'article R. 111-10, locaux communs et autres dépendances des logements, ni des parties de locaux d'une hauteur inférieure à 1,80 mètre (CCH, art. R. 111-2, al. 3).

> **Pour les baux conclus à compter du 27 mars 2014**, date d'entrée en vigueur de la loi du 24 mars 2014, dite loi Alur, en cas d'absence dans le contrat de location des informations relatives à la surface habitable, le locataire peut, dans un délai d'un mois à compter de la prise d'effet du contrat de location, mettre en demeure le bailleur de porter ces informations au bail. À défaut de réponse du bailleur dans le délai d'un mois ou en cas de refus de ce dernier, le locataire peut saisir, dans le délai de trois mois à compter de la mise en demeure, la juridiction compétente afin d'obtenir, le cas échéant, la diminution du loyer (loi du 6 juillet 1989, nouvel art. 3, dernier alinéa).

> **Pour ces mêmes contrats**, aux termes de l'article 3-1 de la loi du 6 juillet 1989 (issu de la loi du 24 mars 2014, dite loi Alur), lorsque la surface habitable de la chose louée est inférieure de plus d'1/20e (soit 5 %) à celle exprimée dans le contrat de location, le bailleur supporte, à la demande du locataire, une diminution du loyer proportionnelle à l'écart constaté.

Si les parties n'arrivent pas à se mettre d'accord sur la diminution de loyer ou si le bailleur ne répond pas à la demande du locataire dans les deux mois à compter de la demande en diminution de loyer, le juge peut être saisi, dans le délai de quatre mois à compter de cette même demande, afin de déterminer, le cas échéant, la diminution de loyer à appliquer.

Que la diminution de loyer soit acceptée par le bailleur ou prononcée par le juge, elle prend effet à la date de signature du bail.

Toutefois, si la demande en diminution du loyer intervient plus de six mois après la prise d'effet du bail, la diminution de loyer (amiable ou judiciaire) prend effet à la date de la demande.

Exemple de demande de diminution de loyer

Madame Germaine Daleau
31, route de la Gare
77000 Melun

Monsieur Grand
8, rue de Dôle
95290 L'Isle Adam

Melun, le 1er septembre 2015

Monsieur,

Suite à la mesure opérée par le cabinet Carrex, il s'avère que la surface habitable de l'appartement que je vous loue depuis le 1er juin 2015, s'élève à 85 mètres carrés, alors que le contrat de location que nous avons signé fait état d'une surface de 100 mètres carrés (PJ, le relevé du cabinet Carrex).

La différence entre la surface annoncée et la surface réelle du logement loué étant supérieure à 1/20e, je vous demande, en application de l'article 3-1 de la loi du 6 juillet 1989, de procéder à la diminution de mon loyer, que nous avions arrêté à 400 euros hors charges.

La différence de surface constatée étant de 15 %, je vous demande d'appliquer, depuis la date de la signature du bail le loyer de 340 euros.

Dans l'attente,

Bien cordialement.

313 **Désignation des locaux et équipements.** Le bail doit comporter :

- la désignation des locaux, par exemple, un couloir, une cuisine, deux chambres, une salle de bains et des WC;
- la désignation des équipements d'usage privatif dont le locataire aura la jouissance exclusive, par exemple, une baignoire, un four, une gazinière, une hotte aspirante, trois radiateurs, une cheminée et une porte blindée;

– le cas échéant, l'énumération des parties, équipements et accessoires de l'immeuble qui font l'objet d'un usage commun, par exemple, ascenseur, piscine, garage, court de tennis, aire de jeux, ainsi que, depuis la loi du 24 mars 2014, dite loi Alur (applicable aux contrats signés à compter du 27 mars 2014), des équipements d'accès aux technologies de l'information et de la communication.

314 **Montant du loyer, modalités de paiement et règles de révision éventuelle.** Le loyer est généralement mensuel. Son montant doit évidemment être indiqué dans le bail, tout comme (même si le texte de l'article 3 de la loi du 6 juillet 1989 n'en dit mot) le montant de la provision sur charges.

De la même manière, il faut préciser si le loyer est à terme échu (paiement du loyer en cours en fin de mois) ou à terme à échoir (v. s^s n° 1218), s'il est portable ou quérable (c'est-à-dire si c'est au locataire de l'adresser au bailleur ou si, à l'inverse, c'est au bailleur à venir se faire payer chez le locataire).

Enfin, le bail doit préciser si, tous les ans, le loyer est à réviser et, si tel est le cas, selon quelles modalités (choix de l'indice, de la date de référence, etc. ; v. s^s n° 1226).

315 **Loyers de référence.**

Pour les baux conclus à compter du 27 mars 2014, aux termes du 7° de l'article 3 de la loi du 6 juillet 1989 dans sa rédaction issue de loi du 24 mars 2014, dite loi Alur, le contrat doit préciser le loyer de référence et le loyer de référence majoré, correspondant à la catégorie de logement et définis par le représentant de l'État dans le département dans les zones où s'applique l'arrêté mentionné au I de l'article 17 (v. s^s n° 1213).

⚠ En cas d'absence dans le contrat de location signé des informations relatives aux loyers de référence, le locataire peut, dans un délai d'un mois à compter de la prise d'effet du contrat de location, mettre en demeure le bailleur de porter ces informations au bail. À défaut de réponse du bailleur dans le délai d'un mois ou en cas de refus de ce dernier, le locataire peut saisir, dans le délai de trois mois à compter de la mise en demeure, la juridiction compétente afin d'obtenir, le cas échéant, la diminution du loyer (L. 6 juill. 1989, art. 3, dern. al.).

316 **Dernier loyer acquitté par l'ancien locataire.**

Formulée par l'article 3 de la loi du 6 juillet 1989 dans sa rédaction issue de la loi du 24 mars 2014, dite loi Alur, applicable aux contrats signés à compter du 27 mars 2014, le bail doit mentionner le montant et la date de versement du dernier loyer acquitté par le précédent locataire, dès lors du moins que ce dernier a quitté le logement moins de dix-huit mois avant la signature du bail (L. 6 juill. 1989, art. 3, 8°).

La loi n° 2015-990 du 6 août 2015, dite loi Macron (*JO* 7 août, p. 13537) a modifié l'article 3 de la loi de 1989. Désormais, ce texte précise que « le bail doit mentionner le montant et la date de versement du dernier loyer appliqué au précédent locataire ». Ce changement de terminologie ne vaut toutefois que pour les baux signés depuis le 8 août 2015 et pour les baux faisant l'objet d'un renouvellement à compter de cette date (L. 6 août 2015, art. 82-II).
En cas d'absence dans le contrat de location des informations relatives au dernier loyer acquitté par le précédent locataire, le locataire peut, dans un délai d'un mois à compter de la prise d'effet du contrat de location, mettre en demeure le bailleur de porter ces informations au bail. À défaut de réponse du bailleur dans le délai d'un mois ou en cas de refus de ce dernier, le locataire peut saisir, dans le délai de trois mois à compter de la mise en demeure, la juridiction compétente afin d'obtenir, le cas échéant, la diminution du loyer (L. 6 juill. 1989, art. 3, dern. al.).

317 **Travaux déjà effectués dans le logement.**

Pour les baux conclus à compter du 27 mars 2014, le bail doit par ailleurs préciser la nature et le montant des travaux effectués dans le logement depuis la fin du dernier contrat de location ou depuis le dernier renouvellement du bail (L. 6 juill. 1989, art. 3, 9°).

318 **Montant du dépôt de garantie.** Afin de se prémunir d'un déménagement « à la cloche de bois » ou d'un défaut d'entretien, le bailleur peut exiger le versement d'un dépôt de garantie (v. s[s] n° 508). Cette somme **ne peut pas dépasser un mois de loyer hors charges**. Si une telle garantie est demandée, il faut, qu'elle soit mentionnée dans le bail (sur la restitution du dépôt en garantie v. s[s] n° 2627).

319 **Renoncement à la garantie universelle des loyers (GUL).**

Pour les contrats de location conclus à compter du 1er janvier 2016, lorsque le bailleur aura renoncé au bénéfice de la garantie universelle des loyers (GUL), ce renoncement devra être expressément mentionné dans le contrat de location (concernant le GUL, v. s[s] n°s 512 s.).

À défaut de renoncement, le bailleur devra déclarer le contrat de location auprès de l'Agence de la garantie universelle des loyers mentionnée au II de l'article 24-2 de la loi du 6 juillet 1989.

320 **Rémunération des intermédiaires.**

Pour les contrats de location conclus à compter du 27 mars 2014, date d'entrée en vigueur de la loi du 24 mars 2014, dite loi Alur, les trois premiers alinéas de l'article 5-I de la loi du 6 juillet 1989 ainsi que les montants des plafonds qui y sont définis sont reproduits, à peine de nullité, dans le contrat de bail lorsque celui-ci est conclu avec le concours d'une personne mandatée et rémunérée à cette fin.

Concernant la rémunération des intermédiaires, v. aussi s[s] n° 214.

» Clauses souhaitables

321 **Autres clauses à énumérer.** Bien que la loi du 6 juillet 1989 ne les ait pas élevées au rang des clauses impératives, il est vivement recommandé que le contrat de location énumère :

- les obligations des parties (obligation de délivrance, d'entretien, de garantie... pour le bailleur; obligation de jouissance paisible, de paiement des loyers et des charges... pour le locataire);
- le décompte des charges locatives;
- les modalités de renouvellement du bail;
- les conditions pour donner congé;
- la mise en jeu de la clause résolutoire pour non-paiement des loyers, pour défaut d'assurance ou pour troubles du voisinage (si une telle clause est stipulée).

Peut-on prévoir une clause interdisant au locataire de changer de fournisseur d'énergie (gaz et électricité) ?

Depuis le 1er mars 2011, date d'entrée en vigueur de la loi n° 2010-1488 du 7 décembre 2010 (*JO* 8 déc., p. 21467) cette question ne présente plus d'intérêt. En effet, cette loi permet désormais, pour les particuliers, et les PME, la réversibilité totale et sans condition entre les tarifs libres et le tarif réglementé. Cette réversibilité s'applique aux contrats d'électricité d'une puissance inférieure ou égale à 36 kVA et les souscripteurs consommant moins de 30 000 kWh/an.

» Clauses formellement interdites

322 **Liste des clauses formellement interdites de l'article 4 de la loi du 6 juillet 1989.** Les clauses formellement interdites sont énumérées à l'article 4 de la loi du 6 juillet 1989 (L. n° 89-462, 6 juill. 1989, *JO* 8 juill., p. 8541).

Depuis la loi du 24 mars 2014, dite loi Alur, cette liste comprend vingt clauses qui sont **réputées non écrites** si elles figurent dans un bail. Une clause réputée non écrite est **considérée comme nulle**.

En présence de l'une d'entre elles, le locataire n'a pas à en tenir compte. Il peut même obtenir du bailleur qu'il la supprime du bail (l'article 3 de la loi, non modifié sur ce point par la loi du 24 mars 2014, dite loi Alur, précise que « chaque partie peut exiger de l'autre partie, à tout moment, l'établissement d'un contrat conforme » à la loi). La nullité de la clause ne remet absolument pas en cause la validité du bail en lui-même.

L'action du locataire n'est enfermée dans aucun délai. Il peut tout à fait attendre le moment où le bailleur essaiera de faire jouer cette clause pour lui opposer la nullité.

323 **Visite des lieux en cours de bail.** La clause qui oblige le locataire, en vue de la vente ou de la location du local loué, à laisser visiter celui-ci les jours fériés ou plus de deux heures les jours ouvrables est interdite. Cette prohibition s'explique par l'obligation qu'a le bailleur de ne pas troubler le locataire dans sa jouissance des lieux (v. s[s] n° 802).

En cours de préavis (notamment lorsque le locataire a donné congé) ou en cas de vente du logement, il est toutefois légitime que le bailleur se ménage des plages de visite, mais dans les limites que l'on vient d'indiquer.

324 **Imposer le choix d'une assurance.** Le locataire doit « s'assurer contre les risques dont il doit répondre en sa qualité de locataire » (L. 6 juill. 1989, art. 7 *g*). Toutefois, le choix de la compagnie d'assurances ne doit pas lui être dicté par le bailleur. « Est réputée non écrite toute clause [...] *b*) par laquelle le locataire est obligé de souscrire une assurance auprès d'une compagnie choisie par le bailleur. »

325 **Paiement du loyer par prélèvement automatique.** Le bailleur ne peut pas obliger son locataire à régler le loyer par un prélèvement automatique (L. 6 juill. 1989, art. 4 *c*). Pour autant, cette

technique n'est pas prohibée en tant que telle. Le locataire peut très bien librement consentir à ce mode de paiement, mais il doit conserver la possibilité de résilier ce prélèvement à tout moment.

326 **Prélèvement du loyer par prélèvement sur le salaire.** Le bailleur ne peut pas non plus imposer au locataire le paiement du loyer par prélèvement sur le salaire (L. 6 juill. 1989, art. 4 *d*). De la même manière, est nulle la clause autorisant le bailleur à pratiquer une saisie-arrêt sur salaires en vue de recouvrer les éventuels loyers impayés.

327 **Instaurer une responsabilité collective des locataires.** Est réputée non écrite toute clause « qui prévoit la responsabilité collective des locataires en cas de dégradation d'un élément commun de la chose louée » (L. 6 juill. 1989, art. 4 *e*). Cette disposition, qui interdit de répartir sur tous les locataires la charge des réparations, impose donc au bailleur souhaitant obtenir réparation qu'il identifie le fauteur de trouble.

> **EXEMPLE** La clause prévoyant que les frais de dégorgement et de réparation des canalisations d'évacuation ou de vide-ordures bouchés ou abîmés seront répartis entre tous les locataires de l'immeuble est nulle.

328 **Rembourser le bailleur sur la foi de ses seules estimations.** Le locataire doit au bailleur le remboursement des frais que ce dernier avance au titre des réparations locatives (v. s[s] n° 1703). Toutefois, est nulle la clause qui prévoit que le locataire s'engage par avance à rembourser le bailleur sur la seule base de ses estimations (L. 6 juill. 1989, art. 4 *f*). Seul un remboursement sur justificatifs est possible.

329 **Clauses de résiliation de plein droit.** Une clause de résiliation de plein droit va permettre au bailleur de mettre fin au bail en cas de manquement du locataire à l'une de ses obligations précisées par la clause. Le bailleur n'aura besoin que de faire constater par le juge que la « clause résolutoire » est acquise. Le juge n'aura aucune marge de manœuvre : il devra **systématiquement sanc-**

tionner le manquement du locataire visé par la clause, quelle que soit sa gravité, par la résiliation du bail (sur la procédure v. s[s] n°s 2805 s.).

Compte tenu de la gravité et de l'automaticité de la sanction en cas de violation d'une clause résolutoire, le législateur a strictement limité les manquements pour lesquels elle peut intervenir.

Il s'agit uniquement :

- du défaut de paiement du loyer, des charges ou du dépôt de garantie (L. 6 juill. 1989, art. 24) ;
- du cas de défaut d'assurance (L. 6 juill. 1989, art. 7 *g*) ;
- ou, depuis la loi du 5 mars 2007 (*JO* 7 mars, p. 4297) du non-respect de l'obligation d'user paisiblement des locaux loués, résultant de troubles de voisinage constatés par une décision de justice passée en force de chose jugée.

> **EXEMPLE** Conformément à l'article 4 *g* de la loi du 6 juillet 1989, une clause qui prévoit la résiliation de plein droit du bail en cas de sous-location ou de cession est nulle. Le bailleur qui veut se séparer de son locataire pour ce motif devra saisir les juges afin qu'ils décident si la gravité du manquement invoqué justifie la résiliation du bail (v. s[s] n°s 2820 s.).

330 **Variation sans contrepartie des prestations offertes.** L'équilibre voulu par les parties lors de la conclusion du bail ne doit pas être modifié ou rompu en cours d'exécution du contrat. Si le bailleur entend modifier un élément du bail, il doit indemniser son locataire pour le préjudice éventuel qu'il lui cause (L. 6 juill. 1989, art. 4 *h*).

> **EXEMPLE** Il est interdit au bailleur d'insérer une clause en vertu de laquelle, pendant la durée du bail, il se réserve le droit de réaliser tout type de travaux qu'il jugera utile et ne devra, quelle que soit la durée de ces travaux, aucune indemnité au locataire (v. s[s] n° 1709).
>
> De même, est nulle la clause qui interdit au locataire d'exercer un recours contre le bailleur qui supprimerait le gardiennage dans l'immeuble.

331 **Perception d'amendes ou de pénalités.** « Toute clause qui autorise le bailleur à percevoir des **amendes** ou, depuis la loi du 24 mars 2014, dite loi Alur (applicable aux baux conclus à compter du 27 mars 2014) des **pénalités** en cas d'infraction aux clauses d'un contrat de location ou d'un règlement intérieur à l'immeuble » est **réputée non écrite** (L. 6 juill. 1989, art. 4 *i*, mod. par L. 24 mars 2014). Il s'agit en fait d'une application de l'adage selon lequel nul ne peut se faire justice à soi-même.

L'interdiction concerne les amendes proprement dites, mais aussi pour les baux signés depuis le 27 mars 2014, les clauses pénales (une **clause pénale** est une clause par laquelle les parties évaluent d'avance et forfaitairement l'indemnité due en cas d'irrespect, par l'une d'entre elles, de ses obligations).

Exemple de clause pénale

> « En cas de retard de paiement du loyer ou des charges locatives supérieur à quinze jours, le locataire devra verser au bailleur une pénalité de 10 % de la somme impayée. »

332 **Interdiction d'exercer certaines activités.** Toute clause qui interdit au locataire d'exercer une activité politique, syndicale, associative ou confessionnelle dans les lieux loués est nulle (L. 6 juill. 1989, art. 4 *j*).

333 **Facturation de l'état des lieux.** Est réputée non écrite, et est à ce titre nulle, la clause qui impose au locataire la facturation de l'état des lieux dès lors que celui-ci n'est pas établi par un huissier de justice dans le cas prévu par l'article 3-2.

> ⚠ Pour les contrats signés à compter du 27 mars 2014 (date d'entrée en vigueur de la loi du 24 mars 2014, dite loi Alur), la prohibition ne vaut que pour la facturation de l'**état des lieux de sortie** (sur la question de la rémunération des intermédiaires, v. s[s] n° 214).

Cette clause répond à un souci très pratique. En effet, si l'article 3-2 de la loi du 6 juillet 1989 n'évoque un partage des frais d'établissement de l'état des lieux que s'il est établi par un huissier de justice, à l'initiative de la partie la plus diligente (v. s[s] n° 2704), dans les faits, certains professionnels de l'immobilier prévoyaient dans le contrat la facturation au locataire de l'établissement de l'état des lieux. Cette pratique est donc explicitement prohibée. En revanche, rien n'interdit au professionnel de facturer cet acte au propriétaire.

334 **Durée de renouvellement du bail par tacite reconduction.** Est réputée non écrite la clause qui prévoit le renouvellement du bail par tacite reconduction pour une durée inférieure à celle prévue à l'article 10 (3 ou 6 ans, selon que le bailleur est une personne physique ou non).

335 **Recherche de la responsabilité du bailleur.** Est réputée non écrite la clause qui interdit au locataire de rechercher la responsabilité du bailleur ou qui exonère le bailleur de toute responsabilité.

336 **Interdiction d'hébergement.** Est réputée non écrite la clause qui interdit au locataire d'héberger des personnes ne vivant pas habituellement avec lui. La loi ne fait ici que confirmer une solution dégagée par les juges et encore rappelée quelque temps avant la publication de la loi (Civ. 3e, 22 mars 2006, n° 04-19.349, *Bull. civ.* III, n° 73).

337 **Versement de certaines sommes d'argent.** Est réputée non écrite la clause qui impose au locataire le versement, lors de l'entrée dans les lieux, de sommes d'argent en plus de celles prévues aux articles 5 (partage de la commission de l'agent immobilier entre le bailleur et le locataire) et 22 (le montant du dépôt de garantie ne peut excéder un mois de loyer).

338 **Imputation de certains frais.** Est réputée non écrite la clause qui fait supporter au locataire des frais de relance ou d'expédition de la quittance ainsi que les frais de procédure en plus des sommes versées au titre des dépens et de l'article 700 du code de procédure civile. C'est ainsi qu'a été jugée illicite la clause par laquelle le

locataire est redevable, en plus du loyer, d'une somme de deux euros correspondant à des frais de correspondance (Rennes, 13 janv. 2011, RG n° 08/055352).

339 **Responsabilité automatique du locataire.** Est réputée non écrite la clause qui prévoit que le locataire est automatiquement responsable des dégradations constatées dans le logement.

340 **Indemnité pour travaux.** Est réputée non écrite la clause qui interdit au locataire de demander une indemnité au bailleur lorsque ce dernier réalise des travaux d'une durée supérieure à vingt-et-un jours.

> ⚠ La durée des travaux incriminée est de **vingt-et-un jours** pour les contrats conclus à compter du 27 mars 2014 (date d'entrée en vigueur de la loi du 24 mars 2014, dite loi Alur), mais de quarante jours pour les baux signés avant cette date.

341 **Modalités de résiliation du bail de plein droit.** Est réputée non écrite la clause qui permet au bailleur d'obtenir la résiliation de plein droit du bail au moyen d'une simple ordonnance de référé insusceptible d'appel.

342 **Souscription d'un contrat pour la location d'équipements.** Depuis la loi du 24 mars 2014, dite loi Alur (opposable uniquement aux baux signés à compter du 27 mars 2014), est réputée non écrite la clause qui impose au locataire, en surplus du paiement du loyer pour occupation du logement, de souscrire un contrat pour la location d'équipements.

› Autres clauses illicites et clauses abusives

343 **Généralités.** En réalité, une clause est illicite à chaque fois qu'elle est en contradiction avec une disposition de la loi du 6 juillet 1989 ou même avec un autre texte, pourvu qu'il soit d'ordre public.

Les clauses illicites au regard des dispositions d'ordre public ont été recensées par la Commission des clauses abusives en annexe de sa recommandation n° 2000-01 du 17 février 2000 (www.clauses-abusives.fr).

Exemples de clauses illicites

Est illicite :

- la clause obligeant le locataire à souscrire une assurance auprès d'une compagnie d'assurances française (violation de l'art. 49 du traité instituant la Communauté européenne) ;
- la clause prévoyant que les frais de constitution de dossier et d'établissement du bail (frais d'actes, de rédaction, d'imprimés, etc.) seront à la charge du locataire, ainsi que les frais d'enregistrement et les frais de photocopies des pièces annexées au bail (violation de l'art. 5 de la loi du 6 juill. 1989) ;
- la clause prévoyant que tout mois commencé est dû (violation de l'art. 15 de la loi du 6 juill. 1989) ;
- la clause interdisant au locataire dont l'expulsion est poursuivie, d'obtenir des délais pour libérer les lieux (violation des art. 1244-1 et 1244-3 du C. civ. [C. civ., art. 1343-5 à compter du 1er oct. 2016] et de l'art. L. 631-1 du CCH) ;
- la clause imposant au locataire de payer tous les frais et tous les honoraires en cas de procédure contre lui (violation de l'art. L. 111-8 du C. pr. exéc.).

344 **Définition des clauses abusives.** À côté des clauses illicites, il existe des clauses abusives, c'est-à-dire des clauses listées par la Commission des clauses abusives dont l'une ou l'autre des parties pourra demander au juge de les faire disparaître du bail (en les réputant non écrites).

À la différence des clauses illicites, que le juge doit automatiquement annuler, le locataire qui prétend qu'une clause du bail est abusive doit l'établir (ainsi qu'il est dit à l'art. L. 132-1, C. consom.). S'il parvient à convaincre le juge, celui-ci annulera la clause.

À ce jour, il existe deux recommandations de la Commission des clauses abusives intéressant les rapports locatifs d'habitation, ayant – à elles deux – recensé 50 clauses abusives. Il s'agit de la recommandation n° 80-04 du 4 février 1980 et de la recommandation n° 2000-01 du 17 février 2000 (www.clauses-abusives.fr).

Exemples de clauses abusives

Est abusive la clause qui a pour objet ou pour effet :

- de laisser croire au locataire qu'il est redevable de plus d'obligations que celles posées par la loi (qui est d'ordre public), tels le paiement de charges non récupérables, le versement d'un dépôt de garantie supérieur à un mois de loyer, le remplacement – aux frais du preneur – du compteur et de l'installation électrique intérieure, l'installation d'une boîte à lettres aux frais du locataire sur simple demande du bailleur;
- d'interdire au locataire de contester les clauses du bail sous peine de résiliation de celui-ci;
- d'obliger le locataire à faire procéder au ramonage des cheminées plusieurs fois par an;
- d'imposer au locataire, en fin de bail, de faire dresser, à ses frais par l'architecte du bailleur ou de son gérant, l'état des réparations locatives;
- de fixer, en cas de congé, des horaires de visite incompatibles avec les contraintes de la vie courante des locataires;
- de mettre à la charge exclusive du locataire les frais liés à la conclusion du bail;
- d'obliger le locataire à négocier avec le propriétaire le montant du loyer de renouvellement, faute de quoi les frais de procédure de renouvellement seraient à sa charge;
- d'exiger du locataire qu'il souscrive des assurances autres que celles qu'il est d'usage de contracter;
- de prévoir une domiciliation du locataire dans les lieux libérés. La liste des clauses abusives est disponible *in extenso* sur le site de la Commission des clauses abusives (www.clauses-abusives.fr) et dans le code des baux Dalloz.

» Contrat de location

345 **Objet de l'exemple d'acte.** Ce contrat type est issu du décret n° 2015-587 du 29 mai 2015 (*JO* 31 mai, p. 9035). Il est en vigueur depuis le 1er août 2015.

Les éléments entre accolades { } sont des précisions apportées en note par le décret.

Contrat type de location ou de colocation de logement nu

[Soumis au titre Ier de la loi du 6 juillet 1989 tendant à améliorer les rapports locatifs et portant modification de la loi n° 86-1290 du 23 décembre 1986]

Champ du contrat type : le présent contrat type de location est applicable aux locations et aux colocations de logement nu et qui constitue la résidence principale du preneur, à l'exception :
– des colocations formalisées par la conclusion de plusieurs contrats entre les colocataires et le bailleur ;
– des locations de logements faisant l'objet d'une convention passée en application de l'article L. 351-2 ou de l'article L. 321-8 du code de la construction et de l'habitation ;
– des locations de logement appartenant à un organisme d'habitation à loyer modéré ne faisant pas l'objet d'une convention passée en application de l'article L. 351-2 précité.

Modalités d'application du contrat type : le régime de droit commun en matière de baux d'habitation est défini principalement par la loi du 6 juillet 1989 modifiée. L'ensemble de ces dispositions étant d'ordre public, elles s'imposent aux parties qui, en principe, ne peuvent pas y renoncer.

En conséquence :
– le présent contrat type de location contient uniquement les clauses essentielles du contrat dont la législation et la réglementation en vigueur au jour de sa publication imposent la mention par les parties dans le contrat. Il appartient cependant aux parties de s'assurer des dispositions applicables au jour de la conclusion du contrat ;
– au-delà de ces clauses, les parties sont également soumises à l'ensemble des dispositions légales et réglementaires d'ordre public applicables aux baux d'habitation sans qu'il soit nécessaire de les

Sur le contenu de cette notice d'information, v. s[s] n° 402

faire figurer dans le contrat et qui sont rappelées utilement dans la notice d'information qui doit être jointe à chaque contrat ;
– les parties sont libres de prévoir dans le contrat d'autres clauses particulières, propres à chaque location, dans la mesure où celles-ci sont conformes aux dispositions législatives et réglementaires en vigueur. Les parties peuvent également convenir de l'utilisation de tout autre support pour établir leur contrat, dans le respect du présent contrat type.

Le contrat type de location ou de colocation contient les éléments suivants :

I. Désignation des parties

Le présent contrat est conclu entre les soussignés :

Si le bailleur est une personne physique

– [nom et prénom], [domicile], [qualité : personne physique], [adresse électronique] (facultatif) ;

Si le bailleur est une personne morale

– [dénomination], [siège social], [qualité : personne morale] {Préciser si la personne morale est une société civile constituée exclusivement entre parents et alliés jusqu'au quatrième degré inclus}, [adresse électronique] (facultatif) ;

{à reproduire si pluralité de bailleur}

désigné (s) ci-après « le bailleur » ;

Le cas échéant

représenté par le mandataire :
– [nom ou raison sociale et adresse du mandataire ainsi que l'activité exercée] ;

Le cas échéant

– [numéro et lieu de délivrance de la carte professionnelle], [nom et adresse du garant] {mention obligatoire s'appliquant aux professionnels exerçant une activité mentionnée à l'article 1er de la loi n° 70-9 du 2 janvier 1970 réglementant les conditions d'exercice des activités relatives à certaines opérations portant sur les immeubles et les fonds de commerce} ;
– [nom et prénom du ou des locataires ou, en cas de colocation, des colocataires], [adresse électronique] (facultatif) ;

désigné (s) ci-après « le locataire » ;

Il a été convenu ce qui suit :

II. Objet du contrat

Le présent contrat a pour objet la location d'un logement ainsi déterminé :

A. Consistance du logement
– localisation du logement : [PAR EX. : adresse, bâtiment, étage, porte] ;

– type d'habitat :
❒ individuel ❒ collectif;
– régime juridique de l'immeuble :
❒ mono propriété ❒ copropriété;
– période de construction : [PAR EX. : avant 1949, de 1949 à 1974, de 1975 à 1989, de 1989 à 2005, depuis 2005];
– surface habitable : .... m²;
– nombre de pièces principales : ....;

Le cas échéant [– autres parties du logement : .... [PAR EX. : grenier, comble aménagé ou non, terrasse, balcon, loggia, jardin];

Le cas échéant [– éléments d'équipements du logement : .... [PAR EX. : cuisine équipée, détail des installations sanitaires];

– modalité de production de chauffage :
❒ individuelle ❒ collective;

Si chauffage collectif [• modalités de répartition de la consommation du locataire : ....

– modalité de production d'eau chaude sanitaire :
❒ individuelle ❒ collective;

En cas de production collective [• modalités de répartition de la consommation du locataire : ....

B. Destination des locaux :
❒ usage d'habitation ❒ usage mixte (professionnel et d'habitation)

Le cas échéant [*C*. Désignation des locaux et équipements accessoires de l'immeuble à usage privatif du locataire : .... [PAR EX. : cave, parking, garage]

Le cas échéant [*D*. Énumération des locaux, parties, équipements et accessoires de l'immeuble à usage commun : .... [PAR EX. : Garage à vélo, ascenseur, espaces verts, aires et équipements de jeux, laverie, local poubelle, gardiennage, autres prestations et services collectifs]

Le cas échéant [*E*. Équipement d'accès aux technologies de l'information et de la communication : .... [PAR EX. : modalités de réception de la télévision dans l'immeuble, modalités de raccordement internet]

III. Date de prise d'effet et durée du contrat

La durée du contrat et sa date de prise d'effet sont ainsi définies :

A. Date de prise d'effet du contrat : ....

B. Durée du contrat : ....[durée minimale de trois ou six ans selon la qualité du bailleur] ou [durée réduite et minimale d'un an lorsqu'un événement précis le justifie {limité aux événements précis qui justifient que le bailleur personne physique ait à reprendre le local pour des raisons professionnelles ou familiales}].

Le cas échéant [*C.* Événement et raison justifiant la durée réduite du contrat de location : ....

En l'absence de proposition de renouvellement du contrat, celui-ci est, à son terme, reconduit tacitement pour trois ou six ans et dans les mêmes conditions.

Le locataire peut mettre fin au bail à tout moment, après avoir donné congé.

Le bailleur, quant à lui, peut mettre fin au bail à son échéance et après avoir donné congé :
– soit pour reprendre le logement en vue de l'occuper lui-même ou une personne de sa famille ;
– soit pour le vendre ;
– soit pour un motif sérieux et légitime.

IV. Conditions financières

Les parties conviennent des conditions financières suivantes :

A. Loyer

1. Fixation du loyer initial :

a. montant du loyer mensuel : .... {lorsqu'un complément de loyer est appliqué, le loyer mensuel s'entend comme la somme du loyer de base et de ce complément} ;

Le cas échéant [b. modalités particulières de fixation initiale du loyer applicables dans certaines zones tendues {zones d'urbanisation continue de plus de 50 000 habitants où il existe un déséquilibre marqué entre l'offre et la demande de logements, entraînant des difficultés sérieuses d'accès au logement sur l'ensemble du parc résidentiel telles que définies par décret} : ....
– le loyer du logement objet du présent contrat est soumis au décret fixant annuellement le montant maximum d'évolution des loyers à la relocation :
❒ oui ❒ non ;
– le loyer du logement objet du présent contrat est soumis au loyer de référence majoré fixé par arrêté préfectoral : ❒ oui❒ non ;
– montant du loyer de référence : .... € / m² ;
– montant du loyer de référence majoré : .... € / m² ;

Le cas échéant [– complément de loyer : .... [si un complément de loyer est prévu, indiquer le montant du loyer de base, nécessairement égal au loyer de référence majoré, le montant du complément de loyer et les caractéristiques du logement justifiant le complément de loyer].

Le cas échéant [c. informations relatives au loyer du dernier locataire : .... [montant du dernier loyer acquitté par le précédent locataire, date de versement et date de la dernière révision du loyer] {mention obligatoire si le précédent locataire a quitté le logement moins de dix-huit mois avant la signature du bail}.

Le cas échéant [2. Modalités de révision :

a. date de révision : ....

b. date ou trimestre de référence de l'IRL : ....

B. Charges récupérables

1. Modalité de règlement des charges récupérables : .... [Provisions sur charges avec régularisation annuelle ou paiement périodique des charges sans provision] [En cas de colocation, les parties peuvent convenir de la récupération des charges par le bailleur sous la forme d'un forfait].

Le cas échéant [2. Montant des provisions sur charges ou, en cas de colocation, du forfait de charge : ....

Le cas échéant [3. En cas de colocation et si les parties en conviennent, modalités de révision du forfait de charges : .... {si les parties conviennent d'un forfait de charges et de sa révision annuelle, ce forfait est révisé dans les mêmes conditions que le loyer principal}.

Le cas échéant [*C.* Contribution pour le partage des économies de charges : .... {L. n° 89-462, 6 juill. 1989, art. 23-1}.

1. Montant et durée de la participation du locataire restant à courir au jour de la signature du contrat : ....

2. Éléments propres à justifier les travaux réalisés donnant lieu à cette contribution : ....

Le cas échéant [*D.* En cas de colocation, souscription par le bailleur d'une assurance pour le compte des colocataires :

❒ oui ❒ non

{au cours de l'exécution du contrat de location et dans les conditions prévues par la loi, les colocataires peuvent provoquer la résiliation de l'assurance souscrite par le bailleur pour leur compte}

1. Montant total annuel récupérable au titre de l'assurance pour compte des colocataires : .... {correspond au montant de la prime d'assurance annuelle, éventuellement majoré dans la limite d'un montant fixé par décret en Conseil d'État}.

2. Montant récupérable par douzième : ....

E. Modalités de paiement

– périodicité du paiement : .... {paiement mensuel de droit à tout moment à la demande du locataire};

– paiement :

❒ à échoir ❒ à terme échu;

– date ou période de paiement : ....;

Le cas échéant – lieu de paiement : ....;

Le cas échéant – montant total dû à la première échéance de paiement pour une période complète de location : .... [détailler la somme des montants relatifs au loyer, aux charges récupérables, à la contribution pour le partage des économies de charges et, en cas de colocation, à l'assurance récupérable pour le compte des colocataires].

Le cas échéant *F.* Exclusivement lors d'un renouvellement de contrat, modalités de réévaluation d'un loyer manifestement sous-évalué.

1. Montant de la hausse ou de la baisse de loyer mensuelle : ....

2. Modalité d'application annuelle de la hausse : .... [par tiers ou par sixième selon la durée du contrat et le montant de la hausse de loyer].

V. Travaux

Le cas échéant *A.* Montant et nature des travaux d'amélioration ou de mise en conformité avec les caractéristiques de décence effectués depuis la fin du dernier contrat de location ou depuis le dernier renouvellement : .... {le cas échéant, préciser par ailleurs le montant des travaux d'amélioration effectués au cours des six derniers mois}.

Le cas échéant *B.* Majoration du loyer en cours de bail consécutive à des travaux d'amélioration entrepris par le bailleur : .... [nature des travaux, modalités d'exécution, délai de réalisation ainsi que montant de la majoration du loyer] {clause invalide pour les travaux de mise en conformité aux caractéristiques de décence};

Le cas échéant *C.* Diminution de loyer en cours de bail consécutive à des travaux entrepris par le locataire : .... [durée de cette diminution et, en cas de départ anticipé du locataire, modalités de son dédommagement sur justification des dépenses effectuées].

VI. Garanties

Le cas échéant Montant du dépôt de garantie de l'exécution des obligations du locataire / Garantie autonome : .... [inférieur ou égal à un mois de loyers hors charges].

Le cas échéant

VII. Clause de solidarité

Modalités particulières des obligations en cas de pluralité de locataires : .... [clause prévoyant la solidarité des locataires et l'indivisibilité de leurs obligations en cas de pluralité de locataires].

Le cas échéant

VIII. Clause résolutoire

Modalités de résiliation de plein droit du contrat : .... [clause prévoyant la résiliation de plein droit du contrat de location pour un défaut de paiement du loyer ou des charges aux termes convenus, le non-versement du dépôt de garantie, la non-souscription d'une assurance des risques locatifs ou le non-respect de l'obligation d'user paisiblement des locaux loués, résultant de troubles de voisinage constatés par une décision de justice passée en force de chose jugée].

Le cas échéant

IX. Honoraires de location

{à mentionner lorsque le contrat de location est conclu avec le concours d'une personne mandatée et rémunérée à cette fin}

A. Dispositions applicables

Il est rappelé les dispositions du I de l'article 5 de la loi du 6 juillet 1989, alinéas 1 à 3 : « La rémunération des personnes mandatées pour se livrer ou prêter leur concours à l'entremise ou à la négociation d'une mise en location d'un logement, tel que défini aux articles 2 et 25-3, est à la charge exclusive du bailleur, à l'exception des honoraires liés aux prestations mentionnées aux deuxième et troisième alinéas du présent I.

Les honoraires des personnes mandatées pour effectuer la visite du preneur, constituer son dossier et rédiger un bail sont partagés entre le bailleur et le preneur. Le montant toutes taxes comprises imputé au preneur pour ces prestations ne peut excéder celui imputé au bailleur et demeure inférieur ou égal à un plafond par mètre carré de surface habitable de la chose louée fixé par voie réglementaire et révisable chaque année, dans des conditions définies par décret. Ces honoraires sont dus à la signature du bail.

Les honoraires des personnes mandatées pour réaliser un état des lieux sont partagés entre le bailleur et le preneur. Le montant toutes taxes comprises imputé au locataire pour cette prestation ne peut excéder celui imputé au bailleur et demeure inférieur ou égal à un plafond par mètre carré de surface habitable de la chose louée fixé par voie réglementaire et révisable chaque année, dans des conditions définies par décret. Ces honoraires sont dus à compter de la réalisation de la prestation. »

Plafonds applicables :
– montant du plafond des honoraires imputables aux locataires en matière de prestation de visite du preneur, de constitution de son dossier et de rédaction de bail : .... € / m² de surface habitable ;
– montant du plafond des honoraires imputables aux locataires en matière d'établissement de l'état des lieux d'entrée : .... € / m² de surface habitable.

B. Détail et répartition des honoraires

1. Honoraires à la charge du bailleur :
– prestations de visite du preneur, de constitution de son dossier et de rédaction de bail : .... [détail des prestations effectivement réalisées et montant des honoraires toutes taxes comprises dus à la signature du bail] ;

Le cas échéant – prestation de réalisation de l'état des lieux d'entrée : .... [montant des honoraires toutes taxes comprises dus à compter de la réalisation de la prestation] ;
– autres prestations : .... [détail des prestations et conditions de rémunération].

2. Honoraires à la charge du locataire : de constitution de son dossier et de rédaction de bail : .... [détail des prestations effectivement réalisées et montant des honoraires toutes taxes comprises dus à la signature du bail] ;

Le cas échéant – prestation de réalisation de l'état des lieux d'entrée : .... [montant des honoraires toutes taxes comprises dus à compter de la réalisation de la prestation].

X. Autres conditions particulières

[À définir par les parties]

XI. Annexes

Sont annexées et jointes au contrat de location les pièces suivantes :

Le cas échéant *A.* Un extrait du règlement concernant la destination de l'immeuble, la jouissance et l'usage des parties privatives et communes, et précisant la quote-part afférente au lot loué dans chacune des catégories de charges.

B. Un dossier de diagnostic technique comprenant :
– un diagnostic de performance énergétique ;

– immeubles construits avant le 1er janvier 1949 ;

– une copie d'un état mentionnant l'absence ou la présence de matériaux ou de produits de la construction contenant de l'amiante {à compter de l'entrée en vigueur du décret d'application listant notamment les matériaux ou produits concernés} ;

– un état de l'installation intérieure d'électricité et de gaz, dont l'objet est d'évaluer les risques pouvant porter atteinte à la sécurité des personnes {à compter de la date d'entrée en vigueur de cette disposition, prévue par décret} ;

Le cas échéant [– un état des risques naturels et technologiques pour les zones couvertes par un plan de prévention des risques technologiques ou par un plan de prévention des risques naturels prévisibles, prescrit ou approuvé, ou dans des zones de sismicité {la liste des communes comprises dans ces zones est définie localement par arrêté préfectoral}.

Sur le contenu de cette notice d'information, v. ss n° 402 [*C.* Une notice d'information relative aux droits et obligations des locataires et des bailleurs

D. Un état des lieux {l'état des lieux d'entrée est établi lors de la remise des clés, dont la date peut être ultérieure à celle de conclusion du contrat}.

Le cas échéant [*E.* Une autorisation préalable de mise en location {dispositif applicable dans certains territoires présentant une proportion importante d'habitat dégradé délimité localement par l'établissement public de coopération intercommunale compétent en matière d'habitat ou, à défaut, le conseil municipal (L. n° 2014-366, 24 mars 2014, art. 92)}

Le cas échéant [*F.* Les références aux loyers habituellement constatés dans le voisinage pour des logements comparables {lorsque la détermination du montant du loyer est la conséquence d'une procédure liée au fait que le loyer précédemment appliqué était manifestement sous-évalué}.

Le [date], à [lieu],

Signature du bailleur [ou de son mandataire, le cas échéant]

Signature du locataire

4

Annexes au contrat de bail

La loi impose de faire figurer au bail **certaines annexes** (v. s^s n° 401), telles que le **dossier de diagnostic technique** (v. s^s n°s 403 s.) qui comprend notamment un état **des risques naturels et technologiques** (v. s^s n° 408), un **diagnostic de performance énergétique** (v. s^s n° 404) et un **constat de risque d'exposition au plomb** (v. s^s n° 405).

› Annexes traditionnelles du bail

401 **Énumération.** Doit impérativement être annexé au contrat de location l'**état des lieux** d'entrée (v. ss n° 602).

> **Par ailleurs, pour les baux conclus à compter du 27 mars 2014**, date d'entrée en vigueur de la loi du 24 mars 2014, dite loi Alur (L. n° 2014-366, 24 mars 2014, *JO* 26 mars, p. 5809), une **notice d'information** relative aux droits et obligations des locataires et des bailleurs ainsi qu'aux voies de conciliation et de recours qui leur sont ouvertes pour régler leurs litiges est annexée au contrat de location. Cette notice d'information (dont le contenu a été précisé par un arrêté du 29 mai 2015, *JO* 31 mai, p. 9041, en vigueur le 1er août 2015, v. ss n° 402*)* doit également préciser les droits, obligations et effets, pour les parties au bail, de la mise en œuvre de la garantie universelle des loyers (GUL ; v. ss nos 512 s.).

De plus, avant comme après loi du 24 mars 2014, dite loi Alur, si le logement loué se situe dans un immeuble soumis au régime de la copropriété, des **extraits du règlement de copropriété** concernant la destination de l'immeuble, la jouissance et l'usage des parties privatives et communes, et précisant la quote-part afférente au lot loué dans chacune des catégories de charges (charges communes générales, telles les charges d'entretien des parties communes et charges communes spéciales comme les charges d'ascenseur) doivent être annexés.

Et l'Administration considère que, à défaut de communication des extraits du règlement de copropriété, le locataire peut invoquer la nullité du bail (Rép. min. n° 43710, *JOAN Q* 28 sept. 2010, p. 10634).

402 **Contenu de la notice d'information annexée à certains contrats de location.**

Contenu de la notice d'information annexée à certains contrats de location

Préambule

Le régime de droit commun des baux d'habitation, applicable aux locations de logements constituant la résidence principale des locataires, est défini principalement par la loi n° 89-462 du 6 juillet 1989 tendant à améliorer les rapports locatifs.

La présente notice d'information rappelle les principaux droits et obligations des parties ainsi que certaines des voies de conciliation et de recours possibles pour régler leurs litiges.

Si la plupart des règles s'appliquent indifféremment à l'ensemble des locations, la loi prévoit certains aménagements pour les locations meublées ou les colocations afin de prendre en compte les spécificités attachées à ces catégories de location.

Pour prétendre à la qualification de meublé, un logement doit être équipé d'un mobilier en nombre et en qualité suffisants pour permettre au locataire d'y dormir, manger et vivre convenablement au regard des exigences de la vie courante (titre Ier *bis* de la loi du 6 juillet 1989).

Les colocations, définies comme la location d'un même logement par plusieurs locataires, sont soumises au régime applicable le cas échéant aux locations nues ou meublées et aux règles spécifiques prévues par la loi en matière de colocation (art. 8-1).

1. Établissement du bail

1.1. Forme et contenu du contrat

Le contrat de location est établi par écrit et respecte un bail type défini par décret.

Le bail peut être établi directement entre le bailleur et le locataire, éventuellement avec l'aide d'un intermédiaire (agent immobilier, administrateur de biens, huissier, notaire...). Il doit être fait en autant d'originaux que de parties et remis à chacune d'elles.

Le contrat de location doit comporter certaines mentions et notamment l'identité des parties, la description du logement, sa surface habitable et les conditions financières du contrat. Ainsi, en cas d'inexactitude supérieure à 5 % de la surface habitable mentionnée au bail d'une location nue, le locataire peut demander une diminution de loyer proportionnelle à l'écart constaté (art. 3 et 3-1).

Certaines clauses sont interdites. Si elles figurent dans le contrat, elles sont alors considérées comme étant inapplicables. Il s'agit notamment des clauses qui imposent comme mode de paiement du loyer le prélèvement automatique, qui prévoient des pénalités en cas de retard dans le paiement du loyer, qui interdisent au locataire d'héberger des personnes ne vivant pas habituellement avec lui, qui prévoient des frais de délivrance ou d'envoi de quittance, etc. (art. 4).

Le bailleur est tenu de remettre au locataire un certain nombre de documents lors de la signature du contrat, et notamment un dossier de diagnostic technique (art. 3-3).

1.2. Durée du contrat

– Location d'un logement nu :

Le bail d'un logement nu est conclu pour une durée minimum de trois ans lorsque le bailleur est une personne physique (par exemple, un particulier) ou une société civile immobilière familiale, et de six ans lorsqu'il est une personne morale (par exemple, une société, une association).

À la fin du bail et à défaut de congé donné par l'une ou l'autre des parties, le bail est renouvelé sur proposition du bailleur ou reconduit automatiquement et dans les mêmes conditions pour trois ans lorsque le bailleur est une personne physique ou une société civile immobilière familiale, et pour six ans lorsqu'il est une personne morale (art. 10).

Par exception, la durée peut être inférieure à trois ans, mais d'au minimum un an, si le bailleur (personne physique, membre d'une société civile immobilière familiale ou d'une indivision) prévoit de reprendre son logement pour des raisons familiales ou professionnelles. Les raisons et l'événement invoqué pour justifier la reprise doivent impérativement figurer dans le bail. Le bailleur confirme au locataire, par lettre recommandée avec avis de réception, au minimum deux mois avant la fin du bail que l'événement est réalisé et qu'il reprendra le logement à la date prévue. Si la réalisation de l'événement justifiant la reprise du logement est différée, le bailleur peut également proposer dans les mêmes délais un ultime report du terme du contrat. Lorsque l'événement ne s'est pas produit ou n'a pas été confirmé, le bail se poursuit jusqu'au délai de trois ans (art. 11).

– Location d'un logement meublé :

Le contrat de location d'un logement meublé est conclu pour une durée d'au moins un an. À la fin du bail et à défaut de congé donné par le bailleur ou le locataire ou de proposition de renouvellement, le bail est reconduit automatiquement et dans les mêmes conditions pour un an.

Lorsque le locataire est un étudiant, les parties peuvent convenir d'un bail d'une durée de neuf mois qui n'est pas reconductible tacitement. Dans ce cas, si les parties ne conviennent pas de la reconduction du contrat, celui-ci prend fin à son terme (art. 25-7).

1.3. Conditions financières de la location

1.3.1. Loyer

1.3.1.1. Fixation du loyer initial

En principe, le loyer initial est fixé librement entre les parties au contrat. Cependant, dans certaines zones où il existe un déséquilibre marqué entre l'offre et la demande de logements, entraînant des difficultés sérieuses d'accès au logement, les loyers peuvent être encadrés par deux mécanismes complémentaires au moment de la mise en location. La liste des communes comprises dans ces zones de tension du marché locatif est fixée par décret.

– Logements situés dans des zones de tension du marché locatif (art. 18) :

Pour l'ensemble des communes comprises dans ces zones, un décret fixe chaque année le montant maximum d'évolution des loyers en cas de relocation d'un logement. Ainsi, au moment du changement de locataire, le loyer d'un bien ne peut plus excéder le dernier loyer appliqué, revalorisé sur la base de l'évolution de l'indice de référence des loyers (IRL). L'augmentation de loyer peut être supérieure dans des cas particuliers : lorsque certains travaux d'amélioration ou de mise en conformité avec les caractéristiques de décence sont réalisés par le bailleur ou lorsque le loyer est manifestement sous-évalué. Par ailleurs, les logements faisant l'objet d'une première location, les logements inoccupés par un locataire depuis plus de dix-huit mois et les logements ayant fait l'objet, depuis moins de six mois, de travaux d'amélioration d'un montant au moins égal à la dernière année de loyer, sont exclus du champ de ce dispositif.

– Logements situés dans certaines zones de tension du marché locatif dotées d'un observatoire local des loyers agréé (art. 17 et 25-9) :

Un mécanisme complémentaire d'encadrement du niveau des loyers des logements mis en location peut s'appliquer dans les communes qui sont dotées d'un observatoire local des loyers agréé par l'État. Ce dispositif s'appuie sur des références de loyers déterminées à partir des données représentatives des loyers du marché locatif local produites par les observatoires locaux des loyers dans le respect de prescriptions méthodologiques définies par un conseil scientifique.

À partir de ces données, les préfets concernés fixent annuellement par arrêté et pour chaque catégorie de logement et secteur géographique donnés, des références de loyers (loyer de référence, loyer de référence majoré et loyer de référence minoré) exprimées par un prix au mètre carré de surface habitable.

Dans les territoires où l'arrêté préfectoral est pris, le loyer au mètre carré des logements mis en location ne peut pas excéder le loyer de référence majoré, ce dernier devant être mentionné dans le contrat de location. Toutefois, lorsque le logement présente certaines caractéristiques, le bailleur peut fixer un loyer supérieur au loyer de référence majoré en appliquant un complément de loyer au loyer de base, lorsque celui-ci est égal au loyer de référence majoré correspondant au logement. Le montant de ce complément de loyer et les caractéristiques le justifiant doivent être mentionnés dans le contrat de location. Le locataire dispose d'un délai de trois mois pour contester ce complément de loyer en saisissant d'abord la commission départementale de conciliation compétente, et, en l'absence d'accord entre les parties, en ayant recours au juge.

1.3.1.2. Évolution du loyer en cours de contrat

1.3.1.2.1. Révision annuelle du loyer (art. 17-1) :

Lorsqu'une clause le prévoit, le loyer peut être révisé, une fois par an, à une date de révision indiquée au bail ou, à défaut, à la date anniversaire du bail. Cette augmentation annuelle du loyer ne peut être supérieure à la variation de l'indice de référence des loyers (IRL) publié par l'Insee. Cet indice correspond à la moyenne, sur les douze derniers mois, de l'évolution des prix à la consommation, hors tabac et hors loyers.

L'indice de référence à prendre en compte est celui du trimestre qui figure dans le bail ou, à défaut, le dernier indice publié à la date de signature du contrat. Il est à comparer avec l'indice du même trimestre connu à la date de révision.

Le bailleur dispose d'un délai d'un an, à compter de la date de révision, pour en faire la demande. La révision prend effet au jour de sa demande ; elle ne peut donc pas être rétroactive.

Passé ce délai, la révision du loyer pour l'année écoulée n'est plus possible.

Si le bail ne prévoit pas de clause de révision, le loyer reste le même pendant toute la durée de la location.

1.3.1.2.2. Évolution du loyer consécutive à des travaux (art. 6 et 17-1) :

Exceptionnellement, le loyer d'un logement répondant aux caractéristiques de décence peut être revu à la hausse ou à la baisse en cours de bail lorsque le bailleur et le locataire ont convenu de travaux que l'une ou l'autre des parties fera exécuter à ses frais durant l'exécution du contrat.

La clause du contrat de location ou l'avenant qui prévoient cet accord doit fixer la majoration ou la diminution de loyer applicable suite à la réalisation des travaux et, selon le cas, fixer ses modalités d'application. Lorsqu'elle concerne des travaux à réaliser par le bailleur, cette clause ne peut porter que sur des travaux d'amélioration.

1.3.1.3. Ajustement du loyer au renouvellement du bail (art. 17-2 et 25-9)

Hors zones de tension du marché locatif, le loyer ne fait l'objet d'aucune réévaluation au moment du renouvellement du bail sauf s'il est manifestement sous-évalué. Ainsi, à l'expiration du bail, si le bailleur considère que le loyer est manifestement sous-évalué, il peut proposer une augmentation de loyer, en se référant aux loyers habituellement constatés dans le voisinage pour des logements comparables.

Il doit faire cette proposition au moins six mois avant le terme du contrat par lettre recommandée avec accusé de réception, par acte d'huissier ou remis en main propre contre récépissé ou émargement. Cette proposition doit reproduire intégralement, sous peine de nullité, les dispositions légales relatives à la réévaluation de loyer (art. 17-2 [II]) et indiquer le montant du nouveau loyer proposé ainsi que la liste des références de loyers ayant servi à le déterminer.

En cas de désaccord ou à défaut de réponse du locataire quatre mois avant le terme du contrat, la commission départementale de conciliation peut être saisie. Celle-ci s'efforce de concilier les parties et en cas d'échec rend un avis pouvant être transmis au juge saisi par l'une ou l'autre des parties.

À défaut de conciliation, le bailleur peut alors saisir le juge d'instance qui fixera alors lui-même le loyer applicable.

Si, au terme du contrat, aucun accord n'est trouvé, ou si le juge d'instance n'est pas saisi, le contrat est reconduit aux mêmes conditions de loyer (éventuellement révisé, si une clause le prévoit).

Lorsqu'une hausse de loyer a été convenue entre les parties ou fixée judiciairement, celle-ci s'applique progressivement au cours du bail renouvelé :

– lorsque la hausse est inférieure ou égale à 10 % de l'ancien loyer, l'augmentation est échelonnée par tiers sur trois ans, si le bailleur est un particulier, ou par sixième sur six ans, s'il est une personne morale. Cette hausse s'entend hors révision annuelle liée à la variation de l'indice de référence des loyers ;

– lorsque la hausse est supérieure à 10 % de l'ancien loyer, elle doit être, dans tous les cas, étalée par sixième sur six ans. L'étalement par sixième s'applique même si le bail est renouvelé pour une durée inférieure à six ans, par exemple pour trois ans. Dans ce cas, l'augmentation continue à s'échelonner lors du renouvellement suivant.

Enfin, sur certains territoires (cf. § 1.3.1.1), les modalités d'ajustement du loyer au renouvellement du contrat connaissent certaines particularités :

– dans l'ensemble des zones de tension du marché locatif, un décret limite la hausse de loyer applicable au renouvellement de bail ;

– dans les zones de tension du marché locatif dotées d'un observatoire local des loyers et pour lesquelles un arrêté préfectoral fixe des références de loyers, deux procédures d'encadrement des loyers au stade du renouvellement du bail sont ouvertes :

– le locataire peut engager une action en diminution de loyer si le montant du loyer fixé au contrat (hors montant du complément de loyer) s'avère supérieur au loyer de référence majoré publié par le préfet. Il doit alors faire une proposition au bailleur, au moins cinq mois avant le terme du bail, par lettre recommandée avec accusé de réception, par acte d'huissier ou remis en main propre contre récépissé ou émargement ;

– le bailleur peut engager une action en réévaluation du loyer dès lors que le loyer fixé au bail est inférieur au loyer de référence minoré publié par le préfet. Il doit alors faire une proposition au locataire, au moins six mois avant le terme du bail et dans les mêmes conditions de forme, qui ne peut être supérieure au loyer de référence minoré.

1.3.2. Charges locatives (art. 23)

Les charges locatives, ou charges récupérables, correspondent à certaines catégories de dépenses prises en charge par le bailleur, mais qui peuvent être récupérées auprès du locataire. Elles sont la contrepartie de services rendus liés à la chose louée, de dépenses d'entretien courant et de menues réparations relatives aux parties communes, et de certaines impositions liées à des services au locataire.

La liste des charges récupérables est limitativement énumérée par un décret {Décr. n° 87-713, 26 août 1987 pris en application de l'article 18 de la loi n° 86-1290 du 23 décembre 1986 tendant à favoriser l'investissement locatif, l'accession à la propriété de logements sociaux et le développement de l'offre foncière et fixant la liste des charges récupérables} qui distingue huit postes de charges.

Le bailleur peut donc récupérer ces charges auprès des locataires de deux manières :
– de manière ponctuelle en apportant les justificatifs des dépenses engagées ;
– de manière régulière par versement périodique de provisions pour charges, par exemple tous les mois ou tous les trimestres.

Si les charges sont payées par provision, une régularisation doit être effectuée chaque année en comparant le total des provisions versées par le locataire avec les dépenses effectives engagées par le bailleur pendant l'année. Si les provisions sont supérieures aux dépenses réelles, celui-ci doit reverser le trop-perçu au locataire ; dans le cas contraire, il peut exiger un complément.

Le montant des charges récupérées par le bailleur doit être dans tous les cas justifié.

C'est ainsi que le bailleur doit communiquer au locataire :
– le décompte des charges locatives par nature de charges (électricité, eau chaude, eau froide, ascenseur...) ;
– le mode de répartition entre les locataires si le logement est situé dans un immeuble collectif ;
– une note d'information sur les modalités de calcul des charges de chauffage et de production d'eau chaude sanitaire collectives.

Dans les six mois suivant l'envoi du décompte, le bailleur doit tenir à la disposition du locataire l'ensemble des pièces justificatives de charges complémentaires (factures, contrats de fournitures). À compter du 1er septembre 2015, il doit transmettre le récapitulatif des charges du logement par voie dématérialisée ou par voie postale dès lors que le locataire en fait la demande.

Si la régularisation des charges n'a pas été effectuée dans l'année suivant leur exigibilité, le locataire peut exiger un paiement échelonné sur douze mois (art. 23).

Location de logement meublé et colocation (de logement nu ou meublé) :

Les parties peuvent opter, lors de la conclusion du contrat, pour la récupération des charges, en fonction des dépenses réellement engagées comme décrit précédemment, ou sous la forme d'un forfait. Dans ce cas, le montant du forfait est fixé dès la conclusion du contrat et ne donne pas lieu à régularisation. Ce montant, éventuellement révisé chaque année dans les mêmes conditions que le loyer, ne doit pas être manifestement disproportionné au regard des charges dont le locataire se serait acquitté sur justification des dépenses engagées par le bailleur (art. 8-1 et 25-10).

1.3.3. Contribution du locataire au partage des économies de charges (art. 23-1)

Dans le cadre d'une location nue, une contribution financière peut être demandée au locataire en plus du loyer et des charges lorsque le bailleur a réalisé dans les parties privatives d'un logement, ou dans les parties communes de l'immeuble, des travaux d'économies d'énergie.

Cette contribution, limitée au maximum à quinze années et dont le montant est fixe et non révisable, peut être demandée au locataire au titre du partage des économies de charge à partir de la date d'achèvement des travaux, dans des conditions strictement fixées par les textes.

1.3.4. Modalités de paiement

Le paiement du loyer et des charges doit être effectué à la date prévue au contrat.

Le bailleur est tenu de transmettre gratuitement au locataire qui en fait la demande, une quittance, qui indique le détail des sommes versées par le locataire en distinguant le loyer et les charges. Avec l'accord du locataire, la quittance peut être transmise par voie dématérialisée. Aucuns frais liés à la gestion de l'avis d'échéance ou de la quittance ne peuvent être facturés au locataire (art. 21).

1.4. Garanties

Fréquemment, le bailleur exige certaines garanties pour se prémunir de l'inexécution des obligations du locataire. Pour ce faire, le bailleur dispose de différents moyens, strictement encadrés par la loi.

1.4.1. Dépôt de garantie (art. 22)

Le contrat de location peut prévoir le paiement d'un dépôt de garantie qui sert à couvrir les éventuels manquements du locataire à ses obligations locatives.

Son montant doit obligatoirement figurer dans le bail. Il ne peut pas être supérieur à un mois de loyer, hors charges, pour les locations nues et ne peut faire l'objet d'aucune révision en cours ou au renouvellement du bail.

Pour les locations meublées, le montant du dépôt est limité à deux mois de loyer (art. 25-6).

Au moment de la signature du bail, le dépôt de garantie est versé au bailleur directement par le locataire ou par l'intermédiaire d'un tiers.

Les modalités de restitution du dépôt de garantie à la fin du bail sont précisées dans la partie 3.2.2.

1.4.2. Garantie autonome (art. 22-1-1)

Une garantie autonome peut être souscrite en lieu et place du dépôt de garantie, dans la limite du montant de celui-ci. Appliquée au contrat de location, la garantie autonome est l'engagement par lequel le garant s'oblige, en cas de non-respect par le locataire de ses obligations, à verser une somme, soit à première demande, soit suivant des modalités convenues sans pouvoir opposer aucune exception à l'obligation garantie.

1.4.3. Cautionnement (art. 22-1)

La caution est la personne qui, dans un document écrit appelé Acte de cautionnement, s'engage envers le bailleur à payer les dettes locatives du locataire et à exécuter les obligations qui lui incombent en cas de défaillance de sa part (ex. : loyers, charges, frais de remise en état du logement…).

> Exigibilité :

Le bailleur ne peut exiger de cautionnement, à peine de nullité, s'il a déjà souscrit une assurance, ou toute autre forme de garantie, garantissant les obligations locatives (ex. : garantie des risques locatifs, assurance privée) sauf si le logement est loué à un étudiant ou un apprenti.

En principe, lorsque le bailleur est une personne morale, hors société immobilière familiale, une caution ne peut être demandée que si le logement est loué à un étudiant qui ne bénéficie pas d'une bourse de l'enseignement supérieur ou si elle est apportée par certains organismes.

Le bailleur ne peut enfin pas refuser la caution présentée au motif qu'elle ne possède pas la nationalité française ou qu'elle ne réside pas sur le territoire métropolitain.

> Forme et contenu de l'acte de cautionnement :

L'engagement de caution doit être écrit. Le bailleur doit remettre un exemplaire du contrat de location à la caution. L'engagement de caution doit obligatoirement comporter certaines informations, écrites de la main de la caution.

> Durée de l'engagement :

- Engagement sans durée :

Si aucune durée d'engagement ne figure dans l'acte, la caution peut mettre fin à son engagement à tout moment par lettre recommandée avec avis de réception.

Toutefois, la résiliation signifiée au bailleur ne prend effet qu'à l'expiration du bail en cours.

En pratique, la caution qui résilie son engagement reste donc tenue des dettes locatives jusqu'à la fin du contrat de location en cours, elle n'en est plus tenue lorsque le bail est reconduit ou renouvelé.

- Engagement à durée déterminée :

Quand une durée précise est indiquée dans l'acte de cautionnement, la caution ne peut pas résilier son engagement. Elle est tenue des dettes locatives jusqu'à la date initialement prévue.

> Colocation (de logement loué nu ou meublé) (art. 8-1) :

Dans une colocation, les colocataires et les personnes qui se portent caution pour leur compte peuvent être solidairement tenus responsables du paiement du loyer. Lorsqu'un des colocataires donne congé, cette solidarité cesse lorsqu'un nouveau colocataire le remplace ou, à défaut de remplaçant, au bout de six mois après la fin du délai de préavis du congé.

Par ailleurs, l'engagement de la personne qui s'est portée caution pour le colocataire sortant cesse dans les mêmes conditions. À cet effet, l'acte de cautionnement doit nécessairement identifier un des colocataires.

1.5. État des lieux (art. 3-2)

Lors de la remise et de la restitution des clés, un état des lieux doit être établi. Ce document décrit l'état du logement loué avec précision, ainsi que les équipements qu'il comporte. En comparant l'état des lieux dressé à l'arrivée et au départ du locataire, le bailleur pourra demander réparation des détériorations causées par le locataire. À défaut d'état des lieux d'entrée, le logement est présumé avoir été délivré en bon état sauf si le locataire en apporte la preuve contraire ou si le bailleur a fait obstacle à l'établissement de l'état des lieux.

Il est établi par écrit contradictoirement et amiablement par le bailleur et le locataire ou par un tiers mandaté par les deux parties. Un exemplaire doit être remis à chaque partie. L'état des lieux d'entrée peut dans certains cas être complété ultérieurement à sa réalisation. Le locataire peut demander au bailleur ou à son représentant de compléter l'état des lieux d'entrée dans les dix jours suivant sa date de réalisation pour tout élément concernant le logement, ou durant le premier mois de la période de chauffe concernant l'état des éléments de chauffage. Si le bailleur refuse de compléter l'état des lieux, le locataire peut saisir la commission départementale de conciliation dont dépend le logement.

Si les parties ne peuvent établir l'état des lieux de manière contradictoire et amiable (par exemple, si l'une des parties ne se présente pas ou si les parties ne s'accordent pas sur le contenu de l'état des lieux), le bailleur ou le locataire peut faire appel à un huissier pour l'établir. Ce dernier doit aviser les parties au moins sept jours à l'avance par lettre recommandée avec avis de réception. Dans ce cas, les frais d'huissier sont partagés par moitié entre le bailleur et le locataire, les tarifs sont fixes et déterminés par décret {Décr. n° 96-1080, 12 déc. 1996 portant fixation du tarif des huissiers de justice en matière civile et commerciale}.

Location de logement meublé :

Au-delà de l'état des lieux, un inventaire et un état détaillé du mobilier doivent également être établis, sans que cela ne puisse donner lieu à une prise en charge financière supplémentaire du locataire (art. 25-5).

2. Droits et obligations des parties

Au-delà des conditions particulières prévues par le contrat de location, bailleurs et locataires sont soumis à un certain nombre d'obligations prévues par la loi durant l'exécution du contrat.

2.1. Obligations générales du bailleur (art. 6)

> Délivrer un logement décent :

Le bailleur est tenu de remettre au locataire un logement décent, ne laissant pas apparaître de risques manifestes pouvant porter atteinte à la sécurité physique ou à la santé et doté des éléments de confort le rendant conforme à l'usage d'habitation. Un décret {décr. n° 2002-120, 30 janv. 2002 relatif aux caractéristiques du logement décent pris pour l'application de l'article 187 de la loi n° 2000-1208 du 13 décembre 2000 relative à la solidarité et au renouvellement urbains} détermine les caractéristiques relatives à la sécurité physique et à la santé des locataires, aux éléments d'équipements et de confort et à la surface et au volume habitable que doit respecter un logement décent.

Si le logement ne satisfait pas ces caractéristiques, le locataire peut demander au bailleur sa mise en conformité. À défaut de réponse de celui-ci à la demande de mise en conformité dans un délai de deux mois ou à défaut d'accord entre les parties, la commission départementale de conciliation peut être saisie par l'une ou l'autre des parties. À défaut de saisine ou d'accord constaté par la commission, le juge peut être saisi du litige aux fins de déterminer la nature des travaux à réaliser et le délai de leur exécution.

> Délivrer un logement en bon état :

Le bailleur est tenu de remettre au locataire un logement en bon état d'usage et de réparations, et doté d'équipements en bon état de fonctionnement.

Si le logement n'est pas en bon état, les parties peuvent convenir, par une clause expresse insérée dans le bail, de travaux que le locataire exécutera ou fera exécuter en contrepartie d'une réduction de loyer pendant une période déterminée (cf. § 1.3.1.2.2). Une telle clause ne peut concerner que des logements répondant déjà aux caractéristiques de décence.

> Entretenir le logement :

Le bailleur est tenu d'entretenir les locaux en état de servir à l'usage prévu par le contrat, et d'y faire toutes les réparations nécessaires au maintien en état et à l'entretien normal des locaux loués, en dehors de tout ce qui touche aux réparations locatives (menues réparations et entretien courant à la charge du locataire, cf. partie 2.2).

> Aménagements réalisés par le locataire :

Le bailleur ne peut s'opposer aux aménagements que son locataire souhaite réaliser dans le logement, à condition qu'il ne s'agisse pas de travaux de transformation.

À titre d'exemple, la modification du coloris des peintures ou la pose du papier peint pourraient être considérés comme de simples aménagements du logement que le bailleur ne saurait interdire. En revanche, le fait d'abattre une cloison ou de transformer une chambre en cuisine constituerait une transformation nécessitant préalablement une autorisation écrite du bailleur.

> Usage du logement :

Le bailleur doit assurer au locataire un usage paisible du logement. Le logement loué est le domicile du locataire. À ce titre, il en a la jouissance exclusive et peut utiliser les lieux librement dans le respect du contrat de location et, le cas échéant, d'un règlement intérieur à l'immeuble. Il peut aussi inviter ou héberger les personnes de son choix. Dès lors, le bailleur n'a pas le droit d'imposer un droit de visite à son locataire en dehors de certaines circonstances (vente du logement, départ du locataire...), d'interdire l'accès au logement à des personnes autres que la famille du locataire, de pénétrer dans le logement sans l'accord du locataire, de lui interdire d'avoir des animaux familiers, de lui interdire de fumer, etc.

En cas de troubles de voisinage causés par les personnes qui occupent ces locaux, le bailleur doit, après leur avoir adressé une mise en demeure dûment motivée, utiliser les droits dont il dispose en propre afin de faire cesser ces troubles de voisinage.

2.2. *Obligations générales du locataire (art. 7)*

> Paiement du loyer et des charges :

Le locataire doit payer le loyer et les charges à la date prévue au contrat.

Le locataire ne doit en aucun cas cesser de payer de lui-même, sans autorisation d'un juge, tout ou partie de son loyer sous prétexte que le bailleur ne respecte pas ses obligations.

> Utilisation du logement :

Le locataire jouit librement de son logement pendant toute la durée de la location, mais il doit respecter certaines obligations en la matière :
– le locataire est tenu d'utiliser paisiblement son logement et dans le respect de la tranquillité du voisinage ;
– le locataire doit veiller à respecter le règlement intérieur à l'immeuble, lorsque ce logement est situé dans un immeuble collectif (appartement). Ce règlement peut par exemple interdire certaines pratiques (ex. : pose de jardinières, de linge aux fenêtres) ;
– le locataire doit respecter la destination prévue au sein du contrat de location. Par exemple, le local peut être loué à usage d'habitation uniquement, dès lors le locataire ne peut y exercer une activité commerciale ;
– logement sans l'accord écrit du bailleur. Dans l'hypothèse où le bailleur donne son accord, le montant du loyer au mètre carré de surface habitable appliqué au sous-locataire ne peut en aucun cas excéder celui payé par le locataire principal. Le locataire est également tenu de transmettre au sous-locataire l'autorisation écrite du bailleur et la copie du bail en cours.

> Travaux :

– le locataire a le droit d'aménager librement le logement qu'il occupe (changement de moquette, pose de papier peint, modification des peintures...). Il ne peut toutefois y faire de travaux de transformation sans l'accord écrit du bailleur. À défaut, celui-ci peut, lors du départ du locataire, conserver le bénéfice des transformations sans indemnisation. Il peut aussi exiger la remise immédiate en l'état des lieux aux frais du locataire. En cas de litige, le caractère des travaux (simple aménagement ou transformation) relève de l'appréciation du juge ;
– le locataire doit laisser exécuter dans son logement certains travaux décidés par le bailleur : les réparations urgentes, les travaux d'amélioration ou d'entretien du logement loué ou des parties communes, les travaux d'amélioration de la performance énergétique et les travaux de mise aux normes de décence. Avant le début des travaux, le bailleur est tenu de remettre au locataire une notification de travaux, par lettre remise en main propre ou par courrier recommandé avec avis de réception, précisant leur nature et les modalités de leur exécution. Pour la préparation et la réalisation de ces travaux, le locataire est tenu de permettre l'accès à son logement tous les jours sauf les samedis, dimanches et jours fériés (à moins qu'il ne donne son accord pour que les travaux soient réalisés pendant ces jours).

Si les travaux durent plus de vingt et un jours et affectent l'utilisation du logement, une réduction de loyer peut être appliquée au profit du locataire. En cas d'abus (travaux à caractère vexatoire, ne respectant pas les conditions prévues dans la notification de travaux, rendant l'utilisation du logement impossible ou dangereuse), le locataire peut également saisir le juge pour interrompre ou interdire les travaux.

> Entretien :

Le locataire doit veiller à maintenir en l'état le logement qu'il occupe. À ce titre :

– le locataire doit prendre en charge l'entretien courant, les menues réparations du logement et des équipements mentionnés dans le contrat (ex. : maintien en état de propreté, remplacement d'ampoules, etc.) ainsi que l'ensemble des réparations locatives dont la liste est définie par décret {décr. n° 87-712, 26 août 1987 relatif aux réparations locatives} sauf si elles sont occasionnées par vétusté, malfaçon, vice de construction, cas fortuit ou force majeure ;

– le locataire est responsable des dégradations ou pertes qui pourraient survenir en cours de bail dans le logement, à moins qu'il ne prouve qu'elles ont eu lieu par cas de force majeure, par la faute du bailleur ou par la faute d'un tiers qu'il n'a pas introduit dans le logement.

> Assurance :

Le locataire est tenu de s'assurer contre les risques locatifs (principalement dégâts des eaux, incendie, explosion) et de le justifier lors de la remise des clefs puis chaque année à la demande du bailleur, par la remise d'une attestation. S'il ne le fait pas, le bailleur peut demander la résiliation du bail ou souscrire une assurance à la place du locataire en lui répercutant le montant de la prime.

En cas de colocation, dans un logement nu ou meublé, les parties peuvent convenir dès la conclusion du contrat de la souscription par le bailleur d'une assurance pour le compte des colocataires.

3. Fin de contrat et sortie du logement

3.1. Congés (art. 15 et 25-8)

Les parties peuvent unilatéralement, dans les conditions déterminées par la loi, mettre fin au contrat de location et donner congé.

3.1.1. Congé délivré par le locataire

> *Motifs* : le locataire peut donner congé à tout moment et sous réserve de respecter certaines conditions de forme. Le congé est effectif à l'expiration d'un délai de préavis variable selon les circonstances de son départ.

> *Forme* : le locataire qui souhaite quitter son logement doit notifier son congé au bailleur par lettre recommandée avec avis de réception, acte d'huissier, ou remise en main propre contre émargement ou récépissé.

> *Effets* : la réception de la lettre de congé par le bailleur fait courir un délai de préavis pendant lequel le locataire reste tenu au paiement de son loyer, même s'il a déjà quitté le logement, sauf si, en accord avec le locataire sortant, un nouveau locataire occupe le logement avant la fin du délai de préavis.

> *Durée du délai de préavis* :

• Location nue :

Le délai de préavis est en principe de trois mois. Ce délai est réduit à un mois lorsque le logement est situé dans des zones de tension du marché locatif ou lorsque le locataire justifie d'une des situations suivantes : obtention d'un premier emploi, de mutation, de perte d'emploi ou de nouvel emploi consécutif à une perte d'emploi, état de santé justifiant un changement de domicile et constaté par un certificat médical, bénéfice du revenu de solidarité active ou de l'allocation adulte handicapé, attribution d'un logement social. Le locataire doit alors préciser le motif de son départ et le justifier à l'occasion de la notification de congé. À défaut, le préavis de trois mois s'applique.

• Location meublée :

Le délai de préavis est d'un mois.

3.1.2. Congé délivré par le bailleur

> *Motifs* : le bailleur peut donner congé à son locataire à l'échéance du bail et dans trois cas :

– le bailleur souhaite reprendre le logement pour l'occuper, à titre de résidence principale, ou y loger un proche {conjoint, partenaire de Pacs, concubin notoire depuis au moins un an à la date du congé, ascendants et descendants du bailleur ou de son conjoint, de son partenaire ou de son concubin notoire} ;

– le bailleur souhaite vendre le logement inoccupé. Le locataire est alors prioritaire pour acquérir le logement. Le bailleur doit lui donner congé en lui indiquant le prix et les conditions de la vente. Cela constitue une offre de vente ;

– le bailleur met fin au bail pour un motif légitime et sérieux : non-respect par le locataire de l'une de ses obligations (PAR EX. : retards répétés de paiement des loyers, défaut d'entretien du logement, troubles de voisinage).

Des restrictions peuvent s'appliquer quant à la possibilité pour le bailleur de donner congé, notamment en fonction du niveau de ressources et de l'âge du locataire ou, en location nue, lorsque le congé du bailleur est consécutif à l'acquisition d'un logement occupé.

> *Forme et délais*

La notification du congé doit être adressée à chacun des cotitulaires du bail par lettre recommandée avec avis de réception, acte d'huissier, ou remise en main propre contre récépissé. Le délai de préavis court à compter de la réception du courrier ou du passage de l'huissier. La notification contient le motif du congé et d'autres informations en fonction du motif invoqué.

• Location nue :

Le préavis doit être délivré au moins six mois avant la fin du bail. Le bailleur doit joindre une notice d'information définie par arrêté ministériel et relative à ses propres obligations et aux voies de recours et d'indemnisation du locataire en cas de congé pour reprise ou vente.

• Location meublée :

Le préavis doit être délivré au moins trois mois avant la fin du bail.

> *Effet :* si le locataire quitte le logement avant l'expiration du préavis, le locataire n'est redevable du loyer et des charges que pour le temps réel d'occupation du logement.

> *Sanction du congé frauduleux :* si le motif du congé ne correspond pas à la réalité, le locataire peut le contester devant le juge. Par ailleurs, le bailleur qui délivre un congé pour vendre ou pour habiter frauduleusement risque une amende pénale pouvant aller jusqu'à 6 000 € ou 30 000 € s'il s'agit d'une personne morale.

3.2. Sortie du logement

3.2.1. État des lieux de sortie

À la remise des clés par le locataire, un état des lieux de sortie doit être établi entre le bailleur et le locataire. Les modalités d'établissement de l'état des lieux de sortie sont identiques à celles applicables lors de l'état des lieux d'entrée.

Cependant, dans le cadre d'un état des lieux amiable et lorsque le bailleur mandate un tiers pour le représenter (par exemple, un professionnel de l'immobilier), aucuns frais ne peuvent être facturés au locataire.

3.2.2. Restitution du dépôt de garantie (art. 22)

> *Délais :* le dépôt de garantie doit être restitué dans un délai maximal de deux mois à compter de la remise des clés par le locataire, déduction faite le cas échéant des sommes justifiées dues au titre des loyers, charges, réparations locatives ou des dégradations dont il pourrait être tenu responsable. Le délai s'apprécie à compter du jour de la restitution des clés par le locataire qui peut les remettre en main propre ou par lettre recommandée avec demande d'avis de réception, au bailleur ou à son mandataire. À cette occasion, le locataire indique au bailleur, ou à son mandataire, sa nouvelle adresse.

Dans certains cas particuliers, des aménagements sont prévus au délai de restitution du dépôt de garantie :

– si l'état des lieux de sortie est conforme à l'état des lieux d'entrée, le délai est réduit à un mois ;

– si le logement est situé dans un immeuble collectif, le bailleur peut conserver une provision maximale de 20 % du dépôt de garantie jusqu'au mois suivant l'approbation des comptes annuels de l'immeuble.

Le bailleur est tenu de justifier la retenue qu'il opère sur le dépôt de garantie par la remise au locataire de documents tels que l'état des lieux d'entrée et de sortie, des factures, devis, lettres de réclamation des loyers impayés restées sans réponse, etc. ;

> *Sanction de la restitution tardive du dépôt de garantie :* à défaut de restitution du dépôt de garantie dans les délais impartis, le montant dû au locataire est majoré d'une somme égale à 10 % du loyer mensuel, pour chaque mois de retard commencé. Cette majoration n'est pas due lorsque l'origine du défaut de restitution dans les délais résulte de l'absence de transmission par le locataire de sa nouvelle adresse.

4. Règlement des litiges locatifs

En cas de conflit, les parties peuvent tenter de trouver une solution amiable. En cas d'échec, le tribunal compétent peut être saisi pour trancher le litige.

4.1. Règles de prescriptions (art. 7-1)

En matière locative, la durée au-delà de laquelle une action en justice n'est plus recevable est en principe de trois ans. Ainsi, sauf interruption ou suspension des délais, le bailleur peut récupérer judiciairement les arriérés de charges et de loyer pendant trois ans à compter de leur exigibilité.

Il existe une exception à ce principe en matière d'action en révision de loyer, le bailleur ne disposant que d'un délai d'un an pour demander en justice le paiement du différentiel de loyer issu de la révision.

4.2. Règlement amiable et conciliation

Lorsqu'il existe un litige, il est conseillé d'adresser un courrier recommandé avec accusé de réception à l'autre partie relatant les faits le plus précisément possible, accompagné des arguments et preuves relatifs aux faits litigieux (PAR EX. : références juridiques, factures, photos).

Ce courrier est une première étape préalable importante pour engager ensuite un recours éventuel devant le juge. Si le litige n'est pas résolu à l'amiable, il peut être utile de saisir la commission départementale de conciliation.

Voies de conciliation : les commissions départementales de conciliation (art. 20) :

Présentation : pour régler certains litiges entre le bailleur et le locataire, il est possible de faire appel localement aux commissions départementales de conciliation (CDC), présentes dans chaque département et placées auprès des services de l'État. Cette commission est composée à parts égales de représentants des bailleurs et de représentants des locataires. Elle est compétente pour connaître des litiges de nature individuelle et des difficultés de nature collective. Toute démarche devant la CDC est gratuite.

Rôle : la CDC s'efforce de concilier les parties en établissant un dialogue, afin d'éviter le recours au juge. La CDC doit traiter les litiges qui lui sont soumis dans un délai de deux mois à compter de sa saisine.

Le champ de compétence de la CDC est large.

La saisine de la CDC constitue une étape obligatoire avant toute saisine du juge pour les litiges relatifs à l'ajustement des loyers au renouvellement du bail (cf. § 1.3.1.3), pour certains litiges relatifs à l'encadrement des loyers (contestation du complément de loyer ou du loyer déterminé en application du décret fixant annuellement le montant maximum d'évolution des loyers).

Elle intervient aussi de manière facultative pour les litiges relatifs aux thèmes suivants : dépôt de garantie, état des lieux, fixation et révision des loyers, charges locatives, réparations, décence, congés.

Enfin, la CDC est compétente pour les différends de nature collective : application des accords collectifs nationaux ou locaux, des plans de concertation locative, difficultés de fonctionnement d'un immeuble ou d'un groupe d'immeubles.

Modalités de saisine : la CDC peut être saisie par le bailleur ou le locataire concerné, lorsqu'il s'agit d'un litige de nature individuelle et par le bailleur, plusieurs locataires ou une association représentative des locataires, lorsqu'il s'agit d'une difficulté de nature collective.

La saisine de la commission doit être formulée en double exemplaire et adressée par lettre recommandée avec avis de réception au secrétariat de la commission. La saisine doit indiquer les nom, qualité et adresse du demandeur, ceux du défendeur ainsi que l'objet du litige ou de la difficulté. Dans tous les cas, la lettre de saisine doit être accompagnée de la copie des pièces en lien avec le litige (le bail, le courrier du bailleur proposant l'augmentation, etc.).

Déroulement des séances : le bailleur et le locataire en conflit sont convoqués, en personne, par lettre à une séance de conciliation au minimum quinze jours avant la séance.

Ils peuvent se faire assister par une personne de leur choix ou se faire représenter par une personne dûment mandatée. Si la demande a été introduite par une association ou par plusieurs locataires, seuls sont convoqués à la séance leurs représentants (2 au maximum), dont les noms auront été communiqués au préalable au secrétariat de la CDC.

Chaque partie expose son point de vue et la CDC aide les parties à trouver une solution à leur problème.

Si un accord intervient, les termes de la conciliation font l'objet d'un document signé par chacune des parties.

En l'absence d'accord, la CDC rend un avis qui constate la situation et fait apparaître les points essentiels de la position de chacun, ainsi que, le cas échéant, sa position.

4.3. Action en justice

4.3.1. Généralités

Si le locataire ou le bailleur ne respecte pas ses obligations, l'autre partie peut exercer une action en justice auprès du tribunal compétent pour l'obliger à exécuter son obligation, pour demander la résiliation du contrat ou pour demander une indemnisation.

Tout litige relatif à un bail d'habitation relève exclusivement du tribunal d'instance dans le ressort duquel se situe le logement. Toutefois, le juge de proximité est compétent en matière de restitution du dépôt de garantie si le litige porte sur un montant inférieur à 4 000 euros.

Lorsqu'un ou plusieurs locataires ont avec un même bailleur un litige locatif ayant une origine commune, ils peuvent donner par écrit mandat d'agir en justice en leur nom et pour leur compte à une association siégeant à la Commission nationale de concertation.

Si le litige porte sur les caractéristiques du logement pour en faire un logement décent, ce mandat peut être donné à une des associations précitées ou à une association compétente en matière d'insertion ou de logement des personnes défavorisées, à une collectivité territoriale compétente en matière d'habitat ou à un organisme payeur des aides au logement (CAF ou MSA).

4.3.2. Résiliation judiciaire et de plein droit (art. 24)

Des modalités particulières de résiliation du bail sont prévues par la loi lorsque le bailleur est à l'initiative de la demande judiciaire de résiliation du bail.

4.3.2.1. Mise en œuvre de la clause résolutoire de plein droit

Une clause du contrat de location, appelée clause résolutoire, peut prévoir sa résiliation de plein droit en cas d'inexécution des obligations du locataire, dans les quatre cas suivants :

– défaut de paiement des loyers et des charges locatives au terme convenu;
– non-versement du dépôt de garantie;
– défaut d'assurance du locataire contre les risques locatifs;
– troubles de voisinage constatés par une décision de justice passée en force de chose jugée rendue au profit d'un tiers.

En pratique, le bailleur devra assigner le locataire devant le tribunal pour faire constater l'acquisition de la clause résolutoire et la résiliation de plein droit du bail. Les modalités de mise en œuvre de cette clause varient selon la nature de la faute imputée au locataire.

Lorsque le bailleur souhaite mettre en œuvre la clause résolutoire pour défaut de paiement des loyers et des charges ou pour non-versement du dépôt de garantie, il doit préalablement faire signifier au locataire, par acte d'huissier, un commandement de payer, qui doit mentionner certaines informations et notamment la faculté pour le locataire de saisir le fonds de solidarité pour le logement (cf. § 4.4.1). De plus, pour les bailleurs personnes physiques ou les sociétés immobilières familiales, le commandement de payer doit être signalé par l'huissier à la commission de coordination des actions de prévention des expulsions locatives (cf. § 4.4.2) dès lors que l'un des seuils relatifs au montant et à l'ancienneté de la dette, fixé par arrêté préfectoral, est atteint.

Le locataire peut, à compter de la réception du commandement, régler sa dette, saisir le juge d'instance pour demander des délais de paiement, voire demander ponctuellement une aide financière à un fonds de solidarité pour le logement. Si le locataire ne s'est pas acquitté des sommes dues dans les deux mois suivant la signification, le bailleur peut alors assigner le locataire en justice pour faire constater la résiliation de plein droit du bail.

En cas de défaut d'assurance, le bailleur ne peut assigner en justice le locataire pour faire constater l'acquisition de la clause résolutoire qu'après un délai d'un mois après un commandement demeuré infructueux.

4.3.2.2. Résiliation judiciaire

Si le bailleur renonce à la mise en œuvre de la clause résolutoire, ou si celle-ci n'est pas prévue au bail ou si le litige a pour origine des motifs non couverts par la clause résolutoire, le bailleur peut saisir directement le juge pour demander la résiliation judiciaire du bail. Le juge dispose alors d'un large pouvoir pour apprécier si la faute du locataire est d'une gravité suffisante pour justifier la résiliation du bail.

4.3.2.3. Assignation aux fins de résiliation du bail et pouvoirs du juge

L'assignation est la procédure obligatoire de saisine du juge. Il s'agit d'un acte établi et délivré par un huissier de justice, par lequel le demandeur prévient la partie adverse qu'une procédure judiciaire est ouverte contre lui.

Le bailleur personne morale autre que les sociétés immobilières familiales ne peut assigner aux fins de constat de résiliation du bail qu'après avoir saisi, au moins deux mois auparavant, la commission de coordination des actions de prévention des expulsions locatives (cf. § 4.4.2). Cette saisine est réputée constituée lorsqu'il y a eu signalement à la CAF/CMSA en vue d'assurer le maintien des aides au logement.

Quand l'assignation est fondée sur une dette locative, cette assignation doit être notifiée par huissier au préfet de département deux mois avant l'audience.

Le juge peut alors :
– soit accorder, même d'office, au locataire en situation de régler sa dette locative, des délais de paiement, pouvant aller jusqu'à trois ans pour régler sa dette locative. Si le locataire se libère de sa dette dans le délai et selon les modalités fixés par le juge, le bail n'est pas résilié ;
– soit ordonner l'expulsion assortie ou non d'un délai de grâce pour quitter les lieux (trois mois à trois ans) (art. L. 412-1 et suivants du code des procédures civiles d'exécution).

4.4. Prévention des expulsions

Des dispositifs de prévention des expulsions ont été institués afin de traiter notamment le plus en amont les situations d'impayés locatifs. Au sein des différentes actions mises en place sur le territoire départemental, deux dispositifs sont susceptibles d'être mobilisés plus particulièrement.

4.4.1. Le fonds de solidarité pour le logement

Le fonds de solidarité pour le logement (FSL) a été constitué dans chaque département afin d'accorder des aides financières, sous forme de prêts, de subventions ou de garantie, aux personnes ayant de faibles ressources qui rencontrent des difficultés pour assurer leurs dépenses de logement (factures, loyers...).

Les aides du FSL peuvent notamment permettre d'aider au paiement :
– du dépôt de garantie, du premier loyer, de l'assurance du logement;
– des dettes de loyers et de charges en vue du maintien dans le logement ou en vue de faciliter l'accès à un nouveau logement ;
– des impayés de factures d'eau et d'énergie.

Chaque département a ses propres critères d'attribution des aides. Il est notamment tenu compte des ressources de toutes les personnes composant le foyer. Pour en bénéficier, il convient de s'adresser aux services de son conseil départemental.

4.4.2. La commission de coordination des actions de prévention des expulsions locatives (CCAPEX)

Dans chaque département, la CCAPEX a pour mission de délivrer des avis et des recommandations à tout organisme ou personne susceptible de contribuer à la prévention de l'expulsion ainsi qu'aux bailleurs et aux locataires concernés par une situation d'impayé ou de menace d'expulsion quel que soit le motif. Elle émet également des avis et recommandations à l'attention des instances compétentes pour l'attribution d'aides financières ou pour l'accompagnement social des personnes en situation d'impayé.

Pour exercer ses missions, elle est informée dès la délivrance du commandement de payer (cf. § 4.3.2.1). En outre, elle peut être saisie par les organismes payeurs des aides personnelles au logement ou directement par le bailleur ou le locataire. Il convient de s'adresser à la préfecture de département pour connaître les coordonnées et modalités de saisine.

4.5. Procédure d'expulsion

> *Validité de l'expulsion :*

Le locataire ne peut être expulsé que sur le fondement d'une décision de justice ou d'un procès-verbal de conciliation exécutoire. Cette décision peut, notamment, faire suite au refus du locataire de quitter les lieux après un congé délivré régulièrement par le bailleur, à la mise en œuvre de la clause résolutoire ou à une résiliation judiciaire du contrat.

Le bailleur ne doit en aucun cas agir sans décision de justice, même avec l'assistance d'un huissier. Ainsi, le bailleur qui procède lui-même à l'expulsion d'un locataire indélicat est passible de trois ans de prison et de 30 000 € d'amende.

Par ailleurs, suite à la décision de justice, le bailleur est tenu de signifier au locataire, par un huissier de justice, un commandement de quitter les lieux. L'expulsion ne peut avoir lieu qu'après un délai de deux mois suivant le commandement, ce délai peut être modifié par le juge dans les conditions prévues notamment à l'article L. 412-1 du code des procédures civiles d'exécution.

L'État est tenu de prêter son concours à l'exécution des jugements à moins qu'un motif tiré de l'ordre public ne l'autorise à refuser son concours.

En cas de refus, ou à l'expiration du délai de deux mois suivant le dépôt de la demande de concours de la force publique, le bailleur peut effectuer une demande gracieuse d'indemnisation auprès du préfet, puis devant le tribunal administratif pour obtenir réparation du préjudice.

> *Trêve hivernale :*

Durant la période dite de trêve hivernale, qui court du 1er novembre au 31 mars, les locataires sont protégés et ne peuvent être expulsés. Ce délai supplémentaire doit être mis à profit pour activer tous les dispositifs de reloge-

ment. Cette trêve signifie que tout jugement ordonnant l'expulsion d'un locataire, passée en force de chose jugée, ne peut être exécuté de force pendant cette période de grâce. Elle s'applique même si le juge a ordonné des délais pour exécuter l'expulsion et que ces délais ont expiré, sauf si l'expulsion est engagée à l'encontre :
– d'un locataire qui loue un logement dans un immeuble qui a fait l'objet d'un arrêté de péril;

ou

– d'un locataire dont l'expulsion est assortie d'un relogement correspondant à ses besoins familiaux (le nombre de pièces doit correspondre au nombre d'occupants).

En revanche, la trêve hivernale n'interdit pas aux bailleurs de demander et d'obtenir un jugement d'expulsion, ni même de signifier au locataire le commandement de quitter les lieux. En effet, seules les mesures d'exécution de l'expulsion avec le concours de la force publique sont suspendues.

5. Contacts utiles

Les Adil : les agences départementales d'information sur le logement apportent au public un conseil gratuit, neutre et personnalisé sur toutes les questions juridiques, financières et fiscales relatives au logement et leur proposent des solutions adaptées à leur cas personnel. Les Adil assurent ainsi de nombreuses permanences sur l'ensemble du territoire (http://www.anil.org/votre-adil/).

Les organismes payeurs des aides au logement :
– Caisses d'allocations familiales (CAF);
– Mutualité sociale agricole (MSA).

Les associations représentatives des bailleurs et des locataires :

Au plan local, il existe de nombreuses organisations ayant pour objet de représenter et de défendre l'intérêt des locataires ou des bailleurs.

Sont également considérées comme représentatives au niveau national les organisations représentatives des locataires et des bailleurs suivantes, qui siègent à ce titre à la commission nationale de concertation :
– organisations nationales représentatives des bailleurs :
– l'Association des propriétaires de logements intermédiaires (APLI);
– la Fédération des sociétés immobilières et foncières (FSIF);
– l'Union nationale de la propriété immobilière (UNPI);
– organisations nationales représentatives des locataires :
– la Confédération nationale du logement (CNL);
– la Confédération générale du logement (CGL);
– la Confédération syndicale des familles (CSF);
– la Confédération de la consommation, du logement et du cadre de vie (CLCV);
– l'Association force ouvrière consommateurs (AFOC).

Maison de justice et du droit et point d'accès au droit : les maisons de justice et du droit et les points d'accès au droit accueillent gratuitement et anonymement les personnes rencontrant un problème juridique et/ou administratif. Le site http://www.annuaires.justice.gouv.fr/ vous permet de connaître, à partir de votre code postal, le point d'accès au droit ou la maison de justice et du droit le plus proche de votre domicile.

Information administrative :
– ministère du logement, de l'égalité des territoires et de la ruralité : http://www.territoires.gouv.fr ;
– site officiel de l'administration française : http://www.service-public.fr/ ;
– numéro unique de renseignement des usagers Allô Service Public : 3939 (coût : 0,15 € la minute en moyenne).

» Dossier de diagnostic technique

403 **Principe.** Le bailleur doit fournir au locataire des informations bien définies concernant le bien loué.

Ces informations sont regroupées dans un « Dossier de diagnostic technique » qui est annexé au contrat de bail lors de sa signature, mais aussi lors de son renouvellement.

Concernant le carnet numérique de suivi et d'entretien du logement qui doit intégrer le dossier de diagnostic technique, v. ss n° 615.

Le contenu de ce dossier va dépendre de la date de signature du contrat, la loi du 24 mars 2014, dite loi Alur, **applicable aux baux signés à compter du 27 mars 2014**, ayant renforcé les obligations du bailleur.

> **Pour les baux conclus avant le 27 mars 2014**, en application de l'ancien article 3-1 de la loi du 6 juillet 1989 (L. n° 89-462, 6 juill. 1989, *JO* 8 juill., p. 8541), sont exigés (y compris lors du renouvellement du contrat) le diagnostic de performance énergétique (DPE) prévu à l'article L. 134-1 du code de la construction et de l'habitation, le constat de risque d'exposition au plomb (CREP), prévu aux articles L. 1334-5 et L. 1334-7 du code de la santé publique et, dans les zones mentionnées au I de l'article L. 125-5 du code de l'environnement, l'état des risques naturels et technologiques (L. 6 juill. 1989, ancien art. 3-1).

> **Pour les baux conclus à compter du 27 mars 2014**, l'article 3-3 de la loi du 6 juillet 1989 impose au bailleur de fournir :
– un diagnostic de performance énergétique (DPE) ;
– un constat de risque d'exposition au plomb (CREP) ;
– un diagnostic « amiante » ;
– un état de l'installation intérieure d'électricité et de gaz ;
– et, le cas échéant, un état des risques naturels et technologiques.

CODE Les zones concernées par cet état des risques naturels et technologiques sont les **zones de sismicité** et, à terme (à une date fixée par décret en Conseil d'État et au plus tard le 1er juill. 2017), les **zones à potentiel radon** qui seront définies par voie réglementaire (C. envir., art. L. 125-5, dans sa rédaction issue de l'ord. nº 2016-128, 10 févr. 2016, *JO* 11 févr.).

La question de la mérule et des sols pollués.
Aux termes de l'article L. 133-7 du CCH (issu de la loi du 24 mars 2014, dite loi Alur), dès qu'il a connaissance de la présence de **mérule** (champignon lignivore) dans un immeuble bâti, **l'occupant de l'immeuble contaminé en fait la déclaration en mairie**. Lorsque le foyer d'infection se situe dans les parties communes d'un immeuble en copropriété, la déclaration incombe au syndicat des copropriétaires. Par ailleurs, selon l'article L. 125-7 du code de l'environnement (dans sa rédaction issue de la loi du 24 mars 2014, dite loi Alur), lorsqu'un terrain situé en secteur d'information sur les **sols pollués** fait l'objet d'un contrat de location, le bailleur du terrain est tenu **d'en informer par écrit le locataire**. Il communique les informations rendues publiques par l'État, en application de l'article L. 125-6 du même code. L'acte de location atteste de l'accomplissement de cette formalité. À défaut et si une pollution constatée rend le terrain impropre à la destination d'habitation, dans un délai de deux ans à compter de la découverte de la pollution, le locataire a le choix de demander la résolution du contrat ou d'obtenir une réduction du loyer (un décret d'application est attendu).

404 **Diagnostic de performance énergétique (DPE).** Lors de la signature et du renouvellement du bail, un diagnostic de performance

énergétique doit être joint au contrat de location. Ce document, qui a une durée de validité de dix ans (CCH, art. R. 134-4-2), n'a qu'une valeur purement informative (puisque, en aucun cas, le locataire ne pourrait se prévaloir à l'encontre du bailleur des informations qu'il contient : CCH, art. L. 134-3-1 et L. du 6 juill. 1989, art. 3-1).

Par « renouvellement », il faut entendre le **premier renouvellement** (notion précisée par le décr. n° 2008-561, 15 mai 2008, *JO* 18 juin, p. 9856). L'obligation de fourniture du DPE ne pèse donc pas sur le bailleur en cas de reconduction tacite du contrat et pour les renouvellements postérieurs. Par ailleurs, et c'est logique, le décret du 15 mai 2008 précise que le DPE n'est exigible à l'occasion du premier renouvellement que lorsque celui-ci intervient à une date postérieure à l'expiration du délai de validité du diagnostic fourni lors de la location initiale.

Il doit, par ailleurs, être mis à la disposition des « candidats » à la location (L. 6 juill. 1989, art. 3-3, *in fine;* CCH, art. L. 134-3), afin qu'ils puissent le consulter. Le DPE est établi par un professionnel habilité et assuré pour le faire. Son contenu est précisé à l'article R. 134-2 du code de la construction et de l'habitation et sa durée de validité est de dix ans (CCH, art. R. 134-4-2).

Pour les baux conclus à compter du 27 mars 2014, date d'entrée en vigueur de la loi du 24 mars 2014, dite loi Alur, l'extrait de l'état des lieux d'entrée et de sortie correspondant au relevé des index pour chaque énergie (v. s[s] n° 605) doit être mis à la disposition de la personne chargée d'établir le DPE qui en fait la demande, sans préjudice de la mise à disposition des factures (L. 6 juill. 1989, nouv. art. 3-2).

405 **Constat de risque d'exposition au plomb (CREP).** L'obligation de fournir un CREP est régie par les articles L. 1334-5 et L. 1334-7 du code de la santé publique.

Elle ne concerne que les immeubles affectés en tout ou partie à l'habitation construits avant le 1er janvier 1949.

Lorsque le logement loué fait partie d'une copropriété, le constat ne porte que sur les parties privatives.

Le constat est réalisé par un professionnel agréé.

Sa durée de validité est illimitée lorsqu'il conclut à une absence de plomb.

L'intégralité du coût de réalisation du CREP est toujours à la charge du bailleur (même si une clause du bail prévoit le contraire).

406 **Diagnostic « amiante ».** Aux termes de l'article, 3-3, 3° de la loi du 6 juillet 1989 issue de loi du 24 mars 2014, dite loi Alur, le dossier de diagnostic technique doit comprendre une copie d'un état mentionnant l'absence ou, le cas échéant, la présence de matériaux ou produits de la construction contenant de l'amiante.

Un décret en Conseil d'État (à paraître) va définir les modalités d'application de cette obligation, notamment la liste des matériaux ou produits concernés.

> Ce diagnostic n'est exigé que pour les contrats signés à compter du 27 mars 2014.

407 **État de l'installation intérieure d'électricité et de gaz.** Selon le 4° de l'article 3-3 de la loi de 1989 dans sa version issue de la loi du 24 mars 2014, dite loi Alur, le dossier de diagnostic technique doit également comprendre un état de l'installation intérieure d'électricité et de gaz, dont l'objet est d'évaluer les risques pouvant porter atteinte à la sécurité des personnes.

Un décret en Conseil d'État (à paraître) va venir définir les modalités d'application cette composante du diagnostic, ainsi que les dates d'entrée en vigueur de l'obligation en fonction des enjeux liés aux différents types de logements, dans la limite de six ans à compter de la publication de la loi du 24 mars 2014, dite loi Alur, soit dans la limite du 26 mars 2020.

Cet état n'est requis que pour les contrats signés à compter du 27 mars 2014.

408 **État des risques naturels et technologiques.** Si l'immeuble est situé dans une zone couverte par un plan de prévention des risques technologiques (PPRT) ou par un plan de prévention des risques naturels prévisibles (PPRNP), prescrit ou approuvé, ou dans des zones de sismicité, un état des risques naturels et technologiques est exigé (pour le savoir, contacter votre mairie ou les services de la DDE).

L'obligation vise les baux à usage exclusif d'habitation ou à usage mixte habitation et professionnel.

L'état des risques est établi par le bailleur moins de six mois avant la date de conclusion du contrat. Il est accompagné des extraits des documents de référence afin de permettre au locataire ou à l'acheteur de situer le bien par rapport aux risques (sur l'information des acquéreurs et des locataires sur les risques naturels et technologiques majeurs voir les recommandations et l'imprimé officiel sur www.ecologie.gouv.fr ou www.developpement-durable.gouv.fr sous la rubrique prévention des risques).

Un nouvel état des risques est nécessaire à chaque changement de locataire. En cas de colocation, le bailleur fournit un état à chacun des locataires lors de leur première entrée dans les lieux.

En cas de non-respect de ses obligations par le bailleur, le locataire peut poursuivre la résolution du contrat ou demander au juge une diminution du prix.

409 **Prise en compte de la pollution des sols.** Lorsque les informations rendues publiques par l'État (en application de l'article L. 125-6 du code de l'environnement) font état d'un risque de pollution des sols affectant un terrain faisant l'objet d'une transaction, le bailleur du terrain est tenu d'en informer par écrit le locataire

(C. envir., art. L. 125-7, dans sa rédaction issue de la loi du 24 mars 2014, dite loi Alur). Il doit communiquer l'intégralité des informations fournies par l'État.

L'acte de location atteste de l'accomplissement de cette formalité.

À défaut, et si une pollution constatée rend le terrain impropre à sa destination précisée dans le contrat, dans un délai de deux ans après la découverte de la pollution, le locataire a le choix de poursuivre la résolution du contrat ou d'obtenir une réduction du loyer.

Pour ses modalités d'application, l'article L. 125-7 du code de l'environnement renvoie à un décret en Conseil d'État.

5

Garanties données au bailleur

> Engagement de caution

> Dépôt de garantie

> Garantie des risques locatifs (GRL)

> Garantie universelle des loyers (GUL)

Le bailleur va chercher à **protéger ses intérêts** en demandant un **dépôt de garantie** (v. ss nos 508 s.).
Souvent, il exigera également qu'un tiers se porte garant, en signant formellement un engagement de **caution** (v. ss nos 501 s.).
Par ailleurs, le bailleur pourra opter pour **un système contre les loyers impayés** (v. ss no 510).

Engagement de caution

501 **Définition de la caution et opportunité.** La caution est la personne (un particulier ou un établissement financier) qui se porte garante du respect des obligations du preneur et qui va prendre le relais en cas de carence de celui-ci.

> L'acte de caution peut être établi antérieurement au bail lui-même (Versailles, 6 janv. 2015, RG n° 14/00193).

Se porter caution peut être très lourd de conséquences; il faut être conscient de la portée de cet engagement.

Aux termes de l'article 22-1 de la loi du 6 juillet 1989 (L. n° 89-462, 6 juill. 1989, *JO* 8 juill., p. 8541) dans sa rédaction issue de la loi du 24 mars 2014, dite loi Alur (L. n° 2014-366, 24 mars 2014, *JO* 26 mars, p. 5809), applicable aux contrats de location conclus à compter du 1er janvier 2016, l'engagement de la caution porte notamment sur les sommes correspondant aux aides versées aux bailleurs en application de la garantie universelle des loyers – GUL (à propos de la garantie universelle des loyers, v. ss nos 512 s.).

Toute personne ayant une couverture financière suffisante peut se porter caution, étant précisé que l'appréciation de cette capacité est laissée à la discrétion du bailleur. Avant d'accepter une personne comme caution, le bailleur peut lui demander qu'elle lui fournisse la preuve de ses revenus en produisant les mêmes documents que ceux qu'il a réclamés au locataire (fiches de salaire, avis d'imposition, etc.). Alors qu'il est interdit au bailleur de demander au locataire certains documents, telles une photo d'identité ou une carte d'assuré social (v. ss n° 125), rien ne semble empêcher qu'il puisse réclamer ces documents à la caution.

Le bailleur ne peut refuser la caution présentée au motif qu'elle ne possède pas la nationalité française ou que le cautionnement donné par une personne au motif qu'elle ne réside pas sur le territoire métropolitain (L. 6 juill. 1989, art. 22-1).

502 **Limitation du champ d'application du cautionnement.** Le cautionnement ne peut pas être demandé (« à peine de nullité », précise le texte tel que modifié par la loi du 24 mars 2014, dite loi Alur, applicable aux baux signés à compter du 27 mars 2014) par un bailleur qui a souscrit une assurance (ou, selon la modification issue de la loi de 24 mars 2014, applicables aux contrats signés depuis le 27 mars 2014, « toute autre forme de garantie ») garantissant les obligations locatives du locataire (concernant les assurances « impayés de loyers », v. s^{s} n° 107 ; sur la garantie des risques locatifs [GRL], v. s^{s} n° 509 ; à propos de la garantie universelle des loyers, v. s^{s} n°s 512 s.).

Le texte dans sa rédaction issue de la loi du 24 mars 2014, dite loi Alur (applicable aux contrats signés depuis le 27 mars 2014) précise ce qui semblait toutefois aller de soit : cette règle de non-cumul ne concerne pas le dépôt de garantie de l'article 22 (v. s^{s} n° 508).

Il indique par ailleurs que le cautionnement pour les sommes dont le locataire serait débiteur s'étend également aux sommes correspondant aux aides versées au bailleur en application de la garantie universelle des loyers (au sujet de laquelle, v. s^{s} n°s 512 s.).

En cas de cumul interdit, le cautionnement est nul, au profit de l'assurance (Rép. min. n° 12456, *JO Sénat*, 6 mai 2010, p. 1160).
Mais il n'est pas interdit de cumuler plusieurs cautionnements (Douai, 21 mars 2013, RG n° 12/02129).

Toutefois, **cette règle ne vaut pas** lorsque le logement est loué à un étudiant ou à un apprenti.

Par ailleurs, lorsque le bailleur est une personne morale autre qu'une société civile familiale (c'est-à-dire constituée exclusivement entre parents et alliés jusqu'au quatrième degré inclus), il ne peut demander de cautionnement que :

– s'il est apporté par un des organismes, dont la liste est fixée par le décret du 28 décembre 2009 (Décr. n° 2009-1659, 28 déc. 2009, *JO* 30 déc., p. 22683), soit les fonds de solidarité pour le logement (FSL) et les fonds locaux éventuellement créés par les conseils généraux, les collecteurs du 1 % logements agréés, les associations auxquelles un FSL ou un fonds local accorde sa garantie, ainsi que tous les organismes ou associations qui apportent, à titre gratuit, leur caution à un candidat à la location afin de favoriser son accès au logement;
– ou si le logement est loué à un étudiant ne bénéficiant pas d'une bourse de l'enseignement supérieur.

CODE Aux termes de l'article 8-1 de la loi du 6 juillet 1989 inséré par la loi du 24 mars 2014, dite loi Alur, et applicable aux contrats signés à compter du 27 mars 2014, en cas de **colocation**, c'est-à-dire de « location d'un même logement par plusieurs locataires, constituant leur résidence principale, et formalisée par la conclusion d'un contrat unique ou de plusieurs contrats entre les locataires et le bailleur » (sur cette notion, v. s^s^ n° 205), la solidarité de la personne qui s'est portée caution pour un colocataire prend fin à la date d'effet du congé régulièrement délivré et lorsqu'un nouveau colocataire figure au bail. À défaut, la solidarité du colocataire sortant s'éteint au plus tard à l'expiration d'un délai de six mois après la date d'effet du congé. Et le texte précise que l'acte de cautionnement des obligations d'un ou de plusieurs colocataires résultant de la conclusion d'un contrat de bail d'une colocation identifie nécessairement, sous peine de nullité, le colocataire pour lequel le congé met fin à l'engagement de la caution (concernant la solidarité entre colocataires, v. s^s^ n° 1206).

503 **Caution simple ou solidaire.** Les cautionnements simples n'existent pratiquement plus car une caution est d'autant plus lourdement engagée qu'elle signe un « **contrat de caution solidaire** ». En effet, ce contrat exclut le bénéfice de discussion et de division attaché au cautionnement simple. Le bailleur peut dès lors exiger immédiatement auprès de la caution le paiement de la dette sans même avoir tenté une quelconque action en justice contre le locataire. De plus, si plusieurs personnes se sont portées cautions, le bailleur peut exiger, à sa discrétion, à l'une ou l'autre de ces personnes la totalité du paiement sans avoir à le répartir entre elles.

504 **Caution à durée déterminée ou indéterminée.** Dans le cautionnement à durée déterminée, la caution est engagée pour la période mentionnée au contrat. La caution ainsi engagée est tenue pour toute la période considérée, sans pouvoir se dégager unilatéralement.

Exemple d'engagement à durée déterminée

> « Le présent engagement ne vaut que pour la durée initiale du bail, à l'exclusion de tout renouvellement ou de toute reconduction tacite. »

Lorsque le cautionnement est à durée indéterminée, ce qui est très souvent le cas, la caution est engagée expressément pour une « durée indéterminée », ou sans indication de durée dans le contrat, c'est-à-dire pour la durée du bail initial, pour les renouvellements et pour la période de reconduction tacite. Elle pourra toutefois **mettre fin unilatéralement** à son engagement. Mais la date d'effet de la résiliation de l'engagement de la caution est alors différée au terme du bail en cours (qu'il s'agisse du bail initial, du bail renouvelé ou du bail reconduit tacitement).

EXEMPLE Le bail a été conclu pour trois ans à compter du 1er janvier 2010 et la caution s'est engagée pour une durée indéterminée. Si la caution notifie sa résiliation le 15 avril 2012, son engagement courra jusqu'au 1er janvier 2013, date d'échéance du bail. En revanche, si la caution dénonce son engagement après le 1er janvier 2013, date du renouvellement ou de reconduction tacite du bail, elle restera tenue jusqu'au 1er janvier 2016, terme de la période de reconduction.

505 **Transmission du cautionnement au nouvel acquéreur.** En cas de vente du logement occupé par le locataire, sauf clause contraire insérée au bail, la caution est engagée envers le nouvel acquéreur.

> Ce principe a été posé en 2004 par l'Assemblée plénière de la Cour de cassation (Cass., ass. plén., 6 déc. 2004, n° 03-10.713, *Bull. ass. plén.*, n° 14 ; v. aussi s^{s} n° 2626).

506 **Formes à respecter.** La solution, qui résulte d'un arrêt de la Cour de cassation, est catégorique : soit le cautionnement est strictement conforme aux dispositions légales, et l'engagement est valable ; soit il ne l'est pas, et la caution est libérée de tout engagement (Civ. 3e, 8 mars 2006, n° 05-11.042, *Bull. civ.* III, n° 59).

Il doit y avoir autant d'actes de cautionnement qu'il y a de personnes se portant caution (Paris, 3 févr. 2011, RG n° 09/10327).

> Un engagement de caution qui n'est pas strictement conforme à la loi est nul, sans qu'il soit nécessaire que la caution qui entend se délier de son engagement démontre que « l'irrégularité » lui a causé un grief.

507 **Mentions obligatoires.** La personne qui se porte caution doit faire précéder sa signature :

– de la reproduction manuscrite du montant du loyer ;

– des conditions de sa révision telles qu'elles figurent au contrat de location ;

– de la mention manuscrite exprimant de **façon explicite et non équivoque** la connaissance qu'elle a de la nature et de l'étendue de l'obligation qu'elle contracte ;
– de la reproduction manuscrite du second alinéa de l'article 22-1 (ayant trait à la portée de l'engagement d'un cautionnement à durée indéterminée).

Ces formalités sont imposées à peine de nullité pour tous les cautionnements souscrits depuis le 1er septembre 1994. Elles visent aussi bien le cautionnement à durée déterminée que celui donné pour une durée indéterminée (Civ. 3e, 27 sept. 2006, n° 05-17.804, *Bull. civ.* III, n° 187).

Les formalités prescrites par l'article 22-1 ne concernent toutefois que les cautionnements conclus sous seings privés et non ceux donnés en la forme authentique, avec le concours d'un notaire (Civ. 3e, 9 juill. 2008, n° 07-10.926, *Bull. civ.* III, n° 124).

Dernière obligation prévue par la loi : toujours pour s'assurer de son consentement libre et éclairé à s'engager, un exemplaire du bail est remis à la caution.

Et pour garantir encore davantage la sécurité juridique de son engagement, on peut demander à la caution d'être présente le jour de la signature du bail pour signer elle-même le bail (v. ss n° 206).

Exemple de cautionnement à durée déterminée (bail de trois ans)

Indiquer impérativement les nom, prénom et adresse de la caution

[Je soussigné M. René Prévost demeurant 3 *ter*, rue de la Vigne, 06100 Nice, déclare me porter caution solidaire de Mlle Constantin en renonçant aux bénéfices de discussion et de division pour les obligations qu'elle a contractées en signant un bail le 4 février 2015, en qualité de locataire d'un logement situé 55, rue de la victoire, 32600 Barfleur, avec M. Dargent, bailleur.

Préciser si l'engagement est à durée indéterminée ou déterminée

Mon engagement est à durée déterminée. Il prendra fin le 4 février 2018, date d'expiration de la durée initiale dudit bail, indépendamment de tout renouvellement ou de toute reconduction tacite.

À rédiger à la main. Indiquer que la caution a reçu un exemplaire du bail. Inscrire la somme totale que risque de payer la caution

Je reconnais avoir reçu du bailleur un exemplaire du contrat de location et, en conséquence, savoir que le loyer s'élève à 400 euros par mois, et la provision pour charges à 60 euros par mois, soit un total de 460 euros par mois. Cumulée sur trois ans, durée du bail pour laquelle je m'engage, la somme dont j'aurais à m'acquitter en cas de défaillance de Mlle Tarn s'élève donc à 16 560 euros.

Par ailleurs, je suis au courant que le loyer est indexé en fonction de la variation de l'indice de référence des loyers (IRL) publié par l'INSEE du 4e trimestre de l'année 2014, d'une valeur de 125,29.

Je reconnais donc avoir connaissance de la nature et de l'étendue de l'obligation que je contracte par la présente.

Mentionner les modalités de résiliation

Je suis au courant qu'en vertu de l'article 22-1 de la loi n° 89-462 du 6 juillet 1989, « lorsque le cautionnement d'obligations résultant d'un contrat de location conclu en application du présent titre [titre Ier de la loi du 6 juillet 1989] ne comporte aucune indication de durée ou lorsque la durée du cautionnement est stipulée indéterminée, la caution peut le résilier unilatéralement. La résiliation prend effet au terme du contrat de location, qu'il s'agisse du contrat initial ou d'un contrat reconduit ou renouvelé, au cours duquel le bailleur reçoit notification de la résiliation ».

Fait à Barfleur, le 4 février 2015

René Prévost

» Dépôt de garantie

508 **Cas d'exclusion du dépôt de garantie.** Le bail peut prévoir le versement d'un dépôt de garantie (v. s[s] n° 318), mais il est interdit au bailleur de demander une telle garantie lorsque le loyer est payable d'avance pour une période supérieure à deux mois. Néanmoins si, en cours de bail, le locataire demande le bénéfice du paiement mensuel du loyer (ainsi que l'article 7 *a* de la loi du 6 juillet 1989 le lui permet, v. s[s] n° 1217), le bailleur est alors en droit d'exiger le versement d'un dépôt de garantie.

509 **Objet et montant du dépôt de garantie.** Le dépôt de garantie a pour objet de « garantir l'exécution de ses obligations locatives par le locataire ».

> ⚠ Le locataire n'a pas le droit de s'abstenir de régler le loyer du dernier mois de préavis, sous prétexte que le bailleur pourra les récupérer sur le dépôt de garantie car ce n'est pas l'objet de celui-ci.

Depuis la loi pour le pouvoir d'achat du 8 février 2008 (L. n° 2008-111, 8 févr. 2008, *JO* 9 févr., p. 2451; applicable aux contrats conclus à compter du 9 février 2008), le montant du dépôt de garantie « ne peut être **supérieur à un mois de loyer** en principal », c'est-à-dire hors provision pour charges. Le montant du dépôt de garantie ne saurait :

- ni être révisé en fonction de la variation d'un indice. En cours de bail, le bailleur ne peut donc pas réclamer de supplément de versement;
- ni produire d'intérêts au profit du locataire, qui ne peut, en fin de bail, même renouvelé à de nombreuses reprises, réclamer plus que son versement initial. Le bailleur, lui, est tout à fait libre de placer la somme.

Le dépôt de garantie doit être restitué dans les deux mois qui suivent la remise des clés par le locataire. À défaut, le bailleur lui devra des intérêts sur la somme qui doit être restituée (v. s[s] n°s 2627 et 2711 s.).

Recours à la garantie autonome en remplacement du dépôt de garantie

Il est possible de remplacer le dépôt de garantie par la fourniture d'une « garantie autonome » (L. 6 juill. 1989, art. 22-1-1).
Cette garantie, instituée par l'article 2321 du code civil, est fournie par un tiers (le garant) qui s'engage à verser une somme déterminée soit à première demande, soit suivant des modalités convenues. Le garant ne peut opposer aucune exception tenant à l'obligation garantie. Dans ce cas, le montant de la garantie autonome ne peut pas excéder la limite du mois de loyer en principal qui s'applique au dépôt de garantie.

La garantie autonome n'a donc pas vocation à se substituer au cautionnement.

La pratique n'a pas consacré cette garantie.

Garantie des risques locatifs (GRL)

510 **Mécanisme de garantie des risques locatifs (GRL).** Au-delà des assurances « impayés de loyers » que le bailleur peut souscrire auprès de son gestionnaire (v. s[s] n° 107), il existe le mécanisme de garantie des risques locatifs.

Depuis le 1er janvier 2016, aucune nouvelle GRL ne peut être souscrite. Quant aux contrats en cours, ils pourront être reconduits pour un an au maximum à compter de leur date d'échéance

annuelle intervenant courant 2016 (décr. n° 2015-1654, 13 déc. 2015, *JO* 13 déc., p. 23034).
La GRL est en effet appelée à disparaître pour être remplacée par une autre dénommée Visale (Visa pour le logement et l'emploi).
Aux termes d'une convention quinquennale 2015-2019 qui a été signée le 2 décembre 2014 entre l'État et l'UESL-Action logement, le Visale, est destiné aux salariés du secteur privé, plus particulièrement en situation de mobilité, de recrutement, de parcours résidentiels liés à l'emploi ou rencontrant des difficultés liées au logement (notamment, CDD, intérimaires, Cdi en période d'essai, salariés de moins de 30 ans, intermittents, apprentis, contrats aidés).
Les bénéficiaires entrant dans le parc locatif privé dans les douze mois de leur prise de fonction disposeront, pour leur résidence principale (vide ou meublée), d'une garantie remboursable sous forme d'un engagement d'assurer le paiement du loyer et des charges locatives en cas d'impayés du locataire (dans la limite de 1 300 € ou de 1 500 € dans Paris *intra muros* et pour une période ne pouvant excéder 36 mois).
Toutes les démarches se font gratuitement sur http://www.visale.fr
Une réponse est fournie sous 48 heures.
En cas de mise en œuvre de la garantie, le locataire devra rembourser Action Logement.

511 **Cumul impossible avec la garantie LOCA-PASS®.** Accordée par les organismes 1 % logement, la garantie LOCA-PASS® est une caution solidaire gratuite donnée **au propriétaire bailleur personne morale** pour un logement faisant l'objet d'une convention APL ou d'une convention signée avec l'Anah. Cette caution va jouer pendant **trois ans** à compter de l'entrée dans les lieux du locataire mais **plafonnée à dix-huit mensualités** de loyers et charges ne pouvant excéder 2 300 euros par mensualité garantie. Peuvent bénéficier de cette garantie les salariés des entreprises du secteur privé non agricole, les jeunes de moins de 30 ans en formation en alternance au sein d'une entreprise, en situation ou en recherche d'emploi et aux étudiants boursiers d'État pour les aider à devenir locataires.

La marche à suivre est détaillée sur www.actionlogement.fr

Cette garantie LOCA-PASS® ne peut se cumuler, sur un même logement, avec une autre garantie LOCA-PASS®, une garantie similaire accordée par le fonds de solidarité logement (FSL), la GRL ou une assurance « impayés de loyers ».

En revanche, elle peut se cumuler avec l'avance LOCA-PASS®, système par lequel les organismes 1 % logement avancent le dépôt de garantie (plafonné à 500 €) sous forme d'un prêt sans intérêt, sans frais de dossier, remboursable en trois ans maximum. Le bénéficiaire ne pourra toutefois pas cumuler, pour le même logement, cette avance LOCA-PASS® avec une autre avance LOCA-PASS® ou une aide de similaire accordée par le FSL.

Pour plus de détails, voir www.actionlogement.fr

La GRL a été mise en place par l'État et le 1 % Logement (« Action logement »).

Les contrats GRL sont proposés aux bailleurs privés par certains organismes d'assurance (la liste des assureurs labélisés « GRL » peut être consultée sur www.grl.fr). Ils leur permettent notamment de bénéficier d'une couverture des loyers impayés et des frais de contentieux et de se prémunir contre les détériorations des lieux.

Cette garantie bénéficie aux bailleurs dont les locataires (qu'ils soient en CDI, en CDD, en intérim…) ne répondent pas aux « critères usuels de solvabilité exigés des assureurs et des bailleurs », mais dont le taux d'effort (rapport entre le loyer + charges et revenus) est inférieur ou égal à 50 %.

Le logement loué, qui peut être un meublé, doit être la résidence principale du locataire.

Le loyer (provision pour charges incluses) ne doit toutefois pas être supérieur à 2 000 euros par mois.

Plafonnée à 70 000 euros pour les loyers impayés et les frais de contentieux, la GRL va jouer, soit en cas d'impayé total pendant deux mois (pas nécessairement consécutifs), soit en cas d'impayé partiel atteignant un mois de loyer sur un an (une fois déduites les aides au logement versées au propriétaire).

Pour les dégradations, une franchise égale au montant du dépôt de garantie est appliquée et le plafond est de 7 700 euros (3 500 euros pour les meublés).

Des détails sont fournis sur le site d'Action logement : www.action-logement.fr

Garantie universelle des loyers (GUL)

512 **Principe.** L'article 24-2 de la loi du 6 juillet 1989, créé par la loi du 24 mars 2014, dite loi Alur, instaure la garantie universelle des loyers (GUL).

La GUL aurait dû être applicable aux contrats de location conclus **à compter du 1er janvier 2016**.

> Toutefois, ce dispositif a été jugé trop onéreux par les pouvoirs publics et les textes réglementaires indispensables à la mise en œuvre de la GUL n'ont pas été publiés.

À compter du 1er janvier 2016, les parties auraient dû pouvoir, par avenant, rendre la GUL applicable aux contrats de location en cours (sous réserve toutefois que le bailleur et le locataire remplissent les conditions qu'il fixe).

513 **Objet de la GUL.** La GUL a pour objet de couvrir, sous la forme d'un système d'aides, les bailleurs contre les risques d'impayés de loyers, de charges récupérables et de sommes relatives à la contribution pour le partage des économies de charges.

514 **Champ d'application.** Elle s'applique aux contrats de location de logements vides ou meublés constituant la résidence principale du locataire.

515 **Conditions de mise en œuvre de la GUL liées au bailleur ou au logement.** Les aides versées au titre de la GUL ne peuvent être accordées que lorsque les conditions suivantes sont cumulativement satisfaites par le bailleur :

– le bailleur n'a pas demandé le **cautionnement** mentionné à l'article 22-1 (v. s^s n°s 501 s.);

Cette condition ne vaut pas lorsque le locataire est **étudiant ou apprenti.**

– il n'a pas souscrit d'**assurance** pour les risques couverts par la GUL;

– il ne loue pas le logement à l'un de ses **ascendants ou descendants**, ou à ceux de leur conjoint ou concubin ou de toute personne liée à eux par un pacte civil de solidarité;

– il a régulièrement **déclaré son contrat** de location auprès de l'agence de la GUL;

– le logement satisfait aux **caractéristiques de décence** prévues à l'article 6 de la loi du 6 juillet 1989 (v. s^s n°s 607 s.);

– le contrat de location est établi par écrit, respecte le **contrat type** prévu par la loi (v. s^s n° 302) et ne mentionne pas le renoncement au bénéfice de la GUL;

– lorsque le locataire bénéficie de **l'aide personnelle au logement**, le bailleur demande son versement entre ses mains dans des conditions fixées par décret.

Le bénéfice de la garantie est refusé lorsque le bailleur a fait l'objet d'une interdiction de bénéficier de la garantie suite à une fausse déclaration ou lorsque, depuis moins de dix ans, il a été mis en demeure de faire cesser la mise à disposition aux fins d'habitation de locaux impropres à l'habitation ou a proposé à la location un logement ayant fait l'objet d'un arrêté de péril ou d'un arrêté d'insalubrité, sauf lorsque l'autorité responsable a prononcé la mainlevée de l'arrêté.

516 **Conditions de mise en œuvre de la GUL liées au locataire.** À la date de la conclusion du bail, le bailleur doit s'assurer que le locataire, sauf exceptions, n'est pas redevable d'une dette créée ou

augmentée depuis moins de deux ans vis-à-vis de l'agence de la GUL et supérieure à un seuil défini par décret (non publié, v. s^{s} n° 512), sauf si l'une des conditions suivantes est remplie et ne fait pas l'objet d'une interdiction de bénéficier de la garantie.

517 **Montant de l'aide versée au bailleur.** Le montant est déterminé par référence au montant des impayés de loyer et, en principe, une franchise est appliquée.

L'aide est versée dans la limite d'un plafond modulé en fonction de la localisation du logement, de sa catégorie et de sa surface.

Dans les zones tendues (v. s^{s} n° 1213), ce plafond est égal au loyer de référence.

Ce plafond peut être majoré et complété.

L'aide peut par ailleurs être réduite (notamment lorsque le logement est à usage mixte professionnel et d'habitation), voire supprimée lorsque le bailleur déclare tardivement les impayés de loyer; lorsqu'il fait preuve de négligence ou, dans certaines hypothèses, lorsque le loyer représente plus de la moitié des ressources du locataire.

6
Entrée dans les lieux

Suite à la signature du bail, le bailleur a l'obligation de délivrer le logement (v. ss n° 616). Celui-ci doit répondre aux normes de décence (v. ss nos 607 s.).

Mais avant la prise de possession du logement par le locataire, il est nécessaire d'**établir l'état des lieux** d'entrée (v. ss nos 602 s.).

601 **Généralités.** L'entrée dans les lieux est un moment important puisque, même si le locataire est déjà juridiquement lié au bailleur dès la signature du bail, ce n'est qu'au moment où il prend possession des locaux (quelques jours après, le plus souvent) qu'il a réellement conscience de la portée de son engagement.

Cette entrée dans les lieux est marquée par l'établissement d'un état des lieux et par la délivrance d'un local qui doit répondre aux critères de décence.

» État des lieux d'entrée

602 **Utilité de l'état des lieux.** Lorsqu'on est locataire, il est tout à fait primordial de dresser un état des lieux d'entrée puisque, à défaut, la combinaison de l'article 3-2 de la loi du 6 juillet 1989 (L. n° 89-462, 6 juill. 1989, *JO* 8 juill., p. 8541 ; issu de L. n° 2014-366, 24 mars 2014, dite loi Alur, *JO* 26 mars, p. 5809, disposition anciennement insérée à l'article 3 de la loi du 6 juillet 1989) et de l'article 1731 du code civil, fait présumer que le locataire a reçu les locaux « en bon état de réparations locatives » et qu'il doit « les rendre tels, sauf preuve contraire ».

> Contrairement à ce que l'on croit trop souvent, l'état des lieux d'entrée est donc une « formalité » destinée à protéger davantage le locataire entrant que le bailleur, dont les intérêts sont déjà protégés par la présomption de l'article 1731 du code civil. C'est ce qu'illustre un arrêt du 23 janvier 2007 rendu par la Cour de cassation à l'occasion d'un différend portant sur l'état des parquets : dès lors que l'état des lieux d'entrée ne comporte aucune mention relative aux parquets, il appartient au locataire de démontrer que les dégradations constatées sont dues à la vétusté ou à la force majeure (Civ. 3ᵉ, 23 janv. 2007, n° 05-21.232, NP). Un enseignement pour tous : l'état des lieux doit donc non seulement être dressé, mais en plus être le plus précis possible.

Le bailleur ne peut pas s'y opposer puisque, selon l'article 3-2 de la loi du 6 juillet 1989 issu de la loi du 24 mars 2014, dite loi Alur (L. 6 juill. 1989, art. 3 anc.), la présomption de bon état de l'article 1731 du code civil ne peut être invoquée par celle des parties qui a fait obstacle à l'établissement de l'acte ou, est venue préciser la loi du 24 mars 2014, dite loi Alur, « à sa remise à l'une des parties ».

603 **À chaque entrée, un état des lieux.**

> **Pour les baux conclus à compter du 27 mars 2014**, date d'entrée en vigueur de la loi du 24 mars 2014, dite loi Alur, un état des lieux doit être établi dans les mêmes formes et en autant d'exemplaires que de parties lors de la remise et de la restitution des clés, contradictoirement et amiablement par les parties et joint au contrat de location (L. 6 juill. 1989, art. 3-2).

> **Pour les baux conclus avant le 27 mars 2014**, l'article 3 ancien de la loi du 6 juillet 1989 précise que l'état des lieux d'entrée doit être établi contradictoirement et amiablement lors de la remise des clés, avant d'être joint au contrat.

Il est possible, sous certaines conditions, de compléter l'état des lieux d'entrée après la remise des clés (v. s^{s} n°s 606 et 701).

En principe, ce document est établi contradictoirement entre le bailleur et le locataire. Toutefois, les parties peuvent convenir de mandater un tiers.

L'état des lieux peut aussi, en théorie, être réalisé par un huissier de justice, mais en pratique, cette situation se rencontre plutôt lors de l'établissement de l'état des lieux de sortie (v. s^{s} n° 2704).

Rappelons que, désormais, la loi répute non écrite la clause du bail qui impose au locataire la facturation de l'état des lieux réalisé par un huissier, sauf s'il intervient dans le cas prévu par l'article 3-2 de la loi (v. s^{s} n° 333).

604 **Description fidèle des lieux.** L'objectif de l'état des lieux est de rendre compte fidèlement de l'état du logement et de ses équipements.

Il faut y identifier chaque pièce, chaque élément d'équipement et spécifier dans quel état il se trouve (« état neuf », « bon état », « état d'usage », « mauvais état »), en ajoutant, s'il le faut, quelques commentaires ou réserves plus explicites tels que par exemple : « plafond taché », « robinet qui fuit », « carrelage fendu », etc.

Même si l'exercice peut sembler bien rébarbatif à des locataires tout à leur bonheur d'avoir trouvé un logement, **il faut être le plus précis possible** dans la qualification de l'état du logement et de ses équipements puisque c'est la comparaison entre ce document et l'état des lieux de sortie qui va permettre de déterminer si des dégradations sont imputables au locataire lors de sa sortie des lieux.

La loi du 24 mars 2014, dite loi Alur (ayant réécrit l'art. 3-2 de la loi du 6 juill. 1989), prévoit que l'état des lieux doit être « établi selon des modalités définies par décret en Conseil d'État, pris après avis de la Commission nationale de concertation » (décret à paraître).

605 **Relevé des index pour chaque énergie.** Selon le dernier alinéa de l'article 3-2 de la loi du 6 juillet 1989 (opposable aux seuls contrats signés à compter du 27 mars 2014), le propriétaire ou son mandataire complète l'état des lieux d'entrée par les relevés des index pour chaque énergie, en présence d'une installation de chauffage ou d'eau chaude sanitaire individuelle, ou collective avec un comptage individuel.

L'extrait de l'état des lieux correspondant est mis à la disposition de la personne chargée d'établir le diagnostic de performance énergétique prévu à l'article L. 134-1 du code de la construction et de l'habitation (v. s[s] n° 404) qui en fait la demande, sans préjudice de la mise à disposition des factures.

606 **Compléter l'état des lieux ultérieurement.** Il convient de distinguer deux cas de figure en fonction de la législation applicable.

> **Pour les baux conclus avant le 27 mars 2014**, pendant le premier mois de la période de chauffe, le locataire peut demander que l'état des lieux soit complété par l'état des éléments de chauffage.

Ces avenants à l'état des lieux initial sont, tout comme l'état de lieux lui-même, en principe contradictoire, mais il peut, tout comme l'état des lieux initial, entraîner l'intervention d'un huissier (v. s^{s} n°s 603 et 2704).

Un tel complément s'impose en cas de déficience, même minime, du chauffage (fuites, bruits anormaux, température basse...). En effet, lorsque le chauffage fonctionne parfaitement, aucun complément de l'état des lieux initial n'est requis, puisque, en application de l'article 1731 du code civil, le défaut de mention concernant le chauffage présume que celui-ci est « en bon état de réparations locatives ».

Lorsque le bailleur et le locataire se sont entendus pour faire peser sur le locataire la charge de réaliser un certain nombre de travaux (en vertu d'une « clause de travaux », v. s^{s} n° 701), l'état des lieux d'entrée doit également être complété après réalisation des travaux.

> **Pour les baux conclus à compter du 27 mars 2014**, date d'entrée en vigueur de la loi du 24 mars 2014, dite loi Alur, par dérogation au principe selon lequel l'état des lieux doit être rédigé lors de la remise des clés, par deux fois, la loi permet de compléter l'état des lieux (L. 6 juill. 1989, art. 3-2).

La loi n° 2015-990 du 6 août 2015, dite loi Macron (*JO* 7 août, p. 13537) a modifié l'article 3-2 de la loi de 1989 afin de préciser que la faculté de compléter l'état des lieux ne vaut que pour l'état des lieux d'entrée. Cette précision, qui tombe sous le sens, ne vaut toutefois que pour les baux conclus, renouvelés ou reconduits tacitement à compter du 8 août 2015.

Tout d'abord, **dans un délai de dix jours à compter de son établissement**, le locataire peut demander au bailleur ou à son représentant de compléter l'état des lieux.

Si cette demande est refusée, le locataire peut saisir la commission départementale de conciliation territorialement compétente.

Par ailleurs, comme par le passé, et selon les mêmes modalités, **pendant le premier mois de la période de chauffe**, le locataire peut demander que l'état des lieux soit complété par l'état des éléments de chauffage.

Bien évidemment, chaque exemplaire de l'état des lieux doit être **daté et signé des parties au contrat**.

Exemple d'état des lieux

L'exemple ci-dessous ne vaut que pour les baux conclus avant la date d'entrée en vigueur de la loi du 24 mars 2014, dite loi Alur (le 27 mars 2014) puisque, aux termes du nouvel article 3-2, issu de la loi du 24 mars 2014, l'état des lieux doit être « établi selon des modalités définies par décret en Conseil d'État, pris après avis de la Commission nationale de concertation », pas encore paru.

État des lieux d'entrée ❒ en date du 15 mars 2014

État des lieux de sortie ❒ en date du ....

1. Désignation des parties

Le présent état des lieux est signé entre :

Bailleur : Monsieur Fernand Naudin dont le domicile est situé 14, rue de la gaîté, 75014 Paris, représenté par l'agence Dupond, 31, avenue Maréchal Leclerc 75014 Paris.

Locataire(s) : Monsieur Léonard Michalon, 31, rue Froidevaux 75014 Paris.

2. Désignation des locaux

Les locaux sont situés 31, rue Froidevaux 75014 Paris, 3e étage, appartement 601.

3. Consistance des lieux

Appartement ❒

Maison individuelle ❒

3.1. Nombre de pièces : 3

3.2. Locaux annexes

Garage : ❒

Parking : ❒

Cave : ❒

À préciser [Autre : ....

4. Nombre de clés remises au(x) locataire(s) : 6

5. État des locaux donnés en location

Voir tableau page suivante.

6. Relevé des compteurs

6.1. Eau

– eau froide : 66 223

– eau chaude : 12 541

6.2. Électricité

– heures creuses : 2 145

– heures pleines : 1 245

6.3. Gaz : 3 654

Fait à Paris, le 15 mars 2014, en 2 exemplaires.

Le bailleur (ou son mandataire)

Écrit à la main [Bon pour accord

M. Claude Dupond

Le(s) locataire(s)

Écrit à la main [Bon pour accord

M. Léonard Michalon

5. Tableau synthétique de l'état des locaux donnés en location

Élément	**Plafonds**		**Murs**		**Sols**		**Portes**		**Fenêtres**		**Chauffage**		**Équipements**		**Remarques diverses**
Pièce	Revêt.	État	Revêt.	État	Revêt.	État	Matériau	État	Matériau	État	Mode	État	Identification	État	
Entrée	peinture	moyen	papier peint	neuf	parquet	moyen	bois	moyen	pvc	bon	gaz	bon	placard porte blindée	bon bon	parquet : traces de brûlures de cigarettes sur 4 lattes
Salon															
Salle à manger	peinture	moyen	papier peint	moyen	parquet	bon	bois	moyen	pvc	bon	gaz	bon	cheminée	moyen	cheminée : marbre fendu
Chambre 1	peinture	moyen	papier peint	moyen	moquette	moyen	bois	moyen	pvc	bon	gaz	bon	lavabo	bon	moquette tachée
Cuisine	peinture	moyen	peinture	moyen	carrelage	bon	bois	moyen	pvc	bon	gaz	bon	meuble rangement	bon	
Salle de bains	lambris	bon	carrelage	bon	carrelage	bon	bois	moyen	pvc	bon	gaz	bon	lavabo douche	bon bon	bois de la porte fendu
WC	peinture	moyen	peinture	moyen	carrelage	bon	bois	moyen			gaz	bon	cuvette WC + abattant	moyen	trace fuite d'eau

Comment formuler ses remarques ?

Exemples de remarques :
- éraflures, fenêtres simple ou double vitrage, carrelage cassé, taches sur la moquette, ampoule manquante…

Revêtement des murs :
- peinture, papier peint, lambris, tissu, etc.

État :
- neuf, bon, moyen, mauvais.

Revêtement des sols :
- carrelage, parquet, lino, moquette, etc.

Matériau :
- bois, PVC, métal, etc.

Chauffage :
- au gaz, au fuel, au bois, etc.

Équipements :
- placards, plan de travail, four, plaques électriques, hotte aspirante, porte blindée, WC, évier, baignoire, douche.

» Remise d'un logement « décent » par le bailleur

607 **Définition.** La notion de « décence » a été précisée par un décret du 30 janvier 2002 (Décr. n° 2002-120, 30 janv. 2002, *JO* 31 janv., p. 2090) : le logement doit ainsi assurer la sécurité physique et la santé des locataires (v. s[s] n° 608), présenter un certain nombre d'éléments d'équipements et de confort (v. s[s] n° 609) et respecter certaines surfaces minimales (v. s[s] n° 610).

> CODE « Le bailleur est tenu de remettre au locataire un logement décent ne laissant pas apparaître de risques manifestes pouvant porter atteinte à la sécurité physique ou à la santé […] et doté des éléments le rendant conforme à l'usage d'habitation » (L. 6 juill. 1989, art. 6, al. 1er).

Le logement qui fait l'objet d'un arrêté d'insalubrité ou de péril ne peut être considéré comme un logement décent (Décr. 30 janv. 2002, art. 5).

608 **Garantir la sécurité physique et la santé des locataires.** Le logement n'assure la sécurité physique et la santé des locataires que s'il satisfait aux conditions suivantes :

- le gros œuvre du logement et ses accès doivent être en bon état d'entretien et de solidité et protéger les locaux contre les eaux de ruissellement et les remontées d'eau. Les menuiseries extérieures et la couverture avec ses raccords et accessoires assurent la protection contre les infiltrations d'eau dans l'habitation.

  Pour les logements situés dans les départements d'outre-mer, il est tenu compte pour l'appréciation des conditions relatives à la protection contre les infiltrations d'eau, des conditions climatiques spécifiques à ces départements ;
- dans le logement et ses accès, les dispositifs de retenue des personnes conformes tels que garde-corps des fenêtres, escaliers, loggias et balcons, doivent être dans un état conforme à leur usage ;

> **EXEMPLE** Un bailleur ne peut pas louer un logement situé au 4e étage dépourvu de dispositif suffisant à prévenir le basculement des occupants (Aix-en-Provence, 7 mai 2002, *Lefebvre c/Riviera Sun*).

- la nature et l'état de conservation et d'entretien des matériaux de construction, des canalisations et des revêtements de surfaces (sol et murs) du logement ne doivent pas présenter de risques manifestes pour la santé et la sécurité physique des locataires ;
- les réseaux et branchements d'électricité et de gaz et les équipements de chauffage et de production d'eau chaude doivent être conformes aux normes de sécurité définies par les lois et règlements et être en bon état d'usage et de fonctionnement ;

Il n'est pas question pour un locataire d'exiger la mise aux normes complète d'une installation ancienne. Le bailleur n'a qu'une obligation de rendre son installation non dangereuse pour un profane (Rép. min. n° 73576). En revanche, les travaux réalisés sur une installation ancienne doivent être, bien évidemment, conformes aux normes actuellement en vigueur.

- les dispositifs d'ouverture et de ventilation des logements doivent permettre un renouvellement de l'air adapté aux besoins d'une occupation normale du logement et au fonctionnement des équipements ;
- « les pièces principales » telles qu'elles sont définies par l'article R. 111-1 du code de la construction et de l'habitation, doivent bénéficier d'un éclairement naturel suffisant et d'un ouvrant donnant à l'air libre ou sur un volume vitré donnant à l'air libre.

> CODE Cet article R. 111-1 du code de la construction et de l'habitation prévoit qu'un « logement ou une habitation comprend, d'une part, des pièces principales destinées au séjour ou au sommeil, éventuellement des chambres isolées et, d'autre part, des pièces de service, telles que cuisines, salles d'eau, cabinets d'aisance, buanderies, débarras, séchoirs, ainsi que, le cas échéant, des dégagements et des dépendances ».

609 **Être doté d'éléments d'équipement et de confort.** Les éléments d'équipement et de confort que le logement doit comporter sont :
- une installation permettant un chauffage normal, munie des dispositifs d'alimentation en énergie et d'évacuation des produits de combustion et adaptée aux caractéristiques du logement (étant précisé que, pour les logements situés dans les départements d'outre-mer, il peut ne pas être fait application de ces dispositions lorsque les conditions climatiques le justifient) ;

> L'obligation de délivrer un logement décent impose l'alimentation en eau courante et en électricité (Paris, 23 mai 2007, RG n° 06/214052, *Prudhomme c/Oulbani*). De plus, un logement

peut être qualifié d'indécent si l'une des chambres ne bénéficie pas d'un chauffage suffisant (Paris, 15 févr. 2011, *Douillet c/SCI* 35-37, rue Beaubourg).

– une installation d'alimentation en eau potable assurant à l'intérieur du logement la distribution avec une pression et un débit suffisants pour l'utilisation normale de ses locataires;

L'exigence de la délivrance au preneur d'un logement décent impose son alimentation en eau courante (Civ. 3e, 15 déc. 2004, nº 02-20.614, *Bull. civ.* III, nº 239). En effet, la seule alimentation en électricité ne peut être considérée comme un équipement ou une installation permettant un chauffage normal du logement : les lieux doivent être pourvus d'appareil de chauffage (Civ. 3e, 4 juin 2014, nº 13-12.314, *Bull. civ.* III, nº 73)

– des installations d'évacuation des eaux ménagères et des eaux-vannes empêchant le refoulement des odeurs et des effluents et munies de siphon;
– une cuisine ou un coin cuisine aménagé de manière à recevoir un appareil de cuisson et comprenant un évier raccordé à une installation d'alimentation en eau chaude et froide et à une installation d'évacuation des eaux usées;

Dans les logements situés dans les départements d'outre-mer, les dispositions relatives à l'alimentation en eau chaude prévues ci-dessus ne sont pas applicables.

– une installation sanitaire intérieure au logement comprenant un WC, séparé de la cuisine et de la pièce où sont pris les repas, et un équipement pour la toilette corporelle, comportant une baignoire ou une douche, aménagé de manière à garantir l'intimité personnelle, alimenté en eau chaude et froide et muni d'une évacuation des eaux usées. L'installation sanitaire d'un logement d'une seule pièce peut être limitée à un WC extérieur au logement à condition que ce WC soit situé dans le même bâtiment et facilement accessible;

Lorsque les équipements sanitaires sont reliés à la tuyauterie de l'évier, le bailleur est obligé de réaliser des travaux de mise en conformité (Paris, 3 juill. 2007, RG n° 05/06502, *Société civile du 95, rue de Charonne c/Becis*).

– un réseau électrique permettant l'éclairage suffisant de toutes les pièces et des accès ainsi que le fonctionnement des appareils ménagers courants indispensables à la vie quotidienne.

610 **Avoir au moins une pièce principale pas trop petite.** Deux cas sont à distinguer puisque le logement doit disposer au moins d'une pièce principale ayant :

– soit une surface habitable au moins égale à 9 m^2 et une hauteur sous plafond au moins égale à 2,20 mètres;
– soit un volume habitable au moins égal à 20 m^3.

La surface habitable et le volume habitable « sont déterminés conformément aux dispositions des deuxième et troisième alinéas de l'article R. 111-2 du code de la construction et de l'habitation », aux termes de l'article 4 du décret du 30 janvier 2002.
Si l'article R. 111-2 du code de la construction et de l'habitation dispose que « la surface et le volume habitables d'un logement doivent être de 14 m^2 et de 33 m^3 », cette règle des 14 m^2 ne concerne que les nouveaux logements, c'est-à-dire les constructions neuves ou la création de lots de copropriété suite à la division de l'immeuble (Rép. min. n° 10778).

611 **Critère d'occupation.** Si les pièces principales doivent avoir certaines caractéristiques, il n'y a pas pour autant d'adéquation entre le nombre de pièces, les équipements et le nombre d'occupants.

Aucun critère d'occupation lié au nombre d'occupants du logement ne peut en effet être retenu, le propriétaire bailleur ne pouvant pas être tenu pour responsable du nombre de personnes habitant effectivement le logement occupé (Rép. min. n° 10778, *JOAN Q* 14 avr. 2003, p. 2990).

»» Que faire si l'obligation de décence n'est pas respectée ?

612 **Principe.** Si le logement loué ne satisfait pas aux dispositions des premier et deuxième alinéas de l'article 6, le locataire peut demander au propriétaire sa mise en conformité sans qu'il soit porté atteinte à la validité du contrat en cours (L. 6 juill. 1989 art. 20-1, modifié par L. 24 mars 2014, dite loi Alur, sur ce point d'application aux contrats en cours lors de son entrée en vigueur, le 27 mars 2014).

Le locataire ne pourrait obliger le bailleur à lui fournir un autre logement (Civ. 3e, 15 déc. 2004, n° 02-20.614, *Bull. civ.* III, n° 239).

Aux termes du nouvel alinéa 2 de l'article 20-1 de la loi du 6 juillet 1989 (issu de la loi du 24 mars 2014, dite loi Alur), l'information du bailleur par l'organisme payeur de son obligation de mise en conformité du logement, telle que prévue aux articles L. 542-2 et L. 831-3 du code de la sécurité sociale (articles relatifs à l'allocation logement), tient lieu de demande de mise en conformité par le locataire.
Et l'indemnisation du preneur pour les troubles de jouissance subis du fait du manquement par le bailleur à son obligation de délivrance d'un logement décent n'est pas subordonnée à une mise en demeure du bailleur (Civ. 3e, 4 juin 2014, n° 13-12.314, *Bull. civ.* I, n° 74).

Mais le texte ne permet pas au locataire de ne pas payer le loyer sans y avoir été autorisé par le juge (Aix-en-Provence, 14 janv. 2014, RG n° 12/02637, *Consorts B c/Odette T*).

Exemple de demande de mise en conformité du logement

Monsieur Philibert Coger
8, place Charles Richet
35000 Rennes

Monsieur Achille Roy
3, rue Daumesnil
35000 Rennes
Rennes, le 31 mars 2016

Adresser votre lettre en recommandé avec AR

Lettre recommandée avec AR.

Monsieur,

Indiquer le défaut constaté

Suite à la signature d'un bail pour l'appartement que j'occupe et dont vous m'avez remis les clés le 15 courant, je me suis aperçu que le réseau électrique ne fonctionne pas correctement dans la chambre n° 2 et dans la buanderie.

Citer les textes de référence

Ainsi, il s'avère que le logement loué n'est pas conforme à l'article 3, 6°, du décret n° 2002-120 du 30 janvier 2002 relatif aux caractéristiques du logement décent.

Je vous demande donc, en application de l'article 20-1 de la loi n° 89-462 du 6 juillet 1989, de bien vouloir procéder, sans délai, à la mise en conformité de l'installation défectueuse.

Montrer sa détermination

À défaut, je me réserve la possibilité de saisir la commission départementale de conciliation ou bien, directement, la justice, ainsi que l'article 20-1 m'y autorise.

Restant à votre disposition pour convenir d'un rendez-vous, je vous prie d'agréer, Monsieur, l'expression de mes salutations les meilleures.

Philibert Coger

613 **Refus ou absence de réponse du bailleur.** Si le propriétaire refuse d'effectuer les travaux ou ne répond pas à sa demande dans un délai de deux mois, le locataire a deux possibilités :

- soit saisir la commission départementale de conciliation, laquelle rendra un avis (v. ss nos 2104 s.). Cette saisine ne constitue pas un préalable à la saisine du juge par l'une ou l'autre des parties ;
- soit saisir directement le tribunal compétent, c'est-à-dire le juge d'instance du lieu de situation de l'immeuble.

La juridiction de proximité n'est pas compétente pour connaître du litige puisque les textes confèrent au juge d'instance une compétence exclusive en matière de baux d'habitation. La seule exception à ce principe (prévue à l'art. R. 331-4, COJ) concerne la restitution du dépôt de garantie, dans la limite de 4 000 euros (Cass., avis, 10 oct. 2005, n° 0500023 ; sur la question v. ss n° 2712).

À noter, que les juridictions de proximité vont disparaître le 1er janvier 2017. En effet, la loi du 13 décembre 2011 (L. n° 2011-1862, 13 déc. 2011, *JO* 14 déc., p. 21105) modifiée par les lois du 24 décembre 2012 (L. n° 2012-1441, 24 déc. 2012, *JO* 26 déc., p. 20395) et du 29 décembre 2014 (L. n° 2014-1651, 29 déc. 2014, *JO* 28 déc., p. 22756) a programmé leur suppression pour cette date. Les compétences qui leur étaient dévolues tomberont dans le giron des tribunaux d'instance. On parlera alors de « juges de proximité ».

»» Saisir le juge ?

614 **Que peut faire le juge ?** Les pouvoirs du juge ont été augmentés par la loi du 5 mars 2007 (L. n° 2007-290, 5 mars 2007, *JO* 6 mars, p. 4190).

Désormais, le juge peut :

- déterminer la nature des travaux à réaliser et le délai de leur exécution ;

– réduire le montant du loyer ou suspendre, avec ou sans consignation, son paiement et la durée du bail jusqu'à l'exécution de ces travaux.

Depuis 2009, le juge est tenu de transmettre au préfet l'ordonnance ou le jugement constatant que le logement loué ne satisfait pas aux normes de décence. Avant la loi du 25 mars 2009 (L. n° 2009-323, 25 mars 2009, *JO* 27 mars, p. 5408), il ne s'agissait que d'une simple faculté.

»» Remise par le bailleur d'un logement performant sur le plan énergétique

615 **Performance énergétique du logement.** Selon le premier alinéa de l'article 6 de la loi du 6 juillet 1989 dans sa rédaction issue de la loi n° 2015-992 du 17 août 2015 relative à la transition énergétique pour la croissance verte (*JO* 18 août, p. 14263), « Le bailleur est tenu de remettre au locataire un logement [...] répondant à un critère de performance énergétique minimale. »

Le texte poursuit en précisant qu'un décret en Conseil d'État (à paraître) définit le critère de performance énergétique minimale à respecter et un calendrier de mise en œuvre échelonnée.

CODE

Carnet numérique de suivi et d'entretien du logement

L'article L. 111-10-5 du Code de la construction et de l'habitation (issu, lui aussi de la loi du 17 août 2015 et qui nécessite la publication d'un décret d'application), instaure un carnet numérique de suivi et d'entretien du logement.

Ce carnet, qui intègre le dossier de diagnostic technique prévu à l'article 3-3 de la loi du 6 juillet 1989 (v. ss nos 403 s.), doit mentionner l'ensemble des informations utiles à la bonne utilisation, à l'entretien et à l'amélioration progressive de la performance énergétique du logement et des parties communes lorsque le logement est soumis au statut de la copropriété.

Il est obligatoire pour toute construction neuve dont le permis de construire est déposé à compter du 1er janvier 2017 et pour tous les logements faisant l'objet d'une mutation à compter du 1er janvier 2025.

» Délivrance du logement par le bailleur

616 **Notion de « délivrance ».** Le bailleur doit, sauf s'il est stipulé une « clause de travaux » (v. s^s^ n° 701), pleinement respecter son obligation de délivrance.

Son obligation consiste à mettre le locataire en situation de pouvoir utiliser la chose louée lors de l'entrée dans les lieux, mais aussi pendant toute la durée du bail (Nîmes, 21 oct. 2010, *OPAC du Rhône c/Kemedji*). Le défaut de paiement par le locataire du dépôt de garantie, et même du premier loyer (lorsque celui-ci est stipulé à terme à échoir, le locataire doit s'en acquitter à l'avance, v. s^s^ n° 1218) ne décharge pas le bailleur de son obligation de délivrance (Civ. 3e, 28 juin 2006, n° 05-10.137, *Bull. civ.* III, n° 161).

Il est tenu « de délivrer au locataire le logement en bon état d'usage et de réparation ainsi que les équipements mentionnés au contrat de location en bon état de fonctionnement » (L. 6 juill. 1989, art. 6 *a*). De même, il est obligé de remettre au locataire un logement qui répond aux normes de décence fixées par le décret du 30 janvier 2002.

Le bailleur n'a pas pour autant l'obligation de louer un logement neuf. Il doit seulement louer un logement adapté à l'usage pour lequel il est contractuellement destiné, à savoir l'habitation ou l'habitation et l'exercice d'une profession (usage mixte). À l'inverse, un bailleur ne remplit pas son obligation de délivrance s'il loue un logement neuf comportant des vices de construction ou des malfaçons le rendant impropre à l'habitation.

Par ailleurs, lorsque le local est loué afin de servir à l'habitation et à l'exercice de la profession du locataire, cette double destination doit être prise en compte lors de la délivrance des lieux. C'est au

N'est pas valable une clause du bail selon laquelle le locataire accepte les lieux « en l'état » car la loi du 6 juillet 1989 est d'ordre public, ce qui implique que le bailleur et le locataire ne peuvent pas y déroger par des conventions contraires (Civ. 3e, 10 févr. 2004, n° 02-20.115, NP). De plus, le bailleur doit, en toutes circonstances, remplir intégralement son obligation de délivrance : il ne saurait se contenter de réaliser les travaux les plus urgents (Civ. 3e, 20 sept. 2006, n° 05-16.243, NP).

bailleur de s'assurer que les locaux sont aptes à assumer cette double destination, spécialement, lorsque le locataire précédent occupait les lieux à usage unique d'habitation principale.

617 **Manquement à l'obligation de délivrance par le bailleur.** Dans ce cas, le locataire peut obtenir des dommages et intérêts en justice. Il peut même obtenir une diminution de loyer dans l'hypothèse d'un manquement partiel à cette obligation de délivrance. Enfin, il peut également demander en justice qu'il soit ordonné au bailleur (le cas échéant sous astreinte) de remplir son obligation de délivrance.

Toutefois, ce locataire ne peut pas, de sa propre initiative, décider ne plus payer tout ou partie du loyer. Il doit d'abord y être autorisé par une décision de justice.

Obligations du bailleur en matière de prévention des intoxications par le monoxyde de carbone

618 **Objet et étendue de l'obligation du bailleur.** Depuis le 1er janvier 2009, dans les locaux d'habitation existants (ou leurs dépendances), des mesures de prévention des intoxications par le monoxyde de carbone sont **à la charge du propriétaire** (CCH, art. R. 131-31 à R. 131-33).

Le propriétaire d'un local existant qui ne mettrait pas en place les dispositifs de prévention serait passible de l'amende prévue pour les contraventions de la 3e classe.

Ces mesures s'appliquent lorsque les parties des locaux à usage d'habitation ou leurs dépendances comportent ou doivent comporter un appareil à combustion fixe de chauffage ou de production d'eau chaude sanitaire (ECS) d'une puissance inférieure ou égale à 70 kW et utilisant un combustible solide, liquide ou gazeux.

Alors, les locaux doivent être munis :

- 1° d'une entrée d'air permanente directe ou indirecte dans le cas où l'appareil utilise, pour la combustion, une partie de l'air de la pièce dans laquelle il est installé ;
- 2° d'un système d'évacuation vers l'extérieur des produits de combustion satisfaisant aux conditions techniques et de sécurité et adapté à l'usage, au type d'appareil et au combustible auxquels il est destiné.

L'entrée d'air permanente et le système d'évacuation sont conçus et entretenus de manière à permettre le bon fonctionnement des appareils.

Ces dispositions ne s'appliquent pas aux locaux destinés à recevoir des appareils à circuit de combustion étanche qui, par leur conception, intègrent le circuit d'amenée d'air comburant et qui évacuent les produits de combustion vers l'extérieur sans risque de fuite vers l'intérieur des locaux d'habitation.

Pour les immeubles collectifs d'habitation, les installations de ventilation mécanique contrôlée auxquelles sont raccordés des appareils utilisant le gaz combustible ou les hydrocarbures liquéfiés doivent être équipées d'un dispositif de sécurité collective.

Il incombe au locataire de ne pas entraver le bon fonctionnement de l'entrée d'air et du système d'évacuation vers l'extérieur.

7 Possibilité de prévoir une « clause travaux »

> Quels travaux peuvent faire l'objet de la clause ?

> Que faire lorsque la « clause de travaux » n'est pas respectée ?

Le logement peut avoir **besoin d'une remise en état**. Il est possible **de prévoir que le locataire s'en charge**, en échange d'une **contrepartie**, en signant « **une clause de travaux** ». Attention, cette clause ne peut pas concerner tous les travaux (v. s^s^ n°s 702 s.) : en sont exclus **ceux de remise aux normes** portant notamment sur la **sécurité physique** des locataires, les **éléments d'équipement et de confort**, etc. Par ailleurs, que faire si la clause de travaux n'est **pas respectée** (v. s^s^ n°s 704 s.) ?

> « Les parties peuvent convenir par une clause expresse des travaux que le locataire exécutera ou fera exécuter et des modalités de leur imputation sur le loyer; cette clause prévoit la durée de cette imputation et, en cas de départ anticipé du locataire, les modalités de son dédommagement sur justification des dépenses effectuées; une telle clause ne peut concerner que les logements répondant aux « caractéristiques définies en application des premier et deuxième alinéas » [de l'article 6 de la loi du 6 juillet 1989, *définies par le décret* n° 2002-120 du 30 janvier 2002, *JO* 31 janv., p. 2090] » (L. n° 89-462, 6 juill. 1989, *JO* 8 juill., p. 8541, art. 6 *a*).

701 **Champ d'application.** Seuls les baux portant sur des logements répondant aux normes de décence prévues au décret du 30 janvier 2002 peuvent faire l'objet d'une telle clause.

› Quels travaux peuvent faire l'objet de la clause ?

702 **Travaux exclus.** En fait, il n'y a pas de liste de travaux qui peuvent faire l'objet d'une « clause de travaux ». Les textes ont pris le parti de définir ceux qui ne peuvent pas être concernés. Seuls peuvent donc faire l'objet d'une clause de travaux ceux qui n'ont pas pour finalité la mise aux normes de décence du logement telle qu'elle est définie par le décret du 30 janvier 2002.

En effet, il ne faut pas que, par une telle clause, le locataire se retrouve à assumer la remise aux normes du logement (Civ. 3e, 3 févr. 2010, n° 08-21.205, *Bull. civ.* III, n° 28). Sur le détail de ce que recouvre la notion de « décence », v. ss nos 607 s.

703 **Exemple de travaux exclus.** Ainsi, une clause « travaux » ne peut porter sur la réfection du toit (Paris, 10 juin 2004, RG n° 2002-22.187, *Agence du bâtiment travaux publics c/Gaillard*). De la même manière, une clause travaux ne peut concerner ni un logement

présentant des infiltrations et dont les ouvrants et le gros œuvre ne sont pas en bon état (Paris, 19 déc. 1994), ni un corps de bâtiment très vétuste, dépourvu de tout confort (Paris, 24 oct. 2001).

Exemple de clause de travaux type

3.1. Obligations du bailleur (article 6 de la loi du 6 juillet 1989)

Le bailleur s'oblige :

– (1er tiret sans changement);

La clause nécessite aussi de modifier l'article 3.1 en le remplaçant par le nouvel article

– à délivrer au locataire un logement en bon état d'usage et de réparation ainsi que les équipements mentionnés au présent contrat en bon état de fonctionnement. Toutefois, dans les limites et aux conditions définies à l'article 4.1 *bis* (clause de travaux) ci-après, les parties décident expressément de dispenser partiellement le bailleur de son obligation de délivrance;

– (le reste sans changement).

La clause est à insérer après le point 4.1 de notre exemple de bail

Déterminer avec précision les travaux à réaliser

4.1 *bis*. Clause de travaux (article 6 de la loi du 6 juillet 1989)

Par la présente clause, les parties décident de confier au locataire le soin de réaliser ou de faire réaliser les travaux suivants :

– de remettre de la moquette neuve;

– de changer tous les papiers peints;

– de remplacer le lavabo de la salle de bains;

– de prévoir un branchement pour la machine à laver.

Préciser le montant des travaux. Indiquer le montant et la durée de la réduction avec soin

Ces travaux, évalués d'un commun accord à 1 200 euros, donnent lieu à une diminution de loyer de 120 euros par mois pendant 10 mois.

Pour éviter toute ambiguïté, préciser exactement le montant à payer pendant cette période

Par dérogation à l'article 4.1 du présent contrat, durant cette période, le montant du loyer mensuel, hors provision sur charges, s'élèvera donc à 730 euros.

Prendre le soin de fixer le point de départ de cette diminution de loyer

Le point de départ de cette diminution de loyer est fixé à la date de prise d'effet du présent contrat, soit, le 2 janvier 2015.

Indiquer bien la date à laquelle les travaux doivent être effectués

En conséquence, le locataire s'engage à réaliser ou à faire réaliser les travaux susvisés avant le 2 novembre 2015, date à laquelle l'état des lieux d'entrée initial fera l'objet d'un avenant contradictoire.

Prévoir la somme à rembourser au locataire dans l'hypothèse où il donne congé durant la période d'imputation

Lorsque, avant le terme de la période de diminution de loyer, le locataire donne congé, il est dédommagé pour les sommes engagées en application du présent article, sur la foi des justificatifs des dépenses réalisées.

Ce dédommagement intervient alors au *prorata temporis* pour la somme due à la fin de la période de préavis.

Que faire lorsque la « clause de travaux » n'est pas respectée ?

704 **Plusieurs hypothèses sont à distinguer.** La première d'entre elles vise la clause qui tend à ce qu'un logement qui ne répond pas aux normes devienne décent. La clause est nulle et il n'y a donc rien à espérer si elle n'est pas respectée.

Au-delà, trois situations peuvent se rencontrer.

705 **Clause imprécise.** La loi exige que la clause de travaux soit prévue de façon expresse dans le bail. Cela étant, un avenant au contrat peut valablement l'envisager. La clause doit impérativement mentionner (L. 6 juill. 1989, art. 6 *a*) :

– l'indication des travaux concernés ;
– les modalités de leur imputation sur le loyer ;
– la durée de l'imputation ;
– en cas de départ anticipé du locataire, les modalités de son dédommagement (sur justification des dépenses effectuées).

Lorsque la clause ne comporte pas l'une de ces mentions obligatoires (par ex., lorsqu'elle n'indique pas la durée de la minoration de loyer ou lorsque les travaux ne sont pas définis), la sanction est également la **nullité de la clause de travaux, voire la nullité du contrat de bail dans son ensemble** lorsque la stipulation de la clause a été déterminante dans la conclusion de ce contrat (Paris, 27 sept. 2001, *Cousinet c/Chouamier*).

Lorsque l'imprécision de la clause ne concerne que l'hypothèse du départ anticipé du locataire, la nullité n'est pas encourue.

Au lieu de demander la nullité de la clause, l'une des parties peut toutefois préférer demander au juge d'apporter un complément à la clause imprécise.

706 **Refus du locataire d'exécuter les travaux.** Dans ce cas, le bailleur peut saisir la justice afin d'obtenir, soit **l'exécution forcée** de l'obligation par le locataire, soit **l'annulation de la clause**. Dans ce dernier cas, le bailleur est dispensé d'appliquer la minoration de loyer. Il peut aussi obtenir un rattrapage sur les loyers minorés passés.

707 **Travaux réalisés mais non conformes à la clause de travaux.** Les mêmes sanctions pourront s'appliquer. Le bailleur peut également demander, au départ de son locataire (amiablement puis, le cas échéant, en justice), qu'il remette les lieux en l'état (L. 6 juill. 1989, art. 7 *f*).

Cette remise en état peut même être demandée **immédiatement** « lorsque les transformations mettent en péril le bon fonctionnement des équipements ou la sécurité du local » (L. 6 juill. 1989, art. 7 *f, in fine*).

Sanctions en cas de manquements de l'une ou l'autre des parties

Situation	Sanction
Clause concernant un logement ne respectant pas les normes	Nullité de la clause
Clause imprécise	Nullité de la clause (voire nullité du contrat) ou complément de la clause par le juge
Refus d'exécution des travaux	Exécution forcée ou nullité de la clause (+ rattrapage des loyers minorés)
Réalisation de travaux non conformes	Exécution forcée ou nullité de la clause (+ rattrapage des loyers minorés), remise des lieux en l'état

8

Obligations générales du bailleur en cours de bail

> Assurer une jouissance paisible au locataire
> Garantir les vices et les défauts de la chose louée
> Obligation d'entretien
> Aménagements du locataire à supporter par le bailleur
> Réalisation de travaux d'amélioration

Le bailleur assure au locataire **la jouissance paisible du logement** (v. ss nos 802 s.) **Il le garantit** aussi contre les **vices** (v. ss nos 813 s.) et doit **entretenir** le logement et les accessoires loués (v. ss no 816), en effectuant, au besoin, les **réparations utiles** (v. ss no 819).

801 **Généralités.** En cours de bail, le bailleur doit respecter deux types d'obligations. En effet, à côté des obligations classiques, qui relèvent de l'article 6 de la loi du 6 juillet 1989 (L. n° 89-462, 6 juill. 1989, *JO* 8 juill., p. 8541) et que tout bailleur doit respecter (obligation d'assurer la jouissance paisible du locataire, garantie des vices et des défauts de la chose louée, obligation d'entretien des lieux, obligation de supporter les aménagements réalisés par le locataire, voire obligation de réaliser certains travaux d'amélioration), depuis peu, il y a une émergence d'obligations spécifiques à certains bailleurs (ceux qui ont en charge, sur un site « à risques », un nombre important de logements), visant à assurer la sécurité de la collectivité dans son ensemble.

› Assurer une jouissance paisible au locataire

802 **Notion de « jouissance paisible ».** Le bailleur est obligé « d'assurer au locataire la jouissance paisible du logement » (L. 6 juill. 1989, art. 6). Cette obligation signifie que le bailleur s'engage à n'avoir aucun comportement de nature à troubler le locataire dans sa jouissance du logement. Il peut même, à titre exceptionnel, être tenu pour responsable du comportement d'autres personnes.

Cette obligation pèse sur le bailleur originaire, même s'il vend son bien : le locataire serait en effet en droit de poursuivre en justice le vendeur à raison de la non-exécution des travaux qui lui incombaient alors en sa qualité de propriétaire (Civ. 3e, 14 nov. 2007, n° 06-18.430, *Bull. civ.* III, n° 202). Il aura toutefois intérêt à attraire en justice acheteur et vendeur.

803 **Ne pas causer de troubles à son locataire.** Le bailleur est tenu de garantir la tranquillité du locataire, tant à l'égard de troubles de fait que de troubles de droit qu'il causerait lui-même.

Un **trouble de fait** est un trouble qui résulte du simple comportement du bailleur.

EXEMPLE Doit être qualifié de trouble de fait, le comportement du bailleur qui :
- supprime le chauffage ou l'eau à son locataire ;
- enlève l'antenne de télévision en cours de bail ;
- supprime une fenêtre ;
- restreint l'accès à l'immeuble ;
- supprime un escalier secondaire ;
- pénètre dans les lieux loués sans l'accord du locataire et/ou en dehors des plages horaires prévues au contrat (notamment en cas de vente du logement ou en fin de bail, v. ss n° 323) ;
- harcèle le locataire au téléphone ;
- n'offre pas aux locataires des boîtes à lettres individuelles et nominatives pour chaque appartement loué (Civ. 3e, 30 oct. 2007, n° 06-18.384, NP).

Le bailleur qui fait visiter les locaux loués à un candidat locataire sans avertir le preneur en place porte atteinte au respect de sa vie privée et lui doit réparation (Civ. 3e, 25 févr. 2004, n° 02-18.081, *Bull. civ.* III, n° 41).
Il a été jugé que l'obligation de jouissance paisible due par le bailleur au preneur s'étend aux parties communes de l'immeuble (Civ. 3e, 13 juill. 2010, n° 09-66.115, NP).

Le bailleur peut-il garder un double des clés ?

Rien dans la loi n'interdit que le bailleur puisse garder un double des clés. Le bailleur peut donc conserver un ou plusieurs jeux de clés. Mais cela ne l'autorise pas pour autant à s'en servir pour pénétrer dans le logement qu'il a loué sans y avoir été autorisé par son locataire. En effet, le logement loué constitue le domicile du locataire et toute intrusion à son insu peut être qualifiée de violation de domicile, ce qui constitue un délit pénal. Et parmi les obligations que la loi met à la charge du bailleur figure l'obligation d'assurer au locataire « la jouissance paisible des lieux ». Or, la tranquillité du locataire passe aussi – et avant tout –, par l'interdiction faite au bailleur d'aller et venir dans les lieux comme il l'entend.

La question de l'exposition des locataires aux ondes électromagnétiques

Aux termes de l'article 184 de la loi du 12 juillet 2010 (L. n° 2010-788, 12 juill. 2010, *JO* 13 juill., p. 12905) dans sa rédaction issue de la loi du 9 février 2015 (L. n° 2015-136, 9 févr. 2015, *JO* 10 févr., p. 2046), les équipements émetteurs de champs électromagnétiques d'un niveau supérieur à un seuil fixé par décret ne peuvent être installés dans un local privé à usage d'habitation sans qu'une information claire et lisible ne soit donnée aux occupants concernant l'existence d'un rayonnement et, le cas échéant, les recommandations d'usage permettant de minimiser l'exposition à celui-ci.

Par ailleurs, selon l'article L. 34-9-1 du code des postes et des communications électroniques issu de la même loi du 9 février 2015, lorsqu'une mesure des champs électromagnétiques est réalisée dans des immeubles d'habitation, les résultats sont transmis aux propriétaires et aux occupants. Ces résultats mentionnent le nom de l'organisme ayant réalisé la mesure. Tout occupant d'un logement peut avoir accès, auprès de l'Agence nationale des fréquences, à l'ensemble des mesures réalisées dans le logement.

804 **Définition du trouble de droit.** Un trouble de droit est toute attitude du bailleur qui cherche à porter atteinte au fondement même du droit pour le locataire de rester dans les lieux.

EXEMPLE Se rend coupable d'un trouble de droit, le bailleur qui loue son logement deux fois et qui tente d'expulser le locataire en place. De la même manière, le trouble de droit existe si un tiers vient revendiquer un droit quelconque que le bailleur lui aurait consenti sur la chose louée.

805 **Ne pas laisser les « occupants » du logement qu'il loue troubler la tranquillité des autres.** Depuis 2007, une disposition responsabilisant les propriétaires de locaux d'habitation, en cas de troubles de voisinage causés par les occupants de ces locaux, a été introduite par la loi du 5 mars 2007 (L. n° 2007-297, 5 mars 2007, *JO* 7 mars, p. 4297).

Ce texte, qui a ajouté à la loi du 6 juillet 1989 un article 6-1 prévoit que, après mise en demeure dûment motivée, les propriétaires des locaux à usage d'habitation doivent, sauf motif légitime, utiliser les droits dont ils disposent en propre afin de faire cesser les troubles de voisinage causés à des tiers par les personnes qui occupent ces locaux.

806 **Répondre parfois des agissements d'autres personnes...** La règle est claire : « le bailleur n'est pas tenu de garantir le preneur du trouble que des tiers apportent par voies de fait à sa jouissance » (C. civ., art. 1725).

Si le bailleur n'a pas à répondre des actes des tiers, en revanche, il peut être considéré comme responsable des agissements de personnes qui, bien que lui étant extérieures, ne lui sont pas pour autant totalement étrangères.

C'est ainsi que n'ont pas été qualifiés de « tiers » :

- les locataires d'autres locaux de l'immeuble appartenant au même bailleur; il a ainsi été jugé que le bailleur doit être tenu pour responsable des voies de fait (insultes, bruits, dégradations du véhicule, etc.) causées par un autre locataire du même bailleur (Civ. 3e, 20 avr. 2005, n° 03-18.390, *Bull. civ.* III, n° 96);
- le concierge de l'immeuble; même dans le cadre d'une copropriété, le bailleur peut avoir à répondre des actes du concierge de l'immeuble car, en sa qualité de membre du syndicat des copropriétaires, bailleur et concierge sont liés par un contrat de travail;
- le syndicat des copropriétaires;
- la commune qui réalise des travaux ayant entraîné un dégât des eaux dans les lieux loués, alors même que le bailleur a conclu une convention de travaux publics avec cette commune (Civ. 3e, 7 nov. 2001, n° 99-20.962, *Bull. civ.* III, n° 121);
- le salarié du bailleur.

Le bailleur est personnellement responsable du comportement du tiers qui, revendiquant des droits sur la chose louée, vient déranger le locataire (il s'agit en effet alors d'un trouble de droit dont le bailleur aurait à répondre, v. ss n° 804).

807 **Notion de « tiers ».** En fait, le tiers est la personne qui n'a eu à connaître le bailleur ni de près ni de loin. C'est ainsi qu'un autre copropriétaire est considéré comme un tiers à l'égard du bailleur (Civ. 3e, 25 mars 1998, n° 96-10.119, *Bull. civ.* III, n° 73).

Toutefois, cette appréciation est un peu contestable car tous les deux sont membres d'une même et seule personne morale : le syndicat des copropriétaires.

808 **Répondre du vol dont est victime son locataire.** En principe, le locataire qui est victime d'un vol ne peut pas se retourner contre son bailleur. Trois exceptions existent cependant si :

– le bailleur s'est, par contrat, engagé à garantir ce risque ; il s'agit toutefois d'un cas d'école, les baux ne contenant que très rarement ce type de clause ;
– le bailleur a commis une faute personnelle ; par exemple, il loue un box dépourvu de toute fermeture et de toute surveillance (en réalité, alors, le bailleur n'a pas rempli son obligation de délivrance) ;
– l'un des préposés du bailleur a commis une faute ; par exemple, une entreprise a laissé un échafaudage en place sans protection ni surveillance, échafaudage utilisé par des cambrioleurs.

809 **Accès des forces de l'ordre aux parties communes.** Les « propriétaires ou exploitants d'immeubles à usage d'habitation ou leurs représentants », peuvent accorder à la gendarmerie et à la police (tant nationale que municipale lorsqu'elle existe) une « autorisation permanente de pénétrer dans les parties communes de ces immeubles » (CCH, art. L. 126-1).

Lorsque l'immeuble est en copropriété, seule l'assemblée générale sera habilitée à donner cette autorisation.

À lire le texte, il ne s'agit que d'une possibilité qui est offerte au bailleur mais, sauf à engager sa responsabilité en cas de problèmes graves et répétés dans l'immeuble, le bailleur (ou l'assemblée générale des copropriétaires) doit autoriser les forces de l'ordre à accéder aux parties communes.

Si le bailleur d'un logement situé dans un immeuble en copropriété se heurte au refus de l'assemblée générale, il peut saisir la justice pour la contraindre à donner cette autorisation.

Même si, à ce jour, il ne semble pas qu'il y ait eu d'action en responsabilité engagée par le locataire, il n'est pas exclu qu'à l'avenir, ce type de contentieux émerge et trouve un écho favorable auprès des juges.

En outre, l'occupation en réunion des espaces communs ou des toits des immeubles collectifs d'habitation en empêchant délibérément l'accès ou la libre circulation des personnes ou le bon fonctionnement des dispositifs de sécurité et de sûreté est puni de deux mois d'emprisonnement et de 3 750 euros d'amende et, à titre de peine complémentaire, d'une peine de travail d'intérêt général. Par ailleurs, lorsque cette infraction est accompagnée de voies de fait ou de menaces, de quelque nature que ce soit, elle est punie de six mois d'emprisonnement et de 7 500 euros d'amende et, là encore, à titre de peine complémentaire, d'une peine de travail d'intérêt général (CCH, art. L. 126-3).

810 **Transmission aux forces de l'ordre des images réalisées en vue de la protection des parties communes des immeubles collectifs à usage d'habitation.** Depuis 2011, est désormais autorisée la transmission aux forces de l'ordre des images réalisées en vue de la protection des parties communes des immeubles collectifs à usage d'habitation (CCH, art. L. 126-1-1).

Les services chargés du maintien de l'ordre sont destinataires de cette transmission, qui porte sur les images réalisées en vue de la protection des parties communes des immeubles collectifs d'habitation. Elles ne doivent concerner ni l'entrée des habitations privées, ni la voie publique. De plus, la transmission ne peut intervenir que lorsqu'il existe des circonstances faisant redouter la commission imminente d'une atteinte grave aux biens ou aux personnes.

La transmission s'effectue en temps réel et elle est strictement limitée au temps nécessaire à l'intervention des services de la police ou de la gendarmerie nationale ou, le cas échéant, des agents de la police municipale.

Lorsque l'immeuble est en copropriété, l'autorisation est donnée par l'assemblée générale statuant à la majorité des copropriétaires « dans les conditions fixées à l'article 25 de la loi n° 65-557 du 10 juillet 1965 ».

Lorsqu'il s'agit d'un immeuble social, l'autorisation doit émaner du gestionnaire.

811 **Que faire si une jouissance paisible n'est pas assurée ?** Un bailleur qui ne respecterait pas son obligation d'assurer au locataire une jouissance paisible peut être condamné à l'indemniser pour le préjudice subi (préjudice que le locataire prendra soin de chiffrer très précisément).

> Pour obtenir indemnisation, le locataire doit en faire la demande alors qu'il est encore dans les lieux : toute réclamation qui interviendrait après son déménagement serait vouée à l'échec (Civ. 3e, 7 déc. 2004, n° 03-19.265, NP).

En application des règles édictées par le code de l'organisation judiciaire, une action pourrait être intentée devant le tribunal d'instance du lieu de situation de l'immeuble.

La juridiction de proximité ne serait pas compétente pour connaître du litige, les textes conférant au juge d'instance une compétence exclusive (sur la question v. ss n° 613 ; sur l'avenir de ces juridictions, v. également ss n° 613).

Bien sûr, avant d'en arriver à pareille extrémité, on demandera, à l'amiable, au bailleur d'intervenir.

> Lorsque le risque subi par le locataire, tel un dégât des eaux, fait partie des risques assurés au titre de son assurance « PNO » (propriétaire non occupant), le bailleur se contentera toutefois d'alerter la compagnie dont il dépend, qui se mettra en relation avec l'assureur du locataire.

812 Exemple de demande d'intervention du bailleur en cas de dégât des eaux

Monsieur Durand
22, rue Froidevaux
59000 Lille

Ce courrier est à adresser au bailleur ou à son représentant

Monsieur Jambier
53, rue de Poliveau
59000 Lille

Lille, le 11 mars 2016

Monsieur,

Préciser l'origine du dégât des eaux. Indiquer le préjudice subi et le chiffrer

Suite à la rupture d'une canalisation d'eau dans l'appartement situé au second étage en face du mien, qui vous appartient et que vous louez à Monsieur Lagadec, j'ai été victime, le 5 mars 2016, d'un dégât des eaux, entraînant une mise hors d'usage de mon ordinateur et de mon imprimante (valeur totale : 2 000 euros). Par ailleurs, les papiers peints du mur sud de mon bureau sont totalement abîmés (coût de remplacement : 200 euros).

Relater les démarches entreprises

J'ai immédiatement contacté mon assureur (GMF, contrat n° 23541 D).

Présenter clairement ce qu'il convient d'attendre du bailleur

Je vous demande d'en faire autant avec votre assurance sans délai afin que les compagnies s'entendent et que je sois dédommagé.

Montrer la détermination et la connaissance des textes

À défaut, conformément à l'article 1719 du code civil et à l'article 6 b de la loi n° 89-462 du 6 juillet 1989, vous seriez contraint de régler les sommes sus-indiquées, soit amiablement soit, à défaut, par décision de justice.

Restant à votre disposition pour toute précision, je vous prie d'agréer, Monsieur, l'expression de mes salutations distinguées.

Monsieur Durand

» Garantir les vices et les défauts de la chose louée

813 **Principe.** Le bailleur est tenu de garantir le locataire de tous les vices ou défauts de nature à faire obstacle à la jouissance du locataire (L. 6 juill. 1989, art. 6 et C. civ., art. 1721), même s'il les ignorait lors de la conclusion du bail.

814 **Seul le vice caché est garanti.** La garantie du locataire n'est due qu'en présence d'un vice caché.

Est un vice caché le défaut de la chose louée qui n'est pas apparent lors de la signature du bail et qui la rend, partiellement ou totalement, impropre à l'usage auquel elle est destinée.

À l'inverse, lorsque le vice est apparent (c'est-à-dire lorsque, au moment de la signature du bail, le locataire même profane, n'a pas pu ne pas le voir), le locataire ne peut se prévaloir d'une quelconque garantie.

EXEMPLES de vices cachés pour lesquels le bailleur a été jugé responsable :

- descellement d'une barre d'appui d'une fenêtre (Civ., 25 janv. 1961 ; Civ. 3e, 7 juill. 2009, n° 08-70.086, NP) ;
- descellement d'un carreau du sol du couloir menant à l'appartement loué (Civ. 3e, 22 mars 2005, n° 04-13.821, NP) ;
- préjudice subi par le locataire du fait du mauvais état des canalisations (Civ. 3e, 19 janv. 1977, n° 75-11.649, *Bull. civ.* III, n° 30) ;
- un plancher qui s'effondre (Civ. 3e, 13 oct. 1981, n° 80-11.277, *Bull. civ.* III, n° 150) ;
- une cheminée inutilisable (Req. 26 juill. 1909) ;
- une toiture qui fuit (Paris, 6 nov. 2008, RG n° 07/16192) ;
- un local infesté de puces (Rennes, 11 mars 1999).

Par contre, la hauteur anormale d'un bac à douche ne suffit pas à caractériser l'existence d'un vice ou d'un défaut empêchant l'usage par le preneur de la chose louée ou de nature à faire obstacle à sa jouissance paisible (Civ. 3e, 8 avr. 2010, n° 08-21.410, *Bull. civ.* III, n° 73).

Le bailleur pourrait partiellement s'affranchir de cette garantie en insérant une « clause de travaux » dans le bail (v. s[s] n° 701).

Exemple de lettre à adresser au bailleur en cas de défaut de la chose louée

Avant d'envisager toute action contentieuse, il convient en effet de tenter une démarche amiable.

Monsieur Fontin
12, rue de la Halte
95120 Ermont

Agence immobilière
Monsieur Simoulin
5, rue Stalingrad
95290 L'Isle-Adam

Ermont, le 2 décembre 2015

Lettre recommandée avec AR.

Monsieur,

Préciser le moment où le problème a été découvert et indiquer clairement le vice

Suite à mon entrée dans les lieux (le 15 novembre 2015), j'ai constaté que la barre d'appui de la fenêtre de la chambre était descellée.

Mettre en demeure le bailleur de faire les travaux en montrant la connaissance des textes

Je vous demande donc, en application de l'article 6 b de la loi n° 89-462 du 6 juillet 1989 et de l'article 1721 du code civil, de remédier sans délai à ce grave défaut de la chose louée.

Dans cette attente et restant à votre disposition pour convenir d'un rendez-vous, je vous prie d'agréer, Monsieur, l'expression de mes salutations les meilleures.

Monsieur Fontin

815 **Quelles sanctions en cas de vice ou de défaut du logement ?** Le bailleur, qui manque à son obligation de louer un logement exempt de vice ou de défaut caché, peut être condamné à indemniser le locataire et/ou à réparer le préjudice subi. Ce dernier pourrait même, compte tenu de la gravité des défauts ou des vices constatés, demander la résiliation pure et simple du bail, et être ainsi dispensé de respecter tout délai de préavis.

Obligation d'entretien

816 **Notion d'obligation d'entretien.** Le bailleur est obligé aux termes de l'article 6 *c* de la loi du 6 juillet 1989 :

- d'« entretenir les locaux en état de servir à l'usage prévu par le contrat », c'est-à-dire, selon le cas, l'habitation seule ou l'habitation et l'exercice d'une profession ;
- d'y faire « toutes les réparations, autres que locatives, nécessaires au maintien en état et à l'entretien normal des locaux loués ».

Usufruitier et nu-propriétaire : à qui s'adresser ?

Lorsque la propriété du bien loué est démembrée et que son état nécessite de réaliser d'importants travaux, à qui le locataire doit-il s'adresser ? À l'usufruitier, a précisé la Cour de cassation, car l'article 605 du code civil qui règle les rapports entre l'usufruitier et le nu-propriétaire ne concerne pas le locataire (Civ. 3e, 28 juin 2006, n° 05-15.563, *Bull. civ.* III, n° 165). Il revient ensuite à l'usufruitier de se retourner, sous certaines conditions, contre le nu-propriétaire.

Le bailleur doit, non seulement entretenir le local loué, mais également les accessoires énumérés au bail (garage, cave, grenier…) et les éléments d'équipement tels le chauffe-eau, la baignoire, la cuisine équipée, la piscine, etc.

Il a été jugé que le bailleur devait :
– réparer la chaudière défectueuse depuis l'entrée dans les lieux du locataire ;
– assumer le coût des travaux prescrits par l'Administration, tels les travaux de mise aux normes ou les travaux de retrait de l'amiante (Civ. 3e, 2 juill. 2003, n° 01-16.246, *Bull. civ.* III, n° 126) ;
– réaliser ou faire réaliser la réfection complète des revêtements muraux dégradés lors de l'entrée dans les lieux et qui les rendaient inhabitables ;
– réparer une porte-fenêtre impossible à ouvrir ;
– entretenir une piscine.

Le bailleur n'est responsable que des éléments d'équipement qu'il a installés. Ainsi, il a été jugé qu'il ne saurait être tenu responsable de l'électrocution du locataire suite au remplacement par ce dernier d'une installation conforme par une autre non conforme (Civ. 3e, 15 sept. 2010, n° 09-67.192, *Bull. civ.* III, n° 158).

817 **Limites de l'obligation d'entretien.** Le bailleur n'est pas tenu d'effectuer les réparations qui incombent au locataire au titre des réparations locatives (v. ss n° 1701). Il ne peut pas plus être contraint à réaliser des travaux d'amélioration. De la même manière, il est relevé de son obligation lorsque le défaut d'entretien est imputable à une faute commise par le locataire.

Mais il doit malgré tout :
– assumer le coût des réparations locatives imputables au précédent locataire qui n'auraient pas été effectuées ;
– faire son affaire des réparations occasionnées par la vétusté, une malfaçon, un vice de construction, un cas fortuit ou un cas de force majeure (v. ss n° 1704).

818 **En cas de destruction du logement loué.** Le bailleur ne peut pas, même en cas de destruction partielle, être contraint à reconstruire

(C. civ., art. 1722). Le locataire ne peut jamais prétendre à des dommages et intérêts pour le préjudice qu'il subit.

En revanche, il peut obtenir :

- en cas de destruction partielle, une diminution de loyer proportionnelle à sa perte de jouissance ;
- en cas de destruction totale ou de destruction partielle entraînant impossibilité absolue et définitive d'user des lieux, la résiliation du bail (mais non le relogement : Civ. 3e, 14 janv. 2004, n° 01-12.510, *Bull. civ.* III, n° 8).

Le locataire peut se voir allouer des dommages et intérêts lorsque la destruction est due, non pas à un cas fortuit (telles une explosion provenant d'un logement voisin, la foudre, une tempête, l'inondation des lieux suite à un violent orage...), mais à un comportement fautif du bailleur, et tout particulièrement à un défaut d'entretien de sa part.

819 **Non-respect de l'obligation d'entretien.** En cas de défaut d'entretien affectant l'immeuble sans pour autant rendre son utilisation impossible, le locataire peut obtenir les réparations matérielles nécessaires et une indemnisation pour le temps durant lequel il aura subi une perte de jouissance.

Attention à la tentation de vouloir se faire justice soi-même : il n'est pas possible de décider, de son propre chef, de diminuer le loyer prévu au bail : cette diminution doit être décidée d'un commun accord (et, dans ce cas, faire l'objet d'un document écrit signé des deux parties) ou prononcée par le juge (v. ss n° 1223).

Le locataire peut même, le cas échéant, suppléer à la carence du bailleur en faisant intervenir un professionnel afin qu'il réalise les travaux nécessaires et présenter la facture au bailleur.

820 **Procédure à suivre.** Toutefois, et sauf en cas d'urgence (fuite d'eau, incendie), cette initiative doit être précédée :

- d'une **mise en demeure** du bailleur (Civ. 3e, 29 avr. 2009, n° 08-12.261, *Bull. civ.* III, n° 88) par lettre recommandée avec AR ou par voie d'huissier ;

– et, à défaut de réponse, d'une **autorisation de la justice**.

De plus, le locataire devra veiller à faire jouer la concurrence et à ne pas s'engager dans des dépenses allant au-delà de la simple réparation.

Exemple de lettre à adresser au bailleur en cas de défaut d'entretien partiel

Monsieur Guiton
22, avenue Foch
93360 Neuilly-Plaisance

Monsieur Lemoine
15, rue Pasteur
93300 Neuilly-sur-Marne

Neuilly-Plaisance, le 15 mars 2016

Adresser votre courrier par LRAR

Lettre recommandée avec AR.

Objet : Mise en demeure.

Monsieur,

Préciser clairement la nature du problème. Indiquer qu'il s'agit d'un défaut d'entretien et que la réparation lui incombe

Suite à la découverte de prises de courant hors d'usage dans les deux chambres et la cuisine, je vous saurais gré, en application de l'article 6 c de la loi n° 89-462 du 6 juillet 1989 de bien vouloir faire le nécessaire afin de remédier à ce défaut d'entretien qui vous est imputable.

Merci de me contacter sans délai afin que nous convenions d'un rendez-vous avec l'entrepreneur que vous aurez désigné.

Le mettre en demeure et affirmer une détermination

À défaut de réponse de votre part sous huitaine, je me verrai contraint de saisir la justice afin d'être autorisé à faire effectuer les travaux à vos frais.

Dans l'attente, je vous prie d'agréer, Monsieur, l'expression de mes salutations les meilleures.

Monsieur Guiton

En cas de défaut d'entretien rendant l'utilisation du logement impossible, le locataire doit demander la résiliation du bail, d'abord amiablement puis, le cas échéant, en justice, assortie de dommages et intérêts.

Sauf hypothèse de la destruction totale des lieux loués, le locataire peut toutefois préférer rester dans les lieux et demander au bailleur d'effectuer les réparations nécessaires et, le cas échéant, saisir la justice pour l'y contraindre.

› Aménagements du locataire à supporter par le bailleur

821 **Principe.** Le bailleur ne peut pas « s'opposer aux aménagements réalisés par le locataire, dès lors que ceux-ci ne constituent pas une transformation de la chose louée » (v. ss nº 1802).

› Réalisation de travaux d'amélioration

822 **Généralités.** Par une clause expresse du bail, ou à l'occasion d'un avenant écrit postérieur à sa signature, le bailleur a pu s'obliger à réaliser des travaux d'amélioration, en contrepartie desquels le locataire a accepté une augmentation de loyer.

CODE « Lorsque les parties sont convenues, par une clause expresse, de travaux d'amélioration du logement que le bailleur fera exécuter, le contrat de location ou un avenant à ce contrat peut fixer la majoration du loyer consécutive à la réalisation de ces travaux » (L. 6 juill. 1989, art. 17-1, issu de la loi nº 2014-366 du 24 mars 2014, dite loi Alur, *JO* 26 mars, p. 5809, applicable aux contrats en cours au 27 mars 2014).

> ⚠ Cette majoration ne peut faire l'objet d'une action en diminution de loyer (v. s^{s} n° 1905).

823 **Notion de « travaux d'amélioration ».** Par ces termes, il faut entendre des travaux qui apportent soit un équipement nouveau (ascenseur intérieur, piscine dans une villa, cuisine équipée, etc.), un service ou une qualité supérieure au niveau des prestations existantes, soit une qualité permettant de diminuer d'une façon certaine les dépenses d'entretien ou d'exploitation (par ex., changement de système de chauffage permettant de réaliser des économies d'énergie), soit encore une plus grande sécurité des biens et des personnes (installation d'un digicode, d'une porte blindée, d'un système de vidéosurveillance, d'un lecteur de carte magnétique pour accéder au parking, etc.).

Après la réalisation des travaux (et seulement après), le loyer sera définitivement augmenté de la valeur décidée par les parties.

Si le bailleur ne réalise pas les travaux qui lui incombent, ou s'il les réalise sans respecter les termes de la clause, l'augmentation ne pourra pas avoir lieu.

Bien plus, le locataire serait alors en droit de demander en justice que le bailleur respecte son engagement.

Exemple de clause de travaux d'amélioration à la charge du bailleur

« Le bailleur s'engage à installer, dans les six mois de la signature du présent bail, une porte blindée 5 points et à réaliser le double vitrage de la porte-fenêtre du salon.

À l'issue de ces travaux, le loyer augmentera de 25 euros par mois.

Cette augmentation prendra effet le mois suivant l'achèvement des travaux. »

9

Installation de détecteurs de fumée

> Installation obligatoire des détecteurs

> Information de l'assureur

L'installation de détecteurs de fumée dans les logements et les parties communes des immeubles est **obligatoire** (v. ss n° 901).
Si l'installation incombe au propriétaire, en principe, c'est au locataire qu'il revient d'entretenir le dispositif (v. ss n° 902).
Les **caractéristiques techniques** du détecteur de fumée normalisé et les **conditions de son installation, de son entretien et de son fonctionnement** sont définies par le code de la construction et de l'habitation (v. ss nos 903 et 904).
L'assureur doit être informé de l'installation (v. ss n° 905).

» Installation obligatoire des détecteurs

901 **Accidents.** Alors qu'on dénombre, tous les ans, plusieurs milliers de blessés dans des incendies, la loi du 9 mars 2010 impose l'installation de détecteurs de fumées, tant dans les logements que dans les parties communes des immeubles (L. n° 2010-238, 9 mars 2010, *JO* 10 mars, p. 4759).

902 **Obligation d'installation et obligation d'entretien.** Depuis le 8 mars 2015 (Décr. n° 2011-36, 10 janv. 2011, *JO* 11 janv., p. 573, art. 3), en vertu de l'article L. 129-8 du code de la construction et de l'habitation, dans sa rédaction issue de la loi du 24 mars 2014, dite loi Alur (L. n° 2014-366, 24 mars 2014, *JO* 26 mars, p. 5809), et de l'article R. 129-13 du même code, **il incombe au propriétaire** du logement d'installer au moins un détecteur de fumée normalisé. Si le logement est mis en location, il doit par ailleurs s'assurer du bon fonctionnement du détecteur lors de l'établissement de l'état des lieux mentionné à l'article 3-2 de la loi n° 89-462 du 6 juillet 1989 (L. n° 89-462, 6 juill. 1989, *JO* 8 juill., p. 8541, art. 3-2 – au sujet duquel, v. s[s] n° 602).

Pour les logements occupés par un locataire au 8 mars 2015, date d'entrée en vigueur de l'obligation d'installation de détecteurs de fumée dans tous les lieux d'habitation, l'obligation d'installation faite au propriétaire est satisfaite par la fourniture d'un détecteur à son locataire ou, s'il le souhaite, par le remboursement au locataire de l'achat du détecteur.

> CODE Les propriétaires ayant signé un contrat d'achat des détecteurs au plus tard au 8 mars 2015 sont réputés satisfaire à l'obligation d'installation, à la condition que le détecteur de fumée ait été installé avant le 1er janvier 2016 (L. n° 2010-238, 9 mars 2010, art. 5, mod. par la L. n° 2015-990, 6 août 2015, dite Loi Macron, *JO* 7 août, p. 13537).

En revanche, il appartient à l'occupant du logement, autrement dit, au locataire, de veiller à l'entretien et au bon fonctionnement du dispositif et d'assurer son renouvellement, si nécessaire, tant qu'il occupe le logement.

Cette obligation d'installation et d'entretien est à la charge du *propriétaire* pour les logements à caractère saisonnier, les logements-foyers visés au R. 351-55 du code de la construction et de l'habitation dont la gestion est assurée par le propriétaire ou par un organisme autre que ceux mentionnés à l'article L. 365-4 du même code, les résidences hôtelières à vocation sociale, les logements attribués ou loués en raison de l'exercice d'une fonction ou d'un emploi et les locations meublées et *aux organismes agréés* mentionnés à l'article L. 365-4 exerçant les activités d'intermédiation locative et de gestion locative sociale pour les logements-foyers et logements familiaux gérés par ces organismes.

903 **Obligation qui s'impose dans tous types d'habitat et même dans les parties communes.** Chaque logement, qu'il se situe dans une habitation individuelle ou dans une habitation collective, est équipé d'au moins un détecteur de fumée normalisé (CCH, art. R. 129-12).

Dans les parties communes des immeubles à usage d'habitation, les propriétaires doivent mettent en œuvre des mesures de sécurité contre l'incendie. Ces mesures indiquent les consignes à respecter en cas d'incendie et visent également à éviter la propagation du feu des locaux à risques vers les circulations et dégagements (CCH, art. R. 129-14). Un arrêté d'application est prévu.

904 **Caractéristiques techniques.** Le détecteur est alimenté par piles ou fonctionne à partir de l'alimentation électrique du logement, sous réserve dans ce cas qu'il soit équipé d'une alimentation de secours susceptible de prendre le relais en cas de dysfonctionnement électrique (CCH, art. R. 129-12). Le détecteur de fumée doit, d'une part, détecter les fumées émises dès le début d'un incendie et, d'autre part, émettre immédiatement un signal sonore suffisant permettant de réveiller une personne endormie dans le seul logement où la détection a eu lieu. Un arrêté doit venir compléter le dispositif.

› Information de l'assureur

905 **Prime d'assurance minorée.** Le locataire devra notifier cette installation à l'assureur avec lequel il a conclu un contrat garantissant les dommages d'incendie (si elle est prévue, une minoration de la prime sera alors appliquée en vertu de l'article L. 122-9 du code des assurances).

Cette notification se fait par la remise d'une attestation à l'assureur par l'occupant ou, dans les cas dérogatoires prévus à l'article R. 129-13, par le propriétaire ou l'organisme agréé mentionné à l'article L. 365-4 du code de la construction et de l'habitation exerçant les activités d'intermédiation locative et de gestion locative sociale (CCH, art. R. 129-15).

CODE Toutes clauses frappant de déchéance l'assuré en cas de non-respect des dispositions des articles L. 129-8 et L. 129-9 du code de la construction et de l'habitation sont nulles (C. assur., art. L. 113-11, 3).

10 Obligations spécifiques du bailleur

En plus de ces obligations communes, **certains bailleurs** (v. s^s n° 1001) doivent aussi **assurer le gardiennage** (v. s^s n° 1002) et la **surveillance** (v. s^s n° 1004) des immeubles.
Par ailleurs, à compter du 1er janvier 2015, tous les bailleurs devront faire droit à la demande du locataire d'installer un équipement lui permettant de recharger son véhicule électrique ou hybride.
Enfin, dans les immeubles neufs collectifs d'habitation, les bailleurs doivent désormais assurer aux locataires le stationnement sécurisé de leurs vélos.

» Obligations de surveillance et de sécurité

1001 **Bailleurs concernés.** Il s'agit de bailleurs qui réunissent deux conditions cumulatives :

- les bailleurs gérant **au moins 100 logements locatifs** d'habitation (code de la sécurité intérieure, art. R. 271-1). Les bailleurs de logements individuels (en secteur diffus ou en lotissement) ne sont donc pas concernés. À l'inverse, le bailleur de 100 logements ou plus dans une copropriété (situation qui peut notamment se rencontrer dans le secteur HLM, lorsque l'organisme a vendu une partie de son patrimoine) est visé ;
- **situés dans une zone « à risques »**. Ces logements doivent se trouver dans un immeuble ou dans un groupe d'immeubles collectifs formant un ensemble situé dans une zone identifiée par les pouvoirs publics comme étant « à risques », soit en raison de son histoire (les zones urbaines sensibles), soit en raison de la forte concentration de population qui le caractérise (« commune de plus de 25 000 habitants ou comprise dans une aire urbaine d'un seul tenant regroupant au moins 50 000 habitants et dont une ou plusieurs communes comptent plus de 15 000 habitants »).

Les zones urbaines sensibles se caractérisent « par la présence de grands ensembles ou de quartiers d'habitat dégradé et par un déséquilibre accentué entre l'habitat et l'emploi. Elles comprennent les zones de redynamisation urbaine et les zones franches urbaines » (L. n° 95-115, 4 févr. 1995 d'orientation et d'aménagement du territoire, *JO* 5 févr., p. 1973, art. 42).

» Quelles sont les obligations visées ?

1002 **Obligations visées.** Les bailleurs concernés doivent assurer le gardiennage ou la surveillance des immeubles qu'ils louent et garantir leur sécurité et leur tranquillité (code de la sécurité intérieure [CSI], art. L. 271-1).

1003 **Fonctions de gardiennage ou de surveillance.** Elles sont dévolues à des concierges, gardiens, employés d'immeubles ou prestataires de services employés par le bailleur, doivent être assurées sur l'ensemble de l'année par au moins une personne à temps plein ou équivalent temps plein par tranche de 100 logements (CSI, art. R. 271-2).

EXEMPLE Pour un ensemble de 99 logements, aucune obligation de gardiennage/surveillance ne pèse sur le bailleur. En revanche, le bailleur gérant 101 (ou 199) logements locatifs d'habitation devra affecter au moins une personne aux fonctions de gardiennage/surveillance. De la même manière, celui qui gère entre 201 et 299 logements doit dédier deux gardiens/concierges à ces missions, etc.

Le bailleur peut, à titre de complément, recourir à des agents de prévention et de médiation ou à des correspondants de nuit.

Les communes ou les EPCI exerçant la compétence relative aux dispositifs locaux de prévention de la délinquance peuvent contribuer à l'obligation de gardiennage et de surveillance lorsque les immeubles ou groupes d'immeubles collectifs à usage d'habitation qui y sont assujettis sont particulièrement exposés à des risques de délinquance et font l'objet de dispositions des contrats locaux de sécurité.

Les gardiens HLM peuvent désormais être armés ! Les propriétaires, exploitants ou affectataires d'immeubles ou groupes d'immeubles collectifs à usage d'habitation peuvent constituer une personne morale dont l'objet est l'exercice, pour le compte de ses membres, de l'activité mentionnée au 1° de l'article L. 611-1 dans les conditions prévues par l'article L. 271-1 du code de la sécurité intérieure (CSI, art. L. 614-1), soit des services ayant pour objet la surveillance humaine ou la surveillance par des systèmes électroniques de sécurité ou le gardiennage de biens meubles ou immeubles ainsi que la sécurité des personnes se trouvant dans ces immeubles.
Les agents de cette personne morale peuvent être nominativement autorisés par le représentant de l'État dans le département, ou, à Paris, par le préfet de police, à porter une arme de sixième catégorie dans

l'exercice de leurs missions, lorsque les immeubles ou groupes d'immeubles collectifs à usage d'habitation dans lesquels ils assurent les fonctions de gardiennage ou de surveillance sont particulièrement exposés à des risques d'agression sur les personnes (CSI, art. L. 614-4).

Il ressort notamment des articles R. 614-1 à R. 614-4 du code de la sécurité intérieure que la personne morale à laquelle les gestionnaires d'immeubles collectifs d'habitation peuvent en confier le gardiennage et la surveillance peut acquérir et détenir des armes classées au 8° de la catégorie B et au b du 2° de la catégorie D et des bâtons de défense de type tonfa classés au a du 2° de la catégorie D. Un registre précisant le nombre et la liste des armes détenues ainsi que la liste des employés autorisés à porter une arme et leurs horaires de travail doit être tenu et mis à la disposition des services de la police et de la gendarmerie nationales. Aux termes des articles R. 614-6 à R. 614-7 du code de la sécurité intérieure, les employés doivent recevoir une formation spécifique (théorique et pratique), sanctionnée par un certificat individuel de réussite.

1004 **Garantir la sécurité et la tranquillité des immeubles.** Les bailleurs concernés doivent « prendre les mesures permettant d'éviter les risques manifestes pour la sécurité et la tranquillité des locaux » (CSI, art. L. 271-1).

Le bailleur doit à cette fin (CSI, art. R. 271-4) :

- installer et entretenir un éclairage assurant une bonne visibilité de l'entrée des immeubles et de leurs parties communes, notamment des parcs de stationnement, quand ils sont situés à l'intérieur des locaux;
- installer et entretenir les systèmes permettant de limiter l'accès aux parties communes des immeubles aux résidents et aux personnes autorisées par les résidents ou habilitées et l'accès aux caves et parcs de stationnement intérieurs aux résidents qui en bénéficient et aux personnes habilitées, ou prendre les mesures ayant le même effet.

Compte tenu de problèmes particuliers à un quartier, les bailleurs peuvent associer les services de police ou de gendarmerie à la réflexion pouvant déboucher, d'une part sur des modalités d'application spécifiques des mesures indiquées ci-dessus et, d'autre part, sur la mise en œuvre de mesures complémentaires (CSI, art. R. 271-52).

1005 **Contrôle et sanction de ces obligations.** La mise en œuvre de ces obligations peut être contrôlée par le préfet (ou, à Paris, par le préfet de police). À la demande de celui-ci, le bailleur a deux mois pour lui faire connaître les mesures qu'il a prises. S'il ne le fait pas dans les délais impartis ou s'il transmet des informations erronées ou mensongères, il est passible de la peine d'amende prévue pour les contraventions de la 5e classe, soit 1 500 euros (C. pén., art. 131-13).

> CODE Lorsque le bailleur est une personne morale, la sanction pourra être multipliée par 5 : l'amende encourue est alors de 7 500 euros (C. pén., art. 131-41).

Lorsque le bailleur ne respecte pas les obligations spécifiques que la loi lui impose, les sanctions encourues sont :

- en cas de manquement à son obligation de gardiennage/surveillance, autant d'amendes de 5e classe qu'il manque de gardien par tranche de 100 logements. Lorsque le bailleur est une personne morale, toujours en application de l'article 131-41 du code pénal, la sanction pourra être multipliée par 5 ;

> **EXEMPLE** Un bailleur de 340 logements n'a affecté qu'un seul gardien aux tâches de gardiennage/surveillance. Il encourt alors deux amendes de 5e classe. S'il s'agit d'un bailleur personne physique, il peut donc être condamné à payer 3 000 euros. Si le propriétaire est une personne morale, la peine encourue est de 15 000 euros.

- en cas de manquement à son obligation de sécurité/tranquillité, autant d'amendes de 5e classe qu'il y a d'immeubles ou de groupes d'immeubles dépourvus des dispositifs prescrits. Là encore, lorsque le bailleur est une personne morale, la sanction pourra être multipliée par 5.

Obligations du bailleur

Obligation	Textes de référence	Bailleurs concernés	Sanction
Jouissance paisible du locataire	Loi de 1989, art. 6 *b*	Tous	Dommages et intérêts.
Garantie des vices et des défauts de la chose louée	Loi de 1989, art. 6 *b* C. civ., art. 1721		Dommages et intérêts ou réparation ou résiliation du bail.
Entretien	Loi de 1989, art. 6 *c*		Dommages et intérêts ou réparation ou résiliation du bail. En cas de destruction : baisse de loyer (destruction partielle) ou résiliation du bail (destruction totale) et (en cas de faute du bailleur) dommages et intérêts.
Aménagements du locataire	Loi de 1989, art. 6 *d*		Le bailleur doit les supporter.
Gardiennage et surveillance des immeubles	CSI, art. L. 271-1 ; CSI, art. R. 271-1 s., R. 271-2 et R. 271-7	Bailleurs gérant au moins 100 logements locatifs d'habitation compris dans un immeuble ou groupe d'immeubles collectifs formant un ensemble situé dans une zone à risques.	Défaut de transmission des éléments : amende de 1 500 euros (bailleur personne physique) ou de 7 500 euros (bailleur personne morale). Défaut de mise en place des gardiens : amende de 1 500 euros (bailleur personne physique) ou 7 500 euros (bailleur personne morale) par gardien manquant.
Sécurité et tranquillité	CSI, art. L. 271-1 ; art. R. 271-4 à R. 271-6 et R. 271-8		Défaut de transmission des éléments : amende de 1 500 euros (bailleur personne physique) ou de 7 500 euros (bailleur personne morale). Défaut de mise en place des dispositifs : amende de 1 500 euros (bailleur personne physique) ou 7 500 euros (bailleur personne morale) par immeuble ou groupe d'immeubles non équipé.

EXEMPLE Un bailleur gérant un ensemble de quinze immeubles n'a équipé que trois d'entre eux des dispositifs requis. Il peut être condamné à s'acquitter de douze amendes de 5e classe. S'il s'agit d'un bailleur personne physique, il peut donc être condamné à payer 18 000 euros. Si le propriétaire est une personne morale, la peine d'amende encourue est de 90 000 euros.

» Installation d'un équipement permettant la recharge des véhicules électriques ou hybrides rechargeables

1006 **Droit pour le locataire.** À compter du 1er janvier 2015, le bailleur (ou le syndicat représenté par le syndic) ne peut pas, sauf motif sérieux et légitime, s'opposer à la volonté du locataire d'équiper, à ses frais, la place de stationnement dont il a la jouissance d'installations dédiées à la recharge électrique pour véhicule électrique ou hybride rechargeable et permettant un comptage individuel, selon l'article L. 111-6-4 du code de la construction et de l'habitation.

Le texte précise qu'est, notamment, un motif sérieux et légitime la préexistence de telles installations ou la décision prise par le propriétaire de réaliser de telles installations en vue d'assurer dans un délai raisonnable l'équipement nécessaire.

1007 **Locataires concernés.** Est concerné le locataire du logement d'un **bâtiment à usage principal d'habitation** groupant au moins deux logements et comprenant un parc de stationnement bâti clos et couvert (CCH, art. R. 136-2).

1008 **Demande du locataire.** Avant de procéder aux travaux permettant la recharge normale des véhicules électriques ou hybrides rechargeables avec un système de mesure permettant une facturation individuelle des consommations, le locataire doit en informer le propriétaire par lettre recommandée avec demande d'avis de réception.

En ce qui concerne la personne qui doit être destinataire du courrier, plusieurs cas de figure sont à distinguer.

Dans le cas d'un immeuble en copropriété, la demande est notifiée au copropriétaire avec copie au syndic. Dans les trois mois de la réception de la demande, le copropriétaire notifie au syndic sa demande d'inscription de la question à l'ordre du jour de la prochaine assemblée générale.

Lorsque l'immeuble appartient à un propriétaire unique ou une société, la demande est notifiée à son représentant légal.

Si l'immeuble est indivis, la demande est notifiée à l'un des indivisaires, à charge pour lui d'informer sans délai ses coïndivisaires.

1009 **Réponse du propriétaire.** Le propriétaire (ou le syndicat des copropriétaires) qui entend s'opposer aux travaux doit, à peine de forclusion, saisir le tribunal d'instance du lieu de l'immeuble dans le délai de six mois suivant réception de la demande.

Il peut toutefois, dans le même délai, s'engager à réaliser de tels travaux afin d'équiper l'ensemble des places de stationnement de l'immeuble. S'il ne respecte pas son engagement, le demandeur pourra procéder à l'exécution des travaux.

› Stationnement sécurisé des vélos

1010 **Seulement pour les immeubles neufs collectifs d'habitation.** Les textes (CCH, art. R. 111-14-4) n'imposent un stationnement sécurisé pour les vélos que dans les bâtiments neufs à usage principal d'habitation groupant au moins deux logements et qui comprennent un parc de stationnement d'accès réservé aux seuls occupants de l'immeuble.

Par « bâtiment neuf », il faut entendre les immeubles dont la date de dépôt de la demande de permis de construire est postérieure au 1er janvier 2012.

1011 **Équipement requis.** Ces bâtiments doivent être équipés d'au moins un espace réservé au stationnement sécurisé des « vélos », ce terme désignant les cycles et les cycles à pédalage assisté tels qu'ils sont définis à l'article R. 311-1 du code de la route.

> CODE Selon l'article R. 311-1 du code de la route, un « cycle » est un véhicule ayant au moins deux roues et propulsé exclusivement par l'énergie musculaire des personnes se trouvant sur ce véhicule, notamment à l'aide de pédales ou de manivelles, tandis qu'un « cycle à pédalage assisté » s'entend d'un cycle équipé d'un moteur auxiliaire électrique d'une puissance nominale continue maximale de 0,25 kW, dont l'alimentation est réduite progressivement et finalement interrompue lorsque le véhicule atteint une vitesse de 25 km/h, ou plus tôt si le cycliste arrête de pédaler.

Cet espace réservé comporte un système de fermeture sécurisé et des dispositifs fixes permettant de stabiliser et d'attacher les vélos par le cadre ou au moins une roue. Il présente une capacité de stationnement en adéquation avec le nombre, le type ou la surface de logements précisée par arrêté du ministre chargé du Logement.

Cet espace doit présenter une capacité de stationnement en adéquation avec la surface du bâtiment, précisée par arrêté du ministre chargé du Logement. Il peut être réalisé à l'extérieur du bâtiment, à condition qu'il soit couvert, clos et situé sur la même unité foncière que le bâtiment.

11 Obligations fiscales du bailleur

Le bailleur doit déclarer ses revenus locatifs à l'Administration fiscale.
Il existe deux régimes distincts d'imposition : le micro foncier (v. s^s n° 1103) et le régime foncier réel (v. s^s n° 1104).
Opter pour le réel permet de déclarer les charges et les frais réellement payés par le propriétaire au cours de l'année venant en déduction des loyers perçus.

› Nature des revenus

1101 **Revenus fonciers.** Les revenus que tirent les personnes qui donnent à bail un local à usage d'habitation sous l'empire de la loi du 6 juillet 1989 sont des revenus fonciers et doivent, par conséquent, faire l'objet d'une déclaration spécifique dans le cadre de la déclaration annuelle des revenus.

› Régimes applicables

1102 **Deux régimes distincts.** Selon le montant de revenus fonciers perçus au cours de l'année, ils peuvent être déclarés selon deux régimes : le régime du micro foncier jusqu'à 15 000 euros et, au-delà, le régime foncier réel.

Si les revenus sont déclarés sous le régime foncier réel, le contribuable doit souscrire une déclaration spéciale, appelée déclaration 2044.

1103 **Régime micro foncier.** Dès lors que les revenus n'excèdent pas 15 000 euros par an, le régime micro foncier s'applique. Il convient alors de déclarer sur la déclaration 2042 dans la case 4BE le montant brut des revenus, sans effectuer aucun retraitement. Ce régime permet de bénéficier d'un abattement forfaitaire pour frais et charges de 30 %. Il est possible de déclarer ses revenus fonciers sous le régime du micro-foncier dans le cadre des investissements bénéficiant de la réduction « Duflot » ou « Pinel ».

> Il est possible de renoncer au régime du micro foncier en souscrivant une déclaration 2044 afin de se soumettre spontanément au régime foncier réel. En cas d'option, celle-ci est valable et irrévocable pour une durée de 3 ans. L'exercice d'une telle option n'est pertinent que dans le cas où le loueur est en mesure de justifier de frais et charges supérieurs à 30 %.

Il existe en outre un certain nombre de cas dans lesquels il n'est pas possible de déclarer les revenus fonciers sous le régime du micro foncier, notamment lorsque les revenus sont issus de biens immobiliers permettant de bénéficier d'avantages fiscaux (Besson, Périssol, Robien, Borloo neuf, Scellier intermédiaire, Robien ZRR, Scellier ZRR, Borloo ancien, Besson ancien).

1104 **Avantages du régime réel.** Le régime foncier réel permet de déclarer les charges et les frais réellement payés par le propriétaire au cours de l'année, qui viennent ainsi en déduction des loyers perçus.

Les frais et charges à déclarer sur la déclaration 2044 sont :

- les frais de gestion et d'administration ;
- les primes d'assurance ;
- les dépenses d'entretien, de réparation et d'amélioration ;
- les charges récupérables ou non récupérables au départ du locataire ;
- les indemnités d'éviction et les frais de relogement ;
- la taxe foncière ;
- les provisions pour charges payées au cours de l'année ;
- la régularisation des charges pour l'année précédente ;
- les intérêts d'emprunt.

La somme de toutes ces charges peut parfois être supérieure aux revenus perçus au cours d'une année et ainsi dégager un déficit, qui sera déductible pour partie du revenu global.

Si les charges permettent de dégager un déficit malgré des revenus de moins de 15 000 euros, il est opportun d'opter pour le régime réel.
La déclaration 2044 doit être remplie avec attention. Ainsi, sur les pages 2 et 3, il faut préciser sur les lignes figurant en haut, le nom des locataires et les adresses des biens loués, selon un ordre précis.

Les revenus et les charges doivent être déclarés dans les colonnes respectives de chaque immeuble, après avoir indiqué le nombre de locaux.

EXEMPLE Si l'immeuble 1 est un appartement loué : 15, rue de Gaulle à Rambouillet, il faut reporter dans la colonne « Immeuble 1 » les revenus et les frais liés à cet appartement.

1105 **Régime réel : les charges qui ne sont pas liées à des travaux.** Le propriétaire doit déclarer sur la ligne 221 de la déclaration 2044 le montant réellement payé pour les frais de gestion, lorsque la gestion de son ou de ses biens est déléguée à une agence (honoraires, commissions). Cela correspond également aux dépenses en cas de procès avec un locataire mais également les rémunérations des concierges ou des gardiens, s'ils sont à la charge du propriétaire.

Les autres frais de gestion sont couverts par un forfait de 20 euros par local, qui comprennent notamment les frais de correspondance, de téléphone, de déplacement, d'aménagement en matière de bureautique, …

Par ailleurs, les primes d'assurance effectivement payées pour les locaux loués sont à déclarer sur la ligne 223 et sont déductibles des revenus fonciers.

Les impôts locaux sont également déductibles, c'est-à-dire la taxe foncière, à déclarer local par local sur la ligne 227.

Il est admis par l'Administration fiscale que les pénalités et majorations pour défaut ou retard de paiement sont également déductibles.

Les provisions pour charges sont déductibles. Il s'agit plus précisément des provisions pour charges de l'année (ligne 229) et des régularisations de charges de l'année précédente et payées au cours de l'année (ligne 230).

EXEMPLE En 2016, il s'agit de déduire des revenus perçus en 2015 les provisions pour charges payées en 2015 et des régularisations de charges pour 2014 payées en 2015.

Il faut donc déclarer le montant de provisions et de régularisations de charges payées local par local.

Les intérêts d'emprunt déductibles sont ceux afférents à des emprunts souscrits pour l'acquisition, la construction, la réparation ou l'amélioration mais encore pour la conservation des biens.

Ce dernier cas couvre les hypothèses dans lesquelles il a été nécessaire de payer une certaine somme pour conserver le bien dans le patrimoine, comme les droits de succession.

Dans ce cadre encore il est nécessaire de distinguer les intérêts d'emprunt selon les locaux et selon les emprunts souscrits et de les mentionner sur la ligne 250. Il faut également donner les précisions sur les prêts au titre desquels les intérêts sont payés dans la rubrique 410.

Enfin, un certain nombre de frais peuvent être déduits des revenus fonciers comme les indemnités d'éviction ou les frais de relogement exposés par le propriétaire s'ils peuvent être considérés comme des dépenses faites en vue de la conservation ou de l'acquisition du revenu (ligne 226). Cela couvre notamment le cas d'un départ d'un locataire permettant de relouer le bien dans de meilleures conditions.

Les derniers frais pouvant faire l'objet d'une déduction et d'une déclaration sur la ligne 225 sont ceux supportés par le propriétaire pour le compte du locataire sans qu'ils ne soient récupérés, tels que les frais de fourniture d'eau, eau chaude, éclairage, chauffage, ascenseur, ..., ou les taxes d'ordures ménagères.

⚠ L'ensemble des frais doit pouvoir être justifié en cas de demande de renseignement par l'Administration fiscale ou en cas d'examen de la situation fiscale personnelle (contrôle fiscal).

1106 **Régime réel : les charges liées à des travaux.** Ces charges représentent très souvent la majeure partie des frais et permettent de dégager un déficit.

Les dépenses d'entretien et de réparation correspondent à tous les travaux qui ont pour objet de maintenir ou de remettre l'immeuble en bon état. En d'autres termes, ces travaux doivent permettre de continuer d'user normalement de l'immeuble sans pour autant qu'il y ait une transformation de sa consistance et de son agencement.

EXEMPLE Les travaux couverts sont ceux qui touchent la réfection de la toiture, des façades, de la clôture, des installations électriques, de plomberie, …

Lorsqu'au lieu d'être supportées par le locataire, les dépenses sont supportées par le propriétaire, elles sont déductibles sous trois conditions :

- elles sont rendues nécessaires par la vétusté ou la force majeure ;
- elles sont occasionnées par un vice de construction ou une malfaçon ;
- elles sont engagées avant l'installation d'un nouveau locataire afin de faciliter la location.

Les dépenses d'amélioration sont également déductibles dans la mesure où il ne s'agit que d'améliorations et non de construction, de reconstruction ou d'agrandissement.

Par « amélioration », il faut notamment comprendre les dépenses relatives au remplacement d'équipements par des équipements récents ou par l'installation d'équipements récents.

EXEMPLE Il peut s'agir du remplacement du système de chauffage central, de l'installation d'un ascenseur, du remplacement d'une cuisine aménagée, …

Si les travaux d'amélioration ou d'entretien et de réparation sont réalisés à l'occasion de travaux de construction, de reconstruction ou d'agrandissement et qu'ils en sont indissociables, ils perdent leur caractère déductible.

Ces dépenses liées aux travaux de réparation, d'entretien ou d'amélioration doivent être déclarées sur la ligne 224 et être précisées dans la rubrique 400.

1107 **Régime réel : les revenus.** Les revenus à déclarer en ligne 211 sont principalement les loyers perçus. Cela signifie que seuls les loyers effectivement payés doivent être pris en compte.

EXEMPLE Si le locataire n'a pas payé ses loyers de novembre et de décembre 2014, ils n'ont pas dû être déclarés en 2015. S'il a régularisé sa situation en 2015, il faudra déclarer ces deux mois de loyers en plus de ceux payés en temps et en heure.

1108 **Régime réel : résultat foncier.** Compte tenu de l'ensemble des éléments déclarés en pages 3 et 4 de la déclaration 2044, il ressort un résultat foncier par immeuble sur la ligne 263, dont le total, dans la case I, est le résultat foncier pour l'année en cause. Il doit être reporté en ligne 420 et être éventuellement ajouté aux résultats des sociétés civiles immobilières soumises à l'impôt sur le revenu figurant en page 1 dans la case D.

Si le résultat est positif, il s'agit d'un **bénéfice foncier** tandis que s'il est négatif, il s'agit d'un **déficit foncier**.

En cas de bénéfice foncier, le montant figurant sur la ligne 420 doit être reporté dans la déclaration 2042 dans la case 4BA.

1109 **Régime réel : déficit foncier.** En cas de réalisation d'un déficit foncier, il convient d'opérer un calcul afin de déterminer si ce déficit foncier est dû ou non aux intérêts d'emprunt. Selon le résultat et si le déficit est dû aux intérêts (si la ligne 432 est supérieure à la ligne 431), seul le déficit lié aux frais généraux peut faire l'objet d'une imputation sur le déficit global dans la limite de 10 700 euros. Le surplus ainsi que le déficit lié aux intérêts d'emprunt sera déductible les années suivantes des revenus fonciers.

En revanche, si le déficit est dû, non pas aux intérêts d'emprunt, mais aux frais généraux et plus généralement aux travaux, l'ensemble du déficit peut être déduit du revenu global dans la limite de 10 700 euros. Le solde sera déduit des revenus fonciers des années suivantes.

Le montant de déficit foncier, dans la limite de 10 700 euros déductible du revenu global, doit être reporté dans la case 4BC de la déclaration 2042 tandis que le déficit dépassant la somme de 10 700 euros et imputable sur les revenus fonciers des années suivantes doit être reporté dans la case 4BB.

> Le déficit n'est imputable sur le revenu global qu'à la condition que l'immeuble qui a généré ce déficit soit donné en location jusqu'au 31 décembre de la 3e année suivant celle au cours de laquelle l'imputation a été pratiquée.

Dès lors, si le déficit a été déduit du revenu global en 2015, il faut que le bien soit laissé en location jusqu'au 31 décembre 2018 pour que le bénéfice de l'imputation reste acquis.

En cas de violation de cette règle, le revenu est reconstitué pour les années impactées comme si l'imputation n'avait pas été pratiquée. Le contribuable doit également payer les intérêts de retard sur ces sommes.

Il existe un tableau de suivi des ventes et des cessations de location en dernière page de la déclaration 2044, permettant ainsi d'assurer que les immeubles ayant généré des déficits imputés sur le revenu global remplissent les conditions pendant la période de trois ans.

Si le revenu global ne permet pas d'imputer la somme de 10 700 euros, il reste imputable sur le revenu global des six années suivantes. Ceci signifie qu'à défaut d'avoir imputé 10 700 euros en 2015, le contribuable peut imputer le solde non encore imputé jusqu'en 2021.

1110 **Régime réel : imputation des déficits fonciers sur les revenus fonciers.** Les déficits fonciers sont imputables sur les revenus fonciers des 10 années suivantes. Ce sont les plus anciens déficits fonciers qui sont imputés en premier.

EXEMPLE En cas de bénéfice foncier de 24 500 euros en 2015, il faudra reporter le montant de la façon suivante :

Années	Déficits rural et urbain non imputés au 31/12/2014 (Colonne A)	Si vous avez déclaré un bénéfice en ligne 420, imputez ce bénéfice sur les déficits les plus anciens (Colonne B)	Déficits restant à reporter au 31/12/2015 (Colonne C = A – B)
2005	1 200,00 €	1 200,00 €	XXXXXXXXX
2006	0,00 €	0,00 €	0,00 €
2007	0,00 €	0,00 €	0,00 €
2008	5 600,00 €	5 600,00 €	0,00 €
2009	8 200,00 €	8 200,00 €	0,00 €
2010	3 500,00 €	3 500,00 €	0,00 €
2011	750,00 €	750,00 €	0,00 €
2012	0,00 €	0,00 €	0,00 €
2013	9 800,00 €	6 000,00 €	3 800,00 €
2014	12 000,00 €	12 000,00 €	12 000,00 €
2015	XXXXXXXX	XXXXXXXX	0,00 €
Montant des déficits antérieurs non encore imputés au 31/12/2014	41 500,00 €	À reporter case 4BD de votre déclaration n° 2042	

Ainsi, la déclaration du bénéfice en case 4BA et des déficits non encore imputés en case 4BD permet la prise en compte de ces déficits.
Par ailleurs, la colonne C du tableau de suivi de la déclaration de l'année 2015 devra servir de base pour établir la colonne A du tableau de suivi de la déclaration de l'année 2016.

À cet effet, un tableau de suivi des déficits existe en page 4 et doit être repris d'une année sur l'autre.

Il convient de reporter le montant de déficit foncier non encore utilisé qu'il reste à imputer pour les 10 années précédentes.

En cas de déficit foncier, aucune opération spécifique ne doit être réalisée sur le tableau de suivi et la somme des déficits fonciers non encore imputés doit être reportée dans la case BD de la déclaration 2042.

En revanche, en cas de bénéfice foncier au cours de l'année, qui ressort dans la case 420, il convient de l'imputer sur les déficits fonciers les plus anciens figurant dans le tableau de suivi.

12
Loyer en cours de bail

Aux **dates prévues** par le bail, le locataire **doit payer son loyer, lequel n'est pas toujours librement déterminé par les parties, surtout depuis l'entrée en vigueur de** la loi du 24 mars 2014, dite loi Alur (v. s[s] n°s 1207 s.). Le bailleur lui adresse, sur sa demande, une **quittance** (v. s[s] n° 1219). Son **montant peut être recalculé** (v. s[s] n° 1227) **si la possibilité** d'une **révision** a été prévue dans le contrat (v. s[s] n° 1225).

C'est la première obligation faite au locataire : il doit payer le loyer et les charges locatives (L. n° 89-462, 6 juill. 1989, *JO* 8 juill., p. 8541, art. 7 *a*).

› Personnes devant payer le loyer et les charges

1201 **Généralités.** Hormis la caution, à qui les sommes seront réclamées si le locataire ne paie pas (v. s[s] n° 501), la réponse dépend des circonstances.

1202 **Locataire célibataire.** Si le locataire est célibataire, le bailleur ne peut exiger le paiement du loyer que de lui.

Si par la suite son locataire se marie ou se pacse, le bailleur peut alors réclamer le loyer indifféremment à l'un ou l'autre des époux ou des partenaires pacsés.

Le locataire est marié.

1203 **Locataires mariés avant la signature du bail ou mariés en cours de bail.** Même si le bail n'a été signé que par l'un des deux époux, chacun des deux est responsable pour le tout (C. civ., art. 401).

Le locataire célibataire qui se marie en cours de bail doit en avertir le bailleur, qui va ainsi avoir un débiteur supplémentaire dès la célébration du mariage. Même si le mariage n'est pas porté à la connaissance du bailleur, la mise en demeure en cas d'impayé adressée au locataire vaut également à l'égard du conjoint (L. 6 juill. 1989, art. 9-1 ; sur cette question v. s[s] n° 2306).

La solidarité entre les époux naît avec le mariage et disparaît dès que sa dissolution est opposable au bailleur, c'est-à-dire en cas de divorce « à partir du jour où les formalités de mention en marge prescrites par les règles de l'état civil ont été accomplies ». Concrètement, c'est à compter de la transcription du jugement de divorce en marge des registres de l'état civil (C. civ., art. 262). La solution vaut également en cas de jugement prononçant la séparation de corps.

1204 **Locataire pacsé.** Si le locataire, unique signataire du bail, se pacse, lui et son partenaire se retrouvent « tenus solidairement à l'égard des tiers des dettes contractées par l'un d'eux pour les besoins de la vie courante » (C. civ., art. 515-4). Ils sont donc chacun responsables du paiement des dettes locatives (loyer, charges et réparations locatives).

Par ailleurs, en vertu de l'article 1751 du code civil, dans sa rédaction issue de la loi du 24 mars 2014, dite loi Alur (L. n° 2014-366, 24 mars 2014, *JO* 26 mars, p. 5809), le droit au bail qui sert effectivement à l'habitation de deux partenaires liés par un Pacs, dès lors que les partenaires en font la demande conjointement, est réputé appartenir à l'un et à l'autre (v. ss n° 2308).

La solidarité entre les partenaires existe à partir du jour où les formalités de publicité du Pacs ont été régulièrement effectuées.

Elle cesse à partir du jour où les formalités de publicité consécutives à sa dissolution ont été accomplies.

1205 **Locataire en concubinage.** Si le locataire a signé seul le bail et qu'il vit en concubinage, il est le seul responsable du paiement.

1206 **Hypothèse de plusieurs locataires cosignataires.** Lorsque le bail a été signé par plusieurs locataires (concubins ou autres) et qu'il comporte une clause de solidarité, chaque colocataire est responsable à titre personnel du paiement de l'intégralité des loyers et charges (quitte ensuite pour lui à se retourner contre les autres).

En revanche, lorsque le bail a été signé par plusieurs locataires mais qu'il ne comporte pas de clause de solidarité (cas rarissime en pratique), en cas d'impayé, le bailleur doit agir contre tous les locataires. Il ne peut pas se retourner contre l'un d'entre eux et lui demander de régler toute la somme.

> Aux termes de l'article 8-1 de la loi du 6 juillet 1989 inséré par la loi du 24 mars 2014, dite loi Alur et applicable aux contrats signés à compter du 27 mars 2014, en cas de **colocation**, c'est-à-dire de « location d'un même logement par plusieurs locataires, constituant leur résidence principale, et formalisée par la conclusion d'un contrat

unique ou de plusieurs contrats entre les locataires et le bailleur » (sur cette notion, v. ss n° 205), à l'exception, précise le texte dans sa version issue de la loi n° 2015-990 du 6 août 2015, dite loi Macron (*JO* 7 août, p. 13537), applicable aux baux conclus, renouvelés ou tacitement reconduits à compter du 8 août 2015, de la « location consentie exclusivement à des époux ou à des partenaires liés par un Pacs au moment de la conclusion initiale du contrat », la solidarité d'un des colocataires et celle de la personne qui s'est portée caution prennent fin à la date d'effet du congé régulièrement délivré et lorsqu'un nouveau colocataire figure au bail. À défaut, la solidarité du colocataire sortant, ainsi que, depuis la loi du 6 août 2015, celle de la personne qui s'est portée caution, s'éteignent au plus tard à l'expiration d'un délai de six mois après la date d'effet du congé (concernant la solidarité de la caution du colocataire, v. ss n° 502). L'acte de cautionnement des obligations d'un ou de plusieurs colocataires résultant de la conclusion d'un contrat de bail d'une colocation identifie nécessairement, sous peine de nullité, le colocataire pour lequel, depuis la loi du 6 août 2015, « l'extinction de la solidarité » (et non plus « le congé » comme l'indiquait la loi du 24 mars 2014, dite loi Alur) met fin à l'engagement de la caution.

Détermination du loyer par les parties (régime antérieur à la loi Alur)

1207 **Évolution de la législation.** En la matière, la loi du 24 mars 2014 modifie les règles.

1208 **Principe.** En matière de détermination du loyer initial, les décrets d'encadrement des loyers (le dernier publié avant la loi du 24 mars 2014, dite Alur, date du 30 juillet 2013 : décr. n° 2013-689, 30 juill. 2013, *JO* 31 juill.) distinguaient plusieurs cas de figure.

Attention : Si les dispositions de ce décret ne s'appliquaient qu'aux baux conclus ou renouvelés pendant la période du 1er août 2013 au 31 juill. 2014, ses effets perdurent pendant toute la durée du bail.

1209 **Hypothèses dans lesquelles le loyer était toujours librement fixé.** Étaient concernés les logements visés à l'ancien article 17 *a* de la loi du 6 juillet 1989, c'est-à-dire, les logements neufs ou assimilés (logements ayant fait l'objet de travaux de mise ou de remise aux normes de décence ou logements décents ayant fait l'objet depuis moins de six mois de travaux d'amélioration portant sur les parties privatives ou communes, d'un montant au moins égal à une année du loyer antérieur).

Étaient également concernés les autres logements (ceux visés à l'ancien article 17 *b*), dès lors qu'ils n'étaient pas situés dans une commune située dans l'une des agglomérations visées par l'annexe au décret d'encadrement des loyers du 30 juillet 2013 (Décr. n° 2013-689, 30 juill. 2013, *JO* 31 juill., v. s[s] n° 1210).

1210 **Hypothèses dans lesquelles le loyer initial est encadré.** Les logements concernés étaient ceux qui sont vacants au sens de l'article 17 *b* de la loi du 6 juillet 1989, c'est-à-dire des logements qui ne sont pas neufs ou assimilés (v. s[s] n° 1209).

Les agglomérations concernées étaient celles qui connaissent une situation anormale du marché locatif au sens de l'ancien article 18 de la loi du 6 juillet 1989, soit 39 agglomérations (28 en métropole et 11 dans les départements d'outre-mer).

Étaient visées les agglomérations d'Amiens, d'Annecy, d'Annemasse, d'Arles, d'Arras, de Beauvais, de Bordeaux, de Caen, de Creil de Douai Lens, de Forbach, de Fréjus, de Grenoble, de La Rochelle, du Havre, de Lille, de Lyon, de Marseille Aix, de Meaux, de Menton, de Montpellier, de Nantes, de Nice, de Paris, de Rennes, de Strasbourg, de Toulon, de Toulouse, de Basse Terre, de Cayenne, de Fort de France, de Le Robert, de Mamoudzou, de Pointe-à-Pitre-Les Abymes, de Saint André, de Saint-Denis, de Saint-Louis, de Saint-Paul et de Saint-Pierre.

Le détail des communes concernées est consultable sur http://www.legifrance.fr ou dans le Code des baux Dalloz, éd. 2014, App., v° *Encadrement des loyers*.

1211 **Mécanisme d'encadrement.** Lorsqu'un logement vacant tel que défini à l'article 17 *b* de la loi de 1989, faisait l'objet d'une nouvelle location entre le 1er août 2013 et le 31 juillet 2014, le principe est que le loyer ne peut excéder le dernier loyer appliqué au précédent locataire, révisé dans les limites prévues au *d* du même article 17 (concernant la révision du loyer v. ss nos 1225 s.)

Toutefois, le loyer du nouveau contrat de location pouvait être réévalué dans les conditions et les limites suivantes :

– Lorsque le bailleur a réalisé, depuis la conclusion du dernier contrat, des travaux d'amélioration portant sur les parties privatives ou communes d'un montant au moins égal à la moitié de la dernière année de loyer, la hausse du loyer annuel ne peut excéder 15 % du coût réel des travaux toutes taxes comprises.
– Lorsque le dernier loyer appliqué au précédent locataire est manifestement sous-évalué, la hausse du nouveau loyer ne peut excéder la plus élevée des deux limites suivantes :

1° la moitié de la différence entre le montant moyen d'un loyer représentatif des loyers habituellement constatés dans le voisinage pour des logements comparables déterminé selon les modalités prévues à l'article 19 de la loi du 6 juillet 1989 (concernant les références, v. ss nos 2002 s.) et le dernier loyer appliqué au précédent locataire ;

2° une majoration du loyer annuel égale à 15 % du coût réel des travaux toutes taxes comprises, dans le cas où le bailleur a réalisé depuis la fin du dernier contrat de location des travaux d'amélioration portant sur les parties privatives ou communes d'un montant au moins égal à la moitié de la dernière année de loyer.

Le texte précisait par ailleurs :

– que le coût des travaux d'amélioration portant sur les parties communes à prendre en compte est déterminé en fonction des millièmes correspondant au logement en cause ;
– que les dispositions du décret du 30 juillet 2013 ne font pas obstacle à l'application des clauses par laquelle les parties ont convenu que le bailleur réaliserait des travaux d'amélioration en contre-

partie d'une augmentation de loyer (L. 6 juill. 1989, art. 17 e, v. ss n° 822) ou des accords collectifs locaux conclus en application de l'article 42 de la loi « Méhaignerie » du 23 décembre 1986 (L. n° 86-1290, 23 déc. 1986, *JO* 24 déc., p. 15531);

– que la commission départementale de conciliation prévue à l'article 20 de la loi du 6 juillet 1989 est compétente pour connaître des différends relatifs à l'application du décret du 30 juillet 2013. Elle peut être saisie et se prononce selon les modalités définies au même article 20.

» Détermination du loyer par les parties (régime issu de la loi Alur)

1212 **Principe.** Le nouvel article 17 de la loi du 6 juillet 1989 (issu de la loi du 24 mars 2014, dite loi Alur, applicable aux baux conclus à compter du 27 mars 2014) fait la distinction entre le régime applicable dans les zones « tendues » et celui qui prévaut en dehors de ces zones.

En dehors des zones tendues, la fixation du loyer des logements mis en location est **libre**.

Toutefois, en cas de volonté d'investir dans l'immobilier locatif (neuf, en l'état futur d'achèvement ou rénové) et de bénéficier du dispositif « Scellier » (qui permet de bénéficier d'une réduction d'impôt sur le revenu), alors, le loyer est plafonné (ainsi que les ressources du locataire, dans le cadre du « Scellier intermédiaire »). Pour plus de renseignements, www.logement.gouv.fr

Par ailleurs, **pour les loyers perçus à compter du 1er janvier 2016**, dans les grandes agglomérations, les bailleurs louant plus de 41,64 euros/m² (loyer mensuel, charges non comprises) un local d'une surface habitable inférieure ou égale à 14 m² doivent s'acquitter d'une taxe (L. n° 2011-1977, 28 déc. 2011 de finances pour 2012, *JO* 29 déc., p. 22441 et Décr. n° 2013-463, 3 juin 2013, *JO* 6 juin, p. 9401). Cette taxe, qui vaut pour les locaux loués nus, comme pour les meublés loués pour au moins neuf mois, sera d'autant plus forte (de 10 à 40 %

du loyer) que le dépassement constaté sera important. Ce prix plafond est révisé tous les ans en fonction de la variation de l'IRL du 2e trimestre, sur la base de l'IRL du 2e trimestre.

1213 **Notion de « zone tendue ».** Selon le nouvel article 17-I de la loi du 6 juillet 1989, il s'agit des « zones d'urbanisation continue de plus de 50 000 habitants où il existe un déséquilibre marqué entre l'offre et la demande de logements, entraînant des difficultés sérieuses d'accès au logement sur l'ensemble du parc résidentiel existant, qui se caractérisent notamment par le niveau élevé des loyers, le niveau élevé des prix d'acquisition des logements anciens ou le nombre élevé de demandes de logement par rapport au nombre d'emménagements annuels dans le parc locatif social ».

Un décret du 10 juin 2015 (Décr. n° 2015-650, 10 juin 2015, *JO* 12 juin, p. 9713) précise que les communes comprises dans les zones mentionnées au I de l'article 17 de la loi du 6 juillet 1989 sont celles qui figurent sur la liste annexée au décret du 10 mai 2013 relatif à la taxe sur les logements vacants (Décr. n° 2013-392, 10 mai 2013, *JO* 12 mai, p. 7959).

Sont par conséquent concernées les communes situées dans les agglomérations d'Ajaccio, Annecy, Arles, Bastia, Bayonne, Beauvais, Bordeaux, Draguiguan, Fréjus, Genève-Annemasse, Grenoble, La Rochelle, La Teste-de-Buch, Archachon, Lille, Lyon, Marseille-Aix-en-Provence, Meaux, Menton-Monaco, Montpellier, Nantes, Nice, Paris, Saint-Nazaire, Sète, Strasbourg, Thonon-les-Bains, Toulon et Toulouse.

Ces communes devront se doter d'un observatoire local des loyers au sens de l'article 16 nouveau de la loi du 6 juillet 1989 (v. ss n° 1903).

1214 **Double encadrement des loyers dans les zones tendues.** Le loyer est soumis à **un double encadrement**, l'un émanant du préfet, l'autre découlant d'un décret de blocage.

1215 **Encadrement du loyer émanant du préfet. Dans les zones tendues, le préfet fixe chaque année**, par arrêté, un loyer de référence, un loyer de référence majoré et un loyer de référence minoré, tous exprimés par un prix au mètre carré de surface habitable, par catégorie de logement et par secteur géographique.

> CODE Dans la commune de Paris, l'arrêté n° 2015-176-0007 du 25 juin 2015, en vigueur le 1er août 2015, a fixé les loyers de référence, les loyers de référence majorés et les loyers de référence minorés, par catégorie de logements et par secteur géographique (V. Code des baux Dalloz, éd. 2016, App., v° *Loyers de référence [Paris])*.

Chaque loyer de référence est « égal au loyer médian calculé à partir des niveaux de loyers constatés par l'observatoire local des loyers selon les catégories de logement et les secteurs géographiques ».

> CODE **Catégories de logement et secteurs géographiques**
> Selon un décret du 10 juin 2015 (Décr. n° 2015-650, 10 juin 2015, art. 2, *JO* 12 juin, p. 9713), les catégories de logement sont déterminées en fonction au moins des caractéristiques du logement relatives au type de location, meublée ou non meublée, au nombre de pièces principales au sens de l'article R. 111-1-1 du Code de la construction et de l'habitation et à l'époque de construction.
> Quant aux secteurs géographiques, selon le même texte, ils délimitent des zones homogènes en termes de niveaux de loyer constatés sur le marché locatif.

Chaque loyer de référence majoré (égal à un montant supérieur de 20 % au loyer de référence) et **chaque loyer de référence minoré** (égal au loyer de référence diminué de 30 %) sont

« fixés respectivement par majoration et par minoration du loyer de référence ».

Lors de la conclusion du contrat de bail, le **loyer de base** des logements mis en location est alors fixé librement, dans la limite du loyer de référence majoré.

CODE Une action en diminution de loyer peut être engagée si le loyer de base prévu dans le contrat de bail est supérieur au loyer de référence majoré en vigueur à la date de signature du bail (L. 6 juill. 1989, art. 17).

À ce loyer de base, un **complément de loyer** peut toutefois être appliqué pour des logements présentant des « caractéristiques de localisation ou de confort par comparaison avec les logements de la même catégorie situés dans le même secteur géographique ».

Aux termes du décret du 10 juin 2015 susmentionné, (Décr. n° 2015-650, 10 juin 2015, art. 3, *JO* 12 juin, p. 9713), l'application d'un complément de loyer peut être justifiée par les caractéristiques de localisation ou de confort d'un logement, lorsque ces caractéristiques réunissent les conditions suivantes :

– elles n'ont pas été prises en compte pour la détermination du loyer de référence correspondant au logement;
– elles sont déterminantes pour la fixation du loyer, notamment par comparaison avec les logements de la même catégorie situés dans le même secteur géographique;
– elles ne donnent pas lieu à récupération par le bailleur au titre des charges, ni à la contribution pour le partage des économies d'énergie pour les travaux réalisés par le bailleur, prévues respectivement par les articles 23 et 23-1 de la loi du 6 juillet 1989 (au sujet desquelles, v. s^s n°s 1301 s.).

Le montant du complément de loyer et les caractéristiques du logement le justifiant doivent être mentionnés dans le bail.

Un complément de loyer ne peut être appliqué à un loyer de base inférieur au loyer de référence majoré.
L'application de ce complément de loyer peut être **contestée par le locataire**.

Pour contester ce complément de loyer, le locataire doit, **dans les trois mois de la signature du bail**, saisir la commission départementale de conciliation. Si la commission arrive à concilier les parties, le montant du loyer est celui fixé par le document de conciliation délivré par la commission.

En cas de non-conciliation, le locataire a trois mois à compter de la réception de l'avis de la commission pour saisir le juge d'une demande en annulation ou en diminution du complément de loyer.

⚠ La fin de non-recevoir tirée de l'absence de saisine préalable de la commission départementale de conciliation peut être soulevée d'office par le juge.
Qu'il y ait ou non conciliation, le loyer résultant du document de conciliation ou de la décision de justice s'applique **à compter de la prise d'effet du bail**.

1216 **Encadrement découlant d'un décret de blocage.** À cet encadrement « préfectoral » va s'ajouter, dans ces zones tendues, tous les ans, la publication d'un décret de blocage.

La philosophie qui prévalait avant la loi du 24 mars 2014, dite loi Alur, a été conservée (v. s[s] n° 1211).

L'article 18 de la loi du 6 juillet 1989 précise désormais que, pour chacune des zones tendues, un décret fixe annuellement le montant maximum d'évolution des loyers des logements vacants et des contrats renouvelés.

Le texte précise que ce décret peut prévoir des adaptations particulières, notamment en cas de travaux réalisés par les bailleurs ou de loyers manifestement sous-évalués.

En cas de litige entre les parties résultant de l'application de ce décret, la commission départementale de conciliation (au sujet de laquelle, v. s^s^ n° 2104) est compétente et sa saisine constitue un préalable obligatoire à la saisine du juge par l'une ou l'autre des parties.

Pour les baux (nus ou meublés) signés entre le 1er août 2015 et le 31 juillet 2016, le décret n° 2015-931 du 29 juillet 2015 (Décr. n° 2015-931, 29 juill. 2015, *JO* 31 juill., p. 13097), pratiquement identique à un décret du 30 juillet 2014 applicable aux baux conclus entre le 1er août 2014 et le 31 juillet 2015, encadre les loyers de locaux situés dans les zones tendues.

Attention : Si la validité de ce décret ne court que jusqu'au 31 juill. 2016, ses effets s'appliquent pendant toute la durée du bail.

Ce décret concerne les logements inoccupés proposés à la location, à l'exception toutefois des logements faisant l'objet d'une première location et des logements inoccupés par un locataire depuis plus de dix-huit mois.

Lorsqu'un logement vacant fait l'objet d'une nouvelle location, le loyer du nouveau contrat de location ne peut excéder le dernier loyer appliqué au précédent locataire.

Lorsque le dernier loyer du précédent locataire a fait l'objet d'une réévaluation, qui n'a pas été entièrement appliquée à la date de la fin du bail, le dernier loyer appliqué au précédent locataire est le loyer convenu entre les parties ou fixé judiciairement, y compris la fraction non encore réévaluée.

Si aucune révision de loyer n'est intervenue au cours des douze mois précédant la conclusion du nouveau contrat de location, le loyer appliqué au nouveau locataire ne peut excéder le dernier loyer appliqué au précédent locataire révisé en fonction de la variation de l'indice de référence des loyers mentionnée au deuxième alinéa du I de l'article 17-1 de la loi du 6 juillet 1989 (v. s^s n°s 1225 s.).

CODE La date de référence à prendre en compte pour cette révision est celle du dernier indice publié à la date de signature du nouveau contrat de location.

En cas d'encadrement du loyer par arrêté préfectoral (L. 6 juill. 1989, art. 17-I et 25-9, relatifs aux locations vides et aux locations meublées, v. respectivement s^s n°s 1215 et 3112), pris à la date de la conclusion d'un nouveau contrat ou du renouvellement du bail, la révision du loyer ne peut pas excéder le loyer de référence majoré (au sujet duquel, v. s^s n° 1215).

Par dérogation à la règle selon laquelle le loyer du nouveau contrat de location ne peut excéder le dernier loyer appliqué au précédent locataire, le décret de 2015 prévoit que le loyer du nouveau contrat de location peut être réévalué dans les conditions et les limites suivantes :

- 1° Lorsque le bailleur a réalisé, depuis la conclusion du contrat de location initial avec le précédent locataire ou, au cas où le bail a été renouvelé, depuis son dernier renouvellement, des travaux d'amélioration ou de mise en conformité avec les caractéristiques de décence portant sur les parties privatives ou sur les parties communes pour un montant au moins égal à la moitié de la dernière année de loyer, la hausse du loyer annuel ne peut excéder 15 % du coût réel des travaux TTC ;

Est exclu du montant des travaux d'amélioration ou de mise en conformité le coût des travaux ayant donné ou donnant lieu à une contribution pour le partage des économies de charge en application de l'article 23-1 de la loi de 1989 (v. s[s] n° 1306) ou à une majoration du loyer en application d'une « clause travaux » (v. s[s] n°s 701 s.).

Le coût des travaux d'amélioration ou de mise en conformité portant sur les parties communes est déterminé en fonction des millièmes correspondant au logement.

• 2° Lorsque le dernier loyer appliqué au précédent locataire est manifestement sous-évalué, la hausse du nouveau loyer ne peut excéder la moitié de la différence entre le montant d'un loyer déterminé par référence aux loyers habituellement constatés dans le voisinage pour des logements comparables et le dernier loyer appliqué au précédent locataire, révisé dans les limites énoncées ci-dessus.

> CODE Les logements comparables servant à la détermination du loyer de référence sont situés soit dans le même groupe d'immeubles, soit dans tout autre groupe d'immeubles comportant des caractéristiques similaires et situé dans la même zone géographique.

Les références sont jointes au contrat.

> Lorsque le dernier loyer du précédent locataire a fait l'objet d'une réévaluation, qui n'a pas été entièrement appliquée à la date de la fin du bail, le dernier loyer appliqué au précédent locataire est le loyer convenu entre les parties ou fixé judiciairement, y compris la fraction non encore réévaluée.

• 3° Le loyer relatif à un logement qui a fait l'objet depuis moins de six mois de travaux d'amélioration d'un montant au moins égal à la dernière année de loyer peut être librement réévalué.

Cependant, lorsqu'un arrêté préfectoral d'encadrement a été pris à la date de conclusion du contrat, ces trois dérogations ne s'appliquent pas dès lors que le dernier loyer appliqué au précédent locataire, compte tenu d'un éventuel complément de loyer, est supérieur au loyer de référence majoré en vigueur lors de la signature du nouveau bail (v. s^{s} n° 1215).

» Périodicité du paiement

1217 **Loyer mensuel.** Si, en théorie, rien n'interdit aux parties de fixer une autre périodicité, en pratique, le paiement du loyer est mensuel, à une date arrêtée par les parties (par ex., « avant le 5 du mois »).

Le législateur a marqué sa préférence pour cette périodicité, propice à limiter le phénomène des impayés :

- en précisant que « le paiement mensuel est de droit lorsque le locataire en fait la demande » (L. 6 juill. 1989, art. 7) ;
- en interdisant au bailleur de prévoir un dépôt de garantie lorsque le loyer est payable d'avance pour une période supérieure à deux mois (v. s^{s} n° 508).

» Terme échu ou à échoir

1218 **À décider dans le bail.** S'il prévoit que le loyer est payable à terme échu, le locataire s'acquitte de sa dette pour le mois qui vient de s'écouler. À l'inverse, si c'est un paiement à terme à échoir, le locataire paie d'avance.

Loyer et provision pour charges. Le loyer stipulé à terme à échoir : dans ce cas, le locataire doit, à l'occasion de la signature du bail, verser le dépôt de garantie, un mois de loyer et un mois de provisions sur charges ou, à tout le moins, en cas de prise d'effet du bail en cours de mois, un prorata compte tenu du temps restant à courir.

Le loyer stipulé à terme échu : lors de la signature du bail, le locataire n'est redevable que du dépôt de garantie et de la provision sur charges.

> **EXEMPLE** Le locataire qui paie le 5 février va s'acquitter de sa dette pour le mois de janvier si le paiement est stipulé à terme échu. En revanche, si le terme est « à échoir », il se libérera de son échéance de février.

» Quittance

1219 **Remise gratuite de la quittance.** « Le bailleur ou son mandataire est tenu de transmettre gratuitement une quittance au locataire qui en fait la demande » (L. 6 juill. 1989, art. 21, al. 1er, mod. par L. 24 mars 2014, dite loi Alur).

Et « aucuns frais liés à la gestion de l'avis d'échéance ou de la quittance ne peuvent être facturés au locataire (L. 6 juill. 1989, art. 21, mod. par L. 24 mars 2014, dite loi Alur, applicable aux baux en cours).

Il résulte de l'article susvisé que :

- le bailleur n'a pas, spontanément, l'obligation d'adresser des quittances de loyer : ce n'est qu'en réponse à une demande du locataire qu'il doit s'exécuter;
- la remise de la quittance est gratuite et la facturation de ce service au locataire, notamment par l'agence immobilière gérante du bien, est illégale. Cela vaut également à l'égard des frais postaux (la gratuité concerne la transmission de la quittance). La loi précise désormais expressément que la clause du bail faisant supporter au locataire les frais d'expédition de la quittance est réputée non écrite (v. ss no 333).

D'ailleurs, l'alinéa 2 de l'article 21 de la loi du 6 juillet 1989, dans sa rédaction issue de la loi du 24 mars 2014, dite loi Alur (applicable aux baux en cours sur ce point), prévoit qu'« aucuns frais liés à la gestion de l'avis d'échéance ou de la quittance ne peuvent être facturés au locataire ».

Ce service est déjà rémunéré par le bailleur dans le cadre du mandat de gestion qu'il a confié à l'agence (v. ss n° 107) et l'article 5 de la loi du 6 juillet 1989, dans sa rédaction actuelle comme dans sa rédaction antérieure à la loi du 24 mars 2014, n'envisage pas le partage de la rémunération des intermédiaires qui établiraient la quittance (v. ss n° 106).

Sauf clause contractuelle précise, le bailleur (ou son gestionnaire) est libre de définir les modalités de remise de la quittance : il pourrait très bien ne pas envoyer la quittance par la Poste mais se contenter de mettre le document à la disposition du locataire, à charge pour celui-ci venir la chercher. Depuis la loi du 24 mars 2014, dite loi Alur, l'article 21, alinéa 3 (applicable aux contrats en cours) précise qu'avec l'accord exprès du locataire, le bailleur peut procéder à la **transmission dématérialisée** de la quittance.

Le bailleur est tenu de délivrer une attestation de paiement même en cas de paiement partiel. Cette hypothèse a été envisagée par le législateur : alors, « le bailleur est tenu de délivrer un **reçu**. » (L. 6 juill. 1989, art. 21, al. 4).

1220 **Éléments à mentionner dans la quittance.** Deux éléments doivent impérativement figurer sur la quittance : le montant du loyer acquitté et le montant versé au titre des charges (concrètement, la provision sur charges).

Un « avis d'échéance » qui ne porte pas le détail des sommes réclamées n'est pas une quittance (Civ. 3e, 24 mars 2004, n° 01-14.439, *Bull. civ.* III, n° 60).

1221 **Valeur de la quittance.** La quittance fait foi jusqu'à preuve contraire.

Le bailleur qui a délivré une quittance erronée peut toujours se rétracter et réclamer le paiement du terme correspondant dès lors qu'il aura établi son erreur (en produisant, notamment, ses relevés de compte).

1222 Exemple de quittance de loyer

Quittance de loyer
Période du 1er mars 2016 au 31 mars 2016
Nom du locataire : Monsieur Jésu
Adresse : 2, rue de Romainville, 94300 Vincennes
Nom du propriétaire : Monsieur Savalle
Adresse : 3, rue Pasteur, 56890 Saint-Avé
Identification des lots loués : Appartement 215
Parking n° 17
Détail des sommes versées : Loyer principal : 1 050 euros
Provision pour charges : 120 euros
Total pour la période : 1 170 euros

» Paiement du loyer

1223 **Nécessité d'une double condition.** Le refus de paiement n'est possible qu'à la double condition :

– d'une part, que les locaux soient impropres à l'usage auquel ils sont destinés (impossibilité totale d'habiter et/ou d'y exercer sa profession en cas de bail à usage mixte) ;
– et, d'autre part, que le locataire ait été autorisé en justice à ne pas payer.

> Les magistrats refusent systématiquement d'accorder l'autorisation de ne pas payer son loyer au locataire qui ne fait que se plaindre d'un local mal entretenu, ou dont le système d'assainissement est défectueux (Civ. 3e, 16 févr. 2000, n° 98-15.148, NP ; 13 juill. 2010, n° 09-67.999, NP).

De la même manière, **la grève du loyer** n'est pas envisageable (et n'est jamais autorisée par le juge) en cas de différend sur le loyer à payer. Un litige peut effectivement survenir à ce sujet en cours de bail, par exemple, lors de la révision du loyer ou lors de l'application de la « clause de travaux » (v. s[s] n° 701).

» Conséquences en cas de non-paiement injustifié

1224 **Choix de la sanction par le juge.** Le locataire qui ne paie pas son loyer s'expose à ce que le bailleur demande au juge la résiliation du bail. Mais le juge est libre de choisir la sanction qui lui semble la plus appropriée au manquement du locataire. Il peut opter pour la résiliation pure et simple du bail ou préférer une autre sanction, par exemple le paiement de l'arriéré sous astreinte.

En revanche, la résiliation-sanction est automatique lorsque le bail comporte **une clause résolutoire** prévoyant que le défaut de paiement du loyer ou des charges entraîne la résolution immédiate du bail. Cette clause peut être invoquée devant les tribunaux deux mois après une mise en demeure adressée au locataire non suivie d'effet (L. 6 juill. 1989, art. 24).

Le juge n'a alors pas le choix : il constate le jeu de la clause et prononce la résiliation du bail (v. s[s] n°s 2801 s.).

⚠ Aux termes de l'article 7 de la loi du 6 juillet 1989 tel que modifié par la loi du 24 mars 2014, dite loi Alur, sur ce point d'application aux contrats en cours lors de son entrée en vigueur (le 27 mars 2014), le paiement partiel du loyer par le locataire réalisé en application des articles L. 542-2 et L. 831-3 du code de la sécurité sociale relatifs au versement de l'allocation logement ne peut être considéré comme un défaut de paiement du locataire.

» Révision du loyer

1225 **Cas de révision automatique.** Depuis la loi du 24 mars 2014, dite loi Alur, la question de la révision du loyer est réglée par l'article 17-1 de la loi du 6 juillet 1989, applicable aux contrats en cours.

Ce texte indique que lorsque le contrat prévoit la révision du loyer, celle-ci intervient chaque année à la date convenue entre les parties ou, à défaut, au terme de chaque année du contrat. La variation qui en résulte ne peut excéder, **à la hausse**, la variation d'un indice de référence des loyers publié par l'Insee chaque trimestre et qui correspond à la moyenne, sur les douze derniers mois, de l'évolution des prix à la consommation hors tabac et hors loyers.

À défaut de clause contractuelle fixant la date de référence, cette date est celle du dernier indice publié à la date de signature du contrat de location.

Lorsque le bailleur manifeste sa volonté de réviser le loyer dans le délai d'un an, cette révision de loyer prend effet à compter de sa demande.

> Attention aux bailleurs qui oublieraient de mettre en œuvre la clause de révision.

En effet, le nouveau texte précise que, « à défaut de manifester sa volonté d'appliquer la révision du loyer dans un délai d'un an suivant sa date de prise d'effet, le bailleur est réputé avoir **renoncé au bénéfice de cette clause pour l'année écoulée »**.

D'ailleurs, aux termes de l'article 7-1 de la loi du 6 juillet 1989, inséré par la loi du 24 mars 2014, dite loi Alur, opposable aux baux signés à compter du 27 mars 2014, si, en principe, toutes les actions dérivant d'un contrat de bail sont prescrites par trois ans à compter du jour où le titulaire d'un droit a connu ou aurait dû connaître les faits lui permettant d'exercer ce droit, par dérogation, l'action en révision du loyer par le bailleur est **prescrite un an après** la date convenue par les parties dans le contrat de bail pour réviser ledit loyer.

1226 **Quel indice choisir ?** Le plus simple, et le plus courant : l'indice de référence des loyers publié trimestriellement par l'INSEE (IRL) qui, depuis la loi du 8 février 2008 (*JO* 9 févr. p. 2451 ; applicable, pour l'avenir, aux contrats en cours), correspond à la **moyenne, sur les douze derniers mois**, de l'évolution des prix à la consommation hors tabac et hors loyers.

Les parties peuvent en préférer un autre. Mais, dans ce cas, si la variation de l'indice retenu est supérieure à celle de l'IRL, la révision ne joue qu'à concurrence de l'évolution de l'IRL.

C'est pourquoi, en pratique, l'IRL est toujours retenu.

Il est également possible de fixer une autre date de référence pour l'indice retenu que celle de la signature du bail.

> Attention au retard avec lequel l'INSEE publie l'IRL aux Informations rapides de l'INSEE, consultable sur www.insee.fr et reproduit un peu plus tard et uniquement pour information au *Journal officiel*.

1227 **Et comment s'en servir ?** C'est la variation de l'IRL sur un an qui est prise en compte.

> **EXEMPLE CONCRET DE RÉVISION DU LOYER** Monsieur Loos a signé son contrat de location le 1er juin 2013 pour trois années. Le loyer est fixé à 1 000 euros et le bail prévoit la révision du loyer selon la variation de l'indice de référence des loyers (IRL) publié par l'INSEE du 1er trimestre (www.insee.fr). Comme, entre 2013 et 2014, l'indice du 1er trimestre a varié de 0,60 % (passant de 125,25 à 125,00), à compter du 1er juin 2014, le loyer de Monsieur Loos est passé à 1 006 euros (soit 1 000 × 0,60 % + 1 000).

13 Charges locatives

Le bailleur récupère certaines charges – on parle de « charges locatives » (v. s^{s} n°s 1302 s.) – avec, en fin d'année, une **régularisation** (v. s^{s} n° 1315). Se pose particulièrement les questions des **travaux d'économie d'énergie et de partage des économies de charges** (v. s^{s} n° 1306), celle des **dépenses de personnel** (v. s^{s} n°s 1307 s.), ainsi que le sort réservé aux **impayés des factures d'électricité, de gaz, de chaleur et d'eau** (v. s^{s} n° 1312). En pratique, le **paiement des charges intervient** tous les mois au moyen d'une provision (v. s^{s} n°s 1313 s.).

1301 **Intervention facultative de la commission départementale de conciliation.** Les charges locatives (on parle aussi de « charges récupérables ») sont celles imputées au locataire. En cas de différend sur ce qui est réclamé, avant de saisir le juge, le bailleur ou le locataire peuvent demander à la commission départementale de conciliation d'examiner la question (v. ss n° 2104). La commission n'est toutefois pas un point de passage obligé : ce n'est qu'une faculté offerte aux parties destinée à régler le problème à l'amiable.

Même si le bailleur est tenu de procéder à une **régularisation annuelle**, ce n'est pas parce qu'il ne l'a pas fait qu'il est considéré comme ayant tacitement renoncé à récupérer les charges. Il peut donc tout à fait procéder au **rattrapage** de charges plus anciennes, mais, pour les baux conclus avant le 27 mars 2014, dans la limite des cinq dernières années (C. civ., art. 2224).

> Pour les baux conclus à compter du 27 mars 2014, aux termes de l'alinéa 1er de l'article 7-1 de la loi du 6 juillet 1989 (L. n° 89-462, 6 juill. 1989, *JO* 8 juill., p. 8541), créé par la loi du 24 mars 2014, dite loi Alur (L. n° 2014-366, 24 mars 2014, *JO* 26 mars, p. 5809), « toutes actions dérivant d'un contrat de bail sont prescrites par **trois ans** à compter du jour où le titulaire d'un droit a connu ou aurait dû connaître les faits lui permettant d'exercer ce droit ».

Quant au locataire, il dispose également de cinq ans pour demander au bailleur le remboursement d'un trop-perçu (toujours en vertu de l'art. 2224, C. civ.).

Ce délai est ramené à **trois ans** pour les baux conclus à compter du 27 mars 2014 (voir ci-dessus).

› Quelles sont les charges locatives ?

1302 **Définition des charges locatives.** Il s'agit des « sommes accessoires au loyer principal » (L. 6 juill. 1989, art. 23) qui sont « exigibles sur justification » en contrepartie :

– des services rendus liés à l'usage des différents éléments de la chose louée ;
– des dépenses d'entretien courant et des menues réparations sur les éléments d'usage commun de la chose louée; la loi du 13 juillet 2006, (L. n° 2006-872, 13 juill. 2006, *JO* 16 juill., p. 10662), dite loi « ENL » a précisé que sont notamment récupérables, à ce titre, les dépenses engagées par le bailleur dans le cadre d'un contrat d'entretien relatif aux ascenseurs, dépenses concernant « les opérations et les vérifications périodiques minimales et la réparation et le remplacement de petites pièces présentant des signes d'usure excessive ainsi que les interventions pour dégager les personnes bloquées en cabine et le dépannage et la remise en fonctionnement normal des appareils » ;

Cet ajout opéré par la loi ENL est le contrepoint de l'obligation, inscrite dans le code de la construction et de l'habitation, de mise en sécurité des ascenseurs (avant le 31 déc. 2010 ; CCH, art. R. 125-1-2) et de leur entretien.

– des impositions qui correspondent à des services dont le locataire profite directement.

Précision utile : pour l'application ce texte (dans sa rédaction issue de la loi ENL, n° 2006-872, 13 juill. 2006, *JO* 16 juill., p. 10662, et de la loi, n° 2010-1488, 7 déc. 2010, *JO* 8 déc., p. 21467, dite loi NOME), le coût des services assurés dans le cadre d'un contrat d'entreprise ou d'un contrat d'achat d'électricité, d'énergie calorifique ou de gaz naturel combustible, distribués par réseaux correspond à la dépense TTC acquittée par le bailleur.

Les dépenses d'investissement et de fonctionnement des réseaux de fourniture de chaleur sont, par conséquent aujourd'hui récupérables.

La loi ENL n'est pas rétroactive (Civ. 3e, 19 mars 2008, n° 07-10.704, *Bull. civ.* III, n° 55).

» Liste des charges récupérables fixée par décret

1303 **Décret du 26 août 1987.** La liste des charges récupérables est fixée par l'annexe du décret du 26 août 1987 (Décr. n° 87-713, 26 août 1987, *JO* 30 août, p. 9976).

»» Liste impérative et limitative...

1304 **Principe.** La liste est en principe impérative (impossible donc de s'y soustraire par une clause contraire insérée au contrat ou par une stipulation du règlement de copropriété). Mais, depuis la loi ENL du 13 juillet 2006, il est possible d'y déroger par la signature d'un accord collectif local portant sur l'amélioration de la sécurité ou la prise en compte du développement durable.

La liste est aussi limitative. Mais ce caractère limitatif ne va pas interdire au bailleur de récupérer d'autres charges, dès lors que celles-ci vont être prévues par d'autres textes spécifiques.

> **EXEMPLE** Si les charges liées à l'installation et à l'entretien des antennes de télévision ne sont pas mentionnées par le décret de 1987, il ne fait aucun doute qu'elles doivent être assumées par le locataire raccordé, puisque la loi du 2 juillet 1966 et son décret d'application du 22 décembre 1967 le prévoient expressément, tant pour l'installation que pour le remplacement et l'entretien des antennes.

»» ... et pourtant, la récupération de certaines dépenses reste discutée

1305 **Importance de la jurisprudence.** Malgré ce qui vient d'être dit, certains postes de charges donnent encore lieu à un abondant contentieux.

Le tableau ci-après se fait le reflet de l'imprécision ambiante et éclaire quelques points. Dans sa partie gauche, il énumère la liste des charges locatives. Dans sa partie droite, nous avons formulé un certain nombre de remarques et nous nous sommes fait l'écho de diverses solutions consacrées par la jurisprudence ou d'interprétations prônées par l'Administration.

Charge récupérable ou non ?

La liste des charges récupérables est composée de huit postes.
Aux termes de l'article 2 du décret n° 87-713 du 26 août 1987, *JO* 30 août, p. 9976, « le remplacement d'éléments d'équipement n'est considéré comme assimilable aux menues réparations que si son coût est au plus égal au coût de celles-ci ».

Énumération des charges	Remarques et solutions jurisprudentielles
I. Ascenseurs et monte-charge 1. Dépenses d'électricité. 2. Dépenses d'exploitation, d'entretien courant, de menues réparations : *a)* Exploitation : - visite périodique, nettoyage et graissage des organes mécaniques; - examen semestriel des câbles et vérification annuelle des parachutes; - nettoyage annuel de la cuvette, du dessus de la cabine et de la machinerie; - dépannage ne nécessitant pas de réparations ou fourniture de pièces; - tenue d'un dossier par l'entreprise d'entretien mentionnant les visites techniques, incidents et faits importants touchant l'appareil. *b)* Fournitures relatives à des produits ou à du petit matériel d'entretien (chiffons, graisses et huiles nécessaires) et aux lampes d'éclairage de la cabine. *c)* Menues réparations : - de la cabine (boutons d'envoi, paumelles de portes, contacts de portes, ferme-portes automatiques, coulisseaux de cabine, dispositif de sécurité de seuil et cellule photoélectrique); - des paliers (ferme-portes mécaniques, électriques ou pneumatiques, serrures électromécaniques, contacts de porte et boutons d'appel); - des balais du moteur et fusibles.	• Concernant les dépenses d'électricité, v. aussi s[s] n° 1312. • Faute d'être mentionnées par le texte, les dépenses relatives à l'entretien de la ligne téléphonique de l'ascenseur (alarme) ne sont pas récupérables (Civ. 3e, 24 mars 2004, n° 01-14.439, *Bull. civ.* III, n° 60). (v. toutefois les développements relatifs à la loi ENL, s[s] n° 1302).

II. Eau froide, eau chaude et chauffage collectif des locaux privatifs et des parties communes

1. Dépenses relatives :

- À l'eau froide et chaude des locataires ou occupants du bâtiment ou de l'ensemble des bâtiments d'habitation concernés.
- À l'eau nécessaire à l'entretien courant des parties communes du/ou desdits bâtiments, y compris la station d'épuration.
- À l'eau nécessaire à l'entretien courant des espaces extérieurs.
- Les dépenses relatives à la consommation d'eau incluent l'ensemble des taxes et redevances ainsi que les sommes dues au titre de la redevance d'assainissement, à l'exclusion de celles auxquelles le propriétaire est astreint en application de l'article L. 35-5 du code de la santé publique.
- Aux produits nécessaires à l'exploitation, à l'entretien et au traitement de l'eau.
- À l'électricité.
- Au combustible ou à la fourniture d'énergie, quelle que soit sa nature.

2. Dépenses d'exploitation, d'entretien courant et de menues réparations :

a) Exploitation et entretien courant :

- nettoyage des gicleurs, électrodes, filtres et clapets des brûleurs ;
- entretien courant et graissage des pompes de relais, jauges, contrôleurs de niveau ainsi que des groupes motopompes et pompes de puisards ;
- graissage des vannes et robinets et réfection des presse-étoupes ;
- remplacement des ampoules des voyants lumineux et ampoules de chaufferie ;
- entretien et réglage des appareils de régulation automatique et de leurs annexes ;
- vérification et entretien des régulateurs de tirage ;
- réglage des vannes, robinets et tés ne comprenant pas l'équilibrage ;
- purge des points de chauffage ;

- Concernant les dépenses d'eau et de chauffage, v. aussi s[s] n° 1312.
- La TVA des charges locatives est récupérable au titre des dépenses de consommation d'eau (Civ. 3e, 23 mars 2011, n° 10-10.013, NP).
- Ne sont pas récupérables :
  - les frais de modernisation de la chaufferie (Civ. 3e, 6 déc. 1995, n° 99-17.250, NP) ;
  - les frais de location d'une citerne de gaz (Rép. min. n° 55822) ;
  - l'amortissement des installations (Toulouse, 16 mars 1999, *Société garonnaise d'habitation c/Sadouki*) ;
  - le coût du combustible stocké et non consommé (Civ. 3e, 5 févr. 1992, n° 92-13.153, NP).
- Les frais acquittés par le locataire dans le cadre d'un contrat de vente de chaleur sont soumis à la réglementation sur les charges (Civ. 3e, 9 mars 2005, n° 01-18.039, *Bull. civ.* III, n° 59).

- frais de contrôles de combustion; - entretien des épurateurs de fumée; - opérations de mise en repos en fin de saison de chauffage, rinçage des corps de chauffe et tuyauteries, nettoyage de chaufferies, y compris leurs puisards et siphons, ramonage des chaudières, carneaux et cheminées; - conduite de chauffage; - frais de location d'entretien et de relevé des compteurs généraux et individuels; - entretien de l'adoucisseur, du détartreur d'eau, du surpresseur et du détendeur; - contrôles périodiques visant à éviter les fuites de fluide frigorigène des pompes à chaleur; - vérification, nettoyage et graissage des organes des pompes à chaleur; - nettoyage périodique de la face extérieure des capteurs solaires; - nettoyage et graissage des organes des capteurs solaires. *b)* Menues réparations dans les parties communes ou sur des éléments d'usage commun : - réparation de fuites sur raccords et joints; - remplacement des joints, clapets et presse-étoupes; - rodage des sièges de clapets; - menues réparations visant à remédier aux fuites de fluide frigorigène des pompes à chaleur; - recharge en fluide frigorigène des pompes à chaleur.	
III. Installations individuelles Chauffage et production d'eau chaude, distribution d'eau dans les parties privatives : 1. Dépenses d'alimentation commune de combustible. 2. Exploitation et entretien courant, menues réparations : *a)* Exploitation et entretien courant : - réglage de débit et température de l'eau chaude sanitaire; - vérification et réglage des appareils de commande, d'asservissement, de sécurité d'aquastat et de pompe; - dépannage; - contrôle des raccordements et de l'alimentation des chauffe-eau électriques, contrôle de l'intensité absorbée; - vérification de l'état des résistances, des thermostats, nettoyage;	• Concernant les dépenses d'eau et de chauffage, v. aussi s[s] n° 1312.

- réglage des thermostats et contrôle de la température d'eau; - contrôle et réfection d'étanchéité des raccordements eau froide-eau chaude; - contrôle des groupes de sécurité; - rodage des sièges de clapets des robinets; - réglage des mécanismes de chasses d'eau. *b)* Menues réparations : - remplacement des bilames, pistons, membranes, boîtes à eau, allumage piézoélectrique, clapets et joints des appareils à gaz; - rinçage et nettoyage des corps de chauffe et tuyauteries; - remplacement des joints, clapets et presse-étoupes des robinets; - remplacement des joints, flotteurs et joints cloches des chasses d'eau.	
IV. Parties communes intérieures au bâtiment ou à l'ensemble des bâtiments d'habitation 1. Dépenses relatives : À l'électricité : • Aux fournitures consommables, notamment produits d'entretien, balais et petit matériel assimilé nécessaires à l'entretien de propreté, sel. 2. Exploitation et entretien courant, menues réparations : *a)* Entretien de la minuterie, pose, dépose et entretien des tapis. *b)* Menues réparations des appareils d'entretien de propreté tels qu'aspirateur. 3. Entretien de propreté (frais de personnel).	• L'achat d'une brouette pour une surface de 10 000 m^2 est récupérable, s'agissant d'un petit matériel nécessaire à l'entretien de propreté de l'ensemble des bâtiments d'habitation (Civ. 3e, 28 avr. 2009, n° 08-11.739, NP). • La question des frais de personnel concernant le point 3 (entretien de propreté) est étudiée ss n° 1307.
V. Espaces extérieurs au bâtiment ou à l'ensemble de bâtiments d'habitation (voies de circulation, aires de stationnement, abords; et espaces verts, aires et équipements de jeux). 1. Dépenses relatives : • À l'électricité. • À l'essence et huile.	• La charge de l'entretien des espaces verts incombe aux locataires sous réserve : - que ces espaces verts appartiennent bien au bailleur, et non, par exemple, à la commune (Versailles, 2 juin 1989, *OPHLM d'Hermont c/ Freling*);

• Aux fournitures consommables utilisées dans l'entretien courant : ampoules ou tubes d'éclairage, engrais, produits bactéricides et insecticides, produits tels que graines, fleurs, plants, plantes de remplacement, à l'exclusion de celles utilisées pour la réfection de massifs, plates-bandes ou haies. 2. *a)* Exploitation et entretien courant : • Opérations de coupe, désherbage, sarclage, ratissage, nettoyage et arrosage concernant : - les allées, aires de stationnement et abords; - les espaces verts (pelouses, massifs, arbustes, haies vives, plates-bandes); - les aires de jeux; - les bassins, fontaines, caniveaux, canalisations d'évacuation des eaux pluviales; - entretien du matériel horticole; - remplacement du sable des bacs et du petit matériel de jeux. *b)* Peinture et menues réparations des bancs de jardins et des équipements de jeux et grillages.	- qu'il s'agisse d'espaces verts communs à l'ensemble des locataires et non des espaces verts situés dans un jardin privatif d'un autre occupant (Civ. 3e, 1er juin 1988, n° 87-10.561, NP). • L'élagage des arbres n'est pas récupérable (Civ. 3e, 23 mars 2004, n° 02-20.933, NP), tout comme les frais d'abattage d'un arbre (Civ. 3e, 13 nov. 2007, n° 06-12.703, NP).
VI. Hygiène 1. Dépenses de fournitures consommables : • Sacs en plastique et en papier nécessaires à l'élimination des rejets. • Produits relatifs à la désinsectisation et à la désinfection, y compris des colonnes sèches de vide-ordures. 2. Exploitation et entretien courant : • Entretien et vidange des fosses d'aisance. • Entretien des appareils de conditionnement des ordures. 3. Élimination des rejets (frais de personnel).	• Les dépenses effectuées pour les opérations de désinsectisation et de désinfection sont à la charge des locataires lorsqu'elles n'intéressent que les parties privatives (Paris, 13 mai 1993, *Lejeune et a. c/Seue*) – V. toutefois, jugeant que la désinsectisation du logement incombe au bailleur : Bordeaux, 9 mai 2014, RG n° 12/06806, *Séverine B. épouse W. c/ Philippe D. et a.* • Ne sont pas récupérables les frais : - de location de containers à ordures (Civ. 3e, 5 oct. 1994, n° 92-11.622, NP); - d'enlèvement des « encombrants » (Civ. 3e, 15 mai 2008, n° 07-16.567, *Bull. civ.* III, n° 84); - de personnel ayant débouché les vide-ordures (Civ. 3e, 27 nov. 2002, n° 01-11.134, NP);

- de débouchage des égouts (Civ. 3e, 3 avr. 2007, n° 06-12.937, NP);
- de dératisation (Civ. 3e, 29 janv. 2002, n° 99-17.042, NP);
- d'entretien des pompes de relevage des eaux usées (Civ. 3e, 27 mai 2003, n° 01-12.002, NP).

• Sont récupérables les frais :

- de détartrage des colonnes de chutes, des branchements d'eaux usées et d'eaux vannes (Civ. 3e, 6 déc. 1995, n° 93-17.250, *Bull. civ.* III, n° 251);
- de curage des collecteurs extérieurs (Civ. 3e, 6 déc. 1995, n° 93-17.250, *Bull. civ.* III, n° 251).

La question des frais de personnel concernant le point 3 (élimination des rejets) est étudiée ci-dessous, au n° 1307.

VII. Équipements divers du bâtiment ou de l'ensemble de bâtiments d'habitation

1. La fourniture d'énergie nécessaire à la ventilation mécanique.

2. Exploitation et entretien courant :

- ramonage des conduits de ventilation;
- entretien de la ventilation mécanique;
- entretien des dispositifs d'ouverture automatique ou codée et des interphones;
- visites périodiques à l'exception des contrôles réglementaires de sécurité, nettoyage et graissage de l'appareillage fixe de manutention des nacelles de nettoyage des façades vitrées.

3. Divers :

• Abonnement des postes de téléphone à la disposition des locataires.

• Même si la loge du gardien n'est pas ouverte aux locataires 24 h/24, les frais d'abonnement de la ligne téléphonique qui y est mise à la disposition des locataires sont récupérables (Civ. 3e, 30 nov. 2005, n° 04-14.508, *Bull. civ.* III, n° 232).

• Mais la mise à disposition d'un poste de téléphone au profit des locataires ne donne lieu à récupération que s'ils ont été préalablement informés de son existence (Civ. 3e, 29 oct. 2008, n° 07-16.082, *Bull. civ.* III, n° 164).

VIII. Impositions et redevances Droit de bail. Taxe ou redevance d'enlèvement des ordures ménagères. Taxe de balayage.	• Le droit de bail, un temps rebaptisé « contribution annuelle représentative du droit de bail », a été supprimé pour les revenus locatifs perçus à compter du 1er janvier 2001.
	• La taxe d'enlèvement des ordures ménagères est récupérable dès lors qu'elle apparaît de manière indépendante dans le budget communal, que son taux d'imposition a été établi et qu'elle donne lieu à une perception (Civ. 3e, 10 juin 1998, n° 96-20.521, *Bull. civ.* III, n° 122). • En revanche, les frais de rôle de la taxe d'enlèvement des ordures ménagères ne sont pas récupérables (Civ. 3e, 30 oct. 2002, n° 01-10.617, *Bull. civ.* III, n° 212 ; Civ. 3e, 24 mars 2004, n° 01-14.439, *Bull. civ.* III, n° 60). • La taxe de balayage des trottoirs est récupérable (Rép. min. n° 27999, *JOAN Q* 18 sept. 1995, p. 3979).

»» Travaux d'économie d'énergie et partage des économies de charge

1306 **Modifications apportées par la loi Molle : la contribution pour le partage des économies de charge.** Lorsque des travaux d'économie d'énergie sont réalisés par le bailleur dans les parties privatives d'un logement ou dans les parties communes de l'immeuble, une contribution pour le partage des économies de charge peut être demandée au locataire du logement loué, à partir de la **date d'achèvement des travaux**, sous réserve que ces derniers lui bénéficient directement et qu'ils lui soient justifiés (en vertu de l'art. 23-1, L. 6 juill. 1989, *JO* 8 juill., p. 8541, créé par L. 25 mars 2009, dite loi Molle, *JO* 27 mars, p. 5408).

Le texte précise que cette contribution ne peut toutefois être exigible qu'à la condition qu'un ensemble de travaux ait été réalisé ou que le logement atteigne un niveau minimal de performance énergétique.

Limitée au maximum à **quinze ans**, cette participation doit être inscrite sur l'avis d'échéance et portée sur la quittance remise au locataire. Son montant est **fixe et non révisable**. Il ne peut être supérieur à la moitié du montant de l'économie d'énergie estimée.

Peuvent donner lieu à la mise en place de la contribution (Décr. n° 2009-1439, 23 nov. 2009, *JO* 25 nov., p. 20228) :

– soit des travaux correspondant à une combinaison d'au moins deux actions d'amélioration de la performance énergétique du logement ou du bâtiment concerné, parmi les six actions suivantes :

  a) Travaux d'isolation thermique des toitures,

  b) Travaux d'isolation thermique des murs donnant sur l'extérieur,

  c) Travaux d'isolation thermique des parois vitrées donnant sur l'extérieur,

  d) Travaux de régulation ou de remplacement de systèmes de chauffage ou de production d'eau chaude sanitaire,

  e) Travaux d'installation d'équipements de chauffage utilisant une source d'énergie renouvelable,

  f) Travaux d'installation d'équipements de production d'eau chaude sanitaire utilisant une source d'énergie renouvelable,

  - sous réserve toutefois que ces travaux et le niveau minimal de performance énergétique atteint soient au moins conformes aux exigences du code de la construction et de l'habitation en matière de caractéristiques thermiques et de performance énergétique des bâtiments (CCH, art. R. 131-25 à R. 131-28). Les niveaux *minima* à atteindre pour chaque catégorie de travaux sont précisés par un arrêté du 23 novembre 2009 ;

– soit des travaux conformes au moins aux exigences définies aux articles R. 131-25 à R. 131-28 et permettant d'amener la consommation d'énergie du bâtiment pour le chauffage, la ventilation, la production d'eau chaude sanitaire, le refroidissement et l'éclairage des locaux en dessous du seuil défini par l'arrêté du 23 novembre 2009.

Quant au montant de la contribution, il va en principe être déterminé par une méthode de calcul conventionnel de la consommation d'énergie résultant d'une étude thermique préalable (détaillée dans l'arrêté du 23 novembre 2009 et prenant en compte, pour une occupation conventionnelle, les caractéristiques techniques et énergétiques du bâtiment et sa localisation géographique).

Toutefois, la contribution peut donner lieu à l'application d'un forfait (défini dans l'arrêté) si les caractéristiques constructives du bâtiment sont incompatibles avec la méthode de calcul et/ou si le bailleur ne possède pas plus de trois logements mis à bail dans l'immeuble considéré.

Du mode de fixation du montant de la contribution va découler une **procédure spécifique de contrôle** réalisé après travaux :

- lorsque la contribution a été déterminée à partir d'une méthode de calcul conventionnel, l'entreprise ayant réalisé les travaux ou le maître d'œuvre ou l'organisme ayant délivré la certification du bâtiment ou un bureau de contrôle doit attester au bailleur que les travaux respectent les prescriptions de l'étude thermique préalable à leur réalisation pour atteindre *la minimale* requise. À défaut, une nouvelle estimation de la consommation d'énergie du bâtiment sera réalisée ;
- lorsque la contribution a été déterminée forfaitairement, l'entreprise ayant réalisé les travaux ou le maître d'œuvre ou l'organisme ayant délivré la certification du bâtiment ou un bureau de contrôle atteste au bailleur qu'ils sont conformes aux critères exigés.

Le décret du 23 novembre 2009 prévoit enfin l'information du (candidat) locataire entrant, alors que la contribution a déjà été instituée.

Le texte précise que, préalablement à la conclusion d'un nouveau bail avec un autre locataire pendant la durée de versement de la contribution, le bailleur apporte au nouveau locataire les éléments propres à justifier les travaux réalisés et le maintien de cette contribution et l'informe de son terme.

»» Question particulière des dépenses de personnel

1307 **Textes.** La récupération des dépenses de personnel qui assure l'entretien de l'immeuble et/ou l'élimination des rejets est régie par l'article 2 du décret de 1987 et, respectivement par les postes IV-3 et VI-3 de son annexe.

Il n'y a pas lieu de distinguer entre les services assurés par le bailleur en régie (hypothèse d'une équipe composée de salariés du bailleur) et les services assurés dans le cadre d'un contrat d'entreprise (cas de figure dans lequel le bailleur fait appel à des prestataires extérieurs), selon l'article 2 *a*) du décret. Dans ce dernier cas, le bailleur doit s'assurer que le contrat distingue les dépenses récupérables et les autres dépenses.

Depuis l'entrée en vigueur de la loi du 13 juillet 2006, dite loi ENL, l'article 23 de la loi du 6 juillet 1989 précise que « pour l'application du présent article, le coût des services assurés dans le cadre d'un contrat d'entreprise correspond à la dépense, toutes taxes comprises, acquittée par le bailleur ». L'article 2 du décret du 26 août 1987 a été substantiellement modifié par le décret du 19 décembre 2008 (Décr. n° 2008-1411, 19 déc. 2008, *JO* 26 déc., p. 20070).

Ce texte est applicable aux charges échues depuis le **1er janvier 2009** (Décr. 19 déc. 2008, art. 3).

1308 **Entretien des parties communes et élimination des rejets.** Ces missions sont assurées soit par un gardien ou concierge, soit par un employé d'immeuble.

L'employé d'immeuble est uniquement chargé de procéder à l'entretien des parties communes et/ou à l'élimination des rejets, tandis que le gardien reçoit des missions complémentaires (accueil des nouveaux locataires, établissement des états des lieux, missions de surveillance…).

1309 **Entretien et/ou élimination des rejets assurés par un gardien ou un concierge.** Le décret du 19 décembre 2008 distingue deux hypothèses :

– soit le gardien/concierge assure, conformément à son contrat de travail, l'entretien des parties communes **et** l'élimination des rejets, et la récupération des dépenses correspondant à sa rémunération et aux charges sociales et fiscales y afférentes a lieu à concurrence de **75 %** de leur montant;
– soit conformément à son contrat de travail, le gardien/concierge n'assure que l'une ou l'autre des deux tâches, et les dépenses de personnel ne sont récupérables qu'à concurrence de **40 %** de leur montant.

Le décret du 19 décembre 2008 précise par ailleurs qu'un couple de gardiens ou de concierges qui assure, dans le cadre d'un contrat de travail commun, l'entretien des parties communes et l'élimination des rejets est assimilé à un personnel unique, permettant la récupération de la rémunération des deux salariés.

L'emploi du terme « couple » permet de viser l'hypothèse des époux, mais aussi celle des concubins et des pacsés.

Quant au remplacement du gardien/concierge, le décret du 19 décembre 2008 permet la récupération des frais de personnel (à concurrence de 75 % ou de 40 %), en cas d'intervention d'un tiers :

– pendant les repos hebdomadaires et les congés prévus dans les clauses de son contrat de travail;
– en cas de force majeure et d'arrêt de travail;
– ou en raison de l'impossibilité matérielle ou physique temporaire pour le gardien ou le concierge d'effectuer seul la ou les deux tâches qui lui incombent.

L'impossibilité en question doit être temporaire, qu'il s'agisse d'une impossibilité physique ou d'une impossibilité matérielle (Civ. 3e, 17 déc. 2013, n° 12-26.780, *Bull. civ.* III, n° 165). Et elle ne doit être que partielle, le texte ne visant que les cas où le gardien/concierge ne peut effectuer seul sa (ses) mission(s). Il peut, par exemple s'agir d'une maladie, d'un handicap temporaire, d'une panne d'un outil ou même un événement météorologique imprévisible (Rép. min. n° 57883, *JOAN Q* 7 sept. 2010, p. 9758).

Concernant les dépenses de personnel récupérables auprès des locataires, le décret du 19 décembre 2008 modifie le texte de 1987 de manière à dresser une liste de ce qu'il convient d'exclure.

Ne sont pas récupérables :
– le salaire en nature ;
– l'intéressement et la participation aux bénéfices de l'entreprise ;
– les indemnités et primes de départ à la retraite ;
– les indemnités de licenciement ;
– la cotisation à une mutuelle prise en charge par l'employeur ou par le comité d'entreprise ;
– la participation de l'employeur au comité d'entreprise ;
– la participation de l'employeur à l'effort de construction ;
– la cotisation à la médecine du travail.

Ces exclusions valent aussi en cas de remplacement du gardien/concierge par un tiers. Mais elles ne concernent pas le personnel d'encadrement (Rép. min. n° 63011, *JOAN Q* 16 nov. 2010, p. 12494).

1310 **Entretien et/ou élimination des rejets assurés par un employé d'immeuble.** Les dépenses de personnel sont récupérables en totalité.

Depuis la réforme de 2008, cette récupération est de mise, dès lors que l'employé d'immeuble assure, conformément à son contrat de travail, l'entretien des parties communes **ou** l'élimination des rejets.

Aucun cumul n'est donc plus requis, la récupération étant toujours égale à 100 %.

Quant aux dépenses récupérables, on se bornera à préciser ici que les mêmes exclusions qu'en matière de dépenses de gardien/concierge sont applicables (v. s[s] n° 1309).

1311 **Encadrement technique donnant lieu à récupération.** Depuis le 1er janvier 2009 (date d'entrée en vigueur du Décr. du 19 déc. 2008), la récupération ne concerne que le personnel d'encadrement « chargé du contrôle direct du gardien, du concierge ou de l'employé d'immeuble ».

Le texte précise par ailleurs que les dépenses de personnel d'encadrement ne peuvent donner lieu à récupération que « à concurrence de 10 % de leur montant ».

> Les dépenses récupérables sont celles qui correspondent à la rémunération de ce personnel et aux charges sociales et fiscales.

»» Sort particulier réservé aux impayés des factures d'électricité, de gaz, de chaleur et d'eau

1312 **Mise en place d'une procédure particulière depuis le 1er décembre 2008.** Depuis le 1er décembre 2008, en application du décret du 13 août 2008 (Décr. n° 2008-780, 13 août 2008, *JO* 14 août, p. 12877), une procédure particulière est mise en place lorsqu'un consommateur d'électricité, de gaz, de chaleur ou d'eau n'a pas acquitté sa facture dans un délai de **quatorze jours** après sa date d'émission ou à la date limite de paiement, lorsque cette date est postérieure.

> CODE La loi du 31 mai 1990 sur le droit au logement (art. 6) permet à cet égard au locataire d'obtenir une aide du fonds de solidarité pour le logement (FSL).

Par un premier courrier, le fournisseur informe le consommateur qu'à défaut de règlement dans un délai supplémentaire de quinze jours, sa fourniture pourra être réduite ou suspendue pour l'électricité ou suspendue pour le gaz, la chaleur ou l'eau.

Le fournisseur et le consommateur peuvent alors définir des modalités de paiement. Toutefois, à défaut d'accord, le fournisseur peut procéder à la réduction ou à la coupure. Il en avise alors ce dernier **au moins vingt jours** à l'avance par un second courrier dans lequel il l'informe qu'il peut saisir les services sociaux si, comme il est dit à l'article L. 115-3 du code de l'action sociale et des familles, il éprouve des difficultés particulières lui donnant droit à une aide de la collectivité.

Cet article L. 115-3 précise qu'en cas de non-paiement des factures, la fourniture d'énergie, d'eau ainsi que d'un service téléphonique restreint est maintenue jusqu'à ce qu'il ait été statué sur la demande d'aide.

Une procédure particulière est prévue lorsqu'il s'agit de la résidence principale du consommateur et que celui-ci est dans une situation financière fragile (entendons par là, notamment, qu'il bénéficie d'un tarif social ou qu'il a déjà reçu une autre aide du FSL). Alors, le locataire bénéficie d'un délai supplémentaire de trente jours. Par ailleurs, sauf opposition de sa part, les services sociaux seront avertis de la situation.

Ajoutons, toujours en application de l'article L. 115-3 du code de l'action sociale et des familles, que du 1er novembre de chaque année au 31 mars de l'année suivante, les fournisseurs d'électricité, de chaleur et de gaz ne peuvent procéder, dans une résidence principale, à l'interruption, y compris par résiliation de contrat, pour non-paiement des factures, de la fourniture d'électricité, de chaleur ou de gaz aux personnes ou familles. Les fournisseurs d'électricité peuvent néanmoins procéder à une réduction de puissance.

Enfin, le décret du 13 août 2008, en son article 11, précise que, pour les relations avec les services sociaux (départementaux ou communaux), pour les associations de défense d'usagers ou les consommateurs qui en feront la demande, chaque fournisseur d'électricité, de gaz, de chaleur ou d'eau approvisionnant des personnes physiques doit désigner un correspondant « solidaritéprécarité », qui peut être commun à plusieurs départements et à plusieurs fournisseurs.

Comment s'acquitter des charges ?

1313 **De deux manières.** Il s'agit :

- soit tous les mois : le bail prévoit que le locataire s'acquitte des sommes réellement déboursées par le bailleur (au montant, par définition, variable) ;
- soit au moyen d'une provision sur charges (d'un montant égal tous les mois).

Ce second procédé qui a, pour des raisons évidentes de gestion de trésorerie, la faveur de la pratique, suppose de déterminer assez précisément le montant de la provision et de prévoir une régularisation en fin d'exercice, qui permet, le cas échéant, de réajuster la provision pour l'exercice suivant.

1314 **Si une provision sur charges est fixée…** Les demandes de provisions sont justifiées, dans tous les cas, par la communication de résultats antérieurs arrêtés lors de la précédente régularisation (L. 6 juill. 1989, art. 23) et, lorsque l'immeuble est soumis au statut de la copropriété ou lorsque le bailleur est une personne morale (société d'HLM et investisseurs institutionnels notamment), par le budget prévisionnel.

En cas de colocation, les charges peuvent être forfaitisées (L. 6 juill. 1989, art. 8-1, issu de la loi du 24 mars 2014, dite loi Alur, applicable aux baux signés à compter du 27 mars 2014, v. ss n° 205). Le forfait est alors versé simultanément au loyer. Son montant et la périodicité de son versement sont définis dans le contrat. La somme ne peut donner lieu à complément ou à régularisation ultérieure. Le montant du forfait de charges, qui ne doit pas être manifestement disproportionné au regard des charges dont le locataire ou, le cas échéant, le précédent locataire se serait acquitté, est toutefois fixé en fonction des montants exigibles par le bailleur en application de l'article 23 de la loi du 6 juillet 1989 et peut être révisé chaque année aux mêmes conditions que le loyer principal.

L'objectif est que les provisions mensuelles soient calculées au plus juste afin que la régularisation annuelle soit la plus indolore possible.

1315 … **une régularisation annuelle doit nécessairement intervenir.** Une fois par an, le bailleur doit procéder à une régularisation des charges. Un mois avant, le bailleur envoie au locataire le décompte par nature de charges et, lorsque le local loué est situé dans un immeuble collectif, la clé de répartition entre les locataires et le cas échéant, une note d'information sur les modalités de calcul des charges de chauffage et de production d'eau chaude sanitaire collectifs.

En l'état de l'obligation légale d'une régularisation annuelle, la réclamation présentée par le bailleur sur une période plus longue, juridiquement recevable (dans la limite de la prescription de cinq ans de l'article 2224 du code civil et, pour les contrats signés à compter du 27 mars 2014, date d'entrée en vigueur de la loi du 24 mars 2014, dite loi Alur, « trois ans à compter du jour où le titulaire d'un droit a connu ou aurait dû connaître les faits lui permettant d'exercer *[son]* droit » : loi du 6 juill. 1989, art. 7-1), et exacte dans son calcul est déloyale et brutale et constitutive d'une faute ouvrant droit à des dommages et intérêts pour le locataire (Civ. 3e, 21 mars 2012, n° 11-14.174, *Bull. civ.* III, n° 49).
Toutefois, aux termes de l'avant dernier alinéa de l'article 23 de la loi du 6 juillet 1989, issu de la loi du 24 mars 2014, dite loi Alur (applicable aux contrats en cours au 27 mars 2014), lorsque la régularisation des charges n'a pas été effectuée avant le terme de l'année civile suivant l'année de leur exigibilité, le paiement par le locataire est effectué par douzième, s'il en fait la demande.

Dans les immeubles en copropriété, le mode de répartition est dicté par le nombre de millièmes tant généraux que spéciaux affectés à chaque lot.

Les millièmes généraux servent à calculer les charges dues au titre de la conservation, de l'entretien et de l'Administration de l'immeuble. **Les millièmes spéciaux** se rapportent aux charges entraînées par les services collectifs et les éléments d'équipement commun, tel l'ascenseur.

À l'inverse, lorsque l'immeuble appartient à un seul bailleur (c'est notamment le cas des organismes HLM), celui-ci a plus de latitude pour établir cette répartition. La seule obligation qui lui est imposée est de mettre en place **une répartition équitable**.

Les charges locatives cessent d'être dues si le bailleur ne communique pas au locataire leur mode de répartition et ne tient pas à sa disposition les pièces justificatives (Civ. 3e, 8 déc. 2010, n° 09-71.124, *Bull. civ.* III, n° 216).
À défaut de fourniture de justificatifs et de régularisation, le locataire peut également prétendre à la réduction de la provision pour charges (Civ. 3e, 18 juin 2002, n° 01-01.856, NP), voire à la restitution des provisions (Nancy, 7 févr. 2013, RG n° 12/00353, *SCI MARC c/Monsieur Henri O;* Paris, 28 mai 2014, RG n° 12/12759, *EPIC OPH communautaire plaine commune c/Monsieur Merlin D. N.*)

Pas de majoration de charges pour le locataire possesseur de chien !

Un bailleur ne peut pas augmenter les charges d'entretien des locaux communs versées par les seuls locataires propriétaires de chiens. Le gouvernement l'a précisé en réponse à une question portant sur la possible facturation des dépenses supplémentaires de nettoyage des locaux communs engendrées par la présence d'animaux dans l'immeuble (Rép. min. 3 mai 2007). En effet, la répartition des charges locatives des parties communes s'appuie sur la consistance des lieux loués au moyen de coefficients ou de tantièmes, et non pas sur des prestations ou des consommations individualisées.

Pendant les six mois qui suivent l'envoi du décompte de charges, « les pièces justificatives sont tenues, dans des conditions normales, à la disposition des locataires » (L. 6 juill. 1989, art. 23, mod. par L. 24 mars 2014, dite loi Alur, applicable aux contrats en cours au 27 mars 2014). Le locataire dispose ainsi de la faculté de réaliser un véritable contrôle des charges.

Il a toutefois été jugé que les justificatifs fournis lors du procès seront recevables (Civ. 3e, 1er avr. 2009, no 08-14.854, *Bull. civ.* III, no 76).
Par « pièces justificatives », il faut notamment comprendre les factures, les contrats de fourniture et d'exploitation, ainsi que leurs avenants, les quantités d'eau, de gaz et d'électricité consommées et le prix unitaire de chaque fluide.
Il a été – logiquement – jugé que le libellé des factures d'entreprises doit permettre la distinction entre les sommes dues au titre des charges locatives et celles qui ne le sont pas (Civ. 3e, 13 nov. 2007, no 06-12.703, NP).

À compter du 1er septembre 2015, le bailleur transmet également, à la demande du locataire, le **récapitulatif des charges** du logement par **voie dématérialisée** ou par **voie postale** (L. 6 juill. 1989, art. 23, modifié par la loi du 24 mars 2014, dite loi Alur).

1316 **Possibilité d'un contrôle sur place et sur rendez-vous.** Contrôler les charges est un droit qui ne peut en aucun cas être refusé au locataire. Mais ce contrôle se fait selon des règles un peu particulières.

Le locataire doit prendre rendez-vous avec le bailleur et il ne peut que consulter les documents mentionnés ci-dessus : il ne lui est pas possible d'exiger du bailleur qu'il lui fournisse – même à ses frais – des photocopies. *A fortiori,* il ne peut pas emporter les originaux pour les étudier chez lui.

Afin de gagner du temps, certains bailleurs organisent une grande réunion d'information et estiment ainsi « purger » collectivement le droit de tout locataire à contrôler les charges. Mais le droit de contrôler les charges est **un droit individuel**. En effet, une réunion collective ne saurait priver un locataire du droit de demander un rendez-vous et de procéder à un contrôle des charges et cela même si le locataire était présent à la réunion collective (Civ. 3e, 28 janv. 2003, n° 02-15.810, NP).

» Amicale des locataires

1317 **Rôle particulier des amicales de locataires.** En pratique, il n'est pas rare que, pour l'exercice de son droit de vérification, le locataire se fasse assister par un membre d'une association de défense des locataires.

Mais le rôle de ces associations est infiniment plus vaste. En effet, indépendamment des autres prérogatives qui leur sont confiées par les textes (notamment en matière de négociation collective avec les bailleurs, tant au plan national qu'au plan local), les associations de défense des locataires ont un rôle tout à fait primordial à jouer en matière de contrôle de charges.

Ces associations doivent :

- œuvrer dans le domaine du logement;
- être indépendantes de tout parti politique ou organisation philosophique, confessionnelle, ethnique et raciale;
- œuvrer dans le secteur locatif social;
- ne pas poursuivre des intérêts collectifs en contradiction avec les objectifs du logement social ou du droit à la ville.

1318 **Qui, au sein des amicales, peut matériellement procéder à un contrôle ?** Ce sont les représentants d'associations qui comptent au moins 10 % d'adhérents parmi les locataires d'un immeuble ou d'un groupe d'immeubles, ou qui sont affiliées à une association nationale siégeant à la Commission nationale de concertation (L. n° 86-1290, 23 déc. 1986, *JO* 24 déc., p. 1553, dite loi Méhaignerie, art. 44).

Les associations de locataires siégeant à la Commission nationale de concertation sont par ordre alphabétique : l'Association Force Ouvrière Consommateurs (AFOC), la Confédération générale du logement (CGL), la Confédération nationale du logement (CNL), la Confédération de la consommation, du logement et du cadre de vie (CLCV) et la Confédération syndicale des familles (CSF) (coordonnées de ces associations sur www.conso.net).

L'association qui réunit les conditions nécessaires pour procéder, notamment, au contrôle des charges dans un immeuble donné doit désigner au bailleur (par lettre recommandée avec demande d'avis de réception) ou au syndic de copropriété lorsque l'immeuble concerné est soumis au statut de la copropriété, « le nom de trois au plus de ses représentants choisis parmi les locataires de l'immeuble ou du groupe d'immeubles ».

1319 **Pouvoirs des représentants des associations.** On en dénombre quatre.

Ils ont accès aux documents concernant la détermination et l'évolution des charges pesant sur l'ensemble du patrimoine du bailleur sur lequel l'association est implantée. Il s'agit donc d'un droit de regard sur la gestion du bailleur, à la fois plus étendu et de nature totalement différente du droit reconnu aux locataires de contrôler les charges en vertu de l'article 23 de la loi du 6 juillet 1989 décrit plus haut.

De plus, à leur demande, ces représentants vont être consultés tous les semestres par le bailleur et, le cas échéant, par le syndic, sur les différents aspects de la gestion de l'immeuble ou du groupe d'immeubles.

Par ailleurs, dans les immeubles en copropriété, ils vont être convoqués aux assemblées générales et vont pouvoir y participer, sans toutefois avoir de droit de vote. Ils pourront, à cette occasion, faire valoir leur point de vue. De plus, ces représentants seront destinataires d'un procès-verbal abrégé de l'assemblée (relatant les seules décisions prises concernant les questions qui intéressent la collectivité des locataires, soit l'entretien de l'immeuble et les travaux).

Enfin, ces représentants bénéficient d'un panneau d'affichage dans un lieu de passage des locataires de chaque bâtiment d'habitation, leur permettant ainsi de faire des communications « sur le logement, l'habitat et les travaux ».

14
Usage paisible du logement

> Destination des lieux à respecter par le locataire
> Jouissance paisible des locaux par le locataire

Le locataire doit user des **lieux loués raisonnablement** (v. s[s] n°s 1401 s.) : il doit **respecter leur destination** (v. s[s] n°s 1403 s.) et **user paisiblement** des locaux (v. s[s] n°s 1408 s.).

1401 **Généralités.** Le locataire ne doit pas se contenter de payer le loyer et les charges. Il doit aussi se comporter raisonnablement, ce qui lui impose – et la loi est là pour le lui rappeler dans le détail – différentes obligations et, en particulier, celle d'user paisiblement des lieux.

En réalité, toutes les obligations du locataire sont contenues dans cette obligation puisque, de fait, s'acquitter de ses obligations financières, s'assurer, ne pas dégrader les locaux, les entretenir... sont des comportements qui, à l'évidence, participent tous de ce souci de jouir des lieux en raisonnablement.

1402 **Dualité de l'obligation de jouir paisiblement des lieux.** Au sens strict, cette obligation de jouir paisiblement des lieux recèle deux aspects puisque, selon l'article 7 *b* de la loi du 6 juillet 1989 (L. n° 89-462, 6 juill. 1989, *JO* 8 juill., p. 8541), « le locataire est obligé [...] d'user paisiblement des locaux loués suivant la destination qui leur a été donnée par le contrat de location ».

Destination des lieux à respecter par le locataire

1403 **Exercice d'une activité libérale, commerciale...** Le locataire doit utiliser les lieux loués soit pour sa seule habitation principale, soit pour son habitation principale et l'exercice de sa profession (L. 6 juill. 1989, art. 2).

Cet article précise que les dispositions de la loi du 6 juillet 1989 « s'appliquent aux locations de locaux à usage d'habitation principale ou à usage mixte professionnel et d'habitation principale [...] ». Mais cette profession ne peut être qu'une profession libérale (dentiste, médecin, avocat, etc.), et non une activité commerciale.

En effet, lorsqu'un commerçant réside dans une partie des locaux loués, alors que le reste de la location est destiné à l'exercice de son commerce, la location n'est pas mixte : elle est considérée comme étant commerciale pour le tout et relève du statut des baux commerciaux, régi par les articles L. 145-1 et suivants du code de commerce.

Toutefois, selon l'article L. 631-7-3 du code de la construction et de l'habitation (applicable aux logements appartenant aux organismes HLM), dans sa version issue de la loi de modernisation de l'économie du 4 août 2008 (L. n° 2008-776, 4 août 2008, *JO* 5 août, p. 12471), applicable depuis le 1er janvier 2009, dès lors qu'aucune stipulation contractuelle prévue dans le bail ou le règlement de copropriété ne s'y oppose, l'exercice d'une activité professionnelle, y compris commerciale, est autorisée dans une partie d'un local à usage d'habitation, dès lors que l'activité considérée :
- n'est exercée que par le ou les occupants ayant leur résidence principale dans ce local ;
- et ne conduit à y recevoir ni clientèle ni marchandises.

Cet article vaut aussi pour les logements appartenant aux organismes d'HLM, sous réserve toutefois d'une autorisation délivrée par le maire (CCH, art. L. 631-7-5).

Sort particulier réservé aux locaux situés en rez-de-chaussée. Dès lors qu'aucune stipulation contractuelle prévue dans le bail ou le règlement de copropriété ne s'y oppose, l'exercice d'une activité professionnelle, y compris commerciale, est autorisé dans une partie d'un local d'habitation situé au rez-de-chaussée (qui reste soumis à la loi du 6 juill. 1989), pourvu que l'activité considérée :
- ne soit exercée que par le ou les occupants ayant leur résidence principale dans ce local ;
- n'engendre ni nuisance, ni danger pour le voisinage ;
- ne conduise à aucun désordre pour le bâti.

(Selon l'art. L. 631-7-4 du code de la construction et de l'habitation, créé par la loi de modernisation de l'économie et applicable à compter du 1er janv. 2009.)

1404 **Conséquences de la signature d'un bail mixte d'habitation et professionnel.** Le locataire qui signe un bail d'habitation et professionnel a l'obligation d'habiter dans les locaux et d'y exercer sa profession. Dans les faits, cette double destination devra être maintenue tout au long du bail.

Plus précisément, le locataire ne doit pas délaisser le volet « habitation » des locaux, puisqu'il risquerait de perdre son droit au renouvellement.

En effet, si durant le bail, le locataire n'est pas tenu d'utiliser les lieux pour chacun des deux usages prévus par le bail, il ne peut se prévaloir du droit au renouvellement du contrat lorsque, à son terme, il n'occupe plus les locaux loués, au moins partiellement, pour son habitation principale (Cass., ass. plén., 2 févr. 1996, n° 91-21.373, *Bull. ass. plén.*, n° 1).

À l'inverse, compte tenu de l'objet de la loi du 6 juillet 1989, dont l'article 1er proclame que le droit au logement est un droit fondamental, il nous semble qu'un bailleur ne pourrait pas reprocher à son locataire d'avoir délaissé le volet professionnel prévu au bail et d'avoir réservé le local loué au seul usage de l'habitation.

1405 **Conséquences de la signature d'un bail à usage exclusif d'habitation.** Lorsque le bail est un bail à usage exclusif d'habitation (on parle alors de « bail à usage d'habitation bourgeoise stricte »), il est interdit au locataire d'exercer sa profession dans les lieux loués.

> **EXEMPLE** Il ne peut y installer un cabinet de chirurgien-dentiste, un atelier d'artiste peintre ou un bureau d'agents d'affaires.

Une telle interdiction va en effet découler des clauses du bail et du règlement de copropriété (v. ss n° 1403).

1406 **Cas de la domiciliation.** Par ailleurs, quelle que soit l'activité exercée (artisanale, commerciale, libérale), un entrepreneur peut domicilier son entreprise chez lui sans avoir à demander l'autorisation de son bailleur ou de la copropriété. Il lui suffit de les informer par écrit du projet de domiciliation, avant la création de l'entreprise.

Exemple de lettre au propriétaire en cas de domiciliation dans un local d'habitation

Mlle Louise Méry
12, rue Jean Mermoz
13008 Marseille

M. René Ozanne
22, allée Turcat Méry
13008 Marseille

À Marseille, le 16 juillet 2015

Il est possible d'adresser ce courrier par LRAR pour plus de sécurité

Monsieur,

J'ai l'honneur, par la présente, de vous informer que j'envisage, à partir du 3 octobre prochain de domicilier le siège de mon entreprise la SARL Consulis, immatriculée au RCS de Marseille sous le numéro 572152452 00013 depuis le 5 juillet 2015, à l'adresse de l'appartement que je vous loue, en l'absence de stipulation contraire du bail ou du règlement de copropriété.

Je tiens également à signaler que je conserverai dans ces lieux ma résidence principale et que je n'y recevrai ni clientèle ni marchandises.

Veuillez agréer, Monsieur, l'expression de mes sentiments les meilleurs.

Louise Méry

1407 **En cas d'opposition du bailleur ou de la copropriété à la domiciliation.** Si le propriétaire ou la copropriété ne sont pas d'accord, ou si le bail d'habitation ou le règlement de copropriété contiennent une clause interdisant de domicilier une entreprise à cette adresse, le locataire pourra quand même utiliser cette adresse comme domiciliation de son entreprise, pendant cinq ans (et non plus deux ans), depuis la loi du 1er août 2003, dite loi Dutreil (L. n° 2003-721, 1er août 2003, *JO* 5 août, p. 13449).

Et s'il n'y a ni interdiction légale ni restriction contractuelle, l'entreprise peut rester domiciliée à cette adresse sans limitation de durée (C. com., art. L. 123-11-1), dès lors que l'entrepreneur individuel ou le représentant légal de la société continue d'occuper le local à titre d'habitation principale.

» Jouissance paisible des locaux par le locataire

1408 **Notion de « troubles de voisinage ».** Le locataire ne doit pas être à l'origine de troubles de voisinage, c'est-à-dire de gênes qui excèdent les inconvénients normaux du voisinage.

Il est même possible de stipuler une clause résolutoire visant le non-respect, par le locataire, de son obligation d'user paisiblement des locaux loués depuis une loi du 5 mars 2007 (L. n° 2007-297, 5 mars 2007, *JO* 7 mars, p. 4297 ; v. ss n° 329).

En la matière, les exemples tirés de la jurisprudence sont nombreux.

A ainsi été déclaré fautif, le locataire :
- coupable de violence envers le gardien de l'immeuble ou son propriétaire ;
- dont l'enfant (même majeur) a un comportement bruyant ;
- qui injurie et frappe ses voisins dans l'immeuble ;
- qui détient de nombreux chats dans son appartement ;
- qui dérange ses voisins en raison des odeurs émanant de son logement ;
- qui cohabite avec un serpent ;
- qui laisse un chien méchant en liberté ;
- qui a un comportement bruyant ;

– qui n'aère ni ne chauffe son lot (ce qui occasionne des dégradations);
– qui se livre à la prostitution dans les lieux loués;
– qui encombre les parties communes.

Et même en l'absence de clause résolutoire *ad hoc*, de tels comportements peuvent être sanctionnés en justice par l'exigence de remédier, sous astreinte, aux errements constatés, voire par la résiliation pure et simple du bail avec, le cas échéant, octroi de dommages et intérêts.

Le bailleur ne peut se plaindre que des troubles qui se sont produits dans les lieux loués ou, à tout les moins, à proximité immédiate (Civ. 3e, 14 oct. 2009, n° 08-16.955, *Bull. civ.* III, n° 221), dès lors du moins qu'il existe un lien entre trouble et manquement du locataire à son obligation de jouissance paisible des lieux (Civ. 3e, 14 oct. 2009, n° 08-12.744, *Bull. civ.* III, n° 221).

Le bailleur a tout intérêt à réagir rapidement face à un locataire, fauteur de troubles. En effet, la jurisprudence avait déjà reconnu aux victimes de ces troubles le droit de se retourner contre lui en engageant sa responsabilité (Civ. 3e, 30 juin 2004, n° 03-11.562, *Bull. civ.* III, n° 140). Désormais, c'est la loi elle-même qui l'y oblige (v. ss n° 805).

15 Dégradations et pertes

> Obligations du locataire
> Cas dans lesquels le locataire n'est pas redevable des dégradations
> Sanctions auxquelles s'expose le locataire

Le locataire **répond** des dégradations et pertes qui surviennent pendant l'exécution du contrat de bail (v. s^s n° 1501). Toutefois, il peut **dégager sa responsabilité** dans certaines conditions (v. s^s n° 1502).

» Obligations du locataire

CODE Le locataire est obligé « de répondre des dégradations et pertes qui surviennent pendant la durée du contrat dans les locaux dont il a la jouissance exclusive, à moins qu'il ne prouve qu'elles ont eu lieu par cas de force majeure, par la faute du bailleur ou par le fait d'un tiers qu'il n'a pas introduit dans le logement » (L. n° 89-462, 6 juill. 1989, *JO* 8 juill., p. 8541, art. 7 *c*).

1501 **Ce dont doit répondre le locataire.** L'obligation du locataire de répondre des dégradations et des pertes est limitée à la fois dans le temps et dans l'espace.

Dans le temps, cette obligation naît avec l'entrée dans les lieux du locataire et disparaît avec la libération de ceux-ci. On comprend alors toute l'importance qu'il y a à remplir consciencieusement l'état des lieux d'entrée (v. ss nos 602 s.), mais aussi de sortie (v. ss n° 2704). En effet, si ces documents sont évasifs ou incomplets, ils ne permettront pas aux parties de faire la part des choses entre ce qui est imputable au locataire et ce qui ne l'est pas.

Dans l'espace, cette obligation est limitée aux seuls locaux dont le locataire a la jouissance exclusive (logement et pièces annexes tel un garage) et ne concerne pas les parties communes de l'immeuble (couloirs, escaliers, ascenseurs, jardins…).

Toutefois, sauf si l'article 7 *c* de la loi du 6 juillet 1989 a été expressément exclu par les parties dans le contrat de location, sur la base de l'article 1732 du code civil, la responsabilité du locataire pourra être quand même recherchée pour les dégradations et les pertes affectant les éléments dont il n'a pas la jouissance exclusive. Ce texte indique en effet, sans opérer de distinction entre les parties dont le locataire a la jouissance exclusive et les autres, qu'« il répond des dégradations ou des pertes qui arrivent pendant sa jouissance, à moins qu'il ne prouve qu'elles ont eu lieu sans sa faute ».

Il appartient au locataire de prouver que son comportement n'est pas fautif, et non au bailleur d'établir le contraire (Civ. 3e, 28 janv. 2004, n° 02-11.814, *Bull. civ.* III, n° 12). C'est ainsi que les tribunaux ont déjà condamné un locataire en cas d'explosion de gaz ou de détérioration de la chaudière suite à l'action du gel ou d'un incendie.

Concernant l'incendie, les dispositions des articles 1733 et 1734 du code civil sont applicables, sauf si elles ont été expressément exclues par une clause du bail. L'article 1733 prévoit la responsabilité du locataire, sauf s'il établit que l'origine du sinistre est un cas fortuit, un cas de force majeure, un vice de construction ou qu'il a pris naissance dans une « maison voisine ».

Lorsque le logement est occupé par plusieurs colocataires, l'article 1734 du code civil précise qu'ils sont tous responsables du sinistre en fonction de la surface qu'ils occupent dans l'appartement, à moins qu'ils ne prouvent (au moins pour certains d'entre eux) soit la responsabilité de l'un d'eux, soit que le feu n'a pas pu se déclencher chez eux.

› Cas dans lesquels le locataire n'est pas redevable des dégradations

1502 **Justifications que le locataire peut invoquer pour dégager sa responsabilité.** Il y a trois causes exonératoires à l'obligation de ne pas dégrader les lieux, à savoir :

- un cas de force majeure, c'est-à-dire un événement qui doit, selon la terminologie consacrée, être à la fois imprévisible, irrésistible et extérieur au locataire ;
- la faute du bailleur, lequel a pu, par exemple, en ne remplissant pas parfaitement son obligation de délivrance ou d'entretien, contribuer à la survenance du dommage ;
- l'intervention d'un tiers que le locataire n'a pas introduit dans les lieux (par ex., un cambrioleur).

En matière d'incendie, les causes exonératoires sont différentes puisque l'article 1733 du code civil permet au locataire de se dégager de sa responsabilité en invoquant l'existence d'un **cas fortuit**, d'un événement revêtant les caractéristiques de la **force majeure** ou d'un **vice de construction**. Pour exonérer le preneur, le vice de construction doit toutefois être à l'origine de l'incendie (Civ. 3e, 23 janv. 2008, n° 06-19.520, NP).

Dans ce cas, le bailleur pourrait néanmoins reprocher à son cocontractant un comportement léger, tel le fait de ne pas avoir fermé sa fenêtre alors qu'il habite au rez-de-chaussée.

En revanche, lorsque les dégradations et les pertes auront été commises par un ami du locataire, par un parent, un salarié (dans l'hypothèse d'un bail mixte, d'habitation et professionnel), un prestataire de services (plombier, chauffagiste, électricien, déménageur...), le locataire sera, à l'égard du bailleur, tenu responsable ; et devra alors se retourner contre le tiers auteur des pertes et dégradations.

» Sanctions auxquelles s'expose le locataire

1503 **Dédommagement ou résiliation.** Tout manquement du locataire qui, la plupart du temps, se mesurera en fin de bail, lors de l'établissement de l'état des lieux de sortie, impliquera un dédommagement du bailleur (v. ss nos 2708 s.).

Toutefois, si en cours de bail, le bailleur est informé de dégradations particulièrement importantes, il peut demander (y compris en justice et sous astreinte) au locataire la remise immédiate des lieux en état, voire saisir les tribunaux d'une demande de résiliation judiciaire du bail.

16 Obligation d'assurance du locataire

> Domaine de l'obligation d'assurance

> Conséquences du défaut d'assurance

> Que faire lorsque la compagnie d'assurance sollicitée refuse d'assurer le logement ?

Le locataire doit s'assurer contre **trois risques : le dégât des eaux, l'explosion et le risque incendie** (v. s[s] n° 1601). Il doit en justifier auprès du bailleur (v. s[s] n° 1602). S'il ne le fait pas, il s'expose soit à une **résiliation judiciaire du bail**, soit à la **mise en œuvre de la clause résolutoire** (v. s[s] n° 1603).

Seront successivement envisagés les risques contre lesquels le locataire doit s'assurer, la justification que le locataire doit fournir au bailleur et les conséquences du défaut d'assurance.

› Domaine de l'obligation d'assurance

1601 **Risques contre lesquels le locataire doit s'assurer.** L'étendue de l'obligation d'assurance ressort de l'article 7 *g* de la loi du 6 juillet 1989 dans sa rédaction issue de la loi du 24 mars 2014, dite loi Alur (L. n° 2014-366, 24 mars 2014, *JO* 26 mars, p. 5809), sur ce point d'application aux contrats en cours lors de son entrée en vigueur (le 27 mars 2014).

Aux termes de ce texte, le locataire est obligé de s'assurer contre les risques dont il doit répondre en sa qualité de locataire.

Trois risques sont visés :
- le risque de dégât des eaux ;
- celui de l'explosion ;
- le risque d'incendie.

Bien qu'il ne s'agisse pas d'une assurance obligatoire, on ne saurait par ailleurs trop conseiller aux locataires de s'assurer également contre le vol.

1602 **Justification que le locataire doit fournir au bailleur.** Le locataire doit s'assurer et en justifier lors de la remise des clés puis, chaque année, à la demande du bailleur.

La justification de cette assurance résulte de la remise au bailleur d'une attestation de l'assureur ou de son représentant.

› Conséquences du défaut d'assurance

1603 **Assurance pour compte du locataire.** Faute, pour le locataire, de remettre une attestation d'assurance au bailleur, celui-ci pourra mettre son cocontractant en demeure.

Si cette mise en demeure n'est pas suivie d'effet dans le mois de sa délivrance, il pourra souscrire une **assurance pour compte du locataire** (au sens de l'article L. 112-1 du code des assurances), limitée à la couverture de la responsabilité encourue par le locataire (sur les risques contre lesquels le locataire doit s'assurer, v. s[s] n° 1601).

> CODE En cas de **colocation**, les parties peuvent stipuler **une assurance pour compte** des locataires (L. 6 juill. 1989, art. 8-1, issu L. 24 mars 2014, dite loi Alur, applicable aux baux signés à compter du 27 mars 2014, v. s[s] n° 205).

Cette mise en demeure doit informer le locataire de la volonté du bailleur de souscrire une assurance pour compte du locataire et vaut renoncement à la mise en œuvre de la clause prévoyant, le cas échéant, la résiliation de plein droit du contrat de location pour défaut d'assurance du locataire (pour un modèle, v. s[s] n° 1604).

La prime versée par le bailleur est **récupérable auprès du locataire**.

Le montant total de la prime d'assurance annuelle, éventuellement majoré dans la limite d'un montant fixé par décret en Conseil d'État (non encore paru lors de la rédaction de ces lignes), est **récupérable par le bailleur par 12e** à chaque paiement du loyer. Il est inscrit sur l'avis d'échéance et porté sur la quittance remise au locataire.

Une **copie du contrat d'assurance** souscrit par le bailleur pour compte de son cocontractant est transmise à celui-ci lors de la souscription et à chaque renouvellement du contrat.

L'assurance pour compte sera résiliée par le bailleur, soit lorsque le locataire lui remettra une attestation d'assurance, soit lors du départ du locataire avant le terme du contrat d'assurance.

Alors, aux termes de l'article 7 *g* de la loi du 6 juillet 1989, le bailleur doit résilier le contrat souscrit pour le compte du locataire « dans le délai le plus bref permis par la législation en vigueur ».

La prime ou la fraction de prime exigible dans ce délai au titre de la garantie souscrite par le bailleur demeure récupérable auprès du locataire.

1604 Exemple de mise en demeure de remise d'attestation d'assurance

Mlle Louise Demarthes
12, rue Jean Mermoz
13008 Marseille

M. René Gloaguen
22, allée Turcat Méry
13008 Marseille

Lettre recommandée avec demande d'avis de réception

Marseille, le 4 avril 2016

Objet : mise en demeure de remise d'attestation d'assurance

Monsieur,

Par la présente, j'ai l'honneur de vous demander de bien vouloir me remettre une attestation d'assurance concernant le logement que vous occupez en votre qualité de locataire.

Je vous informe que la présente vaut renoncement de ma part à la mise en œuvre de la clause prévoyant la résiliation de plein droit de votre contrat de location pour défaut d'assurance, mais qu'en l'absence de remise de votre part de l'attestation demandée dans le délai d'un mois suivant la réception, je souscrirai une assurance pour votre compte.

Dans l'attente,

Bien cordialement.

» Que faire lorsque la compagnie d'assurance sollicitée refuse d'assurer le logement ?

1605 **Recours au bureau central de tarification.** Aux termes de l'article L. 215-1 du code des assurances (dans sa rédaction issue de la loi du 24 mars 2014, dite loi Alur), tout locataire ou tout bailleur souscrivant une assurance habitation pour le compte de son locataire qui, ayant sollicité la souscription d'un contrat auprès d'une entreprise d'assurance couvrant en France les risques locatifs, se voit opposer un refus peut saisir le bureau central.

Ce bureau central fixera alors le montant de la prime moyennant laquelle l'assureur sollicité est tenu de garantir le risque qui lui a été proposé. Il pourra toutefois, dans les conditions fixées par décret en Conseil d'État (à paraître) déterminer le montant d'une franchise qui restera à la charge de l'assuré.

1606 **Résiliation du bail.** Ce manquement est particulièrement grave puisqu'il peut conduire :

- soit à la résiliation judiciaire du bail ;
- soit à la mise en œuvre de la clause résolutoire stipulée dans le bail et visant spécialement ce cas de figure (v. s^s n° 321).

Dans le premier cas, le bailleur va demander au juge de prononcer la résiliation judiciaire du bail aux torts du locataire pour défaut d'assurance. Mais le juge reste libre. Il pourra, par exemple, au lieu de résilier le bail, condamner le locataire, sous astreinte, à régulariser la situation.

Dans le second, en revanche, le bailleur ne va pas demander au juge de prononcer la résiliation du bail : il va lui demander de constater que la clause de résiliation de plein droit est acquise. La différence est de taille puisque le juge ne dispose plus d'aucune liberté d'appréciation : dès l'instant où la situation visée par la clause (le défaut d'assurance) est avérée, il doit prononcer la sanction contractuellement prévue par les parties, à savoir, la résolution du bail.

Toute clause résolutoire étant d'interprétation stricte, elle est limitée à ses propres termes. Ainsi, une clause résolutoire qui ne vise que la situation de loyers impayés ne pourra pas jouer en cas de non-assurance.

La loi prévoit que « toute clause prévoyant la résiliation de plein droit du contrat de location pour défaut d'assurance du locataire ne produit effet qu'un mois après un commandement demeuré infructueux » (L. n° 89-462, 6 juill. 1989, *JO* 8 juill., p. 8541, art. 7 *g*) (sur la question de la mise en œuvre de la clause résolutoire v. ss nos 2805 s.).

17
Entretien des lieux par le locataire

> Étendue de l'obligation d'entretien du locataire
> Limitation aux « réparations locatives »
> Justifications que le locataire peut invoquer pour dégager sa responsabilité
> Sanction en cas de manquement du locataire
> Exécution de certains travaux par le bailleur que le locataire doit accepter

Le locataire est **obligé d'entretenir** les lieux tout au long du bail (v. s^s^ n°s 1702 s.), **sauf à indemniser** le bailleur à son terme (v. s^s^ n° 1706). Cependant, dans certains cas, il peut **dégager sa responsabilité** (v. s^s^ n°s 1704 s.). Par ailleurs, le locataire peut être amené à **accepter** que le bailleur procède à certains travaux dans son logement (v. s^s^ n°s 1707 s.).

1701 **Principe.** Le locataire doit « prendre à sa charge l'entretien courant du logement, des équipements mentionnés au contrat et les menues réparations ainsi que l'ensemble des réparations locatives définies par décret en Conseil d'État, sauf si elles sont occasionnées par vétusté, malfaçon, vice de construction, cas fortuit ou force majeure » (L. n° 89-462, 6 juill. 1989, *JO* 8 juill., p. 8541, art. 7 *d*).

Ce texte est donc le contrepoint de l'article 6 *c* de la loi du 6 juillet 1989, selon lequel le bailleur est obligé « d'entretenir les locaux en état de servir à l'usage prévu par le contrat et d'y faire toutes les réparations, autres que locatives, nécessaires au maintien en état et à l'entretien normal des locaux loués » (v. ss n° 816).

› Étendue de l'obligation d'entretien du locataire

1702 **Définition – champ d'application.** L'obligation d'entretien du locataire va porter non seulement sur les locaux dont il a la jouissance exclusive (et uniquement sur ceux-ci, à l'exclusion des parties communes), mais également sur ses éléments d'équipement (électroménager, chaudière, chauffe-eau, cheminée, etc.).

Cette obligation pèse sur lui tout au long du bail. Mais le bailleur n'aura pas forcément connaissance de ses manquements en cours de bail, sauf danger imminent. C'est pourquoi la vérification du bon état d'entretien du logement ne se fera qu'en fin de bail, lors de l'établissement de l'état des lieux de sortie (v. ss n° 2704).

› Limitation aux « réparations locatives »

1703 **Énumération indicative.** L'annexe au décret contient une liste indicative (et non limitative) de ce qu'il faut entendre par « réparations locatives ». Elle est composée de six rubriques, reproduites ci-dessous, avec, dans la colonne de droite, quelques illustrations jurisprudentielles ou réponses ministérielles de ce qu'il faut entendre (ou ne pas entendre) par « réparations locatives ».

Liste des réparations locatives	Applications jurisprudentielles ou réponses ministérielles
I. Parties extérieures dont le locataire a l'usage exclusif *a)* Jardins privatifs : - entretien courant, notamment des allées, pelouses, massifs, bassins et piscines; taille, élagage, échenillage des arbres et arbustes; - remplacement des arbustes; réparation et remplacement des installations mobiles d'arrosage. *b)* Auvents, terrasses et marquises : - enlèvement de la mousse et des autres végétaux. *c)* Descentes d'eaux pluviales, chéneaux et gouttières : - dégorgement des conduits.	
II. Ouvertures intérieures et extérieures *a)* Sections ouvrantes telles que portes et fenêtres : - graissage des gonds, paumelles et charnières; - menues réparations des boutons et poignées de portes, des gonds, crémones et espagnolettes; - remplacement notamment de boulons, clavettes et targettes. *b)* Vitrages : - réfection des mastics; - remplacement des vitres détériorées. *c)* Dispositifs d'occultation de la lumière tels que stores et jalousies : - graissage; - remplacement notamment de cor des, poulies ou de quelques lames. *d)* Serrures et verrous de sécurité : - graissage; - remplacement de petites pièces ainsi que des clés égarées ou détériorées. *e)* Grilles : - nettoyage et graissage; - remplacement notamment de boulons, clavettes, targettes.	• Le remplacement d'une porte palière ne constitue pas une réparation locative (Rép. min. n° 11559, *JOAN Q* 9 mai 1994, p. 2373). Si les vitres et la réfection des mastics sont à la charge du locataire, le remplacement des fenêtres reste à la charge du bailleur (Paris, 15 janv. 2009, *SA Sade Gestion Immobilière c/Caugant*). • Le remplacement d'une vitre de faible dimension s'intégrant dans un ensemble de verre acier donnant sur la façade de l'immeuble est à la charge du locataire (Civ. 3e, 24 nov. 2009, n° 08-19.764, NP).

III. Parties intérieures *a)* Plafonds, murs intérieurs et cloisons : - maintien en état de propreté; - menus raccords de peintures et tapisseries; remise en place ou remplace ment de quelques éléments des matériaux de revêtement tels que faïence, mosaïque, matière plastique; rebouchage des trous rendu assimilable à une réparation par le nombre, la dimension et l'emplacement de ceux-ci. *b)* Parquets, moquettes et autres revêtements de sol : - encaustiquage et entretien courant de la vitrification; - remplacement de quelques lames de parquets et remise en état, pose de raccords de moquettes et autres revêtements de sol, notamment en cas de taches et de trous. *c)* Placards et menuiseries telles que plinthes, baguettes et moulures : - remplacement des tablettes et tas seaux de placard et réparation de leur dispositif de fermeture; fixation de raccords et remplacement de pointes de menuiseries.	• Le bailleur est en droit de réclamer la réfection d'un plafond dans lequel de nombreux trous de chevilles ont été percés, même si, lors de l'entrée dans les lieux, le plafond était peint grossièrement (Versailles, 18 sept. 1998, *Fourtanier c/Marcellin*). • Dès lors que la dégradation des volets roulants n'est pas due à une faute du locataire, le remplacement total des lames et l'installation de nouvelles coulisses ne sont pas à sa charge (Paris, 21 mars 1997, *SCI Les Rieux c/Maisse*).
IV. Installations de plomberie *a)* Canalisations d'eau : - dégorgement; - remplacement notamment de joints et de colliers. *b)* Canalisations de gaz : - entretien courant des robinets, siphons et ouvertures d'aération; - remplacement périodique des tuyaux souples de raccordement. *c)* Fosses septiques, puisards et fosses d'aisance : - vidange. *d)* Chauffage, production d'eau chaude et robinetterie : - remplacement des bilames, pistons, membranes, boîtes à eau, allumage piézoélectrique, clapets et joints des appareils à gaz; - rinçage et nettoyage des corps de chauffe et tuyauteries; - remplacement des joints, clapets et presse-étoupe des robinets;	• Le remplacement d'un robinet n'est pas une réparation locative (Rép. min. n° 15538, *JOAN Q* 22 août 1994, p. 4312). Il en va de même de l'opération de détartrage d'un chauffe-eau électrique avec dépose du bloc résistance (Civ. 3e, 29 oct. 2008, n° 06-21.633, *Bull. civ.* III, n° 163). • L'écrou desserré qui se situe à la base d'un embout, à l'extrémité d'une canalisation métallique et qui fait partie de la tuyauterie fixe, ne relève pas de l'entretien courant incombant au locataire (Civ. 3e, 10 mars 1999, n° 97-12.133, NP).

- remplacement des joints, flotteurs et joints cloches des chasses d'eau.

e) Éviers et appareils sanitaires :

- nettoyage des dépôts de calcaire, remplacement des tuyaux flexibles de douches.

• À défaut de démontrer que les regards situés à l'intérieur et à l'extérieur de l'appartement présentent un vice de conception ou un dysfonctionnement imputable au bailleur, les réparations nécessaires au bon écoulement des WC et des douches sont à la charge du locataire (Nancy, 28 févr. 1995, *Thiebaut c/Roder*).

• La réparation de la fuite d'eau des WC incombe au locataire (Montpellier, 11 juin 2002, *Bouscayrol c/Bouchet*).

• La surconsommation d'eau doit être supportée par le locataire (même arrêt).

• La réparation du flexible d'alimentation en eau du bidet mobile est une réparation locative (Paris, 10 janv. 2008, RG n° 06/ 03394).

• La vidange de la fosse septique incombe au locataire (Civ. 3e, 24 mars 2010, n° 09-10. 218, *Bull. civ.* III, n° 66).

V. Équipements d'installations d'électricité

Remplacement des interrupteurs, prises de courant, coupe-circuit et fusibles, des ampoules, tubes lumineux; réparation ou remplacement des baguettes ou gaines de protection.

VI. Autres équipements mentionnés au contrat de location

a) Entretien courant et menues réparations des appareils tels que réfrigérateurs, machines à laver le linge et la vaisselle, sèche-linge, hottes aspirantes, adoucisseurs, capteurs solaires, pompes à chaleur, appareils de conditionnement d'air, antennes individuelles de radiodiffusion et de télévision, meubles scellés, cheminées, glaces et miroirs.

• Les travaux de réfection du conduit d'évacuation du chauffage, extérieur au logement loué, ne constituent pas des réparations locatives (Paris, 19 févr. 1996, *James c/Zacharia*).

• L'obligation de ramoner après chaque période de chauffe est annuelle (TI Laon, 6 mars 1995).

b) Menues réparations nécessitées par la dépose des bourrelets.	
c) Graissage et remplacement des joints des vidoirs.	
d) Ramonage des conduits d'évacuation des fumées et des gaz et conduits de ventilation.	

CODE « Sont des réparations locatives les travaux d'entretien courant et de menues réparations, y compris les remplacements d'éléments assimilables auxdites réparations, consécutifs à l'usage normal des locaux et équipements à usage privatif » (Décr. n° 87-712, 26 août 1987, *JO* 20 févr., p. 1949, art. 1er).

» Justifications que le locataire peut invoquer pour dégager sa responsabilité

Il en existe cinq : la vétusté, une malfaçon, un vice de construction, un cas fortuit ou la force majeure.

1704 **Invoquer la vétusté.** Le locataire ne saurait répondre de la vétusté du logement ou des éléments d'équipement mentionnés au contrat.

La vétusté est la conséquence de l'usage normal dans le temps de la chose louée.

Il y a, en pratique, une réelle difficulté à quantifier la prise en compte de cette vétusté, qui varie en fonction de l'élément considéré (la durée de vie d'une moquette sera, par exemple, moins longue que celle d'un parquet).

Pour couper court à tout débat, l'article 7 de la loi du 6 juillet 1989 tel que modifié par la loi du 24 mars 2014, dite loi Alur (L. n° 2014-366, 24 mars 2014, *JO* 26 mars, p. 5809), sur ce point d'application aux contrats en cours lors de son entrée en vigueur (le 27 mars 2014), prévoit la détermination des modalités de prise en compte de la vétusté de la chose louée par décret en Conseil d'État, après avis de la Commission nationale de concertation (à paraître).

> Par le passé, il a été jugé que le bailleur ne peut réclamer le coût intégral du remplacement des papiers peints, alors que le locataire est en place depuis six ans (Paris, 5 juin 2008, RG n° 07/13341).

1705 **Invoquer des malfaçons ou un vice de construction.** Ces deux « pathologies » du bâtiment ont en commun qu'elles sont totalement étrangères au locataire, lequel ne saurait donc en supporter les conséquences.

Une malfaçon est une réalisation qui ne respecte pas les règles de l'art. Par exemple, une fenêtre neuve qui, bien qu'étant aux bonnes dimensions, ne ferme pas.

Un vice de construction est une réalisation qui respecte les règles de l'art mais qui n'est pas adaptée à la construction. Par exemple, une fenêtre qui ne ferme pas, faute d'être aux bonnes dimensions.

› Sanction en cas de manquement du locataire

1706 **Indemnisation en fin de bail.** Sauf péril imminent permettant au bailleur d'exiger du locataire qu'il remédie à son défaut d'entretien en cours de bail, la plupart du temps, en cas de défaut d'entretien, le locataire s'expose à devoir indemniser le bailleur en fin de bail.

L'indemnisation sera due compte tenu des éléments qui vont être consignés dans l'état des lieux de sortie et de sa comparaison avec l'état des lieux d'entrée.

En cas de différend, les parties peuvent (c'est une possibilité, pas une obligation), avant tout contentieux, saisir la commission départementale de conciliation (v. ss n° 2104).

Le bailleur ne peut être indemnisé que s'il rapporte la preuve d'un préjudice né et actuel et il importe peu, qu'en définitive, le bailleur réalise ou non les travaux de remise en état, travaux qu'il prendra la précaution de faire chiffrer dans un devis (v. ss nos 2708 s.).

» Exécution de certains travaux par le bailleur que le locataire doit accepter

1707 **Quels sont ces travaux ?** L'obligation pesant sur le locataire concerne tout d'abord les travaux d'entretien incombant au bailleur en vertu de l'article 6 *c* de la loi du 6 juillet 1989, (v. ss n° 816).

Par ailleurs, aux termes de l'article 7 *e* de la loi du 6 juillet 1989 tel que modifié par la loi du 24 mars 2014, dite loi Alur, sur ce point d'application aux contrats en cours lors de son entrée en vigueur (le 27 mars 2014), le locataire doit permettre l'accès aux lieux loués pour la préparation et l'exécution :

– de travaux d'amélioration des parties communes ou des parties privatives du même immeuble;

> Pour ce qui est des **travaux d'amélioration des lieux loués**, notons qu'ils ne peuvent, hormis l'hypothèse des travaux destinés à améliorer la performance énergétique du logement (voir ci-dessous) être imposés au locataire. En effet, le bailleur ne peut, en cours de bail, lui faire subir une modification de la consistance du bien loué (Civ. 3e, 5 mai 2004, n° 01-16.041, *Bull. civ.* III, n° 89).

– de travaux nécessaires au maintien en état ou à l'entretien normal des locaux loués;

– de travaux d'amélioration de la performance énergétique à réaliser dans ces locaux ;
– et de travaux qui permettent de mettre le logement aux normes de décence (sur cette question, v. s[s] n°s 607 s.).

1708 **Procédure à respecter.** Aux termes de l'article 7 *e* de la loi du 6 juillet 1989 dans sa version issue de la loi du 24 mars 2014, dite loi Alur (applicable aux contrats en cours), avant le début des travaux, **le locataire est informé** par le bailleur de leur nature et des modalités de leur exécution par une notification de travaux qui lui est remise en main propre ou par lettre recommandée avec demande d'avis de réception.

Le texte précise qu'aucuns travaux ne peuvent être réalisés les **samedis, dimanches et jours fériés** sans l'accord exprès du locataire.

Sur demande du locataire, le juge peut prescrire **l'interdiction ou l'interruption des travaux**, si ces travaux entrepris dans un logement occupé, ou leurs conditions de réalisation, présentent un caractère abusif ou vexatoire ou ne respectent pas les conditions définies dans la notification de préavis de travaux ou si leur exécution a pour effet de rendre l'utilisation du local impossible ou dangereuse.

Concernant la clause du bail par laquelle le bailleur s'est engagé à faire des travaux d'amélioration en contrepartie d'une hausse de loyer, v. s[s] n° 822.

1709 **Contrepartie prévue pour le locataire.** Compte tenu de la gêne occasionnée au locataire, sous réserve du respect de la loi du 12 juillet 1967 relative à l'amélioration de l'habitat (L. n° 67-561, 12 juill. 1967, *JO* 13 juill., p. 7019), les dispositions des deux derniers alinéas de l'article 1724 du code civil sont expressément déclarées applicables à ces travaux par l'article 7 *e* de la loi du 6 juillet 1989.

Ainsi, lorsqu'ils dureront **plus de vingt-et-un jours**, le prix du bail sera diminué à proportion du temps et de la partie du logement dont le locataire est privé.

Par ailleurs, lorsque les travaux rendront les lieux inhabitables, le locataire pourra obtenir des tribunaux la résiliation pure et simple du bail aux torts du bailleur (ainsi que des dommages et intérêts).

1710 **Sanction du locataire en cas de refus de laisser exécuter les travaux.** La sanction peut prendre plusieurs formes :

– une condamnation sous astreinte à obtempérer;

– le versement de dommages et intérêts;

– voire la résiliation judiciaire du bail.

18
Transformation des lieux par le locataire

- Prohibition de principe des transformations
- Sanctions en cas de transformation illicite
- Cas particulier des travaux d'adaptation du logement aux personnes en situation de handicap ou de perte d'autonomie
- Cas particulier de l'installation d'un système de recharge du véhicule électrique du locataire

Le locataire ne peut pas transformer les lieux sans demander **d'autorisation écrite** au bailleur (v. s^{s} n° 1801). Sans autorisation, il s'expose à des **sanctions** (v. s^{s} n° 1803). Attention, une **transformation** n'est pas un **aménagement** (v. s^{s} n° 1802 sur la distinction des deux notions). Un **régime dérogatoire** existe toutefois en matière de **travaux d'adaptation** du logement aux personnes en situation **de handicap ou de perte d'autonomie** (v. s^{s} n° 1804) et d'installation d'un système de recharge du **véhicule électrique** du locataire (v. s^{s} n° 1805).

» Prohibition de principe des transformations

1801 **Pas de transformation des lieux sans autorisation écrite du bailleur.** Le locataire est obligé « de ne pas transformer les locaux et équipements loués sans l'accord écrit du propriétaire » (L. n° 89-462, 6 juill. 1989, *JO* 8 juill., p. 8541, art. 7 *f*).

Par cet accord écrit, les parties doivent également régler le sort des travaux lors du départ du locataire.

Exemple d'accord écrit

« Par la présente, je soussigné, Gustave Gambart, propriétaire de l'appartement 512 b au 33, rue Jean-Jaurès au Plessis-Gassot, autorise mon locataire, Raoul Pithiviers à installer une cuisine équipée composée d'un meuble sous évier, d'une hotte aspirante, de quatre éléments hauts et d'une colonne de rangement.

À l'issue du bail, ces améliorations seront conservées par le bailleur (à l'exception de l'électroménager), moyennant dédommagement du locataire. Ce dédommagement se fera à hauteur des factures produites, plafonnées à 5 000 euros, moins 10 % par année d'occupation des lieux à compter de la réalisation des travaux. »

1802 **Transformation et aménagement, deux notions à ne pas confondre.** Comme l'article 6 *d* de la loi du 6 juillet 1989 fait obligation au bailleur de supporter les aménagements réalisés par le locataire (« le bailleur est obligé [...] de ne pas s'opposer aux aménagements réalisés par le locataire, dès lors que ceux-ci ne constituent pas une transformation de la chose louée », v. s[s] n° 821), il est impératif de faire la distinction entre amélioration (prohibée sauf autorisation) et aménagement (permis même sans autorisation).

Au-delà de la définition donnée par le dictionnaire (selon le *Petit Robert*, l'aménagement est « l'action d'adapter, de modifier quelque chose pour le rendre plus adéquat », alors qu'une amélioration est un « ensemble de travaux ou dépenses faits sur un bien et lui procurant une plus-value »), l'étude des décisions des tribunaux permet de distinguer les deux notions.

Il a ainsi été jugé que des travaux de peinture (même d'une couleur différente de la couleur d'origine), de pose de moquette ou de boiseries sont de simples travaux d'aménagement. Il en va de même des travaux visant à modifier l'agencement des pièces (par ex., transformer une chambre en bureau), le déplacement d'un bidet non scellé, l'aménagement des combles ou l'installation d'un éclairage extérieur.

À l'inverse, la suppression d'une cloison et l'agrandissement du séjour constituent des transformations illicites justifiant la résiliation du bail (Paris, 5 janv. 2010, *Cai Tsai c/Aumont;* Paris, 31 mai 2011, *David c/Ferrari*).

Et les travaux de pose de panneaux photovoltaïques même démontables, qui impliquent la dépose du toit, la reprise de l'étanchéité et la modification des plafonds constituent une transformation. Ce, alors même que ces panneaux sont démontables (Nîmes, 23 mai 2013, RG n° 12/03451).

Chaque fois que le doute est permis, il est conseillé de solliciter l'accord écrit préalable du bailleur.

» Sanctions en cas de transformation illicite

1803 **Deux sanctions sont envisageables.** Deux situations sont à distinguer en fonction du danger (ou de l'absence de danger) que représentent les travaux.

- **Si les travaux ne sont pas dangereux, la sanction n'interviendra qu'en fin de bail.** Lorsque le locataire a réalisé des travaux d'amélioration sans autorisation écrite du bailleur, la loi du 6 juillet

1989 précise que ce dernier a alors le choix, au départ du locataire, entre :

- exiger la remise des lieux en l'état (sous-entendu, aux frais du locataire) ;
- ou conserver à son bénéfice les transformations effectuées sans que le locataire puisse réclamer une indemnisation des frais engagés.

La réalisation de travaux d'amélioration sans permission pourrait d'ailleurs caractériser, pour le bailleur, un motif légitime et sérieux de donner congé au locataire (v. ss n° 2423).

• **Si les travaux sont dangereux, la sanction est immédiate.** Lorsque les transformations mettent en péril le bon fonctionnement des équipements ou la sécurité du local, l'article 7 *f* de la loi du 6 juillet 1989 indique que le bailleur peut, en cours de bail, exiger du locataire qu'il remette à ses frais et immédiatement les lieux en l'état.

Le propriétaire pourrait alors demander en justice la résiliation immédiate du bail, aux torts du locataire.

> La Cour de cassation a précisé que les dispositions de l'article 7 *f* de la loi du 6 juillet 1989 n'interdisent pas au propriétaire de poursuivre la résiliation judiciaire du bail sur le fondement de l'article 1184 du code civil (Civ. 3e, 31 oct. 2006, n° 05-10.553, *Bull. civ.* III, n° 213) (sur la résiliation judiciaire v. ss nos 2901 s.).

› Cas particulier des travaux d'adaptation du logement aux personnes en situation de handicap ou de perte d'autonomie

1804 **Loi « adaptation de la société au vieillissement ».** La loi n° 2015-1776 du 28 décembre 2015 relative à l'adaptation de la société au vieillissement (*JO* 29 déc., p. 24268) a complété l'article 7 f de la loi de 1989.

Le nouveau texte, prévoit que des travaux d'adaptation du logement aux personnes en situation de handicap ou de perte d'autonomie peuvent être réalisés aux frais du locataire.

> La liste des travaux ainsi que les modalités de mise en œuvre sont fixées par décret en Conseil d'État (à paraître).

Ces travaux font l'objet d'une demande écrite par lettre recommandée avec demande d'avis de réception auprès du bailleur.

Le bailleur dispose d'un délai de quatre mois pour répondre à compter de la date de réception de la demande. Un défaut de réponse vaut décision d'acceptation du bailleur.

> Au départ du locataire, le bailleur ne peut pas exiger la remise des lieux en l'état.

› Cas particulier de l'installation d'un système de recharge du véhicule électrique du locataire

1805 **Droit pour le locataire de doter son parking d'une installation de recharge électrique pour véhicule électrique ou hybride.** Par exception à ce qui précède, à compter du 1er janvier 2015, le propriétaire d'un immeuble doté de places de stationnement d'accès sécurisé à usage privatif ou, en cas de copropriété, le syndicat représenté par le syndic **ne pourra s'opposer** « sans motif sérieux et légitime » à l'équipement des places de stationnement d'installations dédiées à la recharge électrique pour véhicule électrique ou hybride rechargeable et permettant un comptage individuel, à la demande d'un locataire ou occupant de bonne foi et aux frais de ce dernier (CCH, art. L. 111-6-4, issu de L. n° 2010-788, 12 juill. 2010, dite loi Grenelle II, *JO* 13 juill., p. 12905).

Par « motif sérieux et légitime », il faut notamment comprendre la préexistence de telles installations ou la décision prise par le propriétaire de réaliser de telles installations en vue d'assurer dans un délai raisonnable l'équipement nécessaire.

> Les conditions d'installation, de gestion et d'entretien de ces équipements de recharge électrique à l'intérieur d'un immeuble collectif et desservant un ou plusieurs utilisateurs finals doivent faire l'objet d'une convention entre le prestataire et le propriétaire ou, en cas de copropriété, le syndicat représenté par le syndic (CCH, art. L. 111-6-5) (pour plus de détail sur cette question v. ss nos 1005 s.).

19
Évolution du loyer lors du renouvellement (loi Alur)

À compter de l'entrée en vigueur de la loi du 24 mars 2014, dite loi Alur, les conditions d'évolution du loyer lors du renouvellement vont dépendre de la zone dans laquelle le logement se situe. En zone tendue, le loyer peut être augmenté ou diminué (v. s^s^ n°s 1904 s.). En dehors des zones tendues, seule une hausse pour sous-évaluation manifeste est possible (v. s^s^ n°s 1908 s.).

1901 **Continuation du bail au-delà de trois ans.** Le bailleur qui souhaite continuer le bail au-delà de la période initiale a le choix entre deux attitudes :

- ne rien faire : le bail est alors tacitement reconduit aux clauses et conditions antérieures (L. n° 89-462, 6 juill. 1989, *JO* 8 juill., p. 8541, art. 10) pour une nouvelle période de **trois ans** (le bailleur est une personne physique, une SCI familiale – v. s^s n° 307 – ou le logement est en indivision) ou **six ans** (le bailleur est une personne morale) ;
- manifester sa volonté de modifier les conditions du bail : dans ce cas, il doit nécessairement adresser une offre de renouvellement au locataire. L'article 10 de la loi précise que l'offre de renouvellement doit obéir aux conditions du congé (sur la forme et le délai v. s^s n°s 2502 s.) et que le loyer du bail renouvelé est fixé selon certaines modalités (v. s^s n°s 2002 s.).

Si la plupart du temps, le bailleur se contente de ne vouloir modifier que le montant du loyer, l'offre de renouvellement peut toutefois porter sur d'autres points (reprise d'une pièce annexe par le bailleur, modification de certaines obligations du locataire, etc.). Mais le bailleur n'a aucun moyen d'imposer les changements projetés : si le locataire refuse expressément ou reste silencieux, le bail précédent est reconduit tacitement aux mêmes conditions.

En matière de proposition d'augmentation de loyer, en cas de refus ou à défaut de réponse du locataire, le texte met en place une procédure spécifique pouvant déboucher sur une hausse de loyer consentie ou, éventuellement, imposée (v. s^s n°s 2104 s.).

1902 **Ne pas confondre « augmentation du loyer » et « révision du loyer ».** L'augmentation du loyer constitue une modification d'un élément essentiel du contrat de bail, puisque le bailleur revient sur ce qui avait été initialement convenu avec son locataire.

La révision du loyer intervient chaque année grâce à la mise en œuvre de la clause de révision stipulée dans le bail. Le bailleur révise le montant du loyer en fonction de l'indice retenu (v. s^s n°s 1225 et 1226).

1903 **Régime applicable selon que le logement est ou non situé en zone tendue.** En matière d'évolution du loyer lors du renouvellement du bail, la loi du 24 mars 2014, dite « loi Alur » (L. n° 2014-366, 24 mars 2014, *JO* 26 mars 2014, p. 5809), applicable aux baux signés à partir du 27 mars 2014, a inséré un article 17-2 dans la loi du 6 juillet 1989.

Ce texte distingue selon que le logement loué se situe dans une zone tendue ou en dehors d'une telle zone.

Selon le nouvel article 17-I de la loi du 6 juillet 1989, il s'agit des « zones d'urbanisation continue de plus de 50 000 habitants où il existe un déséquilibre marqué entre l'offre et la demande de logements, entraînant des difficultés sérieuses d'accès au logement sur l'ensemble du parc résidentiel existant, qui se caractérisent notamment par le niveau élevé des loyers, le niveau élevé des prix d'acquisition des logements anciens ou le nombre élevé de demandes de logements par rapport au nombre d'emménagements annuels dans le parc locatif social ».

Un décret du 10 juin 2015 (Décr. n° 2015-650, 10 juin 2015, *JO* 12 juin, p. 9713) fixe la liste des communes comprises dans ces zones, lesquelles devront se doter d'un observatoire local des loyers agréé au sens de l'article 16 nouveau de la loi du 6 juillet 1989 et du décret du 5 novembre 2014 (Décr. n° 2014-1334, 5 nov. 2014, *JO* 7 nov., p. 18813 ; concernant cette liste, v. s[s] n° 1213).

» Loyer de renouvellement lorsque le logement est situé dans une zone tendue

1904 **Diminution ou augmentation du loyer.** Aux termes de l'article 17-2-I de la loi du 6 juillet 1989, créé par la loi du 24 mars 2014, dite loi Alur, lors du renouvellement du contrat, et dans les zones tendues, le loyer va pouvoir varier à la hausse ou à la baisse.

Attention au décret de blocage !

Dans les zones tendues, l'ampleur de l'évolution du loyer de renouvellement va dépendre des termes du **décret de blocage** qui est prévu à l'article 18 de la loi du 6 juillet 1989, modifié par la loi du 24 mars 2014, dite loi Alur (v. s[s] n° 2206). Ce texte précise désormais que, pour chacune des zones tendues, un décret fixe annuellement le montant maximum d'évolution des loyers des logements vacants et des contrats renouvelés (v. s[s] n° 2206).

1905 **Diminution du loyer de renouvellement.** L'article 17-2-I de la loi du 6 juillet 1989 précise qu'une **action en diminution** de loyer peut être engagée si le montant du loyer fixé au contrat de bail, hors montant du complément de loyer le cas échéant (sur cette notion, v. s[s] n°s 1212 s.), est supérieur au loyer de référence majoré (lequel est égal à un montant supérieur de 20 % au loyer de référence, v. s[s] n° 1212). Il incombe alors au locataire de proposer une diminution de son loyer **au moins cinq mois** avant le terme du contrat.

Cette proposition doit respecter les **conditions de forme** prévues à l'article 15 de la loi du 6 juillet 1989 relatif à la délivrance d'un congé (v. s[s] n°s 2501 s., notamment 2508).

Le montant du loyer de référence minoré pris en compte doit correspondre à celui qui est en vigueur à la date de la proposition émise.

1906 **Augmentation du loyer de renouvellement.** L'article 17-2-I de la loi du 6 juillet 1989 indique par ailleurs que, dans les zones tendues, lors du renouvellement du contrat, une **action en réévaluation de loyer** peut être engagée dès lors que le loyer est inférieur au loyer de référence minoré (égal au loyer de référence diminué de 30 %, v. s[s] n°s 1212 et 1215).

> ⚠ Lorsque le bailleur fait cette démarche, il ne peut donner congé au locataire pour la même échéance du contrat.

Cette proposition doit intervenir **au moins six mois** avant le terme du contrat et respecter les **conditions de forme** prévues à l'article 15 relatif à la délivrance d'un congé (v. s^{s} n°s 2501 s., notamment 2508).

Le montant du loyer de référence majoré pris en compte doit correspondre à celui qui est en vigueur à la date de la proposition émise. Le nouveau loyer proposé dans le cadre de l'action en réévaluation de loyer doit être inférieur ou égal au loyer de référence minoré.

Le locataire peut contester l'action en réévaluation de loyer selon la procédure prévue à l'article 17-2 en se référant aux loyers habituellement constatés dans le voisinage pour des logements comparables.

Les loyers de référence, dont les éléments constitutifs sont définis par décret en Conseil d'État doivent être représentatifs de l'ensemble des loyers habituellement constatés dans le voisinage pour des logements comparables, situés soit dans le même groupe d'immeubles, soit dans tout autre groupe d'immeubles comportant des caractéristiques similaires et situés dans la même zone géographique.

Le **nombre minimal de références** à fournir est, en principe, de trois. Ce nombre est toutefois porté à six dans les communes, dont la liste est fixée par décret, faisant partie d'une agglomération de plus d'un million d'habitants.

En ce qui concerne les modalités d'application de la hausse du loyer, que celle-ci résulte d'un accord entre les parties ou d'une décision de justice, le principe est qu'elle s'applique par 1/3 ou par 1/6e selon la durée du contrat. Cette hausse s'applique 1/6e annuel au contrat renouvelé, puis lors du renouvellement ultérieur, dès lors qu'elle est supérieure à 10 % si le premier renouvellement avait une durée inférieure à six ans. Et la révision éventuelle (v. s[s] n°s 1225 s.) s'applique à chaque valeur ainsi définie.

1907 **Procédure commune aux deux actions.** Que l'on se situe dans le cadre d'une action en diminution ou de réévaluation du loyer, la notification d'une proposition d'un nouveau loyer doit **reproduire intégralement**, à peine de nullité, les dispositions de l'article 17-2-I de la loi du 6 juillet 1989 et mentionner le montant du loyer ainsi que, selon le cas, le loyer de référence majoré ou le loyer de référence minoré ayant servi à le déterminer.

En cas de désaccord ou à défaut de réponse du cocontractant saisi quatre mois avant le terme du contrat, l'une ou l'autre des parties peut saisir la commission départementale de conciliation mentionnée à l'article 20 (au sujet de laquelle, v. s[s] n°s 2105 s.). À défaut d'accord constaté par la commission départementale de conciliation, le juge peut être saisi, avant le terme du contrat.

À défaut de saisine du juge, le contrat est reconduit de plein droit aux conditions antérieures du loyer, éventuellement révisé (concernant la révision du loyer, v. s[s] n°s 1225 s.).

Le contrat dont le loyer est fixé judiciairement est réputé renouvelé, à compter de la date d'expiration du contrat, pour une **durée** de trois ans lorsque le bailleur est une personne physique et six ans lorsque le bailleur est une personne morale.

› Loyer de renouvellement lorsque le logement n'est pas situé dans une zone tendue

1908 **Pas de hausse sans sous-évaluation manifeste.** Aux termes de l'article 17-2-II de la loi du 6 juillet 1989, pour les logements situés en dehors d'une zone tendue, lors du renouvellement du contrat, le loyer ne donne lieu à réévaluation que s'il est manifestement sous-évalué.

Le régime applicable est alors rigoureusement le même que celui qui prévalait sous l'empire de l'ancien article 17 c de la loi du 6 juillet 1989 (voir, concernant l'offre de renouvellement, la contestation de l'augmentation de loyer et l'application de la hausse, respectivement, n°s 2104 s., 2202 s. et 2301 s.).

20

Offre de renouvellement du bail avec augmentation de loyer en cas de loyer manifestement sous-évalué

> Pas d'augmentation de loyer sans loyer « manifestement sous-évalué »
> Comment proposer l'augmentation du loyer ?

Avant comme après la loi du 24 mars 2014, dite loi Alur (en dehors des zones tendues), le bailleur qui entend augmenter le loyer à raison d'une sous-évaluation manifeste (v. s^{s} n°s 2002 s.) doit respecter une **procédure complexe et formaliste** (v. s^{s} n°s 2004 s.).

2001 **Procédure d'offre de renouvellement : loyer manifestement sous-évalué.** La procédure d'offre de renouvellement vaut aussi bien pour les baux signés avant le 27 mars 2014, soit antérieurement à l'entrée en vigueur de la loi du 24 mars 2014, dite loi Alur (L. n° 2014-366, 24 mars 2014, *JO* 26 mars, p. 5809), que pour ceux, situés en dehors d'une zone tendue, qui relèvent de ce nouveau texte.

» Pas d'augmentation de loyer sans loyer « manifestement sous-évalué »

2002 **Texte applicable et charge de la preuve.** « Lors du renouvellement du contrat, le loyer ne donne lieu à réévaluation que s'il est manifestement sous-évalué », d'après les termes de l'article 17 *c*, 1er alinéa, de la loi du 6 juillet 1989 (L. n° 89-462, 6 juill. 1989, *JO* 8 juill., p. 8541, repris à l'article 17-2-II, dans sa rédaction issue de la loi du 24 mars 2014, dite loi Alur).

Le bailleur qui veut augmenter le loyer de son locataire à la faveur du renouvellement doit donc rapporter la preuve que le loyer pratiqué jusqu'alors est « manifestement sous-évalué » (Civ. 3e, 12 oct. 2011, n° 10-21.214, *Bull. civ.* III, n° 164).

2003 **Notion de loyer « manifestement sous-évalué ».** Elle n'est pas définie par la loi du 6 juillet 1989. Elle se contente de préciser qu'en cas de sous-évaluation manifeste, le bailleur pourra pratiquer une hausse de loyer pour atteindre le loyer pratiqué alentour.

CODE « Dans ce cas, le bailleur peut proposer au locataire, [...] un nouveau loyer fixé par référence aux loyers habituellement constatés dans le voisinage pour des logements comparables. » (L. 6 juill. 1989, ancien art. 17 *c*, nouvel art. 17-2 de la même loi).

Le bailleur doit bien sûr produire des justificatifs qui établissent le montant des loyers de référence pratiqués aux alentours (v. s^{s} n° 2014). Pour autant, tout écart entre le prix du marché (les loyers du voisinage) et le prix pratiqué ne va pas pouvoir entraîner une augmentation de loyer, puisqu'il faut que l'écart constaté soit significatif, « manifeste », pour reprendre le terme employé par le législateur.

Chaque situation est donc particulière et, en cas de désaccord, le dernier mot revient au juge du fond qui apprécie souverainement si la sous-évaluation est ou non de nature à justifier une augmentation de loyer (v. s^{s} n° 2112).

L'augmentation de loyer doit être obligatoirement étalée dans le temps. Cet étalement se fait sur trois ans lorsque l'augmentation est inférieure à 10 % (v. s^{s} n° 2202), ce qui montre bien qu'un écart mineur (de quelques %) avec le prix du marché peut constituer une sous-évaluation manifeste.

› Comment proposer l'augmentation du loyer ?

2004 **Remarque préalable.** Demander l'augmentation d'un loyer manifestement sous-évalué nécessite d'avoir, au préalable, constitué un dossier très complet qui contient des informations qualitatives très précises sur les loyers pratiqués aux alentours.

Certes, il existe des moyens de se procurer ces informations (v. s^{s} n° 2016), mais ce sera parfois difficile de les obtenir pour un simple particulier, et dans tous les cas, assez long. Il faut donc s'y prendre tôt.

Une autre solution peut être envisagée : confier à un professionnel de l'immobilier la gestion locative de son bien (v. s^{s} n° 107) en lui demandant de se charger de cette augmentation. S'il accepte, il aura accès beaucoup plus facilement aux informations et justificatifs utiles par la pratique de son métier et/ou le réseau auquel il est affilié.

Qui l'adresse à qui ?

Proposition émanant du bailleur lui-même ou de son représentant

2005 **Demande adressée par le bailleur, personne physique.** En cas d'indivision, l'offre de renouvellement doit avoir été autorisée par tous les indivisaires, ou émaner d'un indivisaire mandaté par les autres. Lorsque le bien est en usufruit, seul l'usufruitier peut valablement donner congé : une offre de renouvellement émanant du nu-propriétaire serait nulle.

2006 **Demande adressée par le représentant du bailleur.** Lorsque le bailleur est une personne morale (société), il va s'agir de la personne physique qui le représente en vertu des statuts de la personne morale ou en application d'une délibération d'assemblée générale. En toute hypothèse, le représentant du bailleur doit être en mesure de rapporter la preuve qu'il est habilité à formuler cette offre de renouvellement.

> **EXEMPLE** Le propriétaire bailleur (personne physique ou morale) a donné son bien à gérer à un agent immobilier. L'offre de renouvellement est un « acte d'administration » que le mandataire peut accomplir en vertu de son mandat général de gestion.

Proposition adressée au locataire

2007 **Précision.** Comme en matière de congé délivré par le bailleur (v. s[s] n° 2304), on distinguera plusieurs hypothèses.

2008 **Locataire célibataire.** L'offre de renouvellement doit lui être délivrée. À lui et lui seul, même si, en pratique, le logement est occupé par plusieurs personnes.

2009 **Locataire marié ou pacsé.** Même si le bail n'a été signé que par un seul des époux ou, depuis la loi du 24 mars 2014, dite loi Alur, par un seul des partenaires liés par un Pacs, dès lors qu'ils ont conjointement fait la demande de bénéficier de la cotitularité du droit au bail, le bailleur doit adresser un courrier séparé à chacun d'entre eux. En effet, en application de l'article 1751 du code civil, « Le droit au bail du local, sans caractère professionnel ou commercial, qui sert effectivement à l'habitation de deux époux est, quel que soit leur régime matrimonial et nonobstant toute convention contraire et même si le bail a été conclu avant le mariage, ou de deux partenaires liés par un pacte civil de solidarité, dès lors que les partenaires en font la demande conjointement, est réputé appartenir à l'un et à l'autre des époux ou partenaires liés par un pacte civil de solidarité » (C. civ., art. 1751, dans sa rédaction issue de la loi du 24 mars 2014, dite loi Alur).

Si le locataire s'est marié en cours de bail mais qu'il n'en a pas informé son bailleur, ce dernier est dispensé de cette double notification. En effet, l'article 9-1 de la loi du 6 juillet 1989 prévoit que « nonobstant les dispositions des articles [...] et 1751 du code civil, les notifications ou significations faites [...] par le bailleur sont de plein droit opposables [...] au conjoint du locataire si l'existence de ce [...] conjoint n'a pas été préalablement portée à la connaissance du bailleur ».

> Le locataire qui conteste la validité de l'offre de renouvellement, délivré à lui seul et non à son épouse, devra prouver qu'il a bien informé le bailleur de son mariage : le fait que le propriétaire l'ait appris incidemment n'est pas suffisant pour rendre obligatoire une double notification (à propos de la notification d'un congé, Civ. 3e, 19 oct. 2005, n° 04-17.039, *Bull. civ.* III, n° 198).

2010 **Locataire en concubinage.** Il n'existe aucune cotitularité légale entre les concubins. Aussi, à moins qu'ils aient signé tous les deux le bail, l'offre de renouvellement n'est adressée qu'au signataire du bail.

2011 **Plusieurs personnes signataires du bail.** Si, en principe, chaque signataire du bail devra être destinataire de l'offre de renouvellement, en cas d'engagement solidaire, le bailleur pourrait, en vertu des articles 1197 et suivants du code civil, se contenter d'adresser un courrier à l'un seul d'entre eux.

Toutefois, par courtoisie ou, plus prosaïquement, par souci d'informer ses cocontractants, il lui est recommandé d'adresser un courrier à chacun d'eux.

Signataires de l'offre de renouvellement

Situation	Destinataire(s)
Locataire célibataire seul signataire du bail	Le seul locataire (même si le logement est occupé par plusieurs personnes)
Époux locataires (existence du conjoint connue du bailleur)	Les deux
Époux locataires (existence du conjoint ignorée du bailleur)	Le conjoint qui a signé le bail
Copreneurs non solidaires	Les deux
Copreneurs solidaires	Un seul (cependant, en pratique, la notification d'un courrier à chaque copreneur est recommandée)
Locataires pacsés	Les deux si demande conjointe de cotitularité
Locataire vivant avec un concubin non-signataire du bail	Le seul locataire

»» Proposition reçue par le locataire au moins six mois avant la fin du bail

2012 **Délais et formes de la proposition.** La proposition doit parvenir au locataire **au moins six mois** avant le terme du bail. Elle est adressée par lettre recommandée avec demande d'avis de réception, par acte d'huissier ou, pour les baux conclus à compter du 27 mars 2014, date d'entrée en vigueur de la loi du 24 mars, dite loi Alur, remise en main propre contre récépissé ou émargement.

La règle ressort de la combinaison des articles 17 et 15 de la loi du 6 juillet 1989.

Ne pas respecter ce délai de six mois entraîne la reconduction tacite du bail aux conditions antérieures de loyer éventuellement révisé (v. ss nos 1225 s.), mais pas augmenté.

Le délai part à compter de la remise de la lettre à son destinataire. En cas d'envoi d'une lettre recommandée avec AR, cette remise n'est réputée effectuée qu'à compter de la date de la signature de l'accusé de réception (Civ. 3e, 19 janv. 2000, n° 98-10.486, *Bull. civ.* III, n° 10).

C'est pourquoi, en dehors de la remise en main propre (v. ci-dessus), il est conseillé au bailleur, comme en matière de congés :

- dans un premier temps, d'adresser, largement avant les six derniers mois du bail, une proposition par LRAR. Il n'y a aucun risque à adresser une offre de renouvellement prématurément; l'offre est valable (Civ. 3e, 27 mars 2002, n° 00-21.752, *Bull. civ.* III, n° 74);
- dans un second temps, en respectant le délai de six mois, si le locataire n'est pas venu la chercher, de recourir à un huissier qui lui signifiera la proposition (il en coûtera alors environ 160 euros au bailleur).

» Proposition de renouvellement contenant obligatoirement trois éléments

La notification reproduit intégralement, à peine de nullité :

- les dispositions, selon le cas, soit des alinéas de l'ancien article 17 *c*, soit le II de l'article 17-2, dans sa rédaction issue de la loi du 24 mars 2014, dite loi Alur;
- le montant du loyer;
- la liste des références ayant servi à le déterminer.

2013 **Mentions obligatoires.** Ces trois éléments doivent « **à peine de nullité** » figurer dans la proposition de renouvellement (v. l'exemple ss n° 2017).

La sanction encourue est donc radicale : l'offre de renouvellement est nulle et, sauf à avoir le temps matériel de notifier une nouvelle proposition dans le délai imparti, le bail est alors tacitement reconduit pour trois ou six ans aux conditions financières antérieures. De plus, le bailleur ne peut plus délivrer un congé à son locataire puisque le texte (anc. art. 17, nouv. art. 17-2) précise que « lorsque le bailleur fait application des dispositions du présent c *[du présent III]*, il ne peut donner congé au locataire pour la même échéance du contrat ». La proposition doit donc :

– reproduire fidèlement les alinéas de l'article 17 c *ou de l'article 17-2-II* ;
– mentionner le montant du loyer proposé, montant déterminé en fonction des prix du voisinage et, le cas échéant, du décret de blocage existant (v. s^{s} n° 2205) ;

> Le texte n'impose pas au bailleur d'indiquer expressément dans la notification que le loyer est « manifestement sous-évalué » (Civ. 3e, 30 nov. 2005, n° 04-16.050, *Bull. civ.* III, n° 234).

– comporter la liste des « loyers de référence », point central qui appelle les précisions qui suivent.

Comment fixer le montant du nouveau loyer ? L'augmentation doit permettre d'aligner le loyer pratiqué sur le prix « du marché ». Or, ce prix correspond aux loyers de référence trouvés par le bailleur et qu'il justifie à l'appui de sa demande. Le plus simple est donc de faire une **moyenne arithmétique** pour obtenir un prix moyen au mètre carré qui sera appliqué ensuite au bien.

Apportons d'ores et déjà trois précisions à propos de cette liste des « loyers de référence » :

– seule la liste de références doit être fournie, pas les contrats des locations concernées ;

– les références sont jointes au contrat (Décr. n° 90-780, 31 août 1990, *JO* 6 sept., p. 10827, art. 1er-1 ; dans sa rédaction issue du décr. n° 2015-650 du 10 juin 2015, *JO* 12 juin, p. 9713), mais elles peuvent faire l'objet d'un document annexé à l'offre ;
– même incomplète (références ne comportant pas toutes les mentions requises, nombre de références insuffisant, etc.), elle doit être prise en compte, à charge pour le bailleur de la compléter en cours de procédure.

Définition du loyer de référence

« Les loyers servant de références doivent être représentatifs de l'ensemble des loyers habituellement constatés dans le voisinage pour des logements comparables, situés soit dans le même groupe d'immeubles, soit dans tout autre groupe d'immeubles comportant des caractéristiques similaires et situé dans la même zone géographique » (L. 6 juill. 1989, *JO* 8 juill., art. 17-2-I, dans sa rédaction issue de la loi du 24 mars 2014, dite loi Alur).

2014 **Références à prendre en considération.** Pour s'assurer que ce qui est comparé est bien comparable, le décret du 31 août 1990 (Décr. n° 90-780, 31 août 1990, *JO* 6 sept., p. 10827) impose que chaque référence comporte au moins pour chaque logement loué :
– le nom de la rue et la dizaine de numéros où se situe l'immeuble ;
– le type d'habitat, individuel ou collectif et l'époque de construction de l'immeuble ;
– l'étage du logement et la présence éventuelle d'un ascenseur ;
– la surface habitable du logement et le nombre de ses pièces principales ;

CODE

Par « surface habitable », il faut comprendre la surface de plancher construite, après déduction des surfaces occupées par les murs, cloisons, marches et cages d'escaliers. Il n'est pas tenu compte de la superficie des combles non aménagés, caves, sous-sols, remises, garages, terrasses, loggias, balcons, séchoirs extérieurs au logement, vérandas, volumes vitrés, locaux communs et autres dépendances des logements, ni des parties de locaux d'une hauteur inférieure à 1,80 mètre (CCH, art. R. 111-2, al. 2 et 3).

– l'existence éventuelle d'annexes prises en compte pour le loyer (garage, cave, grenier...);
– l'état d'équipement du logement (notamment, WC intérieur, salle d'eau, chauffage central);
– l'indication selon laquelle le locataire est dans les lieux depuis plus ou moins de trois ans;
– le montant du loyer mensuel hors charges effectivement exigé;
– l'année de constatation des éléments constitutifs de la référence.

Autre contrainte : aux termes de l'article 1er-1 du décret n° 90-780 du 31 août 1990 précité (créé par décr. n° 2015-650 du 10 juin 2015, *JO* 12 juin, p. 9713), les références doivent porter non seulement sur des baux conclus récemment, mais également sur des baux conclus depuis plus de trois ans.

EXEMPLE DE LOYER DE RÉFÉRENCE

• Localisation	94340 Joinville-le-Pont, avenue Jamin, entre le 10 et le 20
• Type d'habitat, individuel ou collectif :	habitat collectif
• Époque de la construction de l'immeuble	1960
• Étage du logement	3e étage
• Ascenseur	oui
• Surface habitable	65 m²
• Nombre de pièces principales	3
• Annexes	néant
• État d'équipement du logement	WC intérieurs, salle de bains, radiateurs électriques
• Loyer mensuel hors charges	650 euros
• Ancienneté du locataire en place	quatre ans

2015 **Nombre de références exigé.** En principe, il faut fournir au moins **trois** références. Mais par exception, il en faudra six dans les communes, dont la liste est fixée par décret, faisant partie d'une agglomération de plus d'un million d'habitants (L. 6 juill. 1989, art. 19, abrogé, repris sur ce point par l'art. 17-2-I). Cette liste figure en annexe au décret du 2 octobre 1987. La voici.

Agglomération de Paris

La ville de Paris.

Dans le département de Seine-et-Marne, les communes suivantes : Brou-sur-Chantereine ; Champs-sur-Marne ; Chelles ; Collégien ; Combs-la-Ville ; Courtry ; Croissy-Beaubourg ; Émerainville ; Lésigny ; Lognes ; Mitry-Mory ; Noisiel ; Pontault-Combault ; Servon ; Torcy ; Vaires-sur-Marne ; Villeparisis.

Dans le département des Hauts-de-Seine, les communes suivantes : Anthony ; Asnières-sur-Seine ; Bagneux ; Bois-Colombes ; Boulogne-Billancourt ; Bourg-la-Reine ; Châtenay-Malabry ; Châtillon ; Chaville ; Clamart ; Clichy ; Colombes ; Courbevoie ; Fontenay-aux-Roses ; Garches ; Gennevilliers ; Issy-les-Moulineaux ; La Garenne-Colombes ; Le Plessis-Robinson ; Levallois-Perret ; Malakoff ; Marnes-la-Coquette ; Meudon ; Montrouge ; Nanterre ; Neuilly-sur-Seine ; Puteaux ; Rueil-Malmaison ; Saint-Cloud ; Sceaux ; Sèvres ; Suresnes ; Vanves ; Vaucresson ; Ville-d'Avray ; Villeneuve-la-Garenne.

Dans le département de la Seine-Saint-Denis, les communes suivantes : Aubervilliers ; Aulnay-sous-Bois ; Bagnolet ; Bobigny ; Bondy ; Clichy-sous-Bois ; Coubron ; Drancy ; Dugny ; Épinay-sur-Seine ; Gagny ; Gournay-sur-Marne ; La Courneuve ; Le Blanc-Mesnil ; Le Bourget ; Le Pré-Saint-Gervais ; Le Raincy ; Les Lilas ; Les Pavillons-sous-Bois ; L'Île-Saint-Denis ; Livry-Gargan ; Montfermeil ; Montreuil ; Neuilly-Plaisance ; Neuilly-sur-Marne ; Noisy-le-Grand ; Noisy-le-Sec ; Pantin ; Pierrefitte-sur-Seine ; Romainville ; Rosny-sous-Bois ; Saint-Denis ; Saint-Ouen ; Sevran ; Stains ; Tremblay-lès-Gonesse ; Vaujours ; Villemomble ; Villepinte ; Villetaneuse.

Dans le département du Val-de-Marne, les communes suivantes : Ablon-sur-Seine ; Alfortville ; Arcueil ; Boissy-Saint-Léger ; Bonneuil-sur-Marne ; Bry-sur-Marne ; Cachan ; Champigny-sur-

Marne ; Charenton-le-Pont ; Chennevières-sur-Marne ; Chevilly-Larue ; Choisy-le-Roi ; Créteil ; Fontenay-sous-Bois ; Fresnes ; Gentilly ; Ivry-sur-Seine ; Joinville-le-Pont ; La Queue-en-Brie ; Le Kremlin-Bicêtre ; Le Perreux-sur-Marne ; Le Plessis-Trévise ; L'Haÿ-les-Roses ; Limeil-Brévannes ; Maisons-Alfort ; Mandres-les-Roses ; Marolles-en-Brie ; Nogent-sur-Marne ; Noiseau ; Orly ; Ormesson-sur-Marne ; Périgny ; Rungis ; Saint-Mandé ; Saint-Maur-des-Fossés ; Saint-Maurice ; Santeny ; Sucy-en-Brie ; Thiais ; Valenton ; Villecresnes ; Villejuif ; Villeneuve-le-Roi ; Villeneuve-Saint-Georges ; Villiers-sur-Marne ; Vincennes ; Vitry-sur-Seine.

Dans le département de l'Essonne, les communes suivantes : Arpajon ; Athis-Mons ; Ballainvilliers ; Bièvres ; Boissy-sous-Saint-Yon ; Bondoufle ; Boussy-Saint-Antoine ; Brétigny-sur-Orge ; Breuillet ; Breux-Jouy ; Brunoy ; Bruyères-le-Châtel ; Bures-sur-Yvette ; Champlan ; Chilly-Mazarin ; Corbeil-Essonnes ; Courcouronnes ; Crosne ; Draveil ; Égly ; Épinay-sous-Sénart ; Épinay-sur-Orge ; Étiolles ; Évry ; Fleury-Mérogis ; Gif-sur-Yvette ; Gometz-le-Châtel ; Grigny ; Igny ; Juvisy-sur-Orge ; La Norville ; La Ville-du-Bois ; Le Coudray-Montceaux ; Le Plessis-Pâté ; Les Ulis ; Leuville-sur-Orge ; Linas ; Lisses ; Long-jumeau ; Longpont-sur-Orge ; Marcoussis ; Massy ; Mennecy ; Montgeron ; Montlhéry ; Morangis ; Morsang-sur-Orge ; Ollainville ; Ormoy ; Orsay ; Palaiseau ; Paray-Vieille-Poste ; Quincy-sous-Sénart ; Ris-Orangis ; Saclay ; Sainte-Geneviève-des-Bois ; Saint-Germain-lès-Arpajon ; Saint-Germain-lès-Corbeil ; Saint-Michel-sur-Orge ; Saint-Pierre-du-Perray ; Saintry-sur-Seine ; Saint-Yon ; Saulx-les-Chartreux ; Savigny-sur-Orge ; Soisy-sur-Seine ; Varennes-Jarcy ; Vauhallan ; Verrières-le-Buisson ; Vigneux-sur-Seine ; Villabé ; Villebon-sur-Yvette ; Villemoisson-sur-Orge ; Villiers-sur-Orge ; Viry-Châtillon ; Wissous ; Yerres.

Dans le département du Val-d'Oise, les communes suivantes : Andilly ; Argenteuil ; Arnouville-lès-Gonesse ; Auvers-sur-Oise ; Beauchamp ; Bessancourt ; Bezons ; Bonneuil-en-France ; Bouffémont ; Butry-sur-Oise ; Cergy ; Champagne-sur-Oise ; Cormeilles-en-Parisis ; Deuil-la-Barre ; Domont ; Eaubonne ; Écouen ; Enghien-les-Bains ; Éragny ; Ermont ; Ézanville ; Franconville ; Frépillon ; Garges-lès-Gonesse ; Gonesse ; Groslay ; Herblay ; Jouy-le-Moutier ; La Frette-sur-Seine ; Le Plessis-Bouchard ; L'Isle-Adam ; Margency ; Mériel ; Méry-sur-Oise ; Montigny-lès-Cormeilles ; Montlignon ; Montmagny ; Montmorency ; Nesles-la-Vallée ; Neuville-sur-Oise ; Osny ; Parmain ; Pierrelaye ; Piscop ; Pontoise ; Saint-Brice-sous-Forêt ; Saint-Gratien ; Saint-Leu-la-Forêt ; Saint-Ouen-l'Aumône ; Saint-Prix ; Sannois ; Sarcelles ; Soisy-sous-Montmorency ; Taverny ; Valmondois ; Vauréal ; Villiers-Adam ; Villiers-le-Bel.

Dans le département des Yvelines, les communes suivantes : Versailles ; Achères ; Andrésy ; Bois-d'Arcy ; Bougival ; Buc ; Carrières-sous-Poissy ; Carrières-sur-Seine ; Chambourcy ; Chanteloup-les-Vignes ; Chatou ; Chevreuse ; Coignières ; Conflans-Sainte-Honorine ; Croissy-sur-Seine ; Élancourt ; Fontenay-le-Fleury ; Fourqueux ; Guyancourt ; Houilles ; Jouars-Pontchartrain ; Jouy-en-Josas ; La Celle-Saint-Cloud ; La Verrière ; Le Chesnay ; Le Mesnil-le-Roi ; Le Mesnil-Saint-Denis ; Le Pecq ; Le Port-Marly ; Le Tremblay-sur-Mauldre ; Le Vésinet ; Les Clayes-sous-Bois ; Les Loges-en-Josas ; L'Étang-la-Ville ; Louveciennes ; Magny-les-Hameaux ; Maisons-Laffite ; Mareil-Marly ; Marly-le-Roi ; Maurecourt ; Maurepas ; Montesson ; Montigny-le-Bretonneux ; Neauphle-le-Château ; Neauphle-le-Vieux ; Orgeval ; Plaisir ; Poissy ; Rocquencourt ; Saint-Cyr-l'École ; Saint-Germain-de-la-Grange ; Saint-Germain-en-Laye ; Saint-Rémy-lès-Chevreuse ; Sartrouville ; Trappes ; Vélizy-Villacoublay ; Villepreux ; Villiers-Saint-Frédéric ; Viroflay ; Voisins-le-Bretonneux.

Agglomération de Marseille

La commune de Marseille et les communes suivantes : Allauch ; Aubagne ; Auriol ; Bouc-Bel-Air ; Cabriès ; Cadolive ; Fuveau ; Gardanne ; Gémenos ; Gignac-la-Nerthe ; Gréasque ; La Bouilladisse ; La Destrousse ; La Penne-sur-Huveaune ; Les Pennes-Mirabeau ; Marignane ; Meyreuil ; Mimet ; Peypin ; Plan-de-Cuques ; Rognac ; Roquevaire ; Saint-Savournin ; Saint-Victoret ; Septèmes-les-Vallons ; Simiane-Collongue ; Vitrolles.

Agglomération de Lyon

La commune de Lyon et, dans le département du Rhône, les communes suivantes : Albigny-sur-Saône ; Brignais ; Brindas ; Bron ;

Cailloux-sur-Fontaines; Caluire-et-Cuire; Champagne-au-Mont-d'Or; Chaponost; Charbonnières-les-Bains; Charly; Chassieu; Collonges-au-Mont-d'Or; Communay; Corbas; Couzon-au-Mont-d'Or; Craponne; Curis-au-Mont-d'Or; Dardilly; Décines-Charpieu; Écully; Feyzin; Fleurieu-sur-Saône; Fontaines-Saint-Martin; Fontaines-sur-Saône; Francheville; Genas; Genay; Givors; Grézieu-la-Varenne; Grigny; Irigny; La Mulatière; La-Tour-de-Salvagny; Limonest; Loire-sur-Rhône; Marcy-l'Étoile; Meyzieu; Millery; Mions; Montagny; Montanay; Neuville-sur-Saône; Oullins; Pierre-Bénite; Rillieux-la-Pape; Rochetaillée-sur-Saône; Saint-Cyr-au-Mont-d'Or; Saint-Didier-au-Mont-d'Or; Sainte-Consorce; Sainte-Foy-lès-Lyon; Saint-Fons; Saint-Genis-Laval; Saint-Genis-les-Ollières; Saint-Priest; Saint-Romain-au-Mont-d'Or; Saint-Symphorien-d'Ozon; Sathonay-Camp; Sathonay-Village; Sérézin-du-Rhône; Solaize; Tassin-la-Demi-Lune; Ternay; Vaugneray; Vaulx-en-Velin; Vénissieux; Vernaison; Villeurbanne; Vourles.

Dans le département de l'Ain, les communes suivantes : Beynost; Dagneux; La Boisse; Massieux; Miribel; Misérieux; Montluel; Neyron; Parcieux; Reyrieux; Saint-Didier-de-Formans; Sainte-Euphémie; Saint-Maurice-de-Beynost; Trévoux.

Dans le département de l'Isère, la commune de Chasse-sur-Rhône.

2016 **Où se procurer les références ?** Plusieurs possibilités s'offrent au « chasseur » de références.

Il peut :

- faire le tour de ses connaissances dans le quartier et en relever un certain nombre;
- se renseigner auprès des agences immobilières les plus proches;
- se rapprocher des fédérations nationales regroupant certaines agences immobilières (FNAIM, UNIS, SNPI...);
- contacter des associations de défense, selon le cas, des propriétaires ou des locataires;
- s'adresser à sa direction départementale de l'équipement;

– enfin, lorsqu'il existe, contacter l'observatoire des loyers compétent sur son secteur (mais, à ce jour, il n'en existe que quatre pour toute la France).

Coordonnées

Observatoire des loyers de l'agglomération parisienne (OLAP)
21, rue Miollis
75015 Paris
01 40 56 01 47
www.olap.asso.fr

Observatoire des loyers d'Ille-et-Vilaine
22, rue Poullain-Duparc
35000 Rennes
02 99 78 27 27

Observatoire des loyers de l'agglomération bisontine
37, rue Battant
25000 Besançon
03 81 61 92 41

Observatoire local des loyers du Nord
Agence départementale pour l'information sur le logement du Nord
7 *bis*, rue Racine
59000 Lille
03 59 61 15 00

2017 Exemple d'offre de renouvellement avec augmentation de loyer (bail de trois ans) antérieure à l'entrée en vigueur de la loi du 24 mars 2014

Monsieur Édouard Jacottin
15, rue Balzac
94300 Vincennes

Monsieur Jules Géhanin
3, rue Himac
94380 Bonneuil-sur-Marne

Vincennes, le 12 janvier 2016

Utiliser soit la lettre recommandée, soit la notification par acte d'huissier [Lettre recommandée avec AR.

Objet : Offre de renouvellement avec augmentation de loyer.

Monsieur,

Les références peuvent être fournies en annexe mais doivent être communiquées en même temps (v. s[5] n° **2013**)

Comme en attestent les références ci-jointes, le loyer de votre bail qui s'achève le 31 juillet 2016 est manifestement sous-évalué.

Indiquer le montant du nouveau loyer. Citer les textes de référence

Aussi, conformément à l'article 17 c *[17-2-II pour les baux conclus à compter du 27 mars 2014]* de la loi n° 89-462 du 6 juillet 1989, je vous offre de le renouveler pour trois ans, moyennant une augmentation de loyer de 50 euros, soit un loyer de 600 euros.

Sur l'étalement de l'augmentation v. s[5] n° **2202**. Si l'augmentation est supérieure à 10 %, l'étalement se fait sur 6 ans

Cette hausse s'appliquera par tiers tous les ans. Ainsi, durant la première année du renouvellement, le loyer mensuel dont vous devrez vous acquitter sera de 566,60 euros, puis passera à 583,33 euros à compter de la seconde année, et sera de 600 euros la troisième année.

En application du quatrième alinéa de l'article 17 c *[17-2-II pour les baux conclus à compter du 27 mars 2014]* de la loi susmentionnée, vous trouverez ci-dessous la reproduction intégrale dudit article 17 c *[17-2-II pour les baux conclus à compter du 27 mars 2014]*.

Reproduction intégrale obligatoire de l'article 17c pour les baux conclus avant le 27 mars 2014

« Lors du renouvellement du contrat, le loyer ne donne lieu à réévaluation que s'il est manifestement sous-évalué.

« Dans ce cas, le bailleur peut proposer au locataire, au moins six mois avant le terme du contrat et dans les conditions de forme prévues à l'article 15, un nouveau loyer fixé par référence aux loyers habituellement constatés dans le voisinage pour des logements comparables dans les conditions définies à l'article 19.

« Lorsque le bailleur fait application des dispositions du présent c, il ne peut donner congé au locataire pour la même échéance du contrat.

« La notification reproduit intégralement, à peine de nullité, les dispositions des alinéas du présent c et mentionne le montant du loyer ainsi que la liste des références ayant servi à le déterminer.

« En cas de désaccord ou à défaut de réponse du locataire quatre mois avant le terme du contrat, l'une ou l'autre des parties saisit la Commission de conciliation.

« À défaut d'accord constaté par la commission, le juge est saisi avant le terme du contrat. À défaut de saisine, le contrat est reconduit de plein droit aux conditions antérieures du loyer éventuellement révisé. Le contrat dont le loyer est fixé judiciairement est réputé renouvelé pour la durée définie à l'article 10, à compter de la date d'expiration du contrat. La décision du juge est exécutoire par provision.

« La hausse convenue entre les parties ou fixée judiciairement s'applique par tiers ou par sixième selon la durée du contrat.

« Toutefois, cette hausse s'applique par sixième annuel au contrat renouvelé, puis lors du renouvellement ultérieur, dès lors qu'elle est supérieure à 10 % si le premier renouvellement avait une durée inférieure à six ans.

« La révision éventuelle résultant du d ci-dessous (révision annuelle ne pouvant excéder la variation de l'indice de référence des loyers) s'applique à chaque valeur ainsi définie. »

Reproduction intégrale obligatoire de l'article 17-2-II pour les baux conclus à compter du 27 mars 2014, art. 17-2-II

« Dans les zones où ne s'applique pas l'arrêté mentionné au I de l'article 17, lors du renouvellement du contrat, le loyer ne donne lieu à réévaluation que s'il est manifestement sous-évalué.

« Dans ce cas, le bailleur peut proposer au locataire, au moins six mois avant le terme du contrat et dans les conditions de forme prévues à l'article 15, un nouveau loyer fixé par référence aux loyers habituellement constatés dans le voisinage pour des logements comparables dans les conditions définies aux cinquième et sixième alinéas du I du présent article.

Lorsque le bailleur fait application des dispositions du présent II, il ne peut donner congé au locataire pour la même échéance du contrat.

« La notification reproduit intégralement, à peine de nullité, les dispositions du présent II et mentionne le montant du loyer ainsi que la liste des références ayant servi à le déterminer.

« En cas de désaccord ou à défaut de réponse du locataire quatre mois avant le terme du contrat, l'une ou l'autre des parties saisit la commission départementale de conciliation.

« À défaut d'accord constaté par la commission, le juge est saisi avant le terme du contrat. À défaut de saisine, le contrat est reconduit de plein droit aux conditions antérieures du loyer, éventuellement révisé. Le contrat dont le loyer est fixé judiciairement est réputé renouvelé pour la durée définie à l'article 10 à compter de la date d'expiration du contrat. La décision du juge est exécutoire par provision.

« La hausse convenue entre les parties ou fixée judiciairement s'applique par tiers ou par sixième selon la durée du contrat.

« Toutefois, cette hausse s'applique par sixième annuel au contrat renouvelé, puis lors du renouvellement ultérieur, dès lors qu'elle est supérieure à 10 % si le premier renouvellement avait une durée inférieure à six ans.

« La révision éventuelle résultant de l'article 17-1 s'applique à chaque valeur ainsi définie ».

Sur le délai laissé pour répondre, v. ss n° 2102

Vous demandant de bien vouloir me faire part, par courrier, des suites que vous comptez donner à ma proposition dans les meilleurs délais et, au plus tard, avant le 31 mars 2016.

Veuillez agréer, Monsieur, l'expression de mes salutations les meilleures.

Édouard Jacottin

PJ : la liste des loyers de référence.

21
Contestation de l'augmentation de loyer en cas de loyer manifestement sous-évalué

Si le bailleur entend modifier le loyer de renouvellement du bail pour sous-évaluation manifeste (procédure qui, depuis la loi du 24 mars 2014, dite loi Alur, ne vaut qu'en dehors des zones tendues) et qu'il ne parvient pas à un accord avec le locataire, la **commission départementale de conciliation** peut être saisie (v. s^s n°s 2104 s.). Mais si aucune conciliation n'intervient, le juge devra trancher (v. s^s n°s 2112 s.).

2101 **Contestation de l'augmentation de loyer en cas de loyer manifestement sous-évalué.** La contestation de l'augmentation de loyer en cas de loyer manifestement sous-évalué vaut aussi bien pour les baux signés avant le 27 mars 2014, soit antérieurement à l'entrée en vigueur de la loi du 24 mars 2014, dite loi Alur (L. n° 2014-366, 24 mars 2014, *JO* 26 mars, p. 5809), que pour ceux qui relèvent de ce nouveau texte (hors zones tendues, v. s^s n°s 1903 s.).

» Offre de renouvellement

2102 **Procédure.** À la réception de l'offre de renouvellement avec augmentation de loyer, le locataire peut accepter, refuser ou ne pas répondre.

En réalité, qu'il refuse expressément la proposition qui lui est faite ou qu'il s'abstienne de se manifester revient au même puisque la loi assimile désaccord à défaut de réponse.

Seule une réponse positive reçue **au moins quatre mois** avant le terme du bail vaudra acceptation.

Plus précisément, la loi prévoit que le bailleur qui souhaite saisir la commission départementale de conciliation, passage obligé à défaut d'accord (v. s^s n° 2104), doit le faire « en cas de désaccord ou à défaut de réponse du locataire quatre mois avant le terme du contrat » (L. n° 89-462, 6 juill. 1989, *JO* 8 juill., p. 8541, anc. art. 17 c; nouvel art. 17-2).

Une lettre recommandée avec AR suffira puisqu'il est certain que le bailleur ira retirer le précieux courrier !
Et, en cas d'accord verbal, il est indispensable d'obtenir, dans les délais, une confirmation écrite.

» Conséquences du refus d'acceptation du locataire

2103 **À défaut d'accord écrit du locataire.** Si le locataire a refusé ou n'a pas réagi, le bailleur doit saisir la commission départementale de conciliation et, en cas d'échec de cette tentative de règlement amiable du litige, se retourner vers le juge (v. s[s] n°s 2112 s.).

Le locataire n'a aucune raison de saisir lui-même cette commission puisque l'augmentation ne pourra pas intervenir sans qu'il l'ait acceptée. Et qui sait, peut-être que le bailleur tardera à la saisir et se retrouvera forclos...

» Intervention de la commission départementale de conciliation

2104 **Phase obligatoire.** Le bailleur qui saisirait d'abord le juge ne serait pas recevable dans son action. La juridiction saisie commencera d'ailleurs par vérifier ce point.

« Le juge ne peut être valablement saisi avant que la Commission de conciliation ait donné son avis ou que le délai de deux mois qui lui est imparti à cette fin soit écoulé » (Civ. 3e, 12 oct. 2011, n° 10-21.216, *Bull. civ.* III, n° 165).

La commission est une commission paritaire (y siègent des représentants d'organisations de bailleurs et d'organisations de locataires en nombre égal). Il en existe une par département.

Selon l'article 1er du décret n° 2001-653 du 19 juillet 2001 (*JO* 21 juill., p. 11779) modifié, s'il n'existe pas d'organisation de bailleurs ou d'organisation de locataires représentative au niveau départemental, ou en cas de carence de celles-ci, les commissions départementales de conciliation peuvent être composées de représentants des organisations de bailleurs ou de locataires représentatives au niveau régional ou, à défaut, au niveau national.

Elle est compétente, non seulement pour connaître des « litiges résultant de l'application des dispositions de l'article 17 » (depuis la loi du 24 mars 2014, dite loi Alur, applicable aux baux signés à compter du 27 mars 2014, des « litiges résultant de l'application des articles 17, 17-1, 17-2 et 18 »), mais aussi des litiges portant sur la décence du logement et « des litiges relatifs à l'état des lieux, au dépôt de garantie, aux charges locatives et aux réparations » et des « litiges relatifs aux congés délivrés en application de l'article 15 ».

En réalité, l'article 20 de la loi du 6 juillet 1989 assigne à la commission départementale de conciliation une mission plus vaste puisque, de surcroît, elle a non seulement vocation à connaître des litiges ayant trait à la procédure de sortie de la loi du 1er septembre 1948 mais, de plus, « sa compétence est étendue à l'examen [...] des difficultés résultant de l'application des accords collectifs nationaux ou locaux prévus aux articles 41 *ter* et 42 de la loi du 23 décembre 1986, de l'application du plan de concertation locative prévu à l'article 44 *bis* de la même loi et des modalités de fonctionnement de l'immeuble ou du groupe d'immeubles ».

2105 **Quand et par qui saisir la commission départementale de conciliation ?** La commission doit être saisie par le bailleur (ou son représentant) **au plus tôt** quatre mois avant le terme du bail (L. 6 juill. 1989, anc. art. 17, depuis la loi du 24 mars 2014, dite loi Alur, art. 17-2-II). Avant, la demande est irrecevable.

EXEMPLE Pour un bail s'achevant le 30 juin, la commission ne peut pas être saisie avant le 1er mars.

Et au plus tard ? Si la loi ne fixe pas de date limite, une chose est sûre : la saisine doit intervenir suffisamment longtemps avant l'échéance du bail pour lui permettre de rendre son avis et, en cas de désaccord, laisser le temps au bailleur de saisir le tribunal avant cette date fatidique. D'ailleurs, une jurisprudence bien établie (Civ. 3e,

12 oct. 2011, n° 10-21.216, *Bull. civ.* III, n° 165 ; Civ. 3e, 7 mars 2012, n° 10-27.820, *Bull. civ.* III, n° 39) interdit au bailleur de saisir le juge avant que la Commission de conciliation ait donné son avis ou que le délai de deux mois qui lui est imparti à cette fin soit écoulé (sur cette question v. aussi ss n° 2113).

En effet, à défaut de saisine du juge avant le terme du bail, le texte (anc. art. 17 c et nouv. art. 17-2-II) indique que « le contrat est reconduit de plein droit aux conditions antérieures du loyer éventuellement révisé ».

2106 **Comment la saisir ?** La commission est saisie par lettre recommandée avec AR adressée à son secrétariat ou par voie électronique (Décr. n° 2001-653, 19 juill. 2001, *JO* 21 juill., p. 11779, art. 7).

> CODE En cas de saisine par voie électronique, le procédé technique utilisé doit assurer l'authentification de l'émetteur, l'intégrité du message et permettre de vérifier la réception du message par la commission à une date certaine.

Dans son envoi, le demandeur doit indiquer ses nom, qualité et adresse, ceux de son cocontractant et l'objet du litige (Décr. 19 juill. 2001, art. 7). La demande peut également être réalisée au moyen d'un formulaire prévu par un arrêté du préfet.

Le secrétariat de la commission est assuré par un service de l'État désigné par le préfet et, dans les départements de Paris, des Hauts-de-Seine, de la Seine-Saint-Denis et du Val-de-Marne, par l'unité territoriale de la direction régionale et interdépartementale de l'hébergement et du logement d'Île-de-France (Décr. 19 juill. 2001, art. 4).

2107 Exemple de lettre de saisine de la Commission départementale de conciliation

Monsieur Ernest Pythouville
15, place d'Aligre
75012 Paris

Commission départementale
de conciliation
Secrétariat
50, avenue Daumesnil
75012 Paris

Paris, le 15 mars 2016

Obligatoirement par LRAR

Lettre recommandée avec AR.

Objet : Fixation d'un loyer de renouvellement.

Madame, Monsieur,

Suite à la proposition de renouvellement que j'ai adressée à mon locataire le 2 novembre 2015 (voir copie jointe) et à défaut de réponse de sa part quatre mois avant le terme du bail (également joint à la présente), je vous saurai gré de bien vouloir convoquer les parties concernées dans les meilleurs délais.

Mentions obligatoires

Coordonnées du bailleur : Ernest Pythouville, 15, place d'Aligre 75012 Paris.

Coordonnées du locataire : James Marignani, 32, rue de Rennes 75006 Paris.

Dans cette attente, je vous prie d'agréer, Madame, Monsieur, l'expression de mes salutations les meilleures.

Ernest Pythouville

PJ : Contrat de location et proposition de renouvellement (incluant les références produites à l'appui de ma demande).

2108 **Convocation à la réunion de la commission.** Au moins **quinze jours avant la date de l'audience**, le secrétariat de la commission doit adresser une convocation aux parties. La convocation, qui peut prendre la forme d'une lettre simple ou d'un envoi électronique, doit préciser l'objet du litige ou de la difficulté.

Si, en raison d'un motif légitime justifié (maladie, accident, raison professionnelle, déplacement, vacances, etc.), les parties convoquées ne sont ni présentes, ni représentées à la réunion ou si seule l'une d'entre elles est présente, ou représentée, alors, une « nouvelle et ultime convocation peut être adressée » (en vertu du Décr. 19 juill. 2001, art. 8).

Par courtoisie, la partie qui ne peut pas se rendre à la convocation adressera un courrier simple expliquant les raisons de son empêchement et demandera un renvoi de l'audience à une autre date.

2109 **Représentation des parties lors de l'audience.** Si, en principe, les parties convoquées doivent se présenter en personne, il est toutefois admis qu'elles puissent se faire représenter par une personne mandatée en ce sens (un agent immobilier, par ex.).

Elles peuvent aussi se faire assister par toute personne de leur choix (avocat, représentant d'une association, etc.), « à l'exclusion des membres titulaires ou suppléants de la commission », qui ne pourraient pas être à la fois, juges et parties.

2110 **Déroulement de la séance.** La commission entend les parties, s'efforce de les concilier et émet un avis qui doit être rendu dans un délai de deux mois maximum à compter de la réception par le secrétariat de la lettre ou du message électronique de saisine.

Toutefois, il se peut que la commission ne parvienne pas à tenir ce délai. Le bailleur devra être vigilant et, en toute hypothèse, c'est-à-dire même si la commission n'a pas rendu son avis, saisir le juge avant la fin du bail.

C'est au cours de cette réunion que les parties feront valoir leurs arguments, bailleur et locataire s'efforçant de produire des références de loyer leur étant favorables.

2111 **Avis rendu par la commission.** La commission peut rendre trois sortes d'avis :

- en cas de conciliation totale, l'avis de la commission va constater la conciliation, dont les termes vont faire l'objet d'un document de conciliation. Le litige prend fin, et un nouveau contrat de location sera signé aux conditions de cet accord ;
- en cas de conciliation partielle, l'avis de la commission constate la conciliation dont les termes font l'objet d'un document de conciliation. Ce document fait également apparaître les points de désaccord qui subsistent. Le litige ne sera pas clos et le bailleur qui souhaite poursuivre son action devra alors saisir la justice avant la fin du bail. L'avis de la commission devra être produit au cours de l'instance ;
- enfin, il n'y a pas de conciliation du tout. L'avis comporte l'exposé du différend et la position des parties ainsi que, le cas échéant, celle de la commission. Là encore, le bailleur devra saisir la justice avant la fin du bail et produire l'avis de la commission départementale de conciliation.

› Saisine du juge

2112 **Principe.** Si le bailleur s'obstine malgré l'échec total ou partiel de la tentative de conciliation, il doit saisir la justice « **avant le terme du contrat** » (la date de fin du bail).

S'il ne le fait pas, il perd tout le bénéfice de la procédure de renouvellement engagée : « le contrat est reconduit de plein droit aux conditions antérieures du loyer éventuellement révisé ».

2113 **Quand saisir le juge ?** La Cour de cassation a décidé que le juge ne peut être valablement saisi avant que le délai de deux mois imparti à la Commission de conciliation pour rendre son avis soit écoulé (Civ. 3e, 12 oct. 2011, n° 10-21.216, *Bull. civ.* III, n° 165). Ainsi, la technique consistant pour le bailleur à « zapper » la phase de conciliation en saisissant, peu de temps avant le terme du contrat, coup sur coup la commission et le tribunal est désormais condamnée : le bailleur doit saisir la commission suffisamment tôt pour que celle-ci puisse rendre son avis avant le terme du bail. Une saisine tardive de la commission par le bailleur lui interdira en effet de saisir le juge et le bail sera reconduit « de plein droit aux conditions antérieures du loyer éventuellement révisé » (L. 6 juill. 1989, anc. art. 17 *c*, nouv. art. 17-2-II).

2114 **Quel juge saisir ?** Le juge compétent est le juge d'instance du lieu de situation de l'immeuble (COJ, art. R. 221-38 et R. 221-48).

Le recours à un avocat devant le tribunal d'instance n'est pas nécessaire. Toutefois, sauf à être familier des procédures, il est hautement recommandé de se faire assister par un avocat.

Si le tribunal d'instance est compétent en dernier ressort (c'est-à-dire que la décision rendue ne sera pas susceptible d'appel : seul un pourvoi en cassation – long et onéreux – serait possible contre la décision rendue) lorsque le litige porte sur une somme inférieure ou égale à 4 000 euros, en matière de loyer de renouvellement, la somme en jeu est indéterminée. L'appel est donc possible.

2115 **Comment ?** Le juge est saisi par la remise au greffe d'une copie de l'assignation (C. pr. civ., art. 838).

Une assignation est obligatoirement délivrée par l'intermédiaire d'un huissier de justice à tous les signataires du bail (v. ss n° 2818).

2116 **Sens de la décision du juge.** Même si l'avis rendu par la commission départementale de conciliation risque de peser lourd dans la balance, le juge est souverain pour apprécier si le loyer pratiqué est – ou non – manifestement sous-évalué.

Par ailleurs, s'il reconnaît la sous-évaluation manifeste, il est également libre de déterminer le loyer de renouvellement et n'est pas tenu de retenir la moyenne arithmétique des références produites par le bailleur ou par les parties.

Tableau récapitulatif des suites pouvant être données à la proposition de renouvellement

Accord 4 mois avant la fin du contrat	Réponse 4 mois avant la fin du contrat	Saisine de la Commission de conciliation	Conciliation	Saisine du juge avant le terme du contrat	Résultat
Non	Non	Non		Impossible	Reconduction du contrat aux conditions antérieures (sans majoration de loyer, mais avec application de la clause de révision lorsqu'elle existe)
Non	Non	Oui			
Non	Non	Oui	Non	Oui	Renouvellement du contrat (loyer fixé par le juge) avec hausse étalée sur 3 ou 6 ans
Non	Non	Oui	Oui		Renouvellement du contrat (loyer fixé par l'accord) avec hausse étalée sur 3 ou 6 ans
Oui	Oui				Renouvellement du contrat avec majoration de loyer, avec hausse étalée sur 3 ou 6 ans

Enfin, en cas de fixation judiciaire du loyer, le bail est réputé renouvelé pour trois ans lorsque le bailleur est une personne physique ou assimilée et pour six ans si le bailleur est une personne morale (v. s[s] n° 307).

Le point de départ du nouveau bail est alors arrêté à la date d'expiration du précédent bail et ce, quelle que soit la date à laquelle la décision est rendue.

22
Application de l'augmentation de loyer en cas de loyer manifestement sous-évalué

> Règles en principe applicables

> Exception du décret d'encadrement

Le principe est que la hausse va être pleinement répercutée, de manière, à terme, à appliquer un loyer rattrapant la sous-évaluation manifeste (v. s^{s} n°s 2202 s.).

Ce principe est cependant très sérieusement écorné par le décret annuel d'encadrement des loyers (v. s^{s} n°s 2205 s.).

2201 **Application de l'augmentation de loyer en cas de loyer manifestement sous-évalué.** L'application de l'augmentation de loyer en cas de loyer manifestement sous-évalué vaut aussi bien pour les baux signés avant le 27 mars 2014, soit antérieurement à l'entrée en vigueur de la loi du 24 mars 2014, dite loi Alur (L. n° 2014-366, 24 mars 2014, *JO* 26 mars, p. 5809), que pour ceux qui relèvent de ce nouveau texte (hors zones tendues, v. s[s] n°s 1207 s.).

› Règles en principe applicables

2202 **Généralités.** En la matière, les règles applicables – qui sont identiques que le loyer ait été renouvelé amiablement, après conciliation ou sur décision de justice – sont prévues par les trois derniers alinéas de l'ancien article 17 *c* de la loi du 6 juillet 1989 (L. n° 89-462, 6 juill. 1989, *JO* 8 juill., p. 8541) et, depuis la loi du 24 mars 2014, par les trois derniers alinéas de l'article 17-2-II nouveau.

2203 **Étalement de la hausse.** En principe, la hausse sera étalée sur la durée du bail renouvelé (chaque année, par 1/3, pour un bail de trois ans, par 1/6, pour un bail de six ans).

Dans les deux cas, ajoute le texte, la révision éventuelle s'applique à chaque valeur ainsi définie. En d'autres termes, il faut ajouter les effets de l'éventuelle clause de révision du bail dès la première année de renouvellement (v. s[s] n° 1225).

EXEMPLE D'AUGMENTATION DE LOYER

Le bail de M. Demarthes a été renouvelé pour trois ans.

Son ancien loyer était de 500 euros. Le nouveau s'élève à 530 euros.

La première année du renouvellement, il devra donc s'acquitter d'un loyer de 510 euros par mois.

La deuxième année, son loyer s'élèvera à 520 euros.

La troisième année, le loyer de renouvellement sera d'un montant de 530 euros.

À ce montant, il faudra ajouter les effets de l'éventuelle clause de révision comprise dans le bail, étant entendu que cette indexation jouera dès la première année de renouvellement.

2204 **Par exception, une hausse supérieure à 10 % sera étalée sur six ans.** Lorsque la réévaluation du loyer initial conduit à une augmentation de loyer supérieure à 10 %, le législateur a prévu d'étaler sur six ans la hausse de loyer et ce, quelle que soit la durée du bail de renouvellement, pour que le locataire puisse s'adapter à cette dépense supplémentaire.

Le texte prévoit que « cette hausse s'applique par sixième annuel au contrat renouvelé, puis lors du renouvellement ultérieur, dès lors qu'elle est supérieure à 10 % si le premier renouvellement avait une durée inférieure à six ans ».

Ainsi, lorsque le bail renouvelé est de trois ans, ce n'est qu'à compter de la dernière année du second renouvellement que la hausse sera répercutée totalement.

EXEMPLE D'AUGMENTATION DE LOYER DE PLUS DE 10 %

Le loyer initial de M. Vincent s'élevait à 600 euros ; le loyer de renouvellement est de 700 euros. La majoration est donc supérieure à 10 % du prix d'origine et la hausse va s'étaler sur six ans, alors que le bail a été renouvelé pour trois ans.

Durant la première année du renouvellement du bail, le locataire devra donc s'acquitter d'un loyer mensuel de 616,67 euros, c'est-à-dire du loyer initial (600 euros) + 1/6 de l'augmentation (16,67 euros).

Entre le début de la deuxième année et la fin de la sixième année (si le bail est à nouveau renouvelé), le loyer mensuel augmentera tous les ans de 16,67 euros (633,34 euros la seconde année, 650 euros la troisième, 666,68 euros la quatrième, 683,35 euros la cinquième et 700 euros à compter de la sixième année).

À ce montant également, il faudra, là aussi, ajouter les effets de l'éventuelle clause de révision comprise dans le bail, étant entendu que cette indexation jouera dès la première année de renouvellement.

Exception du décret d'encadrement

2205 **Décrets d'encadrement (régime antérieur à la loi du 24 mars 2014, dite loi Alur).** Aux termes de l'ancien article 18 de la loi du 6 juillet 1989 la zone géographique où le niveau et l'évolution des loyers comparés à ceux constatés sur l'ensemble du territoire révèlent une situation anormale du marché locatif, un décret en Conseil d'État, pris après avis de la Commission nationale de concertation, peut fixer le montant maximum d'évolution des loyers des logements vacants définis au *b* de l'article 17 et des contrats renouvelés définis au *c* du même article.

CODE Si, de 1989 à 2011, chaque année, avant la fin du mois d'août, le Gouvernement a publié un décret de blocage pour les loyers applicable à Paris et en région parisienne et valable pour un an, le décret du 20 juillet 2012 d'encadrement des loyers (Décr. n° 2012-894, 20 juill. 2012, *JO* 21 juill., p. 11956, en vigueur du 1er août 2012 au 31 juill. 2013), ainsi que le décret du 30 juillet 2013 (Décr. n° 2013-689, 30 juill. 2013, *JO* 31 juill., en vigueur du 1er août 2013 au 31 juill. 2014) étaient en rupture avec leurs prédécesseurs en ce qu'ils visaient pas loin d'une quarantaine d'agglomérations (le décret du 30 juillet 2013 concernait 28 agglomérations en métropole et 11 dans les départements d'outre-mer) (v. ss nos 1210 s.).
Ce décret d'encadrement annuel pouvait prévoir des adaptations particulières, notamment en cas de travaux réalisés par les bailleurs ou de loyers manifestement sous-évalués.

Quant au mécanisme d'encadrement, le décret de 2012 et, après lui, le décret de 2013 distinguaient plusieurs hypothèses.

Le principe était que lorsque le bail était renouvelé entre le 1er août 2013 et le 31 juillet 2014, il ne pouvait y avoir de réévaluation du loyer autre que celle résultant de la révision, aux dates et conditions prévues au contrat, ou d'une clause relative à la révision introduite dans le contrat lors de son renouvellement dans les limites de la variation de l'indice de référence des loyers.

Le texte ajoutait que, par dérogation, lorsque le loyer était manifestement sous-évalué, le bailleur pouvait le réévaluer sans que la hausse de loyer excède la plus élevée des deux limites suivantes :

1° La moitié de la différence entre le loyer déterminé conformément aux dispositions du c de l'article 17 de la loi du 6 juillet 1989 et le loyer appliqué avant le renouvellement du contrat de location, révisé dans les limites prévues au d du même article 17.

2° Une majoration du loyer annuel égale à 15 % du coût réel des travaux toutes taxes comprises, dans le cas où le bailleur a réalisé depuis le dernier renouvellement du contrat de location des travaux d'amélioration portant sur les parties privatives ou communes d'un montant au moins égal à la dernière année de loyer.

Le texte précisait par ailleurs :

- que le coût des travaux d'amélioration portant sur les parties communes à prendre en compte était déterminé en fonction des millièmes correspondant au logement en cause ;
- que les dispositions du décret de 2013 ne faisaient pas obstacle à l'application des clauses par laquelle les parties avaient convenu que le bailleur réaliserait des travaux d'amélioration en contrepartie d'une augmentation de loyer (L. 6 juill. 1989, art. 17 *e*, v. s^s^ n° 822) ou des accords collectifs locaux conclus en application de l'article 42 de la loi dite « Méhaignerie » du 23 décembre 1986 (L. n° 86-1290, 23 déc. 1986, *JO* 24 déc., p. 15531) ;
- que la commission départementale de conciliation prévue à l'article 20 de la loi du 6 juillet 1989 est compétente pour connaître des différends relatifs à l'application du décret de 2013. Elle pouvait être saisie et se prononce selon les modalités définies au même article 20.

Attention : Si la validité de ce décret ne court que jusqu'au 31 juillet 2014, ses effets s'appliquent pendant toute la durée du bail.

EXEMPLE D'APPLICATION DU DÉCRET D'ENCADREMENT DE 2013 EN CAS DE PRISE EN COMPTE DE LA MOITIÉ DE L'AUGMENTATION DE LOYER

M. Dargent loue un appartement à Collégien, en Seine-et-Marne (commune visée par le décret de blocage). À l'occasion du renouvellement, son loyer est passé de 600 à 700 euros. L'augmentation ne pourra être répercutée qu'à hauteur de 50 euros.

Durant la première année du renouvellement du bail, le locataire devra donc s'acquitter d'un loyer mensuel de 608,33 euros, c'est-à-dire du loyer initial (600 euros) + 1/6 de l'augmentation (8,33 euros).

Entre le début de la deuxième année et la fin de la sixième année (si le bail est à nouveau renouvelé), le loyer mensuel augmentera tous les ans de 8,33 euros (616,66 euros la seconde année, 624,99 euros la troisième, 633,32 euros la quatrième, 641,65 euros la cinquième et 650 euros à compter de la sixième année).

À cette augmentation, il conviendra d'ajouter les effets de l'éventuelle clause de révision (v. ss n° 1225).

EXEMPLE D'APPLICATION DU DÉCRET D'ENCADREMENT EN CAS DE PRISE EN COMPTE DES TRAVAUX RÉALISÉS

M. Pastor loue un appartement situé dans une copropriété pour lequel il paie un loyer de 600 euros.

Suite à la réalisation de divers travaux d'amélioration dans les parties communes (restructuration du jardin commun, ravalement-amélioration de la façade) et dans les parties privatives (installation du chauffage central en lieu et place des convecteurs électriques), d'un montant total incombant au bailleur de 8 000 euros, celui-ci entend, lors du renouvellement, augmenter le loyer.

Comme le coût des travaux est supérieur au montant de la dernière année de loyer (7 200 euros), il pourra augmenter le loyer de 8 000 × 15 %, soit 1 200 euros pour l'année ou 100 euros par mois.

Cette majoration étant supérieure à 10 % de l'ancien loyer, elle devra être étalée sur six ans.

Durant la première année du renouvellement du bail, le locataire devra donc s'acquitter d'un loyer mensuel de 616,67 euros, c'est-à-dire du loyer initial (600 euros) + 1/6 de l'augmentation mensuelle (16,67 euros).

Entre le début de la deuxième année et la fin de la sixième année (si le bail est à nouveau renouvelé), le loyer mensuel augmentera tous les ans de 16,67 euros.

Comme dans l'exemple précédent, à cette augmentation, il conviendra d'ajouter les effets de l'éventuelle clause de révision (v. s^s^ n° 1225).

2206 **Décrets d'encadrement (régime postérieur à la loi Alur du 24 mars 2014).** Aux termes de l'article 18 de la loi du 6 juillet 1989, dans sa rédaction issue de la loi Alur du 24 mars 2014, pour chacune des zones tendues (sur cette notion, v. s^s^ n° 1213), un décret fixe annuellement le montant maximum d'évolution des loyers des logements contrats renouvelés.

CODE Le décret peut prévoir des adaptations particulières, notamment en cas de travaux réalisés par les bailleurs ou de loyers manifestement sous-évalués.

En cas de litige entre les parties résultant de l'application du décret, la commission départementale de conciliation est compétente et sa saisine constitue un préalable obligatoire à la saisine du juge par l'une ou l'autre des parties.

Pour les baux (nus ou meublés) signés entre le 1er août 2015 et le 31 juillet 2016, le décret n° 2015-931 du 29 juillet 2015 (Décr. n° 2015-931, 29 juill. 2015, *JO* 31 juill., p. 13097), pratiquement identique à un décret du 30 juillet 2014 applicable aux baux conclus entre le 1er août 2014 et le 31 juillet 2015, encadre les loyers renouvelés de locaux situés dans les zones tendues.

Attention : Si la validité de ce décret ne court que jusqu'au 31 juillet 2016, ses effets s'appliquent pendant toute la durée du bail.

Selon ce décret, lors du renouvellement d'un contrat de location, si le loyer est manifestement sous-évalué, la hausse de loyer convenue entre les parties ou fixée judiciairement ne peut excéder la plus élevée des deux limites suivantes :

• 1° La moitié de la différence entre le montant d'un loyer déterminé par référence aux loyers habituellement constatés dans le voisinage pour des logements comparables et le loyer appliqué avant le renouvellement du contrat de location, révisé dans les limites prévues au I de l'article 17-1 de la loi de 1989 (v. s[s] n°s 1225 s.).

Les logements comparables servant à la détermination du loyer de référence sont situés soit dans le même groupe d'immeubles, soit dans tout autre groupe d'immeubles comportant des caractéristiques similaires et situé dans la même zone géographique.

Les références sont nécessairement jointes au contrat.

Lorsque le dernier loyer du précédent locataire a fait l'objet d'une réévaluation, qui n'a pas été entièrement appliquée à la date de la fin du bail, le dernier loyer appliqué au précédent locataire est le loyer convenu entre les parties ou fixé judiciairement, y compris la fraction non encore réévaluée.

• 2° Une majoration du loyer annuel égale à 15 % du coût réel des travaux TTC, si le bailleur a réalisé, depuis la conclusion du contrat de location initial ou, lorsque le bail a été renouvelé, depuis son dernier renouvellement, des travaux d'amélioration ou de mise en conformité avec les caractéristiques de décence portant sur les parties privatives ou sur les parties communes pour un montant au moins égal à la dernière année de loyer.

Est exclu du montant des travaux d'amélioration ou de mise en conformité le coût des travaux ayant donné ou donnant lieu à une contribution pour le partage des économies de charge en application de l'article 23-1 de la loi de 1989 (v. s[s] n° 1306) ou à une majoration du loyer en application d'une « clause travaux » (v. s[s] n°s 701 s.). Le coût des travaux d'amélioration ou de mise en conformité portant sur les parties communes est déterminé en fonction des millièmes correspondant au logement.

Cependant, lorsqu'un arrêté préfectoral d'encadrement a été pris à la date de renouvellement du contrat, ce qui précède ne joue pas dès lors que la réévaluation du loyer est soumise aux dispositions de l'article 17-2-I (v. s[s] n° 1904).

23 Délivrance d'un congé au locataire

> Qui peut donner congé ?
> À qui doit-on délivrer le congé ?
> Quand doit-on délivrer le congé ?
> Comment notifier le congé ?
> Liberté du locataire de partir à n'importe quel moment du préavis
> La procédure spécifique de résiliation du contrat lorsque le bailleur est un établissement public de santé

Donner congé oblige à respecter certaines formalités. Il faut avoir **qualité pour donner congé** (v. s[s] n° 2302), **l'adresser à la bonne personne** (v. s[s] n° 2304), **au bon moment** (v. s[s] n° 2310), **par lettre recommandée avec AR ou par acte d'huissier ou, depuis** la loi du 24 mars 2014, dite loi Alur, **par remise en main propre** (v. s[s] n° 2313).

2301 **Principe.** Un bailleur peut donner congé à son locataire, mais dans les cas et aux conditions prévues par la loi. Reprendre possession de son bien peut s'avérer délicat car l'article 15 de la loi du 6 juillet 1989 assure la protection du locataire (L. n° 89-462, 6 juill. 1989, *JO* 8 juill., p. 8541).

Outre les questions de forme et de délais, le bailleur doit justifier sa décision et il ne peut invoquer que trois motifs : il reprend le bien soit pour l'habiter ou y loger un proche (v. s^s n° 2406), soit pour le vendre (v. s^s n° 2408), soit, enfin, parce qu'il a un motif légitime et sérieux de vouloir le récupérer (v. s^s n° 2423).

Compétence de la commission départementale de conciliation.

Pour les baux conclus à compter du 27 mars 2014, date d'entrée en vigueur de la loi du 24 mars 2014, dite loi Alur (L. n° 2014-366, 24 mars 2014, *JO* 26 mars, p. 5809), la commission départementale de conciliation est compétente pour connaître des « litiges relatifs aux congés délivrés en application de l'article 15 » (L. 6 juill. 1989, art. 20, dans sa rédaction issue de L. 24 mars 2014, dite loi Alur).

» Qui peut donner congé ?

2302 **Congé donné par le bailleur.** Lorsque le bailleur est une personne physique, la question de l'auteur du congé ne pose pas de problème. Le bailleur est facilement identifiable : c'est celui qui a signé le bail avec le locataire.

À la suite du décès du bailleur ou d'une donation avec réserve d'usufruit, les droits sur un logement peuvent être répartis entre nu-propriétaire et usufruitier. On dit dès lors que le bien est grevé d'un **usufruit**, et dans ce cas seul l'usufruitier est en droit de délivrer congé. Un congé délivré par le nu-propriétaire serait nul.

La solution est toutefois différente en cas de congé pour vente. En effet, alors, l'acte de congé doit être signé à la fois du nu-propriétaire et de l'usufruitier (v. s^{s} n° 2409).

Lorsque le logement loué est en indivision (c'est-à-dire lorsqu'il appartient à plusieurs propriétaires à la fois) – et même si l'article 815-3 du code civil tel que modifié par la loi du 23 juin 2006 (L. n° 2006-728, 23 juin 2006, *JO* 24 juin, p. 9513) ne vise que la conclusion et le renouvellement du bail –, on peut considérer qu'il n'est plus indispensable d'obtenir l'accord de tous les indivisaires pour donner congé. Les indivisaires représentant au moins les deux tiers des droits indivis peuvent le faire seuls, à condition d'en informer les autres. Et dans tous les cas, comme pour la signature du bail, il est possible de donner un mandat à cette fin (pour plus de détails v. s^{s} n° 204).

2303 **Congé donné par le représentant du bailleur.** Par « représentant », il faut entendre :

- soit l'agent immobilier qui a reçu mandat de gérer le logement loué ;
- soit, lorsque le bailleur est une personne morale (société), la personne physique qui le représente.

Quelle que soit la qualité du représentant, ce dernier doit toujours être en mesure de prouver qu'il a bien reçu le pouvoir de délivrer congé. Le représentant de la personne morale propriétaire devra faire état des statuts de la société ou de la délibération d'assemblée l'ayant habilité. L'agent immobilier, quant à lui, devra rapporter la preuve du mandat de gestion qui le lie au bailleur (v. s^{s} n° 107).

En cas de congé pour vendre, le représentant du bailleur devra être titulaire d'un mandat spécial lui permettant de réaliser un tel acte pour le compte de son mandant (v. s^{s} n° 2410). Le mandat donné à un agent immobilier de vendre un bien n'emporte pas mandat de délivrer un congé pour vendre.

Le congé délivré par un représentant doit obligatoirement mentionner le nom et les coordonnées du bailleur (Cass., ass. plén., 13 févr. 1998, n° 95-10.378, *Bull. ass. plén*, n° 1). En revanche, la loi n'impose pas que le mandataire s'identifie ni qu'il précise qu'il agit en qualité d'intermédiaire.

» À qui doit-on délivrer le congé ?

2304 **Remarque préalable.** Plusieurs situations sont à distinguer en fonction du nombre de locataires et de leur situation matrimoniale au moment du congé.

2305 **Locataire célibataire.** Dans ce cas, la situation est simple : le congé est délivré au seul titulaire du bail. Une autre personne que le locataire en titre n'a pas à recevoir une quelconque notification de rupture du bail, puisque par définition, elle n'est pas locataire.

2306 **Locataire marié.** Lorsque les locataires sont mariés et même si un seul des époux est signataire du bail, le bailleur doit adresser un courrier à chacun des époux, par courrier séparé.

En effet, le bail d'habitation est réputé avoir été conclu avec les deux époux alors même qu'il a été signé par un seul des époux avant le mariage (C. civ., art. 1751). C'est ce que l'on appelle la « cotitularité du droit au bail entre les époux ».

Survie de la cotitularité du bail à la séparation du couple

Les époux sont, quel que soit leur régime matrimonial et nonobstant toute clause contraire, cotitulaires du droit au bail portant sur le logement qui constitue effectivement leur résidence principale. Mais que se passe-t-il si l'un d'eux a quitté le domicile conjugal ? En soi, cela ne change rien, a répondu la Cour de cassation. Chacun des époux reste cotitulaire du bail dès lors que le logement a effectivement servi à l'habitation des deux époux et ce, jusqu'à la transcription du jugement de divorce en marge des registres de l'état civil (Civ. 3e, 31 mai 2006, n° 04-16.920, *Bull. civ.* III, n° 135).

Mais, le bailleur qui a loué à un locataire célibataire qui, en cours de bail, s'est marié sans l'en avertir, peut valablement délivrer congé au seul signataire du bail. Cette rupture est valable à l'égard des deux. En effet, l'article 9-1 de la loi du 6 juillet 1989 dispose que « nonobstant les dispositions des articles [...] 1751 du code civil, les notifications ou significations faites [dont celles concernant le congé] par le bailleur sont de plein droit opposables [...] au conjoint du locataire si l'existence de ce [...] conjoint n'a pas été préalablement portée à la connaissance du bailleur ».

Le locataire qui conteste la validité du congé, délivré à lui seul et non à son épouse, devra prouver qu'il a bien informé le bailleur de son mariage : le fait que le propriétaire l'ait appris incidemment n'est pas suffisant pour rendre obligatoire une double notification (Civ. 3e, 19 oct. 2005, n° 04-17.039, *Bull. civ.* III, n° 198).

2307 **Locataire en concubinage.** De deux choses l'une :
- soit concubinage est antérieur à la prise de location, et le bailleur a pu faire signer un bail aux deux partenaires/concubins qui sont colocataires (v. ss n° 205) ;
- soit le concubinage a eu lieu en cours de bail et, à défaut de reconnaissance par les textes d'une cotitularité à l'égard du concubin, le bailleur n'est dans l'obligation de notifier son congé qu'au signataire du bail.

2308 **Locataire pacsé.** Depuis la loi du 24 mars 2014, dite loi Alur, lorsque le locataire est lié à un partenaire par un Pacs, le bailleur doit adresser un courrier à chacun des pacsés, par courrier séparé, dès lors du moins, que les partenaires ont demandé conjointement à être cotitulaires du bail.

En effet, le bail d'habitation est alors réputé avoir été conclu avec les deux partenaires, alors même que celui-ci a été signé par un seul (C. civ., art. 1751, mod. par L. 24 mars 2014, dite loi Alur).

La rédaction de l'article 9-1 de la loi du 6 juillet 1989 (issue de L. n° 2000-1208, 13 déc. 2000, *JO* 14 déc., p. 19777, dite loi SRU) a aligné le régime des notifications du locataire qui se pacse en cours de bail sur celui du locataire qui se marie (v. ss n° 2306).

2309 **Signature du bail par plusieurs personnes.** Le principe est qu'en présence de plusieurs locataires ayant signé le bail, chacun doit recevoir un congé. En effet, ils sont copreneurs, ce qui implique qu'ils ont individuellement tous les droits d'un locataire.

Si le bail comporte **une clause d'engagement solidaire**, le congé peut n'être adressé qu'à l'un des colocataires. Les articles 1197 et suivants du code civil prévoient en effet que ce type de clause permet de valablement notifier le congé à l'un quelconque des locataires. La réception du congé par l'un des locataires suffit pour le rendre opposable à tous les autres locataires. Toutefois, il faut préciser que la clause d'engagement solidaire ne se présume pas (C. civ., art. 1202). Si le propriétaire entend en utiliser les effets, elle doit impérativement figurer dans le contrat de bail.

Par souci de bonne information, il est conseillé au bailleur de s'engager dans le contrat de location à adresser, tout de même, par courriers séparés, un congé à chacun des locataires.

Destinataires du congé

Situation	Destinataire(s)
Époux locataires (existence du conjoint connue du bailleur)	Les deux
Époux locataires (existence du conjoint ignorée du bailleur)	Le locataire
Copreneurs non solidaires	Les deux
Copreneurs solidaires	Un seul (cependant, en pratique, la notification d'un congé à chaque copreneur est recommandée)
Locataires pacsés	Les deux partenaires si demande conjointe de cotitularité
Locataire vivant avec un concubin non-signataire du bail	Le seul locataire

» Quand doit-on délivrer le congé ?

2310 **Délai de préavis de six mois.** Le congé donné par le bailleur ne peut intervenir qu'en fin de bail et il doit être notifié au moins **six mois** avant le terme du bail.

Le cas particulier du congé donné par le bailleur ayant acheté le logement occupé.

Selon la loi n° 2015-990 du 6 août 2015, dite loi Macron (*JO* 7 août, p. 13537), applicable sur ce point aux baux en cours, en cas d'acquisition d'un bien occupé :

- lorsque le terme du contrat de location en cours intervient **plus de trois ans après la date d'acquisition**, le bailleur peut donner congé à son locataire pour vendre le logement au terme du contrat de location en cours (concernant le congé pour vente, v. ss nos 2507 s.) ;
- lorsque le terme du contrat de location en cours intervient **moins de trois ans après la date d'acquisition**, le bailleur ne peut donner congé à son locataire pour vendre le logement qu'au terme de la première reconduction tacite ou du premier renouvellement du contrat de location en cours (concernant le congé pour vente, v. ss nos 2507 s.) ;
- lorsque le terme du contrat en cours intervient **moins de deux ans après l'acquisition**, le congé pour reprise donné par le bailleur au terme du contrat de location en cours ne prend effet qu'à l'expiration d'une durée de deux ans à compter de la date d'acquisition (concernant le congé pour reprise, v. ss nos 2501 s.).

Pour les baux conclus à compter du 27 mars 2014, date d'entrée en vigueur de la loi du 24 mars 2014, dite loi Alur, **lorsque le bailleur aura acheté un logement occupé**, il ne peut, aux termes de l'article 15 de la loi du 6 juillet 1989 modifié :

- donner **congé pour reprise** « qu'à compter du terme du bail en cours ou, si le terme du bail intervient moins de deux ans après l'acquisition, après un délai de deux ans » (concernant le congé pour reprise, v. ss nos 2501 s.) ;
- donner **congé pour vente** « qu'à compter du terme du premier renouvellement du bail en cours » (concernant le congé pour vente, v. ss nos 2507 s.).

2311 **Comment décompter ce délai fatidique ?** Le délai de six mois avant le terme du bail a une importance primordiale. Ne pas le respecter implique que le locataire restera en place pour trois ou six ans de plus (sauf s'il délivre congé avant).

Ce délai mérite d'autant plus l'attention que son mode de calcul n'est pas évident, car il obéit aux règles des articles 641 et 642 du code de procédure civile.

Le délai de préavis expire le jour du dernier mois qui porte le même quantième que le jour de la notification et, à défaut de quantième identique, le délai expire le dernier jour du mois.

Il expire le dernier jour à vingt-quatre heures. S'il arrive à son terme normalement un samedi, un dimanche ou un jour férié ou chômé, il est prorogé jusqu'au premier jour ouvrable suivant.

> **EXEMPLE** Pour un bail à date d'effet au 1er mai, le locataire doit recevoir un congé trois ou six ans plus tard :
> – pour le 2 mai, si le 1er est compris entre le lundi et le jeudi ;
> – pour le 3 mai, si le 1er est un samedi ;
> – pour le 4 mai, si le 1er est un vendredi.

> **Pour les baux conclus à compter du 27 mars 2014**, date d'entrée en vigueur de la loi du 24 mars 2014, dite loi Alur, l'article 15-II de la loi du 6 juillet 1989, modifié, prévoit que « le congé doit être notifié par lettre recommandée avec demande d'avis de réception, signifié par acte d'huissier ou remis en main propre contre récépissé ou émargement. **Ce délai court à compter du jour de la réception de la lettre recommandée, de la signification de l'acte d'huissier ou de la remise en main propre ».**

› Comment notifier le congé ?

2312 **Texte applicable.** Le congé doit être adressé, soit par lettre recommandée avec demande d'avis de réception, soit par acte d'huissier.

Cette condition de forme est dictée par l'article 15 de la loi du 6 juillet 1989. Il n'est pas possible d'y déroger, la loi étant d'ordre public.

Pour les baux conclus à compter du 27 mars 2014, date d'entrée en vigueur de la loi du 24 mars 2014, dite loi Alur, l'article 15-II de la loi du 6 juillet 1989, modifié, prévoit que le congé doit être notifié par lettre recommandée avec demande d'avis de réception, signifié par acte d'huissier ou **remis en main propre contre récépissé ou émargement**.

2313 **Lettre recommandée avec AR ou acte d'huissier ?** La Lettre recommandée avec AR a l'avantage d'être un procédé souple et peu coûteux. D'autant plus qu'un bailleur peut trouver bien sévère d'envoyer un huissier pour annoncer au locataire qu'il doit se préparer à trouver un autre logement.

Mais cette forme de délivrance du congé présente un grave inconvénient puisque le congé n'est considéré comme effectivement donné qu'à compter du jour de la réception de la lettre recommandée et non de son expédition. Or, la réception est la date effective de remise de la lettre entre les mains de son destinataire. Seule la date de signature de l'accusé de réception va attester de la réception du congé et ainsi faire courir le délai de préavis. Ce qui laisse une période d'au moins quinze jours pendant laquelle on ne sait pas si le congé a bien été délivré.

Un bailleur prévoyant a donc tout intérêt à adresser une lettre recommandée avec AR largement six mois avant l'échéance du bail (un congé prématuré n'est pas nul : Civ. 3e, 29 oct. 2008, n° 07-17.911 ; Civ. 3e, 10 déc. 2008, n° 07-15.386, *Bull. civ.* III, n° 202) afin de pouvoir recourir à un huissier et ainsi notifier dans les délais légaux, dans l'hypothèse où le locataire n'irait pas retirer le courrier recommandé.

> Attention aux congés tardifs résultant des jours fériés. En effet, le décompte du délai se fait de façon un peu particulière (v. s^s n° 2311).

2314 **Opportunité du recours à un huissier.** En dépit du coût de l'opération (une notification de congé par huissier coûte environ 160 €), recourir à un huissier présente un sérieux avantage : le bailleur est sûr de la date à laquelle le congé a été délivré.

Même si le principe reste la délivrance en main propre au locataire, le fait pour l'huissier de déposer dans la boîte aux lettres de ce dernier un avis de passage daté l'informant qu'un congé lui a été notifié suffit. Il n'est pas nécessaire que le locataire ait été touché personnellement par l'huissier pour que le congé soit réputé avoir été porté à sa connaissance.

La tâche des huissiers de justice a été facilitée par la loi du 22 décembre 2010 (L. n° 2010-1609, 22 déc. 2010, *JO* 23 déc., p. 22552). En effet, aux termes de l'article L. 111-6-6 du code de la construction et de l'habitation, issu de ce texte, le propriétaire ou, en cas de copropriété, le syndicat des copropriétaires représenté par le syndic permet aux huissiers de justice d'accéder, pour l'accomplissement de leurs missions de signification ou d'exécution, aux parties communes des immeubles d'habitation. L'entrée en vigueur de ce texte est toutefois subordonnée à la parution d'un décret d'application.

› Liberté du locataire de partir à n'importe quel moment du préavis

2315 **Principe.** Lorsque le congé émane du bailleur, le locataire n'est redevable du loyer et des charges que pour le temps où il occupe réellement les lieux pendant le délai de six mois de préavis.

Il peut partir à n'importe quel moment du préavis et il n'est absolument pas redevable des loyers et charges sur la période qui reste à courir (L. 6 juill. 1989, art. 15-I).

› La procédure spécifique de résiliation du contrat lorsque le bailleur est un établissement public de santé

2316 **Le dispositif.** La **loi n° 2016-41 du 26 janvier 2016** de modernisation de notre système de santé (*JO* 27 janv. 2016) simplifie la reprise des locaux d'habitation loués appartenant à l'**Assistance publique-hôpitaux de Paris**, aux **Hospices civils de Lyon** ou à l'**Assistance publique-hôpitaux de Marseille** aux fins de loger leur personnel.

> CODE
> **Champ d'application de cette procédure.** Cette procédure n'est **pas opposable** au locataire qui répond aux **conditions de ressources** annuelles équivalentes ou inférieures au plafond prévu pour les prêts locatifs sociaux, mentionné au III de l'article 15 de la loi du 6 juillet 1989 (v. l'encadré s[s] n° 2427), titulaire d'un contrat de location au 27 janvier 2016.

Un **nouvel article 14-2** de la loi du 6 juillet 1989, applicable aux contrats de location en cours le 27 janvier 2016, prévoit en effet que la **résiliation** du contrat de location peut être **prononcée par ces bailleurs** en vue d'**attribuer** ou de louer le logement à une personne en raison de l'exercice d'une **fonction** ou de l'occupation d'un **emploi** dans l'un de ces établissements publics de santé et dont le nom figure sur la liste des personnes ayant formulé une demande de logement.

Le texte précise que cette résiliation ne peut produire effet avant l'expiration d'un délai de six mois à compter de la notification de sa décision par le bailleur à l'occupant.

Pour les contrats en cours, ce délai est porté à huit mois avant la date d'effet de la résiliation.

CODE

Contenu de la notification.
La notification du bailleur doit comporter le **motif** de la résiliation et la **nature des fonctions** occupées par la ou les personnes auxquelles le bailleur envisage d'attribuer ou de louer le logement.

Dans l'hypothèse où le logement ne serait pas, en définitive, attribué ou loué à l'une des bénéficiaires de cette nouvelle procédure de résiliation, le bailleur devra, sur simple demande de l'ancien occupant, de conclure avec ce dernier un **nouveau contrat** de location pour une durée au moins égale à six ans (sur la durée du bail conclu par un bailleur personne morale, v. s^s n° 307).

24 Motifs du congé donné au locataire

Le bailleur peut reprendre le bien en fin de bail soit **pour l'habiter ou y loger un proche** (v. s^s^ n°s 2403 s.), **soit pour le vendre** (v. s^s^ n°s 2408 s.), soit avoir un **motif légitime et sérieux** (v. s^s^ n°s 2423 s.). Mais **attention : si le locataire est âgé et** ne dispose que de très faibles **ressources**, il faudra en plus, sauf exception, **s'engager à le reloger** (v. s^s^ n°s 2426 s.).

2401 **Principe.** Alors que le locataire peut donner congé à tout moment, le bailleur ne peut pas décider de reprendre son bien quand bon lui semble. Il doit nécessairement justifier sa décision et il ne peut invoquer qu'un des trois motifs suivants :

- il reprend le bien pour l'habiter ou y loger un proche (v. s^{s} n° 2403);
- il le reprend pour le vendre (v. s^{s} n° 2408);
- enfin, il a un motif légitime et sérieux de vouloir récupérer son bien (v. s^{s} n° 2423).

Insalubrité ou péril : impossibilité de donner congé. **Pour les baux conclus à compter du 27 mars 2014**, date d'entrée en vigueur de la loi du 24 mars 2014, dite loi Alur (L. n° 2014-366, 24 mars 2014, *JO* 26 mars, p. 5809), aux termes de l'article 15-I de la loi du 6 juillet 1989 (L. n° 89-462, 6 juill. 1989, *JO* 8 juill., p. 8541), modifié, la possibilité pour un bailleur de donner congé à un locataire et la durée du bail sont suspendues à compter :

- de la réception de l'avis de tenue de la réunion de la commission départementale compétente en matière d'environnement, de risques sanitaires et technologiques, notifié par le préfet, dans la perspective de la **déclaration d'insalubrité de l'immeuble**;
- de l'engagement par le maire de la procédure relative aux bâtiments menaçant ruine (procédure contradictoire pouvant déboucher sur la publication d'un **arrêté de péril** prévu à l'article L. 511-2 du code de la construction et de l'habitation [CCH]).

Mais cette suspension est levée lorsqu'aucun arrêté d'insalubrité ou de péril n'aura été pris dans les six mois à compter de la réception du courrier de l'autorité administrative compétente (préfet ou maire) engageant l'une de ces procédures.

Lorsqu'un arrêté d'insalubrité ou de péril est pris, le locataire bénéficie des mesures de protection des articles L. 521-1 et L. 521-2 du CCH (le loyer n'est plus dû et le bailleur doit le reloger).

2402 **Contrôle par la juge du motif pour lequel le congé a été donné et sanction.** Pour les baux conclus à compter du 27 mars 2014, date d'entrée en vigueur de la loi du 24 mars 2014, dite loi Alur, selon l'article 15 de la loi du 6 juillet 1989 modifié, en cas de contestation, le juge peut, *même d'office*, vérifier la réalité du motif du congé et le respect des obligations pesant sur le bailleur aux termes de cet article 15. Il peut notamment déclarer non valide le congé si la non-reconduction du bail n'apparaît pas justifiée par des éléments sérieux et légitimes.

Et l'article 15-IV, créé par la loi du 24 mars 2014, dite loi Alur, punit d'une amende pénale dont le montant ne peut être supérieur à 6 000 euros pour une personne physique et à 30 000 euros pour une personne morale, le fait, pour le bailleur, de délivrer un congé justifié frauduleusement par sa décision de reprendre ou de vendre le logement.

Le texte précise par ailleurs que le montant de l'amende est proportionné à la gravité des faits constatés et que le locataire est recevable dans sa constitution de partie civile et la demande de réparation de son préjudice.

» Congé pour habiter

2403 **Qui bénéficie de cette reprise ?** En dehors du bailleur lui-même, le bénéficiaire de la reprise ne peut être que :

- son conjoint;
- le partenaire auquel il est lié par un Pacs enregistré à la date du congé;
- son concubin notoire depuis au moins un an à la date du congé;

Le concubinage est notoire lorsqu'il est porté à la connaissance de tous par une déclaration en mairie, sur la foi de témoignages attestant la stabilité et la continuité de l'union.

- ses ascendants;
- ses descendants;

– les ascendants ou les descendants de son conjoint, de son partenaire ou de son concubin notoire.

Cette liste dressée par l'article 15 de la loi du 6 juillet 1989 est limitative. Un congé donné pour loger toute autre personne est nul.

2404 **Également au profit des associés d'une SCI familiale.** En principe, une personne morale telle qu'une société ou une association n'a pas le droit de délivrer un congé afin de reprendre le logement pour y habiter (Civ. 3e, 7 févr. 1996, nº 93-20.135, *Bull. civ.* III, nº 35). La règle joue même si cette société ou cette association désire y reloger un de ses associés ou un de ses membres.

Une exception toutefois : les SCI « familiales » (v. ss nº 307) à qui la loi du 6 juillet 1989 reconnaît la possibilité de donner congé afin de reprendre le logement en vue d'y reloger l'un de leurs associés (L. 6 juill. 1989, art. 13 *a*).

2405 **Critère de la résidence principale.** Les juges exigent que la reprise soit réalisée au profit d'une personne qui fera du local libéré sa résidence principale (Civ. 3e, 31 janv. 2001, nº 99-11.956, *Bull. civ.* III, nº 11 ; Civ. 3e, 13 nov. 2008, nº 05-19.722, *Bull. civ.* III, nº 169).

Une SCI de famille ne peut donner congé pour reprise qu'au profit de l'un de ses associés, mais non en faveur, par exemple du conjoint de l'un d'eux ou d'un descendant (Civ. 3e, 19 janv. 2005, nº 03-15.922, *Bull. civ.* III, nº 9). Le cessionnaire unique d'une SCI familiale, étranger à cette famille, ne peut pas davantage le faire (Civ. 3e, 31 mai 2007, nº 06-13.524, *Bull. civ.* III, nº 93).

Le congé pour habiter délivré afin de permettre au bénéficiaire de la reprise d'habiter les lieux comme résidence secondaire ou comme lieu de vacances est donc nul.

2406 **Mentions nécessaires dans le congé pour habiter.** Le congé pour habiter doit, à peine de nullité, comporter le nom du bailleur, le motif de la reprise et les nom et adresse du bénéficiaire de la reprise.

Pour les baux conclus à compter du 27 mars 2014, date d'entrée en vigueur de la loi n° 2014-366 du 24 mars 2014, dite loi Alur :

- le congé doit, en plus, préciser « la nature du lien existant entre le bailleur et le bénéficiaire de la reprise » (L. 6 juillet 1989, art. 15-I, modifié) ;
- lorsque le bailleur donne congé à son locataire pour reprendre le logement, il doit **justifier du caractère réel et sérieux de sa décision de reprise** (L. 6 juillet 1989, art. 15-I, modifié) ;
- le bailleur doit joindre au congé une **notice d'information** (dont le contenu a été précisé par un arrêté du 29 mai 2015, *JO* 31 mai, p. 9041, en vigueur le 1er août 2015, v. ss n° 402) relative aux obligations du bailleur et aux voies de recours et d'indemnisation.

Le bénéficiaire peut par la suite changer. En effet, le bailleur a le droit de donner congé au bénéfice d'une personne et, finalement, d'octroyer le logement à une autre. Cette solution a été admise par les magistrats, dès lors que le bénéficiaire réel (celui qui finalement habitera le logement repris) remplit également les conditions de l'article 15 et que le bailleur peut invoquer une raison légitime d'avoir opéré cette substitution.

Exemple de congé valant reprise pour habiter

Claude Gloaguen
Chemin des Roques
06120 La Roquette

Monsieur Saurat
152, boulevard Carnot
06420 Cannes

La Roquette, le 15 juin 2016

Utiliser soit la lettre recommandée avec AR, soit la notification par acte d'huissier

Lettre recommandée avec AR.

Objet : Congé pour habiter.

Monsieur,

Conformément à l'article et 15 de la loi n° 89-462 du 6 juillet 1989, j'ai l'honneur de vous donner congé pour l'appartement situé au 152 du Boulevard Carnot, à Cannes (06420) que vous occupez en vertu d'un bail que nous avons signé le 1er janvier 2008.

Désigner le bénéficiaire et indiquer son adresse

Ce congé est motivé par le fait que je désire reprendre ce logement pour en faire bénéficier mon fils, Monsieur Jean Albain, demeurant actuellement au 13 de la Rue d'Antibes, à Cannes.

Préciser la date d'expiration

La présente vaut donc congé pour le 31 décembre 2016, date de l'expiration de votre bail.

Dans l'attente de vos nouvelles afin que nous arrêtions une date pour dresser l'état des lieux de sortie, je vous prie d'agréer, Monsieur, l'expression de mes salutations les meilleures.

G

Claude Gloaguen

2407 **Temps de la reprise.** Il n'existe aucun délai impératif dans lequel la reprise doit être effective. Tout est question de circonstances, lesquelles seront, le cas échéant, analysées par les juges, le critère retenu étant la bonne foi du bailleur. Par exemple, il a été jugé que le bailleur qui reloue le local plus d'un an après la libération des lieux ne commet pas de faute.

En cas de congé frauduleux, la seule sanction est l'allocation de dommages et intérêts. En pratique, la réintégration n'est jamais prononcée.

» Congé pour vendre

2408 **Remarque préalable.** Le congé pour vente est un acte de disposition. Il doit comporter certaines mentions qui vont permettre au locataire de bénéficier d'un droit de préemption.

»» Qualités à réunir par le bailleur

2409 **Capacité juridique et propriété.** Le bailleur doit, pour valablement donner congé, réunir les mêmes qualités qui lui sont nécessaires pour vendre, à savoir la capacité et le pouvoir.

Un bailleur qui n'aurait pas la capacité juridique pour vendre ne pourrait pas valablement délivrer un congé.

> **EXEMPLE** Est nul le congé émis par un mineur. L'est aussi celui donné par un incapable majeur (c'est-à-dire un majeur sous tutelle, curatelle ou sauvegarde de justice) : il faut que le congé soit donné par son tuteur ou curateur.

Si le bailleur est le seul et plein propriétaire du logement loué, pas de souci : il peut tout seul valablement donner congé. En revanche, si le bien est en indivision, il est obligé d'obtenir de la part des autres indivisaires un mandat spécial pour donner congé afin de vendre ou alors le congé doit être délivré par les indivisaires représentant au moins les deux tiers des droits indivis (v. ss n° 204).

À la différence de ce qui est exigé en matière de congé pour habiter ou de congé donné pour motif légitime et sérieux, si le bailleur est usufruitier, il faut que le congé émane à la fois de l'usufruitier et du nu-propriétaire.

2410 **Congé délivré par le représentant du bailleur.** De même, si c'est un agent immobilier qui délivre un congé pour vendre, celui-ci doit impérativement pouvoir justifier d'un mandat spécial, plus étendu qu'un simple mandat de gestion (Civ. 3e, 12 juill. 2006, no 04-19.815, *Bull. civ.* III, 392). De même, un mandat de vendre n'implique pas un mandat de délivrer un congé pour vendre (v. ss no 2303).

»» Indications qui figurent dans le congé

2411 **Reproduction obligatoire de l'article 15-II de la loi du 6 juillet 1989.** Le congé pour vendre doit reproduire intégralement les termes des cinq premiers alinéas de l'article 15-II de la loi du 6 juillet 1989. En cas d'oubli, le congé n'est cependant nul que si le locataire arrive à démontrer que ce défaut de reproduction lui a causé un préjudice.

> Toutefois, il est admis que le congé pour vendre puisse comporter en annexe un document, expressément annoncé dans le corps du congé, reproduisant ces alinéas (Civ. 3e, 18 févr. 2009, no 08-11.114, *Bull. civ.* III, no 42).

En dehors de l'indication de la dénomination du bailleur, de ses coordonnées et du motif du congé, conformément à l'article 15-II de la loi du 6 juillet 1989, « le congé doit, à peine de nullité, indiquer le **prix** et les conditions de la vente projetée ».

> **Notice d'information.**
> Pour les baux conclus à compter du 27 mars 2014, date d'entrée en vigueur de la loi du 24 mars 2014, dite loi Alur, l'article 15-I de la loi du 6 juillet 1989, modifié, impose en plus au bailleur qui donne congé

de joindre une notice d'information (dont le contenu a été précisé par un arrêté du 29 mai 2015, *JO* 31 mai, p. 9041, en vigueur le 1er août 2015, v. ss n° 402) relative aux obligations du bailleur et aux voies de recours et d'indemnisation.

2412 **Proposer un prix juste.** Le prix exprimé dans le congé doit englober le montant des frais de notaire. De même, doivent être précisées les modalités de paiement : le logement est payable au comptant ou de façon échelonnée (et selon quelles modalités).

Si, en principe, le bailleur est libre de fixer le prix auquel il désire vendre son bien, un congé pour vendre à un prix trop élevé compte tenu de l'état du marché (selon une appréciation souveraine des juges du fond) risque d'être analysé comme une tentative de fraude. En effet, les juges auront tendance à penser que cette mise à prix trop élevée a uniquement pour but d'empêcher le locataire d'exercer son droit de préemption.

Dans ce cas, le congé est susceptible d'être annulé pour fraude. Encore faut-il que le locataire prouve ce qu'il affirme, la fraude ne se présumant pas (Civ. 3e, 14 juin 2006, n° 05-12.559, *Bull. civ.* III, n° 150).

Comment ? En démontrant, par exemple, que le prix de mise en vente est volontairement exagéré compte tenu du prix du marché, que le propriétaire n'a entrepris aucune démarche sérieuse pour vendre, que le logement a été reloué sitôt libéré, etc.

Il incombe au preneur de rapporter la preuve du caractère excessif du prix proposé dans le congé (Civ. 3e, 16 sept. 2009, n° 08-13.701, *Bull. civ.* III, n° 189).

Si le locataire y parvient, il peut même obtenir des dommages et intérêts afin de réparer le préjudice moral ou matériel qu'il a subi.

EXEMPLE L'angoisse d'avoir à trouver un nouveau logement compte tenu de l'état du marché immobilier est un préjudice moral dont le locataire peut tout à fait obtenir réparation.

2413 **Dénomination exacte du bien vendu.** L'offre de vente doit porter sur le local loué, tout le local, mais rien que le local.

Serait considéré comme nul le congé pour vente d'un logement loué qui inclut dans la proposition d'achat qui est faite au locataire des dépendances (une cave, par ex.) non comprises dans le bail ou, inversement, celui qui ne porterait que sur une partie seulement de la surface louée (Civ. 3e, 11 déc. 2013, n° 12-13.441, *Bull. civ.* III, n° 160).

La nullité du congé pour vendre tirée de ce que l'offre de vente ne porte que sur une partie des lieux loués ne peut être soulevée que par le locataire (Civ. 3e, 18 févr. 2009, n° 08-11.615, *Bull. civ.* III, n° 41).

2414 **Mentions facultatives.** Le bailleur n'a pas à indiquer la superficie du logement, même s'il se situe dans une copropriété. En effet, l'article 15-II de la loi du 6 juillet 1989 l'exclut expressément du dispositif « Loi Carrez ».

Il n'y a pas non plus de recherche des termites et du plomb à ce stade. Cette information n'est pas obligatoire.

Ces mentions devront être communiquées plus tard, lors de l'établissement du contrat de vente. Ajoutons que, concernant le plomb, depuis le 12 août 2008, un constat de risque d'exposition doit être annexé au bail lors de sa signature (sur ce point v. ss nos 403 et 405).

Les copies du règlement de copropriété et de l'état descriptif de division n'ont pas non plus à être fournies (Civ. 3e, 17 oct. 2007, n° 06-12.533, *Bull. civ.* III, n° 178).

Toutefois, rien n'interdit au bailleur de délivrer copie de ces actes. En principe, tout locataire connaît le nombre de millièmes affecté au lot qu'il occupe puisque, d'une part, cette information ressort de son relevé de charges et, d'autre part, l'article 3 de la loi du 6 juillet 1989 pose la règle selon laquelle lorsque l'immeuble est soumis au statut de la copropriété, le copropriétaire bailleur est tenu de communiquer au locataire les extraits du règlement de copropriété concernant la destination de l'immeuble, la jouissance et l'usage des parties privatives et communes et précisant la quote-part afférente au lot loué dans chacune des catégories de charges (v. ss n° 401).

Exemple de congé pour vente

Nom et coordonnées du locataire (v. ss nos 2305 s.)

Claude Moulinier
Chemin des Roques
06120 La Roquette

Monsieur Grand
152, boulevard Carnot
06420 Cannes

La Roquette, le 1er juin 2016

Utiliser soit la Lettre recommandée avec AR, soit la notification par acte d'huissier

Lettre recommandée avec AR.

Objet : Congé pour vente.

Monsieur,

Conformément à l'article 15 de la loi n° 89-462 du 6 juillet 1989, j'ai l'honneur de vous donner congé pour le studio situé au 152 du boulevard Carnot, à Cannes (06420) que vous occupez en vertu d'un bail que nous avons signé le 1er janvier 2013 (lot n° 17 correspondant à 23 millièmes).

Ce congé est motivé par le fait que je désire vendre ce logement.

Indiquer un prix de vente honnête et loyal

Le prix de vente a été arrêté à 145 000 euros, payables comptant.

Même si ce n'est pas obligatoire, fournir une copie de ces documents

À toutes fins utiles, vous trouverez ci-joint copies du règlement de copropriété et de l'état descriptif de division.

La présente vaut donc congé pour le 31 décembre 2016, date de l'expiration de votre bail.

Reproduire fidèlement le texte des alinéas 1 à 5 de l'article 15-II

Conformément à l'article 15-II, avant-dernier alinéa de la loi précitée, voici reproduits ci-dessous les alinéas 1 à 5 de cet article 15-II :

« Lorsqu'il est fondé sur la décision de vendre le logement, le congé doit, à peine de nullité, indiquer le prix et les conditions de la vente projetée. Le congé vaut offre de vente au profit du locataire : l'offre est valable pendant les deux premiers mois du délai de préavis. Les dispositions de l'article 46 de la loi n° 65-557 du 10 juillet 1965 fixant le statut de la copropriété des immeubles bâtis ne sont pas applicables au congé fondé sur la décision de vendre le logement.

« À l'expiration du délai de préavis, le locataire qui n'a pas accepté l'offre de vente est déchu de plein droit de tout titre d'occupation sur le local.

« Le locataire qui accepte l'offre dispose, à compter de la date d'envoi de sa réponse au bailleur, d'un délai de deux mois pour la réalisation de l'acte de vente. Si, dans sa réponse, il notifie son intention de recourir à un prêt, l'acceptation par le locataire de l'offre de vente est subordonnée à l'obtention du prêt et le délai de réalisation de la vente est porté à quatre mois. Le contrat de location est prorogé jusqu'à l'expiration du délai de réalisation de la vente. Si, à l'expiration de ce délai, la vente n'a pas été réalisée, l'acceptation de l'offre de vente est nulle de plein droit et le locataire est déchu de plein droit de tout titre d'occupation.

« Dans le cas où le propriétaire décide de vendre à des conditions ou à un prix plus avantageux pour l'acquéreur, le notaire doit, lorsque le bailleur n'y a pas préalablement procédé, notifier au locataire ces conditions et prix à peine de nullité de la vente. Cette notification est effectuée à l'adresse indiquée à cet effet par le locataire au bailleur ; si le locataire n'a pas fait connaître cette adresse au bailleur, la notification est effectuée à l'adresse des locaux dont la location avait été consentie. Elle vaut offre de vente au profit du locataire. Cette offre est valable pendant une durée d'un mois à compter de sa réception. L'offre qui n'a pas été acceptée dans le délai d'un mois est caduque.

« Le locataire qui accepte l'offre ainsi proposée dispose, à compter de la date d'envoi de sa réponse au bailleur ou au notaire, d'un délai de deux mois pour la réalisation de l'acte de vente. Si, dans sa réponse, il notifie son intention de recourir à un prêt, l'acceptation par le locataire de l'offre de vente est subordonnée à l'obtention du prêt et le délai de la réalisation de la vente est porté à quatre mois. Si, à l'expiration de ce délai, la vente n'a pas été réalisée, l'acceptation de l'offre de vente est nulle de plein droit. »

Demander au locataire de faire connaître sa décision [Dans l'attente de vos nouvelles afin que nous arrêtions une date pour dresser l'état des lieux de sortie et que, le cas échéant, vous me fassiez part de votre souhait de vous porter acquéreur du logement que vous occupez.

Veuillez agréer, Monsieur, l'expression de mes salutations les meilleures.

Claude Moulinier

»» Priorité du locataire

2415 **Droit de priorité du locataire.** Le locataire dispose d'un droit de priorité pour acquérir le logement qu'il loue. Un droit de préemption lui est conféré (par l'art. 15-II, L. 6 juill. 1989) qui s'efface pourtant dans trois circonstances :

– lorsque le bailleur décide de vendre le logement à un parent jusqu'au **quatrième degré inclus** (par ex., le père qui vend à son fils, le grand-père à son petit-fils, une sœur à son frère, un oncle à sa nièce), sous la condition que l'acquéreur occupe le logement pendant une durée qui ne peut être inférieure à deux ans à compter de l'expiration du délai de préavis ;

Pour les baux conclus à compter du 27 mars 2014, date d'entrée en vigueur de la loi du 24 mars 2014, dite loi Alur, le droit de priorité du locataire cesse d'exister lorsque le bailleur décide de vendre le logement à un parent jusqu'au **troisième degré inclus sous la même condition d'occupation**.

– lorsque la commune exerce son droit de préemption urbain ;
– lorsque l'immeuble est inhabitable, c'est-à-dire frappé d'interdiction d'habiter ou d'un arrêté de péril, déclaré insalubre ou dont au moins le quart de la surface est classé dans la catégorie IV (la moins bonne) de la loi du 1er septembre 1948 (CCH, art. L. 111-6-1).

Dans les autres cas, le congé vaut offre de vente au profit du locataire. Cette offre est valable pendant les deux premiers mois du délai de préavis. Le bailleur ne peut donc pas presser le locataire d'accepter dans un délai plus court, ce qui entraînerait la nullité pure et simple du congé.

Le locataire ne peut pas négocier le prix qui lui est proposé. Le droit de préemption n'existe que pour le prix demandé par le bailleur. S'il souhaite obtenir une diminution du prix de vente, il sera considéré comme ayant refusé l'offre.
Mais le prix ne pourra pas être augmenté du montant de la commission de l'agent immobilier mandaté par le propriétaire pour rechercher un acquéreur (Civ. 3e, 3 juill. 2013, n° 12-19.442, *Bull. civ.* III n° 92).

2416 **Locataire voulant acheter.** Si le locataire accepte, il passe devant tout autre acquéreur. À compter de la date d'envoi de sa réponse, il dispose alors de deux, voire de quatre mois (s'il déclare recourir à un prêt) pour réaliser la vente ; et le bail sera prorogé « jusqu'à l'expiration du délai de réalisation de la vente ».

Si, pour une raison ou pour une autre (notamment en cas de refus du prêt), le locataire ne peut pas, en définitive, se porter acquéreur, l'acceptation de l'offre de vente est nulle de plein droit et il est déchu de tout titre d'occupation. Dans le cas contraire, une fois devenu propriétaire (ou accédant à la propriété en cas de recours à un prêt), rien ne l'oblige à conserver le bien. Il peut choisir de le revendre dans les plus brefs délais.

2417 **Locataire renonçant à acheter.** En cas de refus, à l'expiration du délai de préavis, le locataire est « déchu de plein droit de tout titre d'occupation sur le local ».

S'il reste malgré tout dans les lieux, il devient un occupant sans droit ni titre qui peut être expulsé (v. s[s] n°s 2622 et 2702).

2418 **Offre à un tiers à un meilleur prix ou dans des conditions plus avantageuses.** Si, après le refus du locataire, le bailleur propose la vente à un tiers à un prix ou à des conditions plus avantageuses, il (ou le notaire chargé de la vente) doit en avertir le locataire. S'il ne le fait pas, la vente pourra être annulée. Cette notification est effectuée à l'adresse que le locataire a indiquée au bailleur ou, à défaut, « à l'adresse des locaux dont la location avait été consentie ».

Elle vaut offre de vente au profit du locataire pendant un mois « à compter de sa réception ». L'offre qui n'est pas acceptée dans le délai d'un mois devient caduque.

Comme dans le cadre du premier droit de préemption, si le preneur accepte l'offre, il a, à compter de la date d'envoi de sa réponse au bailleur ou au notaire, deux ou quatre mois (en cas de prêt) pour réaliser l'acte de vente. À l'inverse, si, à l'expiration de ce délai, la vente n'est pas réalisée, l'acceptation de l'offre de vente est nulle de plein droit.

»» Cas particulier de la vente par lots dans le même immeuble

2419 **Vente par lots.** L'article 11-1 de la loi du 6 juillet 1989 envisage des mesures particulières lorsqu'un congé pour vente est délivré par un bailleur relevant de secteurs locatifs 2 ou 3 de la loi du 23 décembre 1986, dite loi Méhaignerie (L. n° 86-1290, 23 déc. 1986, *JO* 24 déc. 1986, art. 41 *ter*).

Le **secteur 2** regroupe les logements des sociétés d'économie mixte, des sociétés immobilières à participation majoritaire de la Caisse des dépôts et consignations, des collectivités publiques, des sociétés filiales d'un organisme collecteur du 1 % logement, et des filiales de ces organismes.

Le **secteur 3** comprend les logements des entreprises d'assurance, des établissements de crédit, et des filiales de ces organismes ainsi que certaines personnes morales.

Le texte précise qu'en présence d'un tel congé délivré dans le cadre d'une vente par lots de **plus de cinq logements** (seuil abaissé par la loi du 24 mars 2014, dite loi Alur; auparavant : dix logements; voir encadré ci-dessous) dans le même immeuble, le bail peut être expressément reconduit pour une durée inférieure à celle prévue par l'article 10 de la loi du 6 juillet 1989.

Il précise par ailleurs que lorsque ce congé intervient moins de deux ans avant le terme du bail, la reconduction du bail est de droit, à la demande du locataire, afin de lui permettre, dans tous les cas, de disposer du logement qu'il occupe pendant une durée de deux ans à compter de la notification du congé pour vente.

La reconduction du bail est établie par écrit entre les parties au plus tard quatre mois avant l'expiration du bail en cours. À l'expiration de la durée fixée par les parties pour le bail reconduit, celui-ci est résilié de plein droit.

CODE

Apports de la loi Alur et de la loi Macron

Modifiant l'article 11-1 de la loi du 6 juillet 1989, la loi du 24 mars 2014, dite loi Alur, a abaissé le seuil à **cinq logements**. Aux termes de l'article 14 de la du 24 mars 2014, cet abaissement de seuil est applicable pour les contrats en cours au 27 mars 2014, date d'entrée en vigueur du texte, pour les congés délivrés après cette date.

De plus, lorsqu'un **immeuble indivis** situé dans une zone « tendue » (au sens de l'article 17-I de la loi de 1989, v. s[s] n°s 1207 s.) ayant cinq locaux d'habitation ou à usage mixte d'habitation et professionnel ou plus est, non pas vendu, mais **mis en copropriété**, l'article 11-2 de la loi du 6 juillet 1989, dans sa rédaction issue de la loi n° 2015-990 du 6 août 2015, dite loi Macron (*JO* 7 août, p. 13537), applicable sur ce point aux contrats en cours au 8 août 2015, précise que :

- les baux en cours dont le terme intervient moins de trois ans après la date de mise en copropriété sont prorogés de plein droit d'une durée de trois ans ;
- les autres baux en cours sont prorogés d'une durée permettant au locataire d'occuper le logement pendant une durée de six ans à compter de la mise en copropriété.

Par ailleurs, les bailleurs personnes morales des secteurs locatifs 2 ou 3 doivent respecter les accords collectifs de location des 9 juin 1998 et 16 mars 2005.

Rendus obligatoires par décrets (respectivement, par le décr. n° 99-628, 22 juill. 1999, *JO* 23 juill., p. 10951 ; et par le décr. n° 2006-1366, 10 nov. 2006, *JO* 29 mars, p. 4712), ces accords collectifs prévoient notamment une information collective et individuelle des locataires, ainsi que la délivrance d'une offre de vente « article 10 de la loi du 31 décembre 1975 », suivie d'un congé pour vente prévu à l'article 15 de la loi n° 89-642 du 6 juillet 1989.

L'article 10 de la loi du 31 décembre 1975 (L. n° 75-1351, 31 déc. 1975, *JO* 4 janv. 1976, p. 191) précise notamment que, préalablement à la conclusion de toute vente d'un ou plusieurs locaux à usage d'habitation ou à usage mixte d'habitation et professionnel, consécutive à la division initiale ou à la subdivision de tout ou partie d'un immeuble par lots, le bailleur doit, à peine de nullité de la vente, faire connaître par lettre recommandée avec demande d'avis de réception, à chacun des locataires ou occupants de bonne foi, l'indication du prix et des conditions de la vente projetée pour le local qu'il occupe. Cette notification vaut offre de vente au profit de son destinataire.

Le non-respect de ces accords va entraîner l'annulation des congés pour vente et des offres de vente (Civ. 3e, 20 févr. 2008, n° 06-21.122, *Bull. civ.* III, n° 30 ; Civ. 3e, 5 sept. 2012, n° 11-17.630, *Bull. civ.* III, n° 111).

Au titre de l'information des locataires, l'accord collectif de 1998 prévoit, dans son article 2.2, que le bailleur et les associations de locataires représentatives doivent examiner ensemble les modalités de réalisation de diagnostics et bilans techniques. En l'absence d'association, le texte précise qu'un état de l'immeuble doit être établi.

Lorsque le bailleur est informé de la constitution d'une association de locataires en cours d'application de l'accord collectif, le juge ne saurait rejeter la demande d'annulation de l'offre de vente sans rechercher si le bailleur était en mesure d'examiner avec cette association les modalités de réalisation des diagnostics et bilans techniques (Civ. 3e, 31 oct. 2012, n° 11-19.876, *Bull. civ.* III, n° 154).

Cas particulier des « ventes à la découpe »

2420 **Droit de préemption du locataire dans les ventes à la découpe.** La loi n° 2006-685 du 13 juin 2006, dite loi Aurillac (L. n° 2006-685, 13 juin 2006, *JO* 14 juin, p. 8944) a introduit un droit de préemption autonome au profit du locataire en place, en créant un article 10-1 au sein de la loi du 31 décembre 1975 (L. n° 75-1351, 31 déc. 1975, *JO* 4 janv., p. 191).

Seule est concernée la **vente d'un immeuble entier** comportant plus de dix logements.

Apport de la loi Alur

Modifiant l'article 10-1 de la loi de 1975, la loi du 24 mars 2014 a abaissé ce seuil à **cinq logements**.

Dans cette hypothèse, le bailleur devra, avant de conclure la vente, notifier son projet au locataire.

Ces dispositions ne sont pas applicables aux cessions d'immeubles à un organisme d'Hlm (visé à l'art. L. 411-2, CCH) ni pour les logements faisant l'objet de conventions conclues en application de l'article L. 351-2 du même code aux cessions d'immeubles à une société d'économie mixte visée à l'article L. 481-1 du même code.

Ce droit de préemption **n'est pas automatique** : il ne joue que dans l'hypothèse où l'acquéreur ne s'est pas engagé à proroger les contrats de bail en cours à la date de la conclusion de la vente afin de permettre à chaque locataire ou occupant de bonne foi de disposer du logement qu'il occupe pour une durée de six ans à compter de la signature de l'acte authentique de vente.

> ⚠ Lorsque le bailleur aura opté pour la prorogation du bail, il ne pourra pas donner congé avant le terme de son engagement. En effet, l'article 15 de la loi du 6 juillet 1989 précise que le congé pour vente délivré au locataire en violation de l'engagement de prorogation des contrats de bail en cours est nul de plein droit.

2421 **Notification du projet de vente.** La notification s'accompagne « d'un projet de règlement de copropriété qui réglera les rapports entre les copropriétaires si l'un au moins des locataires ou occupants de bonne foi réalise un acte de vente, ainsi que des résultats d'un diagnostic technique portant constat de l'état apparent de la solidité du clos et du couvert et de celui de l'état des conduites et canalisations collectives ainsi que des équipements communs et de sécurité ».

La notification vaut offre de vente pendant une durée de quatre mois à compter de sa réception.

2422 **Locataire intéressé par l'achat.** Le locataire qui accepte l'offre dispose, à compter de la date d'envoi de sa réponse au bailleur, d'un délai de deux mois pour acheter. Ce délai passe à quatre mois si, dans sa réponse, il notifie au bailleur son intention de recourir à un prêt. Dans ce cas, l'acceptation de l'offre de vente est subordonnée à l'obtention du prêt.

Passé le délai de réalisation de l'acte de vente, l'acceptation de l'offre de vente est nulle de plein droit.

› Congé pour motif légitime et sérieux

2423 **Raisons touchant à la personne du locataire ou du bailleur.** Contrairement à une idée reçue, le congé pour motif légitime et sérieux n'est pas toujours un congé sanctionnant le comportant fautif du locataire. Le motif légitime et sérieux peut également tenir à des raisons propres au bailleur.

Le congé doit mentionner uniquement les nom et adresse du bailleur (ou la dénomination sociale si le bailleur est une personne morale) et le motif allégué.

En cas de congé frauduleux, son annulation peut être obtenue et, en cas de préjudice avéré du locataire, des dommages et intérêts lui seront accordés.

2424 **Motif tiré du comportement fautif du locataire.** Lorsque le motif est imputable au locataire, le congé va sanctionner un manquement contractuel. Souvent, le motif est tiré du non-respect, par le locataire, de ses obligations, notamment celles mentionnées à l'article 7 de la loi du 6 juillet 1989.

EXEMPLES

- le défaut de paiement du loyer (même si la dette locative est faible);
- le retard systématique de paiement du loyer (même si, en définitive, le bailleur est intégralement réglé);
- le défaut de paiement des charges;
- le défaut d'usage paisible des lieux loués (comportement notamment bruyant ou agressif, attesté par des plaintes du voisinage);
- le non-respect de la destination des lieux (violation d'une clause d'habitation bourgeoise par l'exercice d'une profession commerciale ou libérale dans une partie des lieux loués);

- le défaut d'usage à titre d'habitation principale, au moins partiellement, d'un logement ;
- le refus de laisser exécuter des travaux dans les lieux loués ;
- le défaut d'assurance pour les risques locatifs ;
- la sous-location ou la cession du bail sans autorisation du bailleur.

L'inexécution par le locataire d'une des obligations lui incombant peut constituer un motif légitime et sérieux de congé, même si elle a cessé à la date de délivrance de ce congé. La précision a été apportée par la Cour de cassation le 17 mai 2006 à propos d'un défaut d'assurance (Civ. 3e, 17 mai 2006, n° 05-14.495, *Bull. civ.* III, n° 126). En l'espèce, le locataire, qui n'était pas assuré lors de la survenance du dégât des eaux, avait ensuite régularisé sa situation et était assuré au moment où le congé lui avait été notifié. Cette régularisation ne remet pas en cause la légitimité du congé.

À noter également qu'il a été jugé que le défaut d'usage à titre d'habitation principale, au moins partiellement, d'un logement constitue un motif légitime et sérieux de congé (Civ. 3e, 5 sept. 2012, n° 11-22.336, *Bull. civ.* III, n° 112).

2425 **Motifs propres au bailleur.** À côté du congé-sanction, les juges reconnaissent au bailleur le droit, lui aussi, d'invoquer des motifs légitimes et sérieux à l'appui de son congé.

EXEMPLE

- le non-renouvellement de l'engagement de la caution ;
- la démolition de l'immeuble dans lequel est situé le logement loué ;
- la réalisation d'importants travaux de rénovation ;
- une décision d'expropriation ;
- la nécessité, pour le bailleur personne morale, de loger une personne attachée à son service (salarié des Hôpitaux de Paris, enseignant d'une association religieuse par ex.).

Bien entendu, le bailleur doit rapporter la preuve de l'existence du motif allégué en fournissant au locataire une copie du permis de démolir, de la décision d'expropriation, etc. Cette preuve doit être suffisamment explicite et attester que le motif invoqué va se réaliser avec certitude.

EXEMPLE Le bailleur ne peut pas se contenter de fournir au locataire l'arrêté préfectoral portant déclaration d'utilité publique de l'acquisition de l'immeuble. Il doit également faire état de la décision administrative ordonnant l'expropriation de l'immeuble en question.

Exemple de congé pour motif légitime et sérieux

Claude Brunet
Chemin des Roques
06120 La Roquette

Nom et coordonnées du locataire (v. ss nos 2305 s.)

Monsieur Lecomte
152, boulevard Carnot
06420 Cannes

La Roquette, le 23 juin 2016

Utiliser soit la Lettre recommandée avec AR, soit la notification par acte d'huissier

Lettre recommandée avec AR.

Objet. Congé pour motif légitime et sérieux.

Monsieur,

Conformément à l'article 15 de la loi n° 89-462 du 6 juillet 1989, j'ai l'honneur de vous donner congé pour l'appartement situé au 152, boulevard Carnot, à Cannes (06420) que vous occupez en vertu d'un bail que nous avons signé le 1er janvier 2014.

Préciser le motif pour lequel il est donné congé

Ce congé est motivé par le fait que vous ne m'avez pas réglé les loyers des mois de janvier, mars et avril 2013 intégralement et ceux des mois de novembre et décembre 2014 avec quinze jours de retard.

La présente vaut donc congé pour le 31 décembre 2016, date de l'expiration de votre bail.

Dans l'attente de vos nouvelles afin que nous arrêtions une date pour dresser l'état des lieux de sortie.

Veuillez agréer, Monsieur, l'expression de mes salutations les meilleures.

Claude Brunet

» Protection particulière des locataires âgés et démunis

2426 **Principe.** Les locataires âgés et sans grandes ressources bénéficient d'une protection particulière. En effet, ces personnes spécialement vulnérables font l'objet d'une attention toute particulière, en vertu de l'article 15-III de la loi du 6 juillet 1989. Le bailleur ne peut pas leur délivrer congé, sauf à les reloger, à moins que le bailleur ne soit lui-même âgé ou peu argenté.

2427 **Locataires concernés.** Il s'agit des locataires âgés de plus de 70 ans à la date d'échéance du bail et dont les ressources annuelles sont, à la date de notification du congé, inférieures à une fois et demie le SMIC.

CODE

Apport de la loi Alur

Pour les baux conclus à compter du 27 mars 2014, date d'entrée en vigueur de la loi du 24 mars 2014, l'article 15-III de la loi du 6 juillet 1989 modifiée vise « tout locataire âgé de **plus de soixante-cinq ans** et dont les ressources annuelles sont inférieures à **un plafond de ressources en vigueur pour l'attribution des logements locatifs conventionnés** fixé par arrêté du ministre chargé du logement ».

Apport de la loi Macron

Selon la loi n° 2015-990 du 6 août 2015, dite Loi Macron (*JO* 7 août, p. 13537), applicable sur ce point aux baux en cours, la protection des locataires âgés et démunis vaut également lorsque le **locataire a à sa charge une personne de plus** de soixante-cinq ans vivant habituellement dans le logement et remplissant la condition de ressources précitée et que le montant cumulé des ressources annuelles de l'ensemble des personnes vivant au foyer est inférieur au plafond de ressources précité. Aux termes de cette même loi, l'âge de la personne à la charge du locataire est apprécié à la date d'échéance du contrat, tandis que le montant de ses ressources est apprécié à la date de notification du congé.

Ces deux conditions doivent être réunies cumulativement.

En cas de décès, en cours de bail, du locataire protégé, le bailleur n'est plus obligé de faire une offre de relogement à l'épouse restée bénéficiaire du droit au bail, âgée de moins de soixante-dix ans à la date d'échéance du contrat (Civ. 3e, 3 mai 2012, n° 11-17.010, *Bull. civ.* III, n° 63).

Concernant les ressources à prendre en compte, on relèvera qu'il s'agit des ressources annuelles du locataire déclarées à l'Administration fiscale, avant tout abattement ou déduction. Devront être déduites de ces ressources toutes les aides ponctuelles dont le locataire peut bénéficier (aides familiales ponctuelles, prime d'assurance-vie, vente d'un bien immobilier, revenus de capitaux de valeurs mobilières, revenus soumis au prélèvement libératoire…).

Concrètement, depuis le 1er janvier 2014, le SMIC horaire est fixé à 9,53 euros et le SMIC mensuel brut s'élève à 1 445,38 euros sur la base de 151,6666 heures (35 h × 52 semaines/12 mois).

Le locataire bénéficie de la protection si, âgé de plus de 70 ans, ses ressources mensuelles ne dépassent pas 2 168,07 euros.

Un dépassement, même minime, de ce montant (même d'un euro) fait perdre au locataire tout droit à la protection.
Lorsque le logement est occupé par plusieurs personnes, les juges considèrent que les ressources de chaque occupant doivent être appréciées séparément, et non cumulativement.

2428 **Protection lourde de conséquences pour le bailleur.** Sauf à reloger son locataire, le bailleur ne peut pas lui donner congé. Cette protection vaut quel que soit le motif allégué (reprise pour habiter, congé pour vendre ou congé pour motif légitime et sérieux).

La proposition de relogement n'a pas, nécessairement, à être formulée dans le corps même du congé : il suffit que cette offre soit faite pendant la période de préavis (Civ. 3e, 2 juin 2010, n° 09-66.698, *Bull. civ.* III, n° 111).

Le logement proposé doit :

– être à proximité du logement occupé actuellement (la notion de proximité visée est celle définie à l'art. 13 *bis*, L. 1er sept. 1948) ;
– être adapté aux besoins et possibilités du locataire. Le logement de substitution ne doit pas être trop petit et son loyer ne doit pas être trop onéreux.

Ainsi, aux termes de ce texte, est considéré comme étant à proximité un logement se trouvant :

– dans le même arrondissement ou les arrondissements limitrophes ou les communes limitrophes de l'arrondissement où se trouve le local, objet de la reprise, si celui-ci est situé dans une commune divisée en arrondissements ;
– dans le même canton ou dans les cantons limitrophes de ce canton inclus dans la même commune ou dans les communes limitrophes de ce canton si la commune est divisée en cantons ;
– dans les autres cas, sur le territoire de la même commune ou d'une commune limitrophe, sans pouvoir être éloigné de plus de cinq kilomètres.

Si le locataire refuse le logement de substitution proposé alors qu'il est situé à proximité de sa résidence actuelle, adapté à ses besoins et possibilités, le bailleur est réputé avoir rempli ses obligations et le congé peut produire normalement ses effets.

2429 **Exception au principe de protection.** La protection disparaît, conformément à l'avant-dernier alinéa de l'article 15-III de la loi du 6 juillet 1989, si le bailleur est une personne physique, âgée de plus de **60 ans** à la date d'échéance du contrat **ou** dont les **ressources annuelles** sont, à la date de notification du congé, inférieures à une fois et demie le SMIC (v. ss n° 2427).

Apport de la loi Alur

Pour les baux conclus à compter du 27 mars 2014, date d'entrée en vigueur de la loi du 24 mars 2014, dite loi Alur, l'article 15-III de la loi du 6 juillet 1989 modifiée envisage le bailleur personne physique âgée de **plus de soixante-cinq ans** ou si ses ressources annuelles sont inférieures au **plafond de ressources en vigueur pour l'attribution des logements locatifs conventionnés** fixé par arrêté du ministre chargé du logement.

Ici, il s'agit de conditions alternatives : l'exception au principe de protection des locataires âgés et démunis joue dès lors que le bailleur remplit au moins l'une d'entre elles.

Il suffit que l'un des deux époux bailleurs soit âgé de plus de 60 ans à l'échéance du contrat de bail pour pouvoir délivrer un congé reprise sans offre de relogement au locataire âgé et de ressources modestes (Civ. 3e, 29 avr. 2009, n° 08-11.513, *Bull. civ.* III, n° 91).

25

Délivrance d'un congé au bailleur

> Comment donner congé ?

> Quel préavis pour le locataire ?

Lorsque le bail est en cours et que le **locataire décide de déménager** (v. ss n° 2502), il est **libre de le faire à n'importe quel moment** (v. ss n° 2507), **sans motif**. Il doit seulement en **informer son bailleur** (v. ss n° 2506), en lui adressant un **congé** en bonne et due forme (v. ss n° 2508). Le locataire doit respecter un **préavis de 3 mois** (v. ss nos 2511 s.), qui dans certains cas **peut être réduit à un mois** (v. ss nos 2514 s.). S'il veut **rester dans les lieux** après son congé, il devra obtenir l'accord du bailleur (v. ss n° 2510).

2501 **Généralités.** Si un locataire peut toujours, sans avoir à donner d'explication, décider de déménager, il doit quand même respecter certaines formes pour que son congé soit valable. L'enjeu tient ici surtout au préavis de trois mois qui devra être respecté, préavis qui, parfois, peut être réduit à un mois si certaines conditions sont remplies.

> CODE **Compétence de la commission départementale de conciliation.**
> **Pour les baux conclus à compter du 27 mars 2014**, date d'entrée en vigueur de la loi du 24 mars 2014, dite loi Alur (L. n° 2014-366, 24 mars 2014, *JO* 26 mars, p. 5809), la commission départementale de conciliation est compétente pour connaître des « litiges relatifs aux congés délivrés en application de l'article 15 » (L. n° 89-462, 6 juill. 1989, *JO* 8 juill., p. 8541, art. 20, dans sa rédaction issue de L. 24 mars 2014, dite loi Alur).

Comment donner congé ?

Qui donne congé ?

2502 **Locataire seul signataire ou occupant.** Si le locataire est seul signataire du bail, et seul occupant du logement, la question de savoir qui doit donner congé ne pose aucun problème : c'est lui l'auteur du congé.

D'autres situations méritent que l'on s'y attarde.

2503 **Locataire marié ou pacsé.** Les époux ou les partenaires liés par un Pacs qui en font la demande conjointement (depuis la loi du 24 mars 2014, dite loi Alur), étant cotitulaires du droit de bail (en application de l'art. 1751, C. civ.) et solidaires quant à l'exécution des obligations découlant du contrat de location (en vertu des articles 220 et 515-4 du même code), seul un congé délivré au bailleur par les deux époux ou par les partenaires pacsés ayant demandé à bénéficier de la cotitularité du bail va les libérer l'un et l'autre.

À défaut, le locataire qui n'a pas donné personnellement congé est toujours juridiquement locataire des lieux et le locataire qui a donné congé reste toujours juridiquement tenu de remplir ses obligations (paiement du loyer et des charges, entretien...).

2504 **Logement loué à plusieurs personnes.** Tous les signataires du bail (les copreneurs) doivent donner congé. Si tous les locataires ne le font pas et que le bail comporte une **clause de solidarité** (clause très répandue), le bailleur peut quand même continuer à réclamer le paiement du loyer et des charges au locataire qui lui a donné son congé, même après qu'il ait quitté les lieux.

En revanche, en **l'absence d'une telle clause**, le locataire qui a délivré congé est libéré de tout engagement à l'égard du bailleur. À l'inverse, les autres locataires qui, eux, n'ont pas donné congé sont toujours juridiquement considérés comme locataires.

2505 **Locataire en concubinage.** Sauf si les concubins ont signé tous les deux le bail – auquel cas ils sont copreneurs (v. s^{s} n° 2504) –, seul celui qui est mentionné comme étant le locataire en titre dans le bail peut rompre le contrat. Il est donc le seul à pouvoir donner congé.

Auteur du congé

Situation	Auteur(s) du congé
Époux locataires	Les deux
Copreneurs solidaires	Tous
Copreneurs non solidaires	Tous
Locataire pacsé	Les deux si demande conjointe de cotitularité
Locataire vivant avec un concubin non-signataire du bail	Le seul locataire

» À qui doit-on donner congé ?

2506 **Plusieurs cas à distinguer.**

1°) Le bailleur est une personne physique qui gère elle-même son bien : le congé doit lui être délivré.

2°) Le bien loué appartient à plusieurs propriétaires en indivision : le congé doit être délivré à tous les indivisaires si le bail a été signé par eux tous et à leur mandataire, si le bail a été signé par lui seul (v. ss n° 204).

3°) Le bien est grevé d'**usufruit** : c'est à l'usufruitier (celui à qui le loyer est versé) et à lui seul qu'il convient de donner congé.

> Un congé délivré au nu-propriétaire serait purement et simplement nul.

4°) Le bailleur est une personne morale gérant elle-même son bien : le locataire doit alors donner congé à la personne physique qui aura été désignée par les statuts de la société ou par une assemblée générale, pour représenter l'entité. Il s'agit de la même personne qui a signé le bail ou encore de son remplaçant qui aura été nécessairement indiqué au locataire.

5°) Le logement est géré par un tiers : le congé doit être délivré au mandataire (généralement l'agent immobilier) du bailleur.

Destinataires du congé

Situation	Destinataire(s)
Bailleur personne physique gérant son bien	Le bailleur
Logement en indivision	Tous les indivisaires
Logement grevé d'usufruit	L'usufruitier
Bailleur personne morale gérant son bien	La personne habilitée
Logement géré par un tiers	Le mandataire

»» Possibilité pour le locataire de donner congé à tout moment

2507 **Principe.** Alors que le bailleur ne peut donner congé qu'en fin de bail (v. ss n° 2310), le locataire est libre de rompre la relation contractuelle en cours d'exécution du contrat à n'importe quel moment.

»» Comment notifier son congé ?

2508 **Forme du congé.** Lorsque le congé émane du locataire, il doit « être notifié par lettre recommandée avec demande d'avis de réception ou signifié par acte d'huissier ».

> **Pour les baux conclus à compter du 27 mars 2014**, date d'entrée en vigueur de la loi du 24 mars 2014, dite loi Alur, l'article 15-II de la loi du 6 juillet 1989, modifié, prévoit, en plus, la possibilité de **remise en main propre** (« Le congé doit être notifié par lettre recommandée avec demande d'avis de réception, signifié par acte d'huissier ou remis en main propre contre récépissé ou émargement. Ce délai court à compter du jour de la réception de la lettre recommandée, de la signification de l'acte d'huissier ou de la remise en main propre »).

»» Aucune justification à donner par le locataire de sa décision

2509 **Principe.** Contrairement au bailleur, le locataire peut donner congé en toute liberté, sans avoir à motiver le moins du monde sa démarche.

> En réalité, le locataire n'a besoin de donner un motif à son congé que lorsqu'il veut bénéficier d'un délai de préavis réduit (v. ss n° 2514).

» Irrévocabilité de cette décision

2510 **Conséquences du préavis.** Une fois le congé délivré, le locataire ne peut pas revenir sur sa décision. Pour rester dans les lieux au-delà de la date butoir fixée par la fin de son préavis, il faut impérativement un accord du bailleur. C'est donc un acte important qui ne doit pas être réalisé à la légère.

Exemple de congé adressé par un locataire

Monsieur Dupuis
152, boulevard Carnot
06420 Cannes

Claude Cantarelli
Chemin des Roques
06120 La Roquette

Cannes, le 1er juin 2016

La lettre recommandée est obligatoire, la seule alternative est l'acte d'huissier

Lettre recommandée avec AR.

Monsieur,

Pas besoin de donner de raison

Conformément à l'article 15 de la loi n° 89-462 du 6 juillet 1989, j'ai l'honneur de vous donner congé pour l'appartement situé au 152, boulevard Carnot, à Cannes (06420) que j'occupe en vertu d'un bail que nous avons signé le 1er janvier 2013.

La date est à fixer en prenant en compte le délai de réception supposé par le bailleur

En application de l'article 15 de la loi précitée, le délai de préavis étant de trois mois lorsque le congé émane du locataire, la présente vaut congé pour le 25 septembre 2016.

Dans l'attente de vos nouvelles afin que nous arrêtions une date pour dresser l'état des lieux de sortie.

Veuillez agréer, Monsieur, l'expression de mes salutations les meilleures.

Monsieur Dupuis

» Quel préavis pour le locataire ?

»» Préavis normal de trois mois

2511 **Délai du préavis.** Le délai de préavis applicable au congé est de **trois mois** lorsqu'il émane du locataire (L. 6 juill. 1989, art. 15).

Le congé donné en cours de mois fait immédiatement débuter le délai de préavis.

L'idée répandue selon laquelle « tout mois commencé est dû » n'a aucune raison d'être. Le locataire qui a donné congé le 13 du mois par exemple, ne paiera au terme de son préavis que de la période allant du 1er au 13 et pas au-delà.

2512 **Point de départ du préavis.** Le point de départ du délai de préavis est, en cas de congé par lettre recommandée avec AR, la date de réception de la lettre par le bailleur, c'est-à-dire la date à laquelle il signe l'avis de réception (v. ss no 2313). Si le bailleur refuse de retirer ladite lettre, le locataire est contraint d'avoir recours à un constat d'huissier (ce qui coûte environ 160 €).

Enfin, pour les baux signés à compter du 27 mars 2014, date d'entrée en vigueur de la loi du 24 mars 2014, dite loi Alur, lorsque le congé est remis en main propre, le délai court à compter de cette remise.

2513 **Obligation du locataire de respecter ses obligations jusqu'au terme du préavis.** Le locataire doit en principe rester dans les lieux jusqu'à la fin du préavis. Il doit donc payer le loyer et les charges jusqu'au terme de cette période même si, matériellement, il est parti avant.

Cette règle ne connaît qu'une seule dérogation : le locataire quitte les lieux avant la fin de son préavis mais le bailleur reloue aussitôt le logement ainsi libéré. Dans ce cas, il est libéré de son obligation de payer le loyer et les charges jusqu'à la fin.

Toutefois, si le locataire quitte les lieux en cours de préavis et propose un nouveau locataire à son bailleur, ce n'est qu'à la condition que celui-ci accepte son remplaçant et dans la mesure où le nouveau contrat de location aura une prise d'effet antérieure à la fin du préavis que le locataire sera dispensé, pour le temps restant à courir, de s'acquitter de ses obligations financières.

»» Préavis pouvant être réduit à un mois

2514 Six exceptions au préavis de trois mois.

> **Pour les baux conclus avant l'entrée en vigueur de la loi du 24 mars 2014, dite loi Alur, soit avant le 27 mars 2014**, il existe six cas, pas un de plus, dans lesquels le locataire peut donner congé et bénéficier d'un préavis réduit **à un mois**. La liste des cas qui figure à l'article 15 de la loi du 6 juillet 1989 est en effet limitative. Il s'agit de :

- trouver son premier emploi ;
- être muté ;
- perdre son emploi ;
- être bénéficiaire du RMI ;
- retrouver un emploi ;
- être âgé et en mauvaise santé.

Si le locataire veut obtenir une réduction de son préavis à un mois, il doit motiver son congé et prouver qu'il entre dans l'un des cas visés ci-dessous.

La loi du 6 juillet 1989 permet de ne pas rapporter tout de suite la preuve que l'on peut bénéficier d'un préavis réduit et d'attendre que le bailleur la sollicite. Il est tout de même préférable de joindre immédiatement cet élément afin d'éviter les conflits ultérieurs à ce sujet.

> **Pour les baux conclus à compter du 27 mars 2014**, date d'entrée en vigueur de la loi du 24 mars 2014, dite loi Alur, l'article 15-II de la loi du 6 juillet 1989, modifié, envisage cinq hypothèses dans lesquelles le locataire va pouvoir bénéficier d'un délai de préavis d'un mois.

Il s'agit :

- du congé relatif à un logement situé dans un **secteur tendu** sur lequel des mesures d'encadrement des loyers sont en vigueur (en vertu du premier alinéa de l'article 17-I de la loi du 6 juillet 1989 modifié ; v. s^{s} n°s 1213 s.) ;
- du congé donné à raison de l'obtention d'un premier emploi, de mutation, de perte d'emploi ou de nouvel emploi consécutif à une perte d'emploi ;
- du congé émanant du locataire dont l'**état de santé**, constaté par un certificat médical, justifie un changement de domicile ;
- du congé du locataire bénéficiant du **revenu de solidarité active** (RSA) ou de l'**allocation adulte handicapé** (AAH) ;
- du congé du locataire qui s'est vu attribuer un **logement ouvrant droit à l'aide personnalisée au logement** (CCH, art. L. 351-2).

> Dans tous les cas de figure, le locataire souhaitant bénéficier d'un préavis réduit doit **préciser le motif invoqué** et **le justifier au moment de l'envoi de la lettre de congé** (en sens contraire, jugeant, sous l'empire de l'ancien article 15 que le fait que le locataire ne se soit pas prévalu dans son congé de bénéficier du RMI ne le prive pas du délai de préavis réduit, v. Civ. 3e, 30 juin 2010, n° 09-16.244, *Bull. civ.* III, n° 135). À défaut, le délai de préavis applicable à ce congé est de trois mois.

2515 **Trouver son premier emploi.** La date à retenir afin de déterminer ce premier emploi est celle de l'affiliation au régime de Sécurité sociale, et ce, quelle que soit la forme du contrat de travail (CDD, CDI, à temps complet ou partiel, etc.) quand bien même le lieu du travail ne nécessiterait pas de déménager pour s'en rapprocher.

N'est pas un « premier emploi » au sens de l'article 15 de la loi du 6 juillet 1989 celui d'étudiant occupé par le locataire alors qu'il était domicilié chez ses parents et n'avait pas commencé son cycle universitaire (Civ. 3e, 29 juin 2011, n° 10-18.271, *Bull. civ.* III, n° 112).

2516 **Être muté.** Une « mutation », c'est tout changement du lieu de l'exercice de l'activité professionnelle imposé par l'employeur ou demandé par le salarié dès lors qu'il reste dans la même entreprise. La « mutation » ne concerne donc que les locataires salariés.

La jurisprudence a toujours refusé de considérer qu'un locataire exerçant une profession libérale puisse être « muté » (Civ. 3e, 16 mars 1994, n° 92-15.816, *Bull. civ.* III, n° 51).

Une mutation planifiée, mais qui n'aboutit pas, est tout de même prise en compte.

La mutation touche le locataire lui-même, son conjoint ou, depuis la loi du 24 mars 2014, dite loi Alur, son partenaire lié par un Pacs, du moins, dès lors que les pacsés auront demandé à bénéficier de la cotitularité du bail (car l'article 1751 du code civil instaure une cotitularité du droit de bail entre les personnes mariées et les personnes pacsées qui la demandent conjointement). En revanche, la mutation d'une personne vivant avec le locataire mais n'étant ni signataire ni titulaire du bail (tel un concubin) n'est pas prise en compte.

Peu importe que la mutation ne dure qu'un court laps de temps (dans le cadre d'une « mission »). La distance n'est pas prise en compte (une mutation dans un établissement situé dans la même ville permet au locataire de réduire son préavis). En revanche, il faut qu'il y ait une certaine proximité dans le temps entre la mutation et la demande de préavis raccourci.

EXEMPLE Le locataire qui donne congé quatre mois après sa mutation ne peut plus bénéficier du préavis réduit à un mois (Paris, 16 oct. 2001, *Mac Phail Delcroix c/Premoli*).

Exemple de congé donné par le locataire avec préavis d'un mois pour cause de mutation

Cet exemple peut être utilisé pour tous les cas autorisant une réduction du préavis sous réserve d'adapter son 2e paragraphe

Monsieur Dupuis
152, boulevard Carnot
06420 Cannes

Claude Durand
Chemin des Roques
06120 La Roquette

Cannes, le 23 juin 2016

La lettre recommandée avec AR est obligatoire, la seule alternative est l'acte d'huissier

Lettre recommandée avec AR.

Objet : Congé avec préavis réduit à un mois.

Monsieur,

Conformément à l'article 15 de la loi n° 89-462 du 6 juillet 1989, j'ai l'honneur de vous donner congé pour l'appartement situé au 152, boulevard Carnot, à Cannes (06420) que j'occupe en vertu d'un bail que nous avons signé le 1er janvier 2014.

Préciser la raison justifiant la réduction du préavis et joindre les justificatifs (facultative avant la loi Alur, cette mention est à présent obligatoire)

En application de l'article 15-I de la loi précitée, ce congé étant motivé par la mutation professionnelle qui m'est imposée par ma hiérarchie (voir ci-joint, le courrier émanant de mon employeur), le délai de préavis qui m'est applicable est d'un mois.

La présente vaut donc congé pour le 25 juillet 2016.

La date est à fixer en prenant en compte le délai de réception supposé par le bailleur

Dans l'attente de vos nouvelles afin que nous arrêtions une date pour dresser l'état des lieux de sortie.

Veuillez agréer, Monsieur, l'expression de mes salutations les meilleures.

Monsieur Dupuis

2517 **Perdre son emploi.** Seul un salarié peut perdre son emploi. Il ne peut pas y avoir de perte d'emploi liée à l'exercice d'une activité de commerçant, ni à l'exercice d'une profession libérale.

Par ailleurs, une démission n'est pas, au sens de l'article 15, une perte d'emploi. Pas plus d'ailleurs qu'une période de chômage (Civ. 3e, 4 avr. 2001, n° 99-15.451, *Bull. civ.* III, n° 42), ou qu'une promesse d'embauche non suivie d'effet (Civ. 3e, 3 déc. 2003, n° 02-14.411, *Bull. civ.* III, n° 217; Civ. 3e, 24 mars 2010, n° 09-10.084, *Bull. civ.* III, n° 65).

En revanche, le locataire peut bénéficier d'un délai de préavis d'un mois, quel que soit le motif de son licenciement : motif économique, licenciement pour faute, pour cause réelle et sérieuse, etc.

La jurisprudence assimile la non-reconduction d'un contrat de travail à durée déterminée (CDD) à un licenciement (Civ. 3e, 8 juill. 2009, n° 08-14.903, *Bull. civ.* III, n° 172).

La perte d'emploi doit concerner le locataire, son conjoint ou, depuis la loi du 24 mars 2014, dite loi Alur, son partenaire lié au locataire par un Pacs, dès lors que les partenaires pacsés auront demandé à bénéficier de la cotitularité du droit au bail (en vertu de l'article 1751 du code civil qui instaure ladite cotitularité).

Comme en matière de mutation (v. s^{s} n° 2516), il faut que les deux événements (perte d'emploi et congé) soient suffisamment proches dans le temps pour que le locataire puisse bénéficier de la réduction de son préavis.

Et le locataire licencié n'a pas à prouver que, suite à son licenciement, il quitte la région (Civ. 3e, 19 sept. 2012, n° 11-30.369, *Bull. civ.* III, n° 125).

EXEMPLE La perte d'emploi intervenue près d'un an avant la notification du congé est trop ancienne, le délai de préavis demeure de trois mois (Paris, 2 oct. 1995, *Bernard c/Delagrave*).

2518 **Retrouver un emploi.** La notion de « nouvel emploi consécutif à une perte d'emploi » n'est pas très récente (elle a été introduite en 1994), mais elle n'a pas donné lieu à beaucoup de décisions.

Il est paradoxal de constater que si les juges refusent de faire bénéficier le locataire au chômage du préavis d'un mois (Civ. 3e, 4 avr. 2001, n° 99-15.451, *Bull. civ.* III, n° 42), le locataire qui retrouve un emploi y aura droit.

2519 **Être en mauvaise santé.**

> **Avant la modification de l'article 15 par la loi du 24 mars 2014**, dite loi Alur, la personne de plus de 60 ans **et** dont l'état de santé nécessite un déménagement (les deux conditions sont cumulatives) bénéficiait d'un préavis réduit à un mois.

> **Pour les baux signés à compter du 27 mars 2014**, date d'entrée en vigueur de la loi du 24 mars 2014, dite loi Alur, la condition d'âge a disparu, mais l'état de santé doit être constaté par un **certificat médical** et **justifier un changement de domicile**.

Il incombe au locataire d'établir que son état de santé est incompatible avec son lieu de résidence actuel. Il peut notamment faire valoir l'exiguïté des lieux, l'absence d'ascenseur, l'environnement bruyant, etc.

À noter que le bénéfice de la réduction du délai de préavis n'est pas subordonné à la nécessité soudaine de changement de domicile (Civ. 3e, 5 janv. 2012, n° 10-26.130, *Bull. civ.* III, n° 1 ; v. aussi Civ. 3e, 6 nov. 2001, n° 00-14.096, NP) et que le bénéfice de la réduction du délai de préavis peut être revendiqué par le locataire dont le conjoint, cotitulaire légal du bail, âgé de plus de soixante ans, présente un état de santé justifiant un changement de domicile conjugal (Civ. 3e, 5 janv. 2012, n° 10-26.130, *Bull. civ.* III, n° 1).

2520 **Avoir de faibles ressources.**

> **Avant la modification de l'article 15 par la loi du 24 mars 2014**, dite loi Alur, les titulaires du revenu minimum d'insertion (RMI) ou, depuis la loi du 17 mai 2011 (L. n° 2011-525, 17 mai 2011, *JO*

18 mai, p. 8537), du revenu de solidarité active (RSA), pouvaient donner congé avec préavis d'un mois.

Si le locataire avait des ressources équivalentes au RMI mais qu'il ne touchait pas cette allocation (allocation spécifique de solidarité, allocation « adulte handicapé »), il devait respecter le délai de préavis de trois mois.

> **Pour les baux signés à compter du 27 mars 2014**, date d'entrée en vigueur de la loi du 24 mars 2014, dite loi Alur, est désormais éligible à un préavis réduit le locataire qui bénéficie du **revenu de solidarité active** (RSA) ou de l'**allocation adulte handicapé** (AAH).

26 Changement de locataire, d'occupant ou de bailleur

Au cours des trois ou six ans que **dure le bail** – sans compter ses renouvellements –, **certains événements peuvent** survenir : le locataire **abandonne brutalement le logement** (v. s^s n° 2603), décède (v. s^s n° 2603) ou le sous-loue (v. s^s n° 2620). Il est également possible que le bailleur **décède ou revende le logement** (v. s^s n° 2623). Ces événements vont **affecter la relation qui** s'était initialement nouée entre le bailleur et son ou ses locataires. Qu'ils soient **fortuits ou non, s'ensuivront des effets juridiques.**

2601 **Généralités.** Au cours du bail, la personne du locataire peut changer pour trois raisons : le bail est transféré ou cédé ou deux locataires ont procédé à l'échange de leurs logements. Le changement peut aussi ne concerner que l'occupant du logement, en cas de sous-location.

Inversement, il peut arriver que ce soit le bailleur qui change.

› Changement du locataire en cours de bail

2602 **Événement pris en compte.** Ce changement peut résulter de trois événements : d'un transfert du bail, de sa cession ou d'un échange de logements.

›› Transfert de bail

2603 **Abandon de domicile ou décès du locataire.** Le transfert de bail est un cas exceptionnel qui ne joue qu'en cas d'abandon de domicile ou de décès du locataire.

Le bail va alors se poursuivre au profit de certaines personnes. Les conditions et les effets de cette continuation du bail en cours sont prévus par la loi (L. n° 89-462, 6 juill. 1989, *JO* 8 juill., p. 8541, art. 14).

››› Prouver la réalisation de l'événement qui permet le transfert du bail

2604 **Charge de la preuve.** Celui qui revendique le transfert du bail à son profit doit prouver que l'événement qui fonde son droit est bien intervenu.

Prouver le décès du locataire ne pose pas problème, puisqu'il sera établi par l'acte d'état civil. En revanche, prouver l'abandon de domicile est plus difficile dans la mesure où il n'existe juridiquement, en principe, qu'en cas de départ brusque et imprévisible du locataire.

C'est au bénéficiaire qu'il incombe de prouver que le départ a été brusque et imprévisible.

D'après les tribunaux, répondent notamment à cette définition :

- le départ du locataire le jour même où il a donné congé ;
- le départ du locataire ayant fait déménager son mobilier pendant que son concubin était au travail ;
- le départ définitif d'une mère qui, suite à des divergences d'ordre personnel avec sa fille vivant avec elle, quitte le logement sans préciser sa nouvelle adresse ni donner de nouvelles (Civ. 3e, 8 juill. 2009, n° 08-16.992, *Bull. civ.* III, n° 173).

En revanche, n'est pas brusque et imprévisible :

- le départ du locataire après concertation avec les personnes vivant avec lui ;
- l'émigration programmée du locataire dans un pays étranger ;
- le changement de domicile souhaité par le locataire pour convenance personnelle ;
- le départ qui suit la délivrance d'un congé et l'exécution normale du préavis ;
- l'échange d'appartements négocié avec le bailleur.

Toutefois, la jurisprudence a évolué, renonçant pour partie à exiger un départ brusque et imprévisible. En effet, en 2008, la Cour de cassation a qualifié d'« abandon de domicile » le placement définitif d'un locataire en maison de retraite imposé au bénéficiaire du contrat (Civ. 3e, 26 nov. 2008, n° 07-17.728, *Bull. civ.* III, n° 186).

»»» Qui peut bénéficier du transfert du bail ?

2605 **Bénéficiaires concernés.** Il existe deux catégories de bénéficiaires : ceux qui en bénéficient automatiquement et ceux qui ne peuvent s'en prévaloir qu'au bout d'un certain temps de cohabitation avec le locataire.

2606 **Bénéficiaires n'ayant pas à justifier d'une communauté d'habitation.** Seul le conjoint marié du locataire ou son partenaire lié à lui par un pacte civil de solidarité bénéficient de ce droit sans avoir à rapporter la preuve d'une vie commune d'au moins un an.

Toutefois, le transfert du bail au conjoint survivant qui n'habite pas dans les lieux nécessite qu'il en fasse la demande (Civ. 3e, 10 avr. 2013, n° 12-13.225, *Bull. civ.* III, n° 48).

Le conjoint du locataire qui ne vivait pas avec lui dans les lieux loués lors de l'abandon de domicile ou du décès va donc pouvoir bénéficier de la continuation du bail.

> CODE En cas de vie commune, les époux sont cotitulaires du bail (en application de l'art. 1751, C. civ.). Le départ brusque et imprévisible du conjoint n'a donc pas d'incidence sur le bail.
>
> En cas de décès d'un des époux ou, depuis la loi du 24 mars 2014, dite loi Alur (L. n° 2014-366, 24 mars 2014, *JO* 26 mars, p. 5809), d'un des partenaires liés par un Pacs, lorsque le logement loué servait effectivement à l'habitation des époux, « le conjoint ou le partenaire lié par un pacte civil de solidarité survivant cotitulaire du bail dispose d'un droit exclusif sur celui-ci, sauf s'il y renonce expressément » (C. civ., art. 1751).
>
> La loi du 24 mars 2014, dite loi Alur a inséré un article 1751-1 dans le code civil aux termes duquel « en cas de **dissolution du pacte civil de solidarité**, l'un des partenaires peut saisir le juge compétent en matière de bail aux fins de se voir attribuer le droit au bail du local, sans caractère professionnel ou commercial, qui sert effectivement à l'habitation des deux partenaires, sous réserve des créances ou droits à indemnité au profit de l'autre partenaire. Le bailleur est appelé à l'instance. Le juge apprécie la demande en considération des intérêts sociaux et familiaux des parties ».

2607 **Bénéficiaires devant prouver avoir cohabité avec le locataire.** Seuls les descendants (mais pas le légataire universel du locataire : Civ. 3e, 10 déc. 2008, n° 07-19.320, *Bull. civ.* III, n° 203) ou les ascendants du locataire, son concubin notoire – y compris le concubin homosexuel (Paris, 8 juin 2006, RG n° 05/00553) – ou les personnes dont le locataire avait la charge, qui vivaient avec lui depuis au moins un an à la date de l'abandon du domicile ou du décès vont pouvoir continuer le bail.

Aucun texte ne fait obstacle à ce que le bail puisse faire l'objet d'un transfert commun aux trois frères et sœur qui vivaient ensemble dans les lieux depuis de nombreuses années (Civ. 3e, 25 mars 2015, n° 14-11.043, *Bull. civ.* III [à paraître]).

Le concubinage est, pour la loi, « une union de fait, caractérisée par une vie commune présentant un caractère de stabilité et de continuité, entre deux personnes, de sexe différent ou de même sexe, qui vivent en couple. » (C. civ., art. 515-8).
Le concubinage est notoire lorsqu'il est porté à la connaissance de tous par une déclaration faite en mairie, sur la foi de témoignages attestant la stabilité et la continuité de l'union.

Ne constituent pas une communauté de vie suffisante :
- des séjours périodiques du fils du locataire, lequel a conservé son propre domicile (Paris, 30 nov. 2000, RG n° 2000/09423) ;
- les visites de l'enfant du locataire qui vient régulièrement chez lui pour le soigner (Paris, 5 déc. 2006, RG n° 05/07191).

Il faut **une vraie cohabitation**, c'est-à-dire une communauté d'habitation à la fois habituelle, effective et continue.

2608 **Mais que se passe-t-il… si personne ne remplit ces conditions ?**
Le bail est résilié de plein droit.

… si plusieurs personnes remplissent ces conditions ?

Le juge devra trancher et il désignera le bénéficiaire « en fonction des intérêts en présence » (L. 6 juill. 1989, art. 14, avant-dernier alinéa, *JO* 8 juill.).

»»» Quelles sont les conséquences du transfert de bail ?

2609 **Aucune formalité n'est à accomplir.** Le transfert de bail est automatique. Le bénéficiaire n'a donc pas à signer un nouveau bail.

Rien n'interdit toutefois aux parties de s'entendre pour convenir d'un avenant au bail, répercutant le changement d'identité du locataire.

Exemple de demande de régularisation à adresser au bailleur

Monsieur Philippe Lebrun
31, rue de la Roquette
75011 Paris

Il n'est pas utile d'adresser ce courrier par lettre recommandée

Monsieur Leblond
21, rue du Chemin vert
75011 Paris

Paris, le 15 mai 2016

Monsieur,

Préciser le motif et joindre les justificatifs utiles

Conformément à l'article 14 de la loi du 6 juillet 1989, suite au décès de mon père, Monsieur Robert Lebrun, survenu le 12 mars 2016 (cf. photocopie de l'acte d'état civil), en ma qualité de descendant ayant vécu depuis plus d'un an à son domicile (cf. les factures ci-jointes attestant de cette antériorité), je suis, de plein droit, le nouveau titulaire du bail pour le logement cité en référence.

J'aurais souhaité, à toutes fins utiles, que cette situation soit entérinée, notamment par la signature d'un avenant au bail et par la mention de mon identité sur les quittances et avis d'échéance à venir.

Vous en remerciant à l'avance, et dans l'attente de vous rencontrer pour signer l'avenant au bail.

Je vous prie d'agréer, Monsieur, l'expression de mes salutations les meilleures.

Philippe Lebrun

Le nouveau locataire n'a pas à régler les arriérés de loyers.

2610 **Sort de l'arriéré locatif.** Sauf accord du nouveau locataire, le bailleur ne peut pas lui demander de rembourser les impayés de loyers et de charges du locataire décédé ou ayant abandonné les lieux. La loi ne prévoit, en effet, aucune reprise de l'arriéré locatif (Civ. 3e, 16 févr. 2000, n° 97-22.156, *Bull. civ.* III, n° 32).

Il ne peut bien sûr pas davantage conditionner le transfert du bail à l'apurement de l'impayé de loyer (Paris, 24 avr. 2001, *OPHLM de la Seine-Saint-Denis c/Agnoly*).

Le bailleur devra donc, en cas de décès, attendre que les héritiers de son locataire aient accepté la succession, pour réclamer à la succession (dont le nouveau locataire pourra d'ailleurs faire partie) le remboursement de ces loyers et charges impayés.

»» Cession de bail

2611 **Notion de cession de bail.** C'est l'opération aux termes de laquelle le locataire en place cède tout ou partie de ses droits à un nouveau locataire. Le locataire initial est le « cédant » et le nouveau locataire le « cessionnaire ».

La cession peut être totale (le locataire cédant perd alors sa qualité de locataire) ou partielle.

Une cession partielle peut notamment être intéressante lorsque les locaux sont à usage mixte (habitation et professionnel) et que le locataire, pour une raison ou une autre (retraite, maladie, réorientation professionnelle...), décide de ne plus se servir des locaux affectés jusqu'alors à l'exercice de sa profession.

»»» Autorisation de toute cession par le bailleur

2612 **Accord exprès du bailleur.** Le locataire ne peut pas céder son bail, sauf avec l'accord écrit du bailleur (L. 6 juill. 1989, art. 8).

Il faut donc un accord exprès sous la forme :
- soit d'une autorisation écrite et signée du bailleur qui, à la demande de son locataire, répond qu'il est d'accord ;

– soit d'une clause du bail qui autorisait par avance cette cession (v. ss n° 2611).

Même autorisée, la cession ne devra être que partielle, dès lors que le bail comportera une clause d'occupation des lieux à titre personnel.

L'accord du bailleur ne pourra pas être déduit de son seul comportement. Ce n'est pas parce qu'il n'a rien dit qu'il a accepté la cession du bail. Et il faut garder à l'esprit qu'en cas de cession non autorisée, le bailleur peut demander en justice la résiliation du bail.

Conséquences d'une cession régulière

2613 **Opposabilité du changement de locataire au bailleur.** Le bailleur va changer de locataire. Mais cette substitution de locataire ne lui est opposable qu'à partir, soit du moment où elle lui a été signifiée par acte d'huissier, soit du moment où il l'a acceptée dans un acte passé par-devant notaire (C. civ., art. 1690).

Toutefois, le bailleur peut dispenser le locataire de respecter ces formalités.

2614 **Bailleur pouvant exiger du locataire qu'il se porte garant du nouveau locataire.** Le bailleur peut poser une condition : « j'autorise la cession à condition que vous me garantissiez la bonne exécution de ses obligations par le locataire à qui vous voulez céder le bail. »

C'est parfaitement valable et il faudra bien sûr penser à le formaliser par écrit.

Exemple d'autorisation de cession de bail

« Par la présente, le bailleur autorise le locataire à céder tout ou partie des locaux et le dispense des formalités requises à l'article 1690 du code civil. Toutefois, les parties subordonnent expressément cette autorisation à l'engagement du locataire cédant de répondre solidairement du respect des obligations du cessionnaire. »

»» Échange de logements

2615 **En quoi consiste cette technique ?** Elle permet à deux familles d'échanger leurs logements afin que la famille comportant le plus de membres se retrouve dans un local plus grand (L. 6 juill. 1989, art. 9). Elle est en pratique peu utilisée, tant les conditions à remplir sont rigoureuses et les conséquences pas toujours bien maîtrisées, le législateur ne les ayant malheureusement pas toutes envisagées.

En théorie, pourtant, l'idée est séduisante.

Par exemple, elle permet à un couple dont les enfants ont quitté le domicile familial, d'occuper un logement plus en adéquation avec la composition de sa famille et de s'acquitter d'un loyer moindre, tandis qu'une famille avec de jeunes enfants gagne de l'espace.

2616 **Conditions de l'échange.** Pour pouvoir échanger, il faut remplir cinq conditions (cumulatives) :

- les deux logements appartiennent au même propriétaire ;
- ils sont situés dans un même ensemble immobilier ;
- aucun des deux n'est régi par la loi du 1er septembre 1948 ;
- l'une des deux familles concernées doit comporter au moins trois enfants ;
- l'échange doit permettre à la famille la plus nombreuse d'obtenir un logement plus grand.

2617 **Procédure d'échange.** Si les cinq conditions de l'échange sont réunies, le bailleur ne peut s'y opposer.

Aucune procédure particulière n'est prévue par la loi.

Il faut, et il suffit, que les locataires concernés adressent une lettre commune (lettre recommandée avec AR, voire acte d'huissier si le bailleur ne va pas chercher sa lettre recommandée) dans laquelle ils indiquent qu'ils remplissent les conditions légales et entendent procéder à l'échange.

Exemple de lettre à adresser à leur bailleur par les locataires souhaitant procéder à un échange de logements

Monsieur Robert Cahin
7, rue de Montreuil
4e gauche
94300 Vincennes

et

La lettre est adressée par les 2 familles

Monsieur Marcel Caha
9, rue de Montreuil
1re droite
94300 Vincennes

Madame Huneau
15, rue Sedaine
75011 Paris

Vincennes, le 14 avril 2016

Il faut une LRAR ou une signification par huissier

Lettre recommandée avec AR.

Madame,

Rappeler le texte de la loi

Conformément à l'article 9 de la loi du 6 juillet 1989, nous désirons vous rencontrer afin de procéder à un échange de logements vous appartenant et situés dans le même ensemble immobilier, au 7-9, rue de Montreuil à Vincennes.

Nous vous précisons que l'objectif souhaité est de permettre à M. Cahin, locataire marié et père de trois enfants de 4, 7 et 9 ans, d'emménager dans un logement de 90 mètres carrés, alors qu'il occupe actuellement un local de 60 mètres carrés, surface qui convient à M. Caha, locataire marié, dont les enfants, majeurs, ont quitté le domicile familial.

Dans l'attente d'une réponse de votre part dans les meilleurs délais.

Nous vous prions d'agréer, Madame, l'expression de nos salutations distinguées.

Robert Cahin et Marcel Caha

2618 **Conséquences de l'échange.** Chaque locataire va exactement prendre la place de l'autre. C'est la loi qui le dit : « dans les contrats en cours, chaque locataire se substitue de plein droit à celui auquel il succède et ne peut être considéré comme un nouvel entrant » (L. 6 juill. 1989, art. 9).

Dans notre exemple, Monsieur Cahin va désormais être tenu par les obligations que supportait Monsieur Caha, et réciproquement.

Avant d'accepter l'échange, chaque locataire a donc intérêt à lire attentivement le bail de l'autre, bail dont chaque clause (obligation des parties, durée restant à courir, loyer…) lui sera opposable à l'issue de l'échange.

Comme la substitution ne va pas entraîner la signature de nouveaux baux, aucune augmentation de loyer n'est possible, pas plus que le remboursement du dépôt de garantie versé par chaque locataire ou le versement au bailleur de nouveaux dépôts. De même, aucun état des lieux (de sortie puis d'entrée) n'a à être dressé.

Néanmoins, rien n'interdit aux locataires souhaitant procéder à un échange de logements d'envisager un remboursement partiel du dépôt de garantie (au profit du locataire quittant l'appartement le plus grand et dont le loyer – et le dépôt de garantie – étaient les plus élevés), ou encore un dédommagement compte tenu de la différence de niveau d'entretien des logements (rien ne les empêche d'ailleurs de dresser entre eux un état des lieux) ou compte tenu d'une clause spécifique de l'un des baux (clause de travaux par ex.).

2619 **Et les cautions ?** Il est plus que douteux que les personnes qui se sont portées caution maintiennent leur engagement alors que le locataire n'est plus le même. En effet, juridiquement, une « novation » du contrat s'est opérée et elle leur permet de se délier de leur obligation.

Dans ces conditions, si le bailleur continue à exiger un cautionnement, de nouveaux engagements devront vraisemblablement être pris et formalisés.

La question, à notre connaissance jamais posée, est de savoir si le bailleur pourrait faire de cette question un préalable indispensable à l'échange. On remarquera toutefois que l'article 9 nous enseigne que l'échange est de droit.

» Changement de l'occupant : sous-location

2620 **Notion de « sous-location ».** Il y a sous-location lorsque deux conditions sont réunies :

- une autre personne que le locataire occupe tout ou partie du logement loué ;
- cette personne verse une **contrepartie** au locataire, qui ne perd pas cette qualité, même en cas de sous-location totale.

La contrepartie est souvent réglée en espèces, mais pas toujours : par exemple, le sous-locataire s'est engagé, en échange, à faire les courses ou le ménage du locataire.

La sous-location a donc un objectif économique. Typiquement, on veut partager les frais du loyer. La situation est bien différente lorsque le locataire en titre se met en ménage. Ici, il veut vivre avec quelqu'un et ce quelqu'un vient habiter chez lui.

Alors même s'ils conviennent entre eux de partager le loyer, ou encore d'une compensation avec d'autres frais (« Tu paies le loyer, je paie l'électricité et le téléphone »), il ne s'agit pas d'une sous-location.

> La Cour de cassation l'a bien compris : « La clause imposant une occupation à caractère strictement personnel ne saurait avoir pour effet de priver le locataire du droit d'héberger des personnes de son choix » (Civ. 3e, 5 mai 1993, n° 91-14.650, NP).

Juger du contraire reviendrait à accorder au bailleur un droit de regard et d'ingérence dans la vie privée du locataire, ce qui est contraire au respect de la vie privée et familiale.

La même règle joue par ailleurs pour l'hébergement d'un concubin dans **le secteur HLM**. Mais si les ressources cumulées des concubins dépassent le plafond de ressources, le bailleur social peut exiger un surloyer.

2621 **Interdiction de la sous-location sans accord du bailleur.** Un locataire ne peut pas sous-louer le logement qu'il occupe « sauf avec l'accord écrit du bailleur, y compris sur le prix du loyer » (L. 6 juill. 1989, art. 8).

S'il viole cette interdiction, le bailleur peut demander au juge de résilier le bail.

> **Pour les contrats signés à compter du 27 mars 2014**, date d'entrée en vigueur de la loi du 24 mars 2014, dite loi Alur, le locataire doit transmettre au sous-locataire l'autorisation écrite du bailleur et la copie du bail en cours (L. 6 juill. 1989, art. 8, mod. par L. 24 mars 2014).

Il faut donc obtenir l'accord écrit du bailleur, à la fois sur le principe d'une sous-location et sur le prix du loyer.

Cet accord peut être formulé dans une clause du bail ou dans un document postérieur remis par le bailleur.

La loi fixe un **plafond concernant le prix de la sous-location :** le prix du loyer au mètre carré de surface habitable des locaux sous-loués ne doit pas en effet « excéder celui payé par le locataire principal ».

> **EXEMPLE** L'appartement loué fait 100 m^2 et le loyer est de 1 000 euros. Le prix au m^2 est donc de 10 euros.
>
> Le locataire sous-loue une chambre et un cabinet de toilette, soit une surface totale de 20 m^2.
>
> Le prix du loyer ne peut pas dépasser 20 × 10 euros, donc 200 euros.

Exemple d'autorisation de sous-location par le bailleur

« Par la présente, je soussigné, René Rousvoal, demeurant 41, rue Daumesnil 49000 Angers, propriétaire bailleur du logement loué à Monsieur Paul Bouchet, sis, 25, rue de la Grange à Bouchemaine, autorise celui-ci à sous-louer tout ou partie des locaux, sous réserve que le loyer hors charges perçu par Monsieur Bouchet ne soit pas supérieur à 600 euros, soit le montant du loyer hors charges dont il s'acquitte lui-même. »

Il a été jugé que le sous-locataire peut, tout comme le bailleur principal, intenter une action en diminution du prix du sous-bail (Civ. 3e, 19 sept. 2006, n° 05-10.013, NP).

2622 **Situation du sous-locataire.** La situation du sous-locataire est plus précaire que celle du locataire puisque :

- d'une part, il n'est en relation qu'avec le locataire (et non avec le bailleur) et cette relation contractuelle échappe aux dispositions de la loi du 6 juillet 1989. C'est donc leur arrangement qui détermine les conditions de la sous-location (durée, préavis, reprise, etc.), sans que le sous-locataire ne puisse bénéficier des règles protectrices de la loi;

Vis-à-vis du bailleur, le locataire qui sous-loue est responsable des dégradations causées par le sous-locataire.

- d'autre part, la résiliation du bail principal entraîne celle de la sous-location, sans que le sous-locataire ne puisse se prévaloir d'aucun droit à l'encontre du bailleur ni d'aucun titre d'occupation. Il devient alors un occupant sans droit ni titre, dont l'expulsion pourra être demandée par le locataire principal, voire, s'il ne le fait pas, directement par le bailleur (qui exercera une « action oblique ») ;

– enfin, en cas de renouvellement du bail principal, si les parties s'entendent toujours sur la possibilité de sous-louer les locaux, le sous-bail pourra lui-même être renouvelé, à condition d'obtenir à nouveau l'autorisation du bailleur puisque le bail renouvelé est juridiquement un nouveau bail.

» Changement de propriétaire en cours de bail

2623 **Deux hypothèses à signaler : vente du logement et décès du bailleur.** En cas de vente du logement (ou, d'ailleurs, de donation) ou de décès du bailleur, les droits du locataire ne sont pas affectés : le nouveau propriétaire (selon le cas, l'acquéreur ou l'ayant cause) doit respecter les termes du contrat (C. civ., art. 1742 et 1743). Ni plus ni moins.

2624 **Obligation du nouveau propriétaire de se faire connaître.** En cas de « mutation à titre gratuit » (par donation ou par voie de succession) « ou onéreux des locaux » (vente), le nouveau bailleur doit notifier au locataire son nom (ou sa dénomination) et son domicile (ou son siège social), ainsi que, le cas échéant, ceux de son mandataire (L. 6 juill. 1989, art. 3).

2625 **Éventuel droit de préemption du locataire.** Le principe est posé par l'article 10-1 de la loi du 31 décembre 1975 (L. n° 75-1351, 31 déc. 1975, *JO* 4 janv., p. 191) : avant toute vente d'un ou de plusieurs locaux à usage d'habitation ou à usage mixte d'habitation et professionnel, consécutive à la division initiale ou à la subdivision de tout ou partie de l'immeuble par lots (on vise l'hypothèse de la première vente d'un lot en copropriété), le bailleur doit, à peine de nullité de la vente, proposer, par priorité, au locataire en place d'acquérir le logement qu'il occupe. C'est la publication de l'état descriptif de division qui opère division initiale de l'immeuble (Civ. 3e, 8 juin 2005, n° 04-12.999, *Bull. civ.* III, n° 127).

> La vente de l'immeuble dans son ensemble n'ouvre pas de droit de préemption (Civ. 3e, 5 mars 1986, n° 84-16.525, *Bull. civ.* III, 26).

Cette proposition doit être faite par lettre recommandée avec AR et doit indiquer le prix et les conditions de la vente.

Le droit de préemption court alors pendant deux mois, de la même manière qu'en cas de congé avec offre de vente (v. s^{s} n° 2408). Le locataire dispose de deux mois à compter de son acceptation pour réaliser la vente (délai porté à quatre mois lorsqu'il a recours à un prêt) et si le bailleur propose la vente à un autre acquéreur à un prix ou à des conditions plus avantageuses, un second droit de préemption s'ouvre au profit du locataire aux nouvelles conditions.

2626 **Sort de la caution.** La vente du bien loué ne libère pas la caution, à moins qu'une clause du bail en décide autrement. Ainsi en a décidé l'Assemblée plénière de la Cour de cassation, fin 2004 (Cass., ass. plén., 6 déc. 2004, n° 03-10.713, *Bull. ass. plén.*, n° 14).

La même solution semble devoir s'appliquer en cas de décès du bailleur puisque l'héritier est réputé continuer la personne décédée.

2627 **Restitution, en fin de bail, du dépôt de garantie.** La restitution du dépôt de garantie incombe au nouveau bailleur en cas de mutation à titre gratuit (donation, succession) ou onéreux (vente) des locaux loués (L. 6 juill. 1989, art. 22 mod.).

En cas de décès du bailleur, le locataire ne peut réclamer le remboursement du dépôt de garantie qu'au seul héritier universel ou à titre universel, c'est-à-dire à l'héritier de toute la succession ou d'une quote-part, et non au légataire particulier, c'est-à-dire à la personne héritière du seul local loué (Civ. 3e, 25 févr. 2004, n° 02-16.589, *Bull. civ.* III, n° 37). Cette solution découle de la combinaison des articles 1012 et 1024 du code civil.

Le texte précise que toute convention contraire n'a d'effet qu'entre les parties à la mutation.

En cas de décès du bailleur, le locataire ne peut réclamer le remboursement du dépôt de garantie qu'au seul héritier universel ou à titre universel, c'est-à-dire à l'héritier de toute la succession ou d'une quote-part, et non au légataire particulier, c'est-à-dire à la personne héritière du seul local loué (Civ. 3e, 25 févr. 2004, n° 02-16.589, *Bull. civ.* III, n° 37). Cette solution découle de la combinaison des articles 1012 et 1024 du code civil.

27 Restitution des lieux

> Moment de la restitution des lieux
> État des lieux de sortie
> Conditions d'indemnisation du bailleur
> Restitution du dépôt de garantie

Le locataire s'apprête à **quitter le logement**. La **restitution des lieux** (v. ss n° 2702) va déclencher différents événements qui lui sont concomitants ou postérieurs : réalisation de **l'état des lieux de sortie** (v. ss n° 2704) avec, au besoin, **l'indemnisation des dégradations** (v. ss n° 2708) et la **restitution du dépôt de garantie** (v. ss n° 2712).

2701 **Finalité de l'état des lieux.** L'événement marquant de la restitution tient à l'établissement de l'état des lieux de sortie puisqu'il va fixer l'état du logement loué et permettre de savoir si le locataire s'est rendu coupable de dégradations anormales dont le coût de remise en état va s'imputer sur le montant du dépôt de garantie versé lors de l'établissement du bail.

» Moment de la restitution des lieux

2702 **Conséquences de la date de restitution des lieux.** La détermination du moment exact auquel la restitution des lieux intervient est très importante puisqu'elle va décharger le locataire de toutes ses obligations, notamment celle de la garde de la chose louée et celle de payer la contrepartie financière à l'occupation des lieux (soit le loyer pendant le bail ou une indemnité d'occupation si le locataire, devenu occupant sans droit ni titre à l'expiration du délai de préavis, se maintient dans les lieux).

> Lorsque le locataire reste dans les lieux loués après l'échéance du bail sans avoir donné congé ou reçu de congé de la part du bailleur, il ne devient pas occupant sans titre : il reste locataire, son bail ayant été tacitement reconduit (v. s^{s} n° 1901).

2703 **Conditions de la restitution des lieux.** Pour qu'il y ait restitution des lieux au sens juridique du terme, trois conditions doivent être **cumulativement réunies** :

- le locataire doit quitter matériellement les lieux ; la restitution implique le départ du locataire en titre, mais aussi des personnes qui vivent avec lui, des éventuels sous-locataires, voire, le cas échéant, du cessionnaire partiel du bail (v. s^{s} n° 2611) ;
- les lieux doivent être libres de toute occupation : les lieux sont inhabités et parfaitement vides (plus d'occupant, plus de mobilier) ;

Le locataire n'oubliera pas de faire suivre son courrier, afin qu'il n'arrive plus à son ancienne adresse. Le bailleur pourrait en effet s'emparer de faire valoir que les locaux ne sont pas matériellement libres… pour réclamer le versement d'une indemnité d'occupation.

– et, enfin, le locataire doit restituer toutes les clés au bailleur ou à une personne habilitée à les recevoir (gardien, concierge, mandataire, voisin…).

Si cette personne n'est pas un agent immobilier, avant de lui remettre les clés, le locataire s'assurera qu'elle est bien en possession d'un document l'autorisant à les réceptionner.

Ainsi, la remise des clés dans la boîte aux lettres est inefficace, tout comme la remise des clés à un huissier de justice hors la présence du bailleur et sans son acceptation.

État des lieux de sortie

2704 **Qui dresse l'état des lieux ?** Tout comme lors de l'entrée dans les lieux (v. s[s] n° 602), à la sortie, un état des lieux est dressé. Il est en principe rédigé par le bailleur (ou son représentant) et le locataire. On parle alors d'état des lieux dressé contradictoirement.

Selon le dernier alinéa de l'article 3-2 de la loi du 6 juillet 1989 dans sa rédaction issue de la loi du 24 mars 2014 (L. n° 2014-366, 24 mars 2014, *JO* 26 mars, p. 5809), dite loi Alur (applicable aux contrats signés à compter du 27 mars 2014), le propriétaire ou son mandataire complète l'état des lieux de sortie par les **relevés des index** pour chaque énergie, en présence d'une installation de chauffage ou d'eau chaude sanitaire individuelle, ou collective avec un comptage individuel.

Il peut aussi exceptionnellement être rédigé par un huissier. Quand ? Par exemple, lorsque les parties ne sont pas d'accord sur les termes à employer pour qualifier l'état du logement ou de ses équipements, lorsque le locataire ne s'est pas rendu au rendez-vous fixé, voire, a déménagé « à la cloche de bois ».

Tant l'article 3-2 de la loi du 6 juillet 1989 (L. n° 89-462, 6 juill. 1989, *JO* 8 juill., p. 8541) issu de la loi du 24 mars 2014, dite loi Alur, que l'ancien article 3 du même texte précisent que le coût de l'intervention de l'huissier est fixé par décret en Conseil d'État.

Dans ce cas, il faut faire réaliser un état des lieux le plus vite possible après le départ du locataire. Un constat dressé trop longtemps après n'aura en effet que peu de valeur car le logement a pu être dégradé pour d'autres raisons que l'occupation du locataire.
Mais cela n'a d'intérêt que si le bailleur a une chance de retrouver son locataire. Sans cela, il devra supporter l'intégralité de la dépense !

L'huissier est contacté « à l'initiative de la partie la plus diligente » (le bailleur, la plupart du temps) et les frais de son intervention seront partagés par moitié entre le locataire et le bailleur.

Seul un état des lieux dressé par huissier entraîne un partage des frais ; si le bailleur sollicite son agent immobilier, il sera seul à le payer.

Mais ce n'est qu'en cas de conflit avéré que l'une des parties peut solliciter l'intervention d'un huissier. En l'absence de désaccord tangible, l'intégralité des frais d'huissier reste à la charge de celui qui l'a contacté et en plus, le constat dressé n'est pas opposable à l'autre partie.

C'est pourquoi il est recommandé de porter la mention manuscrite « accord impossible entre les parties » sur le formulaire d'état des lieux, suivie de la signature des intéressés et de le communiquer à l'huissier de justice.

2705 **Procédure à mettre en œuvre.** Au moins **sept jours** avant d'intervenir, l'huissier adresse aux parties un courrier par lettre recommandée avec AR aux termes duquel il leur indique le jour et l'heure auxquels il procédera à l'état des lieux de sortie, leur permettant ainsi d'être présentes à ses côtés.

En cas de déménagement du locataire « à la cloche de bois », l'huissier adressera le courrier à sa nouvelle adresse (dans l'hypothèse où, malgré tout, le bailleur aura réussi à le localiser) ou, à défaut, à son dernier domicile connu, c'est-à-dire à l'adresse des lieux loués (peut-être fait-il suivre son courrier...).

2706 **Quand et comment dresser l'état des lieux ?** La rédaction de l'état des lieux de sortie doit coïncider avec la restitution des clés par le locataire.

Afin d'éviter de mauvaises surprises, il est recommandé au bailleur et au locataire, quelques jours avant la date à laquelle l'état des lieux de sortie doit officiellement être établi, de se rencontrer et de réaliser un **pré-état des lieux**. Cette pratique, assez courante dans le secteur social, mais malheureusement moins répandue dans le secteur privé, permet au locataire de prendre la mesure des éventuelles dégradations dont il pourrait être responsable et de remédier à certaines d'entre elles (rebouchage des trous de chevilles, raccords de peinture, shampouinage de la moquette, etc.), allégeant d'autant la « facture » qui lui sera réclamée.

2707 **Forme de l'état des lieux.** L'état des lieux de sortie est établi en autant d'exemplaires qu'il y a de locataires, plus un pour le bailleur.

Chaque partie remplit et signe un exemplaire en employant rigoureusement les mêmes termes, et détient en sa possession l'exemplaire rempli par l'autre.

L'état des lieux de sortie doit être rempli avec le plus de minutie possible. Il ne s'agit pas d'une formalité sans conséquence, puisque c'est à partir de la comparaison entre l'état des lieux d'entrée et celui de sortie que le préjudice du bailleur va être évalué (pour un exemple d'état des lieux v. s[s] n° 606).

> Pour les baux conclus à compter du 27 mars 2014, date d'entrée en vigueur de la loi du 24 mars 2014, dite loi Alur, l'état des lieux doit suivre les modalités définies par décret (à paraître).

En cas de conflit, avant d'envisager une action en justice, les parties peuvent tenter (c'est une possibilité, pas une obligation) de trouver une solution devant la commission départementale de conciliation (v. s^{s} n° 2104).

» Conditions d'indemnisation du bailleur

2708 **Absence de remise par le locataire du logement en bon état.** (sur ce point v. s^{s} n° 1501).

Dans l'hypothèse d'absence de remise par le locataire du logement en bon état, se pose alors la question de l'indemnisation du bailleur. Celui-ci peut se faire rembourser le prix des travaux incombant au locataire et demander des indemnités pour la période durant laquelle, par la négligence du locataire, son logement ne peut pas être remis sur le marché locatif.

2709 **De simples devis suffisent.** S'il appartient au bailleur de justifier des sommes qu'il entend retenir (Civ. 3e, 1er févr. 2011, n° 10-11.603, NP), son indemnisation n'est pas subordonnée à la preuve de l'exécution des travaux dont il demande la réparation (Civ. 3e, 3 avr. 2001, n° 99-13.668, NP; Civ. 3e, 25 janv. 2006, n° 04-20.726, NP; Civ. 3e, 2 oct. 2007, n° 06-18.142, NP).

Le bailleur peut donc obtenir le remboursement des travaux de remise en état sur la base d'un simple devis, et pas nécessairement sur présentation de la facture des travaux effectivement réalisés.

En réalité, tout dépend de la nature des dégradations constatées et de la volonté du bailleur de relouer les lieux :

– si les dégradations sont telles qu'elles empêchent le logement de répondre aux normes de décence posées par le décret du 30 janvier 2002 (réseau électrique ne répondant pas aux normes de sécurité par ex., v. s[s] n°s 607 et 608) et/ou qu'elles ne permettent pas au bailleur de satisfaire à son obligation de délivrance, le propriétaire qui veut relouer le logement devra impérativement réaliser les travaux de remise aux normes ;
– mais le propriétaire est libre de relouer le logement en l'état (détérioré mais toujours décent), à charge pour lui de mentionner (et au locataire entrant d'exiger !) dans l'état des lieux d'entrée du nouveau locataire les dégradations constatées (par ex. : « baignoire ébréchée », « papier peint taché », « parquet présentant des traces de brûlures de cigarettes », « sept carreaux du carrelage de la salle de bains descellés »).

2710 **Pas d'indemnisation sans préjudice.** Le bailleur ne peut être indemnisé que s'il rapporte la preuve d'un préjudice né et actuel (Civ. 3e, 3 déc. 2003, n° 02-18.033, *Bull. civ.* III, n° 221).

Par exemple, s'il décide, après le départ de son locataire de restructurer complètement son logement en abattant des cloisons (celles-là même qui avaient été abîmées par le locataire), en changeant les revêtements de sol (dégradés par le locataire), etc., dans la perspective de relouer les lieux (plus cher) ou de vendre son bien, il ne peut se faire indemniser, faute de subir un préjudice.

› Restitution du dépôt de garantie

2711 **Sommes (ou dépenses) restant dues au bailleur.** À l'issue du bail, le bailleur doit restituer le montant du dépôt de garantie, après en avoir déduit, le cas échéant, les sommes qui lui restent dues et les dépenses qu'il peut avoir à engager, à la place du locataire, « sous réserve qu'elles soient dûment justifiées » (sur ce point v. s[s] n° 2710).

Sont donc visés les reliquats de loyers ou charges impayés et, bien entendu, les frais de remise en état du logement en raison des dégradations du locataire sortant.

Sur l'illégalité de la pratique consistant, pour le locataire, à ne pas régler les deux derniers mois de loyer, estimant que le bailleur se paiera en ne lui remboursant pas le dépôt de garantie (v. ss n° 509).

Et pour savoir ce qui se passe en cas de changement de bailleur en cours de bail, ou en cas de décès (v. ss n° 2627).

Il incombe, naturellement, au bailleur de justifier des sommes lui restant dues qui viendraient en déduction du montant du dépôt de garantie (Civ. 3e, 15 févr. 2012, n° 11-13.014, *Bull. civ.* III, n° 28).

2712 **Délai de restitution.** En théorie, le bailleur ne dispose que de **deux mois à compter de la remise des clés** pour restituer le dépôt de garantie. C'est la loi qui le dit : le dépôt de garantie « est restitué dans un délai maximal de deux mois à compter de la restitution des clés par le locataire » (L. 6 juill. 1989, art. 22).

Pour les baux conclus à compter du 27 mars 2014, date d'entrée en vigueur de la loi du 24 mars 2014, dite loi Alur, la loi distingue deux cas de figure.

- **Le dépôt de garantie est restitué dans un délai maximal de deux mois** à compter de la « remise en main propre, ou par lettre recommandée avec demande d'avis de réception, des clés au bailleur ou à son mandataire » (L. 6 juill. 1989, art. 22, modifié). Le même texte précise que « À cette fin, le locataire indique au bailleur ou à son mandataire, lors de la remise des clés, l'adresse de son nouveau domicile ».
- **Toutefois ce délai de restitution maximal passe de deux mois à un mois** à compter de la remise des clés par le locataire lorsque l'état des lieux de sortie est conforme à l'état des lieux d'entrée, déduction faite, le cas échéant, des sommes restant dues au bailleur et des sommes dont celui-ci pourrait être tenu, en lieu et place du locataire, sous réserve qu'elles soient dûment justifiées.

En revanche, la loi n'oblige pas le bailleur à justifier dans ce délai de deux mois des sommes qu'il entend déduire du montant du dépôt de garantie (Civ. 3e, 8 déc. 2009, n° 08-20.340, NP).

Ce délai de deux mois est d'ordre public. Pour renoncer à la protection que lui accorde la loi, le locataire doit le faire par écrit, sans équivoque, après avoir signé le bail.

2713 **Aménagement.** Toutefois, en pratique, le bailleur va disposer d'un délai supplémentaire, ce délai de deux mois s'avérant parfois insuffisant.

Le problème se pose surtout à l'égard des charges. En effet, la remise des clés ne coïncide pas toujours avec la période d'arrêté des comptes de la société bailleresse ou avec l'envoi du décompte des charges par le syndic de copropriété au bailleur.

Aussi, l'Administration et la Cour de cassation admettent-elles que la règle puisse souffrir quelques aménagements.

L'Administration recommande :
- de procéder à un arrêté de comptes provisionnel et de dispenser le bailleur de payer des intérêts de retard sur un éventuel solde débiteur à sa charge (Rép. min. n° 40363, *JOAN Q* 20 mars 2000) ;
- de ne restituer dans le délai au locataire que 75 % ou 80 % du dépôt de garantie et, le cas échéant, de rembourser le solde, sans intérêt, après régularisation (Rép. min. n° 4514, *JOAN Q* 18 nov. 2002).

Quant à la Cour de cassation, elle fixe le point de départ des intérêts de retard, non à la date de remise des clés, mais à celle de l'envoi au propriétaire, par le syndic, du décompte de charges (Civ. 3e, 18 mars 1992, n° 90-11.763, *Bull. civ.* III, n° 93).

D'ailleurs, pour les baux conclus à compter du 27 mars 2014, tirant les enseignements de la pratique, l'article 22 de la loi du 6 juillet 1989 tel que modifié par la loi du 24 mars 2014, dite loi Alur, précise que lorsque le logement est situé dans un immeuble collectif, le bailleur procède à un **arrêté des comptes provisoire** et peut, lorsqu'elle est dûment justifiée, **conserver une provision ne pouvant excéder 20 % du montant du dépôt de garantie** jusqu'à l'arrêté annuel des comptes de l'immeuble. La

régularisation définitive et la restitution du solde, déduction faite, le cas échéant, des sommes restant dues au bailleur et des sommes dont celui-ci pourrait être tenu en lieu et place du locataire, sont effectuées **dans le mois qui suit l'approbation définitive des comptes** de l'immeuble.

Le texte nouveau permet toutefois aux parties de solder amiablement et immédiatement l'ensemble des comptes.

2714 **Passé ce délai, les intérêts courent.** Au-delà des deux mois, « le solde du dépôt de garantie restant dû au locataire, après arrêté des comptes, produit intérêt au taux légal au profit du locataire » (fixé à 0,04 % par an pour 2014).

CODE

La législation évolue

Pour les baux conclus à compter du 27 mars 2014, date d'entrée en vigueur de la loi du 24 mars 2014, dite loi Alur, la situation change radicalement. En effet, l'article 22 de la loi du 6 juillet 1989, dans sa rédaction issue de la loi du 24 mars 2014, précise désormais que, à défaut de restitution dans les délais prévus, le dépôt de garantie restant dû au locataire est majoré d'une somme égale à 10 % du loyer mensuel en principal, pour chaque période mensuelle commencée en retard.

Toutefois, nul n'étant tenu à l'impossible, le texte précise que cette majoration n'est pas due lorsque l'origine du défaut de restitution dans les délais résulte de l'absence de transmission par le locataire de l'adresse de son nouveau domicile.

Si le bailleur tarde à restituer le dépôt de garantie, avant d'envisager l'action en justice, il faut lui adresser un courrier valant mise en demeure. Puis, en cas d'inaction ou de refus pur et simple de sa part, le locataire pourra saisir la commission départementale de conciliation (v. s^s n° 2104). Mais ici, la saisine de cette commission n'est pas obligatoire ; le locataire peut donc saisir directement le juge.

Exemple de lettre de réclamation en restitution de dépôt de garantie

Monsieur Anatole Bornand
14, rue Delambre
75014 Paris

Monsieur Fulbert Verdon
2, avenue du Gal de Gaulle
95100 Argenteuil

Paris, le 21 mars 2016

À adresser par lettre recommandée avec AR [Lettre recommandée avec AR.

Monsieur,

Être très précis [Il y a plus de deux mois (très exactement, le 22 janvier 2016), je vous ai restitué les clés de l'appartement que vous me louiez 8, rue du Verger à Argenteuil.

Or, à ce jour, et malgré l'envoi par votre syndic du décompte des charges de l'année 2015, vous ne m'avez toujours pas restitué la somme me revenant au titre de mon dépôt de garantie. *Citer le texte* [Ce, en contravention avec les termes de l'article 22 de la loi n° 89-462 du 6 juillet 1989.

Employer l'expression « mettre en demeure » [Je suis donc contraint, par la présente, de vous mettre en demeure de me verser, par retour, ce qui me revient.

À défaut, je me verrai dans l'obligation d'entamer un contentieux.

Étant persuadé que nous ne serons pas obligés d'arriver à pareille extrémité.

Je vous prie d'agréer, Monsieur, l'expression de mes salutations les meilleures.

Anatole Bornand

En l'occurrence, il s'agit :

– de la juridiction **de proximité** (ou, à compter du 1er janv. 2015, du « juge de proximité », v. s^{s} n° 612) lorsque la demande porte sur une restitution du dépôt inférieure ou égale à 4 000 euros (COJ, art. R. 231-4). Rendue en dernier ressort, sa sentence ne sera pas susceptible d'appel : seul un pourvoi en cassation serait envisageable (sur l'avenir de ces juridictions, v. s^{s} n° 613) ;

– du **juge d'instance** au-delà de 4 000 euros, à charge d'appel (COJ, art. R. 221-37).

Il ressort en effet d'un avis rendu par la Cour de cassation en 2005 que l'article R. 221-38 du COJ, qui prévoit, au profit du tribunal d'instance, une compétence d'attribution concernant les actions dont un contrat de louage d'immeubles à usage d'habitation ou un contrat portant sur l'occupation d'un logement est l'objet, la cause ou l'occasion, confère audit tribunal une compétence exclusive en matière de baux d'habitation, à l'exception des actions relatives à l'application de l'article 22 de la loi du 6 juillet 1989 dont la connaissance, jusqu'à la valeur de 4 000 euros, relève de la juridiction de proximité (Cass., avis, 10 oct. 2005, avis n° 0500023).

28 Résiliation du bail par le jeu de la clause résolutoire

> Préalables à l'action en résiliation
> Mise en œuvre de la clause résolutoire du bail

Si le locataire **ne paye pas ce qu'il doit** (v. s[s] n° 2806), le bailleur peut décider d'adopter une **solution radicale : mettre fin au bail. La procédure à suivre dépend du bail** lui-même. Si le contrat de bail **contient une clause résolutoire** (v. s[s] n°s 2807 s.), il appartient au bailleur de la **mettre en œuvre** (v. s[s] n° 2802) selon une procédure particulière (v. s[s] n°s 2805 s.), devant le tribunal d'instance (v. s[s] n° 2804).

2801 **« Mieux vaut un mauvais arrangement qu'un bon procès ».** Tout le monde connaît cette expression. C'est pourquoi, si une grande difficulté survient au cours du bail, la première des choses est d'essayer de trouver une solution amiable en prenant rapidement contact avec son locataire pour essayer de savoir ce qui se passe : pourquoi cet impayé de loyer ? Pourquoi ce bruit qui gêne les voisins ? Pourquoi n'a-t-il pas adressé le justificatif d'assurance demandé ?

La démarche est graduée : un appel téléphonique, un courrier simple, puis une lettre recommandée… et si la situation ne s'arrange pas, on envisage une solution judiciaire pour mettre un terme au bail ou, sous cette menace, pour obtenir que le locataire règle la situation.

Il faut alors distinguer deux cas de figure :

– le bail comporte une clause de résiliation de plein droit qui vise le manquement reproché au locataire : le bailleur peut l'invoquer (v. s^s n° 2805),
– le bail n'en contient pas, ou la clause de résiliation ne vise pas le manquement du locataire : le bailleur doit demander la résiliation judiciaire du bail (v. s^s n°s 2901 s.).

Mais dans les deux cas, il y a un passage obligé devant le juge, avec, en cas de défaut de paiement, un vrai risque qu'il accorde des délais de grâce.

Une fois cette première étape franchie et la résiliation du bail prononcée ou constatée, le bailleur devra encore obtenir l'expulsion du locataire.

Comme on va vite pouvoir s'en rendre compte, il n'est ni simple ni rapide, pour un bailleur, de faire valoir ses droits.

› Préalables à l'action en résiliation

2802 **Qui doit agir ?** La demande de résiliation du bail émane du bailleur.

Cette demande est un acte d'administration. Partant :

- lorsque le bien loué est en usufruit, seul l'usufruitier peut s'en charger ;
- lorsqu'il est en indivision, l'unanimité des indivisaires est nécessaire, ou l'un des indivisaires doit être spécialement mandaté par les autres pour agir ;
- lorsque la gestion du bien est confiée à un professionnel, ce dernier est habilité à le faire si son mandat de gestion l'a prévu (v. s^s^ n° 107) ;
- si le bailleur est une personne morale, son représentant engage la procédure.

2803 **Contre qui diriger l'action ?** L'action de résiliation du bail est dirigée contre le locataire.

Personnes contre qui diriger l'action

Situation	Contre qui diriger l'action ?
Époux locataires (existence du conjoint connue du bailleur)	Les deux
Époux locataires (existence du conjoint ignorée du bailleur)	Le locataire
Copreneurs non solidaires	Les deux
Copreneurs solidaires	Les deux
Locataires pacsés	Les deux si demande conjointe de cotitularité
Locataire vivant avec un concubin non-signataire du bail	Le seul locataire

Comme en matière de congé (v. s^s^ n° 2304), il faut distinguer plusieurs cas :

- le locataire est célibataire : l'action doit être dirigée contre lui seul, même si le logement est occupé par plusieurs personnes ;

- le locataire est marié : même si le bail n'a été signé qu'avec un seul des époux, tous deux sont cotitulaires du droit au bail et le bailleur doit intenter l'action à l'égard de chacun d'entre eux, sauf en cas de mariage au cours du bail, dès lors que le bailleur n'en a pas été régulièrement informé (v. s^{s} n° 2306) ;
- le locataire est pacsé : même si le bail n'a été signé qu'avec un seul des partenaires, dès lors qu'ils en ont fait la demande conjointe, ils sont cotitulaires du droit au bail (C. civ., art. 1751, mod. par L. n° 2014-366, 24 mars 2014, dite loi Alur, *JO* 26 mars, p. 5809) et le bailleur doit intenter l'action à l'égard de chacun d'entre eux ;
- le locataire vit en concubinage : l'action est intentée contre le seul locataire en titre ;
- plusieurs personnes ont signé le bail : l'action est dirigée contre chaque signataire du bail, même en cas d'engagement solidaire (c'est plus prudent).

2804 **Devant quel tribunal ?** Le juge compétent est le juge d'instance du lieu de situation de l'immeuble (COJ, art. R. 221-38 et R. 221-48).

La juridiction de proximité n'est pas compétente pour prononcer (ou constater) la résiliation du bail (sur l'avenir de ces juridictions, v. également s^{s} n° 613).

Précisons que devant le tribunal d'instance, le recours à un avocat n'est pas obligatoire. Toutefois, sauf à être familier des procédures, il est hautement recommandé de se faire assister par un homme de loi.

Le tribunal d'instance est compétent en dernier ressort (c'est-à-dire que la décision rendue ne sera pas susceptible d'appel : seul un pourvoi en cassation – long et onéreux – serait possible) si le litige porte sur une somme inférieure ou égale à 4 000 euros.

L'appel est possible si la somme en jeu est supérieure ou indéterminée.

» Mise en œuvre de la clause résolutoire du bail

2805 **Résiliation quasi-automatique du bail.** En signant le contrat de bail dans lequel est stipulée la clause résolutoire (aussi appelée « clause de résiliation de plein droit »), le locataire accepte, par avance, que la méconnaissance de l'une au moins des obligations visées par la clause entraînera la résiliation pure et simple du bail.

Le bailleur devra tout de même saisir le juge (il est impossible de se faire justice à soi-même) qui vérifiera que le locataire a réellement violé l'engagement qu'il avait pris. Si c'est le cas, et même pour un manquement minime, le juge ne disposera – en théorie – d'aucune liberté : il devra constater la résiliation du bail.

⚠ Mais en pratique, les choses sont moins simples puisque le juge peut, même d'office, accorder au locataire, en situation d'impayé, des délais de paiement pour une durée pouvant aller jusqu'à deux ans (v. s^s^ n° 2815).

Cette sanction quasi automatique est donc très efficace. Elle comporte **quatre garde-fous** :

- d'une part, la clause doit être prévue dans le contrat de bail ; en pratique, tous les contrats en comportent, y compris l'exemple proposé (v. s^s^ n° 345) ;
- d'autre part, sa portée est limitée à ce qui est expressément prévu et elle est d'interprétation stricte ;

EXEMPLE La clause résolutoire qui ne vise que l'impayé de loyer ne peut pas servir en cas de non-paiement des charges ou pour un défaut d'assurance.

- ensuite, en cas d'impayés, le juge peut accorder un délai de grâce (v. s^s^ n° 2815) ;

– enfin, la loi a limité aux manquements les plus sérieux du locataire les hypothèses dans lesquelles elle va pouvoir jouer.

2806 **Situations justifiant la mise en œuvre de la clause résolutoire.** En effet, il n'existe **que trois hypothèses** que le contrat de location peut viser.

La première concerne le manquement du locataire à ses obligations financières, visées à l'article 24 de la loi du 6 juillet 1989 (L. n° 89-462, 6 juill. 1989, *JO* 8 juill., p. 8541), c'est-à-dire, le défaut de paiement du loyer ou des charges aux termes convenus et le non-versement du dépôt de garantie.

Dans les faits, la clause résolutoire pour défaut de versement du dépôt de garantie ne va pas avoir l'occasion de jouer, puisque ce versement sera toujours un préalable à l'entrée du locataire dans les lieux.

Concernant les charges, la clause va pouvoir jouer en cas de non-paiement du montant réclamé au titre de la régularisation, mais aussi, semble-t-il (bien qu'il n'y ait pas de décision de justice sur la question et que la justification des charges n'intervienne qu'*a posteriori*), en cas de non-paiement de la provision sur charges.

La deuxième vise le défaut d'assurance mentionné à l'article 7 *g* de la loi du 6 juillet 1989, c'est-à-dire une assurance couvrant les risques de dégât des eaux, de l'explosion et de l'incendie (v. s^s^ n° 1601).

La troisième, enfin, vise le non-respect, par le locataire, de son obligation d'user paisiblement des locaux loués (v. s^s^ n°s 329 et 1408).

Toute clause du bail qui prévoit la mise en œuvre d'une clause résolutoire de plein droit pour un autre motif est nulle (L. 6 juill. 1989, art. 4 *g*).

Il conviendra enfin d'évoquer la procédure spécifique de constat d'abandon du logement.

»» Clause résolutoire visant un manquement du locataire à ses obligations financières

2807 **Déroulement de la procédure.** Elle se déroule en cinq étapes avec, chronologiquement :

– le commandement de payer;
– les suites du commandement;
– l'assignation;
– le jugement;
– la signification du jugement.

»»» 1re étape : le commandement de payer

2808 **Délivrance.** Toute mise en œuvre d'une clause de résiliation de plein droit débute par un commandement de payer délivré par un huissier de justice.

Pour l'établir, l'huissier aura besoin d'une photocopie du bail et des documents justifiant la réalité de la dette.

2809 **Contenu.** Par souci d'information du locataire, la loi prévoit (L. 6 juill. 1989, art. 24) que le commandement de payer doit reproduire « à peine de nullité » :

Il est indispensable de reproduire ces textes dans le commandement lui-même. En faire une photocopie et l'annexer au commandement ne suffit pas : le commandement serait nul.

– les dispositions des cinq premiers alinéas de l'article 24 de la loi du 6 juillet 1989;

Apport de la loi Alur

Pour les baux signés depuis le 27 mars 2014, date d'entrée en vigueur de la loi du 24 mars 2014, le commandement de payer doit reproduire l'**intégralité** du volumineux article 24 de la loi du 6 juillet 1989.

– le premier alinéa de l'article 6 de la loi du 31 mai 1990 (L. n° 90-449, 31 mai 1990, *JO* 2 juin, p. 6551), dite loi Besson, sur le droit au logement (L. 6 juill. 1989, *JO* 8 juill., p. 8541, art. 24);

Apport de la loi Alur

Pour les baux signés depuis le 27 mars 2014, date d'entrée en vigueur de la loi du 24 mars 2014, dite loi Alur, le commandement de payer doit reproduire les trois premiers alinéas de cet article 6.

– l'indication selon laquelle le locataire a la faculté de saisir le Fonds de solidarité pour le logement (FSL), ainsi que l'adresse du FSL dont il dépend (l'adresse du FSL du département dans lequel est situé l'immeuble est disponible sur le site officiel de l'Administration française : www.service-public.fr).

Cette exigence est maintenue par la loi du 24 mars 2014, dite loi Alur.

Le locataire est ainsi informé de tous ses droits : droit de demander des délais de paiement, possibilité d'obtenir une aide du FSL, existence d'un délai incompressible de deux mois entre le commandement et l'assignation (délai mentionné à l'art. 24, al. 2, L. 6 juill. 1989), etc.

L'absence d'une mention obligatoire n'entraîne toutefois pas automatiquement **la nullité du commandement**. Pour l'obtenir, le locataire doit démontrer que les irrégularités du commandement lui ont porté préjudice.

EXEMPLES DE PRÉJUDICES SUBIS PAR LE LOCATAIRE EN CAS D'IRRÉGULARITÉ DU COMMANDEMENT

– ne pas avoir indiqué la possibilité de saisir le FSL lui a fermé cette porte, alors qu'il pouvait prétendre à une aide de ce fonds;

– l'indication d'un délai de trois mois pour apurer sa dette (au lieu des deux prévus par la loi) a fait qu'il a régularisé sa situation hors délai.

2810 **Indication de l'origine, du montant et du détail de la dette.** Il est capital de mentionner très clairement quelles sont les sommes dues, à quel titre et pour quel montant.

EXEMPLE Les sommes dues portent sur le loyer et la provision sur charges des mois de décembre 2005, janvier 2006 et février 2006, soit 1 950 euros, dont 1 500 euros de loyer (3 × 500 €) et 450 euros de charges (3 × 150 €).

Si le commandement mentionne une somme supérieure à la somme réellement due, il n'est pas nul pour autant. Simplement, il ne joue que pour la dette effective.

2811 **Signalement du commandement de payer à la Commission de coordination des actions de prévention des expulsions locatives.** Pour les baux signés depuis le 27 mars 2014, date d'entrée en vigueur de la loi du 24 mars 2014, dite loi Alur, le nouvel article 24 de la loi du 6 juillet 1989 prévoit que le préfet fixe, par arrêté, le montant et l'ancienneté de la dette au-delà desquels les commandements de payer, délivrés **à compter du 1er janvier 2015** pour le compte d'un bailleur personne physique ou société civile familiale (c'est-à-dire, constituée exclusivement entre parents et alliés jusqu'au quatrième degré inclus), sont signalés par l'huissier de justice à la Commission de coordination des actions de prévention des expulsions locatives (CCAPEX) prévue à l'article 7-2 de la loi n° 90-449 du 31 mai 1990.

Ce signalement est fait dès lors que l'un des deux seuils (montant et ancienneté) est atteint, par simple lettre reprenant les éléments essentiels du commandement. Il peut également s'effectuer par voie électronique, selon des modalités fixées par décret.

Aux termes du décret n° 2015-1384 du 30 octobre 2015 (*JO* 31 oct., p. 20411), le signalement est effectué lorsque :

- soit le locataire est en situation d'impayé de loyer ou de charges locatives sans interruption depuis une durée fixée en mois par arrêté préfectoral, comprise entre trois et six mois ;
- soit la dette de loyer ou de charges locatives du locataire est équivalente à un multiple, fixé par arrêté préfectoral, compris entre trois et six fois le montant du loyer mensuel hors charges locatives.

Il ajoute que les seuils relatifs à l'ancienneté et au montant de la dette peuvent varier au sein d'un même département et que l'arrêté préfectoral précise l'adresse postale et électronique du secrétariat de la commission et, le cas échéant, de ses sous-commissions, à laquelle l'huissier signale le commandement, au regard de l'organisation territoriale de la commission définie par son règlement intérieur.

Il précise enfin que l'arrêté préfectoral est d'une durée maximale de trois ans jusqu'au 31 décembre 2018 et de six ans au-delà.

2812 **Quels destinataires ?** L'huissier délivre le commandement de payer au(x) locataire(s) concerné(s) (v. s[s] n° 2803), ainsi qu'à la caution éventuelle.

Le commandement de payer est signifié à la caution dans les quinze jours qui suivent la signification du commandement au locataire (L. 6 juill. 1989, art. 24). À défaut, le bailleur ne pourra pas lui réclamer le paiement des pénalités ou intérêts de retard.

> Cette exigence est maintenue par la loi du 24 mars 2014, dite loi Alur.

2813 **Délai de deux mois séparant l'envoi du commandement de l'assignation en justice.** Afin de laisser au locataire une chance de régulariser la situation avant que le juge ne soit saisi, la loi prévoit que « toute clause prévoyant la résiliation de plein droit du contrat de location pour défaut de paiement du loyer ou des charges aux termes convenus ou pour non-versement du dépôt de garantie ne produit effet que deux mois après un commandement de payer demeuré infructueux ».

Le délai court à partir de la date de la signification.

»» 2e étape : les suites du commandement

2814 **Paiement par le locataire de ce qui lui est réclamé.** Si le locataire paie, les choses en restent là et le bail continue à produire ses effets jusqu'à son terme.

2815 **Demande de délais par le locataire.** La demande peut être faite directement au bailleur, qui n'est toutefois pas tenu de l'examiner et, encore moins, d'y faire droit.

Le locataire peut aussi saisir le juge (tribunal d'instance du lieu de situation de l'immeuble) afin qu'il lui accorde un délai, au maximum de deux ans (v. s^{s} n° 2822).

2816 **Opposition au commandement formée par le locataire.** Le locataire qui conteste la réalité de la dette (le loyer qu'on lui réclame a été payé, les charges ne sont pas justifiées, etc.) peut faire opposition au commandement devant le tribunal d'instance.

Si l'opposition est justifiée, la procédure s'arrête. Dans le cas contraire, elle se poursuit.

2817 **Absence de réaction du locataire.** Dans ce cas, le bailleur doit saisir le juge pour qu'il constate l'acquisition de la clause résolutoire.

»» 3e étape : l'assignation

2818 **Délivrance de l'assignation.** Le bailleur doit faire délivrer l'assignation, par huissier, à la fois au locataire et au préfet.

La notification au préfet est requise même lorsque la procédure de résiliation judiciaire du bail est motivée à la fois par une dette de loyers et par un défaut de jouissance paisible (Civ. 3e, 16 avr. 2008, n° 07-12.264, *Bull. civ.* III, n° 73). En revanche, elle n'est pas requise lorsque c'est le locataire qui a pris l'initiative de cette résiliation, l'action introduite par le bailleur ne tendant pas au constat de la résiliation du bail, mais à la reconnaissance de la qualité d'occupant sans droit ni titre (Civ. 3e, 23 mars 2011, n° 09-68.942, *Bull. civ.* III, n° 48).

Contrairement à l'envoi au locataire, cette notification au préfet est effectuée par lettre recommandée avec AR. Elle doit intervenir « au moins deux mois avant l'audience ».

Ce délai court dès l'instant où le préfet reçoit la lettre recommandée avec AR, c'est-à-dire dès l'instant où il signe l'accusé de réception (C. pr. civ., art. 669).

Cette notification est prévue « à peine d'irrecevabilité de la demande ». L'action en justice qui n'a pas été précédée d'une notification dans le délai requis est nulle. Le bailleur ou, plus vraisemblablement, son avocat, veillera donc à ce que le greffe du tribunal d'instance ne convoque les parties que plus de deux mois après la notification faite au préfet.

La notification au préfet est également requise lorsque, dans le cadre d'une action intentée par le locataire (par ex., pour manquement du propriétaire à son obligation d'entretien), le bailleur, par une *demande reconventionnelle*, tente de faire jouer la clause résolutoire en raison d'une dette de loyer de son cocontractant. Cette notification avait été rendue obligatoire, en cas de *demande additionnelle* aux fins aux fins de constat ou de prononcé de la résiliation motivés par l'existence d'une dette locative, par la loi du 22 décembre 2010 consacrant une certaine jurisprudence (L. n° 2010-1609, 22 déc. 2010, *JO* 23 déc., p. 22552). **Toutefois**, pour les baux signés à compter du 27 mars 2014, la réécriture de l'article 24 par la loi du 24 mars 2014, dite loi Alur, avait fait disparaître cette exigence de notification au préfet en cas de **demande additionnelle**. La loi n° 2015-990 du 6 août 2015, dite loi Macron (*JO* 7 août, p. 13537) a rétabli cette obligation, y compris pour les baux en cours lors de son entrée en vigueur, le 8 août 2015.

Par ailleurs, **pour les baux signés depuis le 27 mars 2014**, date d'entrée en vigueur de la loi du 24 mars 2014, le nouvel article 24 de la loi du 6 juillet 1989 prévoit que, **à compter du 1er janvier 2015**, les bailleurs personnes morales autres qu'une société civile familiale (c'est-à-dire, constituée exclusivement entre parents et alliés jusqu'au quatrième degré inclus) ne peuvent faire délivrer, sous peine d'irrecevabilité de la demande, une assignation aux fins de constat de résiliation du bail avant l'expiration d'un délai de deux mois suivant la saisine (le cas échéant, par voie électronique) de la Commission de coordination des actions de prévention des expulsions locatives (CCAPEX) prévue à l'article 7-2 de la loi du 31 mai 1990 précitée. Le texte ajoute que cette saisine est réputée constituée lorsque persiste une situation d'impayés, préalablement signalée dans les conditions réglementaires aux organismes payeurs des aides au logement en vue d'assurer le maintien du versement de l'aide personnalisée au logement ou de l'allocation de logement.

2819 **Rôle du préfet et des services sociaux.** Durant ces deux mois, le préfet va pouvoir mener une véritable enquête administrative sur la situation du locataire et mobiliser les services sociaux susceptibles de lui venir en aide pour trouver une solution (il peut saisir, « en tant que de besoin, les organismes dont relèvent les aides au logement, le Fonds de solidarité pour le logement ou les services sociaux compétents »).

CODE

Apport de la loi Alur

Pour les baux signés depuis le 27 mars 2014, date d'entrée en vigueur de la loi du 24 mars 2014, dite loi Alur, le nouvel article 24 de la loi du 6 juillet 1989 évoque la saisine (le cas échéant, pas voie électronique) de « l'organisme compétent désigné par le plan départemental pour l'hébergement et le logement des personnes défavorisées, suivant la répartition de l'offre globale de services d'accompagnement vers et dans le logement prévue à l'article 4 de la loi n° 90-449 du 31 mai 1990 ».

C'est le préfet qui, le cas échéant, va saisir les services sociaux. Il n'incombe pas au bailleur de leur notifier l'assignation qu'il a délivrée au locataire (Civ. 3ᵉ, 6 avr. 2004, n° 03-10.043, NP).

Le ou les services ou organismes saisis réalisent une enquête financière et sociale au cours de laquelle le locataire et le bailleur sont mis en mesure de présenter leurs observations; le cas échéant, les observations écrites des intéressés sont jointes à l'enquête.

Cette enquête est ensuite communiquée au juge et aux parties, qui pourront en débattre à l'audience.

CODE **Apport de la loi Alur**
Pour les baux signés depuis le 27 mars 2014, date d'entrée en vigueur de la loi du 24 mars 2014, dite loi Alur, le nouvel article 24 de la loi du 6 juillet 1989 évoque un « diagnostic social et financier » et envisage explicitement sa transmission « au juge avant l'audience, ainsi qu'à la Commission de coordination des actions de prévention des expulsions locatives ».

4e étape : le jugement

2820 **Juge compétent.** Le juge compétent est en principe le juge d'instance du lieu de situation de l'immeuble.

Toutefois, pour gagner du temps, une clause du bail peut valablement attribuer la compétence au juge des référés, c'est-à-dire au président du tribunal d'instance du lieu de situation de l'immeuble, pour constater l'acquisition de la clause résolutoire.

2821 **Vérification par le juge de la régularité de la procédure.** Il s'assure que le bailleur a agi de bonne foi et que toutes les étapes de la procédure ont été respectées (vérification, notamment, du contenu du commandement de payer et que la notification de l'assignation au préfet a eu lieu dans les délais).

Il vérifie aussi que les sommes réclamées sont bel et bien dues.

CODE **Apport de la loi Alur**
Pour les baux signés depuis le 27 mars 2014, date d'entrée en vigueur de la loi du 24 mars 2014, dite loi Alur, le nouvel article 24

de la loi du 6 juillet 1989 précise que le juge peut **d'office** vérifier tout élément constitutif de la dette locative et le respect de l'obligation, par le bailleur, de délivrer un logement décent.

À partir de là, deux cas de figure : soit il décide d'accorder des délais de paiement au locataire, soit il constate l'acquisition de la clause résolutoire et ordonne l'expulsion du locataire.

2822 **Délais de paiement accordés par le juge au locataire.** Le locataire peut demander des délais à tous les stades de la procédure et le juge doit examiner toute demande de délai formulée par le locataire.

Cette demande peut intervenir à tout moment :
- avant l'assignation (en réponse au commandement reçu);
- une fois l'assignation reçue;
- lors de l'audience;
- mais aussi après le jugement;
- au stade de l'appel;
- voire, une fois la procédure achevée, tant qu'il n'a pas été matériellement procédé à l'expulsion.

En effet, aucun délai n'est imposé au preneur pour saisir le juge d'une demande de délais de paiement et de suspension des effets de la clause résolutoire (Civ. 3e, 17 déc. 2002, n° 01-12.532, NP; Civ. 3e, 16 févr. 2011, n° 10-14.945, *Bull. civ.* III, n° 26).

Toutefois, le juge peut aussi octroyer d'office des délais au locataire, c'est-à-dire sans que celui-ci l'ait demandé (L. 6 juill. 1989, *JO* 8 juill., p. 8541, art. 24).

2823 **Sur quels critères ?** Le locataire doit être « en situation de régler sa dette locative », c'est-à-dire que ses revenus lui permettent d'apurer sa dette dans un délai que le juge fixe.

Depuis la loi du 24 mars 2014, dite loi Alur, applicable sur ce point aux contrats en cours (Cass. avis, 16 févr. 2015, n° 14-70.011) le juge peut, **même d'office**, accorder des délais de paiement **dans**

la limite de trois années, par dérogation au délai prévu au premier alinéa de l'article 1244-1 du code civil [à compter du 1er oct. 2016 : C. civ., art. 1343-5, al. 1er], au locataire en situation de régler sa dette locative.

Si c'est le cas, le juge doit se conformer aux règles des articles 1244-1 (al. 1er) et 1244-2 du code civil [à compter du 1er oct. 2016 : C. civ., art. 1343-5].

Ainsi, le juge doit tenir compte de la situation du débiteur (situation de famille, possibilité ou non de se reloger, etc.) et prendre en considération les besoins du créancier (quelle est sa situation financière ? a-t-il d'autres revenus ? rembourse-t-il un crédit sur le logement loué ? est-il salarié ou retraité ? etc.).

L'article 1244-2 [à compter du 1er oct. 2016 : C. civ., art. 1343-5] précise que la décision du juge « suspend les procédures d'exécution qui auraient été engagées par le créancier. Les majorations d'intérêts ou les pénalités encourues à raison du retard [à compter du 1er oct. 2016 : prévues en cas de retard] cessent d'être dues [à compter du 1er oct. 2016 : ne sont pas encourues] pendant le délai fixé par le juge ».

Que se passe-t-il pendant la durée du délai accordé ? Le juge peut **reporter** ou **échelonner** la dette (C. civ., art. 1244-1 [à compter du 1er oct. 2016 : C. civ., art. 1343-5]).

Si la dette est reportée, le locataire n'a, dans l'immédiat, qu'à payer son loyer et ses charges tous les mois.

Si elle est échelonnée, tous les mois, le locataire devra payer son loyer et ses charges du mois, plus une fraction de l'arriéré.

La loi précise en effet que « pendant le cours des délais ainsi accordés, les effets de la clause de résiliation de plein droit sont suspendus; ces délais et les modalités de paiement accordés ne peuvent affecter l'exécution du contrat de location et notamment suspendre le paiement du loyer et des charges » (L. 6 juill. 1989, art. 24).

> « Si le locataire se libère dans le délai et selon les modalités fixés par le juge, la clause de résiliation de plein droit est réputée ne pas avoir joué ; dans le cas contraire, elle reprend son plein effet. » (L. 6 juill. 1989, art. 24)

L'incident sera donc clos et le bail se poursuivra normalement si le locataire se conforme à la décision du juge et paie ce qu'il doit à la date indiquée.

En revanche, dès le premier impayé, les délais tombent et le bailleur peut retourner devant le juge pour faire constater la carence du locataire et, par voie de conséquence, l'acquisition de la clause résolutoire.

2824 **Constatation par le juge de l'acquisition de la clause résolutoire et expulsion ordonnée.** La procédure est régulière, les dettes établies et le locataire ne remplit pas les conditions qu'il faut pour prétendre à un délai de grâce.

Dans ce cas, le juge constate que la clause de résiliation de plein droit est acquise et il ordonne l'expulsion du locataire.

5e étape : la signification du jugement

2825 **Forme de la signification.** Cette signification du jugement a nécessairement lieu par acte d'huissier.

Clause résolutoire visant le défaut d'assurance

2826 **Généralités.** La mise en œuvre de cette clause est infiniment plus simple, puisque le locataire ne peut pas demander de délais, le préfet n'a pas à être saisi et la caution n'a pas à être alertée (L. 6 juill. 1989, art. 7 *g*).

Les étapes à respecter sont donc les suivantes.

1re étape : délivrer un commandement

2827 **Contenu du commandement.** Ce commandement, qui sera notifié au locataire par huissier, doit reproduire les termes du deuxième alinéa de l'article 7 *g* de la loi, c'est-à-dire du texte qui oblige le locataire à s'assurer (v. s^{s} n° 1601). Pour la parfaite information du locataire, il est recommandé de reproduire les deux premiers alinéas de l'article 7 *g*.

« Le locataire est obligé [...] *g)* De s'assurer contre les risques dont il doit répondre en sa qualité de locataire et d'en justifier lors de la remise des clés puis, chaque année, à la demande du bailleur. La justification de cette assurance résulte de la remise au bailleur d'une attestation de l'assureur ou de son représentant.
Toute clause prévoyant la résiliation de plein droit du contrat de location pour défaut d'assurance du locataire ne produit effet qu'un mois après un commandement demeuré infructueux. Ce commandement reproduit, à peine de nullité, les dispositions du présent alinéa. » (L. n° 89-462, 6 juill. 1989, art. 7 *g*)

2828 **Que peut-il se passer ?** Soit le locataire s'assure pendant le mois qui suit le commandement et l'incident est clos ; le bail se poursuit normalement.

Même si le texte ne vise que le défaut d'assurance et qu'en bonne logique, la seule chose qu'on demande au locataire dans le mois est de s'assurer, en pratique, le locataire ne doit pas oublier d'adresser au bailleur l'attestation d'assurance. À défaut, il pourrait être tenu pour responsable d'une action en justice inutile et, à ce titre, être condamné à payer les frais de l'instance.

Soit il ne le fait pas dans le délai d'un mois, et le bailleur passe à l'étape suivante : l'assignation.

Le bailleur peut cependant préférer s'assurer pour le compte de son locataire (v. s^{s} n°s 1603 s.).

»»» 2e étape : assigner le locataire

2829 **Forme de la délivrance de l'assignation.** Le bailleur doit faire délivrer l'assignation au locataire par voie d'huissier (v. s^{s} n° 2818).

»»» 3e étape : le juge se prononce

2830 **Rôle du juge.** Le tribunal d'instance du lieu de situation de l'immeuble examine les éléments soumis à son appréciation.

Le juge n'a pas le pouvoir d'octroyer des délais au locataire pour qu'il exécute son obligation (Bordeaux, 15 juin 2004, *Jebli c/Bonnin*).

Si le locataire ne s'est pas assuré dans le délai d'un mois, le juge constate que la clause de résiliation de plein droit est acquise et il ordonne l'expulsion du locataire (v. s^{s} n° 2824).

> L'assurance souscrite hors délai est inopérante, même si l'attestation d'assurance est stipulée avoir un effet rétroactif (Civ. 3e, 21 nov. 1995, n° 92-21.425, NP).

»»» 4e étape : le jugement est signifié au locataire

2831 **Forme de la signification.** Cette signification du jugement a nécessairement lieu par acte d'huissier.

»» Clause résolutoire visant le non-respect, par le locataire, de son obligation d'user paisiblement des locaux loués

2832 **Principe.** Il est possible d'insérer dans le bail une clause résolutoire pour défaut de jouissance paisible (L. 6 juill. 1989, art. 4, mod. ; v. s^{s} n°s 329 et 1408).

Toutefois, la mise en œuvre de la clause résolutoire pour ce motif ne vaudra que lorsque le locataire aura troublé le voisinage et que ces troubles auront été constatés par « une décision de justice passée en force de chose jugée ». En clair, il faut que le procès soit terminé.

Les étapes à respecter sont alors les suivantes :

1re étape : délivrer un commandement – le contenu de ce commandement. Toujours délivré par huissier, ce commandement devra se référer à la décision de justice ayant constaté les troubles de jouissance dont le locataire s'est rendu coupable.

2e étape : assigner le locataire. Cette étape incombe à l'huissier.

3e étape : le juge se prononce. Le juge ne pourra que faire droit à la demande du bailleur, dans la mesure où les faits sont incontestables, puisque consignés dans une décision de justice passée en force de chose jugée.

4e étape : le jugement est signifié au locataire. Il appartiendra alors à l'huissier de procéder à cette signification.

»» Procédure spécifique de constat d'abandon du logement

2833 **Mise en demeure du locataire pour justification d'occupation de logement.** Le bailleur peut, lorsque des éléments lui laissent supposer que le logement est abandonné par ses occupants, mettre le locataire en demeure de justifier qu'il occupe le logement (L. 6 juill. 1989, art. 14-1).

Cette mise en demeure doit impérativement être réalisée par exploit d'huissier.

Elle peut être contenue dans un des commandements visés aux articles 7 (défaut d'assurance) et 24 (défaut de paiement) de la loi du 6 juillet 1989.

En cas de non-réponse dans le mois de la signification, il incombe à l'officier ministériel de constater l'état d'abandon du logement.

En l'absence de l'occupant du local ou si ce dernier en refuse l'accès, l'huissier ne peut pénétrer dans les lieux qu'en présence du maire de la commune, d'un conseiller municipal ou d'un fonctionnaire municipal délégué par le maire à cette fin, d'une autorité de police ou de gendarmerie, requis pour assister au déroulement des opérations ou, à défaut, de deux témoins majeurs qui ne sont au service ni du créancier ni de l'huissier de justice chargé de l'exécution (C. pr. exéc., art. L. 142-1).

Lorsque l'huissier de justice a pénétré dans les lieux en l'absence du débiteur ou de toute personne s'y trouvant, il assure la fermeture de la porte ou de l'issue par laquelle il est entré (C. pr. exéc., art. L. 142-2).

L'huissier dresse un procès-verbal des opérations. Si le logement lui semble abandonné, ce procès-verbal contient un inventaire des biens laissés sur place, avec l'indication qu'ils paraissent ou non avoir valeur marchande.

Ce constat peut déboucher sur la constatation, par le juge, de la résiliation du bail, dans des conditions définies par décret.

Le juge qui constate la résiliation du bail va autoriser, si nécessaire, la vente aux enchères des biens laissés sur place et va pouvoir déclarer abandonnés les biens non susceptibles d'être vendus.

C'est le décret n° 2011-945 du 10 août 2011 (*JO* 12 août, p. 13848), d'application immédiate, qui organise les modalités de résiliation du bail d'habitation et la reprise des lieux abandonnés.

2834 **Résiliation du bail.** S'il ressort manifestement des éléments fournis par le requérant, notamment du constat d'inoccupation des lieux et d'un défaut d'exécution par le locataire de ses obligations, que le bien a été abandonné par ses occupants, le juge du tribunal d'instance constate la résiliation du bail et ordonne la reprise des lieux. Il pourra aussi statuer sur la demande en paiement.

2835 **Sort des biens laissés sur place.** Les biens laissés sur place sont déclarés abandonnés par le juge dès lors qu'ils apparaissent ne pas avoir de valeur marchande, à l'exception des papiers et documents de nature personnelle qui sont placés sous enveloppe scellée et conservés pendant deux ans par l'huissier de justice.

Une expédition de l'ordonnance revêtue de la formule exécutoire est signifiée, à l'initiative du bailleur, au locataire et aux derniers occupants introduits par le locataire connus du bailleur. Dans le mois qui suit la signification de l'ordonnance, le locataire ou tout occupant de son chef peut toutefois former opposition.

2836 **Reprise des lieux abandonnés.** La procédure de reprise des lieux est menée à son terme par l'huissier, soit lorsque celui-ci constate que la personne expulsée et les occupants de son chef ont volontairement libéré les lieux postérieurement à la signification du commandement, soit lorsqu'il est autorisé par le juge à reprendre des locaux abandonnés (C. pr. exéc., art. R. 451-1 s.).

29
Résiliation judiciaire du bail

> Pour quel motif peut-on demander la résiliation ?
> Procédure à suivre
> Délais de paiement accordés par le juge

Si le contrat de bail **ne contient pas de clause résolutoire**, il faut saisir **le juge** pour demander la résiliation judiciaire du bail (v. s^s n° 2903) en invoquant un manquement du locataire (v. s^s n° 2902). Le juge a cependant le pouvoir d'accorder au locataire des délais de paiement (v. s^s n° 2904).

2901 **Généralités.** Lorsque le bailleur s'adresse au juge, non pas pour qu'il constate l'acquisition de la clause de résiliation de plein droit, mais pour qu'il prononce la résiliation judiciaire du bail aux torts du preneur, il le fait en vertu de l'article 1184 du code civil.

Le juge retrouve alors sa liberté d'apprécier la gravité de la faute.

Il peut choisir de résilier le bail ou envisager une autre sentence (par ex., condamner le locataire, sous astreinte, à régulariser sa situation).

» Pour quel motif peut-on demander la résiliation ?

2902 **Principe.** Tout manquement du locataire peut donner lieu à une action en résiliation judiciaire, y compris ceux visés dans le bail par une clause résolutoire.

Les décisions de justice fournissent de très nombreux exemples :

- le non-paiement du loyer (Civ. 3e, 20 janv. 2010, no 09-65.791, *Bull. civ.* III, no 15) ;
- le paiement du loyer systématiquement en retard (Civ. 3e, 10 juin 2008, no 07-16.233, NP) ;
- la transformation des locaux loués à usage d'habitation en locaux commerciaux (Civ. 3e, 13 juin 2001, no 99-18.415, *Bull. civ.* III, no 73) ;
- l'installation d'un cabinet médical ou d'un cabinet d'architecte dans des lieux à usage d'habitation exclusive (Civ. 3e, 28 mars 1995, no 93-18.930, NP ; 16 juill. 1997, no 95-17.272, NP) ;
- l'extension non autorisée de la partie professionnelle de la location (bail mixte : Civ. 3e, 17 janv. 1973, no 71-14.490, *Bull. civ.* III, no 53) ;
- la cession du local sans accord écrit du bailleur (Paris, 1er févr. 2006, RG no 04/22425) ;
- la sous-location non autorisée (Civ. 3e, 29 avr. 2002, no 00-17.518, NP) ;

– le branchement clandestin du locataire sur le réseau d'alimentation d'eau de l'immeuble (Civ. 3e, 18 mai 1994, n° 92-20.296, NP) ;
– l'occupation d'une partie commune de l'immeuble (Civ. 3e, 5 févr. 1997, n° 95-11.820, NP) ;
– le refus de laisser exécuter des travaux (Paris, 25 oct. 1994) ;
– l'exercice dans les lieux loués, ou devant eux, d'une activité régulière de prostitution (Paris, 13 janv. 1997) ;
– le tapage nocturne répété (Civ. 3e, 16 nov. 1993, n° 91-16.704, NP).

Compte tenu de la complexité de la procédure en matière de clause de résiliation de plein droit (v. s^{s} n° 2805), le bailleur a parfois intérêt à ne pas l'invoquer lorsque le manquement de son locataire est évident, et à demander la résiliation judiciaire du bail. L'action est moins formaliste et l'issue parfois plus rapide.
Le risque : le juge, qui a un vrai pouvoir d'appréciation, ne prononcera pas forcément la résiliation demandée.

› Procédure à suivre

2903 **Mise en demeure et assignation.** Il n'est pas indispensable d'adresser un commandement d'huissier.

Le plus efficace est encore de **procéder en deux temps :**
– avant d'engager l'action en justice, adresser une mise en demeure au locataire (par LRAR, voire par lettre simple) pour essayer d'éviter le procès et bien montrer au tribunal que l'on a essayé de trouver une solution à l'amiable ;
– ensuite, et même si le bailleur n'adresse pas de commandement au locataire, il aura tout de même intérêt, dès ce stade, à alerter la caution de la situation (si le manquement reproché au locataire a des incidences financières, du moins), même par lettre simple.

Si cela ne donne rien, le bailleur doit assigner (par huissier) le locataire devant le tribunal d'instance du lieu de situation de l'immeuble.

Exemple de mise en demeure à adresser avant d'assigner le locataire en résiliation judiciaire de son bail

Monsieur Fulbert Loiret
2, avenue du Gal de Gaulle
95100 Argenteuil

Monsieur Anatole Bertrand
8, rue du Verger
95100 Argenteuil

Argenteuil, le 22 mars 2016

Adresser votre courrier en recommandé avec AR

Lettre recommandée avec AR.

Monsieur,

Indiquer précisément le manquement

Locataire de l'appartement sis 8, rue du Verger à Argenteuil depuis le 3 septembre 2012, vous ne m'avez payé les mois de décembre 2015 et de janvier 2015 que, dans le meilleur des cas, le 20 de chaque mois (alors que la clause 10.2 de notre contrat de location stipule que le paiement doit intervenir entre le 1er et le 5 de chaque mois). De plus, vous restez me devoir l'intégralité du mois de février 2016.

Il faut clairement parler de mise en demeure

Par la présente, je vous mets donc en demeure de régulariser la situation sous huitaine.

À défaut, je me verrai contraint de faire valoir ma créance en justice.

Étant persuadé que je ne serai pas obligé d'arriver à pareille extrémité.

Je vous prie d'agréer, Monsieur, l'expression de mes salutations les meilleures.

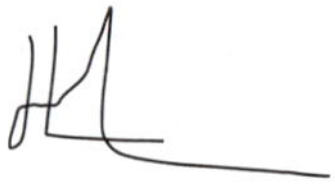

Fulbert Loiret

» Délais de paiement accordés par le juge

2904 **Décision du juge et intervention éventuelle du préfet.** Si la cause du litige concerne une « dette locative » (c'est-à-dire une dette de loyer et/ou de charges), l'huissier doit alors, comme dans l'hypothèse de la clause de résiliation de plein droit, également notifier l'assignation au préfet (ce, même dans le cadre d'une demande reconventionnelle ou additionnelle ; v. s^{s} n° 2818).

En cas de dette locative, le locataire peut obtenir des délais de paiement sur le fondement de l'intégralité du texte des articles 1244-1 à 1244-3 [à compter du 1er oct. 2016 : C. civ., art. 1343-5] du code civil, et non pas seulement sur la base du premier alinéa de l'article 1244-1 [à compter du 1er oct. 2016 : C. civ., art. 1343-5, al. 1er] et de l'article 1244-2 [à compter du 1er oct. 2016 : C. civ., art. 1343-5, al. 4] de ce code, comme en présence d'une clause résolutoire (v. s^{s} n°s 2815 s.).

Le juge peut donc, en plus de ce qui est possible en cas de clause résolutoire :

- retenir par décision spéciale et motivée, que la dette reportée porte intérêt à un taux réduit (qui ne peut toutefois pas être inférieur au taux légal) ou que les paiements s'imputeront d'abord sur le capital ;
- subordonner l'octroi des délais à l'accomplissement, par le locataire, d'actes propres à faciliter ou à garantir le paiement de la dette (par ex., exiger du locataire qu'il verse l'intégralité de ses allocations-logement).

30 Expulsion du locataire

> Signification du commandement de quitter les lieux au locataire
> Contenu du commandement
> Délais devant séparer le commandement de l'expulsion
> Suspension de l'expulsion en cas de surendettement
> Opération matérielle d'expulsion

Une fois la résiliation du bail obtenue (v. s^s^ n°s 2701 s. et 2801 s.), le bailleur peut, au besoin, demander l'expulsion du locataire. Il doit **signifier le jugement** (v. s^s^ n° 3001) et procéder à la signification d'un **commandement de quitter les lieux** au locataire (v. s^s^ n° 3002). Le commandement doit obligatoirement contenir un certain nombre de mentions (v. s^s^ n° 3003). Il faut aussi respecter certains délais (v. s^s^ n°s 3004 s.). Seul l'huissier peut ensuite procéder à l'**opération d'expulsion** (v. s^s^ n°s 3010 s.) et il peut recourir éventuellement à la **force publique**. Le locataire peut néanmoins obtenir de nouveaux **délais** mais il faudra qu'il saisisse le juge (v. s^s^ n° 3008).

3001 **Généralités.** L'expulsion est une mesure brutale, c'est l'étape extrême : le juge s'est prononcé et l'a décidée dans le jugement (ou cela ressort d'un procès-verbal de conciliation signé par les parties et par le juge); ce jugement a été signifié au locataire. La procédure d'expulsion peut commencer.

CODE

Apport de la loi Alur

Pour les baux signés depuis le 27 mars 2014, date d'entrée en vigueur de la loi du 24 mars 2014 (L. n° 2014-366, 24 mars 2014, *JO* 26 mars, p. 5809), le nouvel article 24 de la loi du 6 juillet 1989 (L. n° 89-462, 6 juill. 1989, *JO* 8 juill., p. 8541), précise que « la notification de la décision de justice prononçant l'expulsion indique les modalités de saisine et l'adresse de la Commission de médiation prévue à l'article L. 441-2-3 du code de la construction et de l'habitation ».

Depuis juillet 1991, l'expulsion fait l'objet d'une réglementation spécifique (code des procédures civiles d'exécution). En juillet 1998, le législateur est intervenu pour essayer de prévenir davantage les expulsions (L. n° 98-657, 29 juill. 1998, *JO* 31 juill., p. 11679). En mars 2009, le législateur a rendu obligatoire la création (jusqu'alors, facultative), dans chaque département, d'une commission spécialisée de coordination des actions de prévention des expulsions locatives (L. n° 2009-323, 25 mars 2009, *JO* 27 mars, p. 5408). Ces commissions ont pour mission de délivrer des avis aux instances décisionnelles en matière d'aides personnelles au logement, d'attribution d'aides financières sous forme de prêts ou de subventions et d'accompagnement social lié au logement, en faveur des personnes en situation d'impayés.

Toutefois, la question reste délicate puisqu'elle repose sur une difficile conciliation entre deux droits forts : d'un côté, le droit de propriété qui impose qu'un propriétaire puisse disposer librement de son bien; de l'autre, le droit au logement reconnu à tous. Cette difficile conciliation de deux droits légitimes se retrouve dans la procédure d'expulsion, procédure complexe, qui suppose, pour être menée à bien, une stratégie d'attaque et beaucoup de pratique.

C'est pourquoi il est vivement recommandé aux bailleurs qui envisageraient une telle procédure et aux locataires qui la subissent de consulter un avocat.

Cas particulier des squatters. Depuis 2007, un sort particulier a été réservé aux squatters par la loi du 5 mars 2007 (L. n° 2007-290, 5 mars 2007, *JO* 6 mars, p. 4190). En effet, le texte nouveau prévoit qu'en cas d'introduction et de maintien dans le domicile d'autrui à l'aide de manœuvres, menaces, voies de fait ou de contrainte, le propriétaire ou le locataire du logement occupé peut demander au préfet de mettre en demeure l'occupant de quitter les lieux (L. 5 mars 2007, art. 38). Toutefois, cette demande doit être précédée d'un dépôt de plainte. Le demandeur à l'action doit par ailleurs prouver que le logement constitue son domicile et avoir fait constater l'occupation illicite par un officier de police judiciaire.

La mise en demeure, qui est notifiée aux occupants et publiée sous forme d'affichage en mairie et sur les lieux, ne peut produire ses effets au moins avant 24 heures.

En cas de maintien dans les lieux après expiration du délai fixé, sauf opposition du propriétaire ou du locataire, le préfet doit procéder à l'évacuation forcée du logement dans le délai fixé pour l'exécution de la mise en demeure (sur les squatters v. aussi ss n° 3006).

Depuis le 1er janvier 2010, le tribunal d'instance connaît des actions tendant à l'expulsion des personnes qui occupent aux fins d'habitation des immeubles bâtis, sans droit ni titre, conformément à l'article R. 221-5 nouveau du code de l'organisation judiciaire.

» Signification du commandement de quitter les lieux au locataire

3002 **Procédure à suivre.** Une fois acquise la décision de justice prononçant ou constatant la résiliation du bail et ordonnant l'expulsion du locataire (ou établi le procès-verbal de conciliation, v. s^{s} n° 3001), la procédure d'expulsion à proprement parler commence par la signification d'un commandement d'avoir à libérer les locaux (C. pr. exéc., art. L. 411-1).

Entre le prononcé de la décision ordonnant l'expulsion et la délivrance du commandement, le locataire peut d'ailleurs saisir le juge d'une demande de délais (v. s^{s} n° 2815).

Le commandement est signifié par huissier (C. pr. exéc., art. R. 411-1). Le préfet en reçoit une copie par lettre recommandée avec AR ou par voie électronique, accompagnée de « tous renseignements relatifs à l'occupant dont l'expulsion est poursuivie ainsi qu'aux personnes vivant habituellement avec lui » (C. pr. exéc., art. R. 412-2).

Cette transmission au préfet est très importante puisque, à défaut, l'expulsion ne pourra pas avoir lieu, le délai de deux mois devant séparer le commandement et l'expulsion étant suspendu. Elle ne se confond pas avec l'information relative aux dettes locatives prévue par l'article 24 de la loi du 6 juillet 1989, dont il a été question au n° 2818 (Civ. 3e, 19 mai 2010, n° 09-12.424, *Bull. civ.* III, n° 100).

Le préfet pourra alors envisager les mesures de relogement possibles pour le locataire qui en fait la demande.

» Contenu du commandement

3003 **Mentions obligatoires.** Le commandement doit, à peine de nullité, comporter les six éléments suivants :
- l'indication du titre exécutoire en vertu duquel l'expulsion est poursuivie ;

– la désignation de la juridiction devant laquelle peuvent être portées les demandes de délais et toutes contestations relatives à l'exécution des opérations d'expulsion ;
– l'indication de la date à partir de laquelle les locaux devront être libérés ;
– l'avertissement qu'à compter de cette date il pourra être procédé à l'expulsion forcée du débiteur ainsi qu'à celle de tout occupant de son chef ;
– la reproduction des articles L. 412-1 et suivants du code des procédures civiles d'exécution.

› Délais devant séparer le commandement de l'expulsion

3004 **Délais applicables.** Il existe deux sortes de délais :
– les délais incompressibles, qui existent en toutes hypothèses ;
– et les délais qui peuvent être demandés en justice, voire octroyés d'office par le juge.

›› Délais incompressibles

››› Délai légal de deux mois

3005 **Principe et exceptions.** Un délai de deux mois doit séparer la réception du commandement des opérations d'expulsion en vertu des articles L. 412-1 et suivants du code des procédures civiles d'exécution.

Cependant, ce principe connaît un certain nombre d'exceptions qui vont permettre au juge, tantôt d'allonger le délai, tantôt de le raccourcir.

Le délai de deux mois pourra être réduit, voire purement et simplement supprimé, lorsque les personnes dans les locaux ne seront pas des locataires, mais des squatters.

Le délai pourra être supérieur à deux mois lorsque l'expulsion du locataire « aurait pour la personne concernée des conséquences d'une exceptionnelle dureté, notamment du fait de la période de l'année considérée ou des circonstances atmosphériques ». Dans ce cas, le juge peut prolonger le délai « pour une durée n'excédant pas trois mois ».

»»» Trêve hivernale

3006 **Notion de trêve hivernale.** Aucune expulsion ne peut matériellement avoir lieu **entre le 1er novembre et le 31 mars** (C. pr. exéc., art. L. 412-6, mod. par L. 24 mars 2014, dite loi Alur).

Cette règle ne vaut toutefois pas à l'égard :

– des personnes entrées dans les locaux par voie de fait (confirmant l'exclusion de la trêve hivernale à l'égard des squatters, v. CE 27 janv. 2010, req. n° 320642, *Lebon* T; v. aussi s^s n° 3001);

> CODE
> **Apport de la loi Alur**
> La loi du 24 mars 2014 laisse désormais cette exception à l'application de la trêve hivernale à la discrétion du juge : « [...] le juge peut supprimer [...] ».

– des locataires dont le relogement est assuré dans des conditions respectant l'unité et les besoins de la famille.

»» Délais octroyés par le juge

3007 **Critères d'obtention de délais.** Le juge peut, soit d'office, soit à la demande de l'intéressé, accorder des délais renouvelables compris, depuis la loi du 24 mars 2014, dite loi Alur, entre trois mois et trois ans « chaque fois que le relogement des intéressés ne pourra avoir lieu dans des conditions normales » (C. pr. exéc., art. L. 412-3 et L. 412-4). Le texte précise que cette possibilité est offerte à l'occupant sans que celui-ci ait « à justifier d'un titre à l'origine de l'occupation », formule visant les squatters.

Le juge devra fixer ces délais en tenant compte :

- de la bonne ou mauvaise volonté du locataire dans l'exécution de ses obligations ;
- des situations respectives du propriétaire et du locataire (on prend en compte notamment leur âge, leur état de santé, leur situation de famille ou leur « fortune ») ;
- des circonstances atmosphériques ;
- des démarches entreprises par le locataire pour tenter de se reloger ;
- et, **depuis la loi du 24 mars 2014**, dite loi Alur, du droit à un logement décent et indépendant, des délais liés aux recours engagés par un demandeur de logement social et du délai prévisible de relogement des intéressés.

3008 **Quel juge pour quel délai ?** Lorsque le locataire demande des délais avant la signification du commandement, il doit saisir le juge des référés (le président du tribunal d'instance).

En revanche, si sa demande est postérieure à cette signification, c'est le juge de l'exécution (le président du tribunal de grande instance ou le ou les magistrats de cette juridiction à qui il a délégué cette fonction) qui doit être sollicité (C. pr. exéc., art. R. 412-4).

› Suspension de l'expulsion en cas de surendettement

3009 **Suspension possible, désormais, de l'expulsion pour cause de surendettement.** Depuis le 1er novembre 2010, lorsque le dossier du débiteur est déclaré recevable, la commission de surendettement peut saisir le juge de l'exécution aux fins de suspension des mesures d'expulsion de son logement (C. cons., art. L. 331-3-2) (en cas d'urgence, la saisine du juge peut intervenir à l'initiative du président de la commission, du délégué de ce dernier, du représentant local de la Banque de France ou du débiteur. La commission est alors informée de cette saisine). Cette disposition vaut pour les procédures de surendettement en cours à la date du 1er novembre 2010.

Alors, « si la situation du débiteur l'exige », le juge va prononcer la suspension provisoire des mesures d'expulsion de son logement.

Cette suspension va jouer pour une période maximale d'un an et, selon les cas :
- jusqu'à l'approbation d'un plan conventionnel de redressement;
- jusqu'à la décision imposant les mesures prévues par l'article L. 331-7 du code de la consommation, en cas d'échec de la mission de conciliation de la commission (il peut, notamment, s'agir d'une mesure de rééchelonnement du paiement de la dette);
- jusqu'à l'homologation par le juge des mesures recommandées;
- jusqu'au jugement d'ouverture d'une procédure de rétablissement personnel avec liquidation judiciaire.

> ⚠ Cette suspension ne va pas jouer lorsque l'expulsion est fondée sur un jugement d'adjudication rendu en matière de saisie immobilière ou lorsqu'elle est ordonnée pour « cause grave ».

› Opération matérielle d'expulsion

3010 **Rôle de l'huissier.** Seul l'huissier de justice est habilité à procéder à l'expulsion du locataire (C. pr. exéc., art. L. 122-1). Sauf autorisation du juge, le bailleur ne peut donc pas y assister (C. pr. exéc., art. R. 141-3).

L'huissier ne peut intervenir qu'entre six heures du matin et vingt et une heures. L'article L. 141-1 du code des procédures civiles d'exécution précise que ce principe ne souffre aucune dérogation pour les lieux servant à l'habitation. Et sauf autorisation du juge, l'expulsion ne peut pas avoir lieu un jour férié ou un dimanche.

Le propriétaire ou, en cas de copropriété, le syndicat des copropriétaires représenté par le syndic permet aux huissiers de justice d'accéder, pour l'accomplissement de leurs missions de signification ou d'exécution, aux parties communes des immeubles d'habitation (CCH, art. L. 111-6-6).

»» Déroulement des opérations en fonction de l'attitude du locataire

3011 **Plusieurs alternatives possibles.** Si le locataire est présent et qu'il accepte de quitter les lieux, l'expulsion se déroule sans difficulté. L'huissier rédige un procès-verbal d'expulsion et le signifie au locataire.

Mais le locataire peut aussi s'opposer à l'expulsion : soit il est présent mais refuse d'ouvrir à l'huissier, soit il est absent.

L'huissier ne peut pénétrer dans les lieux que s'il est accompagné :

- soit du maire ;
- soit d'un conseiller municipal ou d'un fonctionnaire municipal mandaté par le maire ;
- soit d'un policier ou d'un gendarme requis pour assister au déroulement des opérations ;
- soit, à défaut, de deux témoins majeurs qui ne sont au service ni du créancier ni de l'huissier.

Toutefois, l'huissier qui relève objectivement que le logement a été abandonné peut, pour constater que la personne expulsée et les occupants de son chef ont volontairement libéré les locaux et pour procéder à la reprise des lieux, pénétrer dans les lieux avec une des personnes mentionnées à l'article L. 142-1 du code des procédures civiles d'exécution (maire, conseiller municipal, fonctionnaire municipal délégué par le maire, autorité de police ou de gendarmerie…) (C. pr. exéc., art. L. 451-1).

»» Et les meubles ?

3012 **Meubles entreposés ou vendus aux enchères publiques.** Si, le jour de l'expulsion, le local n'est pas débarrassé des meubles le garnissant, l'huissier les fait remettre au locataire – à ses frais – dans un lieu que le locataire lui a indiqué.

À défaut, les meubles sont soit laissés sur place, soit entreposés dans un lieu désigné par l'huissier, à charge pour le locataire de les récupérer dans le mois de la signification du procès-verbal d'expulsion, faute de quoi les biens qui n'auront pas été retirés pourront être, sur décision du juge, vendus aux enchères publiques ou déclarés abandonnés selon le cas (C. pr. exéc., art. R. 433-1).

Si les biens laissés sur place ou déposés en un lieu approprié ont une valeur marchande, le juge peut décider qu'ils seront mis en vente aux enchères publiques, y compris ceux qui sont insaisissables par leur nature. Une fois l'inventaire de ces biens réalisé, il est procédé à leur vente forcée. Le produit de la vente, après déduction des frais et s'il y a lieu du montant de la créance du bailleur, est consigné auprès de la Caisse des dépôts et consignations au profit de la personne expulsée qui en est informée par l'officier ministériel chargé de la vente (par lettre recommandée avec AR) adressée à sa demeure actuelle ou, si celle-ci est inconnue, au lieu de son dernier domicile (C. pr. exéc., art. R. 433-5). Quant aux biens n'ayant aucune valeur marchande, ils peuvent être déclarés abandonnés, à l'exception toutefois des papiers et documents de nature personnelle qui sont placés sous enveloppe scellée et conservés pendant deux ans par l'huissier de justice (C. pr. exéc., art. R. 433-6).

»» Et si la force publique refuse de prêter main-forte à l'huissier ?

3013 **Principe.** En cas de difficulté majeure, l'huissier alerte le préfet en lui demandant le concours de la force publique.

Apport de la loi Alur

En insérant un article L. 226-4-2 dans le code pénal, la loi du 24 mars 2014 précise que le fait de forcer un tiers à quitter le lieu qu'il habite sans avoir obtenu le concours de l'État dans les conditions prévues à l'article L. 153-1 du code des procédures civiles d'exécution, à l'aide de manœuvres, menaces, voies de fait ou contraintes, est puni de trois ans d'emprisonnement et de 30 000 euros d'amende.

L'article L. 153-1 du code des procédures civiles d'exécution indique en effet que « l'État est tenu de prêter son concours à l'exécution des jugements et des autres titres exécutoires ».

La demande de concours de la force publique peut intervenir même pendant la trêve hivernale dont il est question au n° 3006 (CE 27 avr. 2007, n° 291410, *Min. de l'intérieur, Lebon* T).

L'article R. 153-1 du code des procédures civiles d'exécution précise qu'en cas de refus, le préfet doit motiver sa décision. Le défaut de réponse du préfet pendant deux mois équivaut à un refus.

En cas de refus ou d'absence de réponse, l'huissier demandera à nouveau le concours de la force publique. Sa demande de réquisition sera, cette fois, accompagnée d'une sommation avertissant le préfet, en cas de nouveau refus – exprès ou tacite –, de la mise en cause de la responsabilité de l'État.

L'indemnisation par l'Etat du fait du refus de concours de la force publique, est écartée lorsque, au moment de la réquisition du préfet, l'immeuble est vide ou occupé par d'autres personnes que le locataire visé par la décision de justice ou les occupants de son chef (CE 9 juill. 2014, req. n° 358130, inédit au *Lebon*).

»» Pour quelles raisons le préfet peut-il refuser le concours de la force publique ?

3014 **Motivations les plus courantes.** Les plus courantes sont celles du respect de l'ordre public (l'expulsion envisagée risque de déboucher sur une situation explosive dans le quartier concerné) ou de l'octroi par l'Administration d'un ultime délai de grâce.

»» Indemnisation du propriétaire

3015 **Critères de l'indemnisation.** « Le refus de l'État de prêter son concours ouvre droit à réparation » (C. pr. exéc., art. L. 153-1).

Cette indemnisation s'effectue sur la base :
- des loyers et des charges impayés ;
- de l'indemnité d'occupation due par le locataire maintenu dans les lieux après la résiliation du bail ;
- du montant des travaux de remise en état du logement ;
- de la perte de valeur du bien immobilier, vendu occupé ;
- des intérêts de retard.

En revanche, les frais de procédure ne sont pas pris en compte, pas plus d'ailleurs que le manque à gagner du bailleur qui n'a pas pu relouer son bien immédiatement après le départ de l'occupant, du fait des travaux de remise en état à réaliser.

Le montant est soit arrêté à l'amiable entre le bailleur et le préfet, soit décidé par le juge administratif.

Même si, devant le tribunal administratif, le ministère d'avocat n'est pas nécessaire, il est fortement conseillé, compte tenu du formalisme de la procédure (qui se déroule exclusivement par écrit).

31 Location d'un logement meublé

> Intérêts de la location meublée

> Types de locations meublées

> Règles applicables aux locations meublées à titre de résidence principale

> Règles applicables aux locations meublées à titre de résidence secondaire

Cette solution présente l'avantage pour le locataire de disposer d'un **logement « prêt à l'emploi »** et pour le bailleur, de bénéficier d'une fiscalité intéressante (v. s[s] n°s 3101 s.) : il peut s'agir d'une résidence principale ou secondaire ou d'un logement étudiant (v. s[s] n°s 3103 s.). Attention, la loi du 24 mars 2014, dite loi Alur, a instauré un véritable statut (v. s[s] n°s 3104 s.), laissant peu de place à la liberté contractuelle (v. s[s] n°s 3105 s.).

» Intérêts de la location meublée

3101 **Avantage pratique.** Pour le locataire, l'atout majeur de cette solution est qu'elle le dispense de s'équiper en meubles et en électroménager, le logement étant loué « prêt à l'emploi ». Cela lui permettra aussi d'économiser le coût d'un déménagement...

3102 **Avantage fiscal.** Le bailleur peut aussi trouver un avantage fiscal à la location meublée, puisque, aux termes de l'article 35 *bis* du code général des impôts :

– les personnes qui louent ou sous-louent en meublé une ou plusieurs pièces de leur habitation principale sont exonérées de l'impôt sur le revenu pour les produits de cette location, sous réserve que les pièces louées constituent pour le locataire ou le sous-locataire en meublé sa résidence principale et que le prix de location demeure fixé dans des limites raisonnables ;

> CODE Selon la doctrine de l'Administration fiscale (*BOI*-BIC-CHAMP-40-20, n° 160), pour l'année 2013, le montant du loyer annuel par m² de surface habitable, charges non comprises, à ne pas dépasser est de 184 euros en Ile-de-France et de 135 euros pour les autres régions.

– depuis le 1er janvier 2001, les personnes qui mettent de façon habituelle à la disposition du public une ou plusieurs pièces de leur habitation principale sont exonérées de l'impôt sur le revenu sur le produit de ces locations lorsque celui-ci n'excède pas 760 euros par an toutes prestations annexes comprises (internet, téléphone, petit-déjeuner, ...) ;

– les personnes qui concluent un contrat de location en meublé d'un logement décent, avec un organisme sans but lucratif qui met ce logement à la disposition de personnes défavorisées mentionnées à l'article 1er de la loi du 31 mai 1990 (L. n° 90-449, 31 mai 1990, *JO* 2 juin, p. 6551), dite loi Besson, modifiée visant à la mise en œuvre du droit au logement et qui est agréé à cet effet par le représentant de l'État dans le département sont exonérées, pendant les trois premières années de location, de l'impôt sur le revenu pour les produits de cette location, sous réserve que le prix de celle-ci soit inférieur à un plafond fixé par décret.

Ces dispositions sont également applicables aux loueurs non professionnels qui concluent un contrat de location ou de sous-location avec des bénéficiaires du revenu minimum d'insertion ou des étudiants bénéficiant d'une bourse à caractère social. L'exonération est même prorogée par périodes de trois ans si les conditions prévues sont toujours remplies au début de chaque période. Il en est de même en cas de reconduction ou de renouvellement du contrat de sous-location (CGI, art. 92 L).

En cas de dépassement des seuils d'exonération d'impôts évoqués ci-avant, les revenus tirés de la location meublée sont à déclarer dans la catégorie « bénéfices industriels et commerciaux », autrement appelés BIC.

Le régime d'imposition va dépendre du montant du chiffre d'affaires et peut bénéficier du régime du « micro BIC », si le chiffre d'affaires est inférieur à 32 900 euros au titre de l'année 2015. Dans ces conditions, le revenu à déclarer est le chiffre d'affaires qui sera traité afin d'appliquer une quote-part de frais et charges de 50 %. Si les charges réelles sont supérieures à 50 % du chiffre d'affaires, il est opportun de ne pas opter pour le régime du micro BIC.

Au-delà de ce seuil, la déclaration devra être effectuée au regard du chiffre d'affaires et des charges supportées par le loueur pour les besoins de cette activité de location meublée. Dans de telles conditions, il est préférable de faire appel à un comptable qui sera chargé d'établir le montant des revenus à déclarer.

En cas de dépassement du seuil de 32 900 euros ou du choix de l'option pour le régime réel de déclaration des revenus provenant d'une location meublée, il faut adhérer à un centre de gestion agréé.

À défaut d'adhésion à un tel centre, le BIC dégagé par la location meublée est automatiquement majoré de 25 %. Cette adhésion doit être effectuée en début d'année pour couvrir les revenus de l'année. En cas de doute sur le respect du seuil, il est prudent de prendre attache dès le début de l'année avec un centre de gestion agréé et d'évoquer avec eux la situation.

En tout état de cause, si l'activité de location meublée dégage un déficit, ce déficit sera imputable sur les revenus de même nature au cours des dix années suivantes.

EXEMPLE Si un locataire bénéficie d'un déficit de 2 000 euros au titre de l'année 2015, il pourra les imputer sur son bénéfice de 5 000 euros en 2016 et ainsi ne paiera de l'impôt que sur 3 000 euros.

Ces revenus sont à déclarer sur la déclaration complémentaire de l'impôt sur le revenu (2042-C-PRO), dans les cases relatives aux BIC non-professionnels pour les personnes qui ne remplissent pas les conditions de loueurs professionnels ou dans les cases relatives au Micro-BIC (cases 5NP, 5OP ou 5PP). Ce formulaire n'est pas compris dans les déclarations envoyées par l'Administration fiscale. Il est téléchargeable sur le site Internet de l'administration fiscale ou peut-être retiré dans les centres des impôts.

Enfin, les locations occasionnelles, permanentes ou saisonnières de logements meublés ou garnis sont (en principe) exonérées de TVA.

Types de locations meublées

3103 **Généralités.** En matière de locations meublées, deux situations sont à distinguer.

En effet, à côté du meublé loué par un locataire (étudiant ou non) au titre de sa résidence principale, il faut envisager le meublé loué à titre de résidence secondaire.

» Règles applicables aux locations meublées à titre de résidence principale

3104 **Nouveau statut des locations meublées.** En la matière, la loi du 24 mars 2014, dite loi Alur (L. n° 2014-366, 24 mars 2014, *JO* 26 mars, p. 5809) a changé la donne en insérant un titre Ier *bis* dans la loi du 6 juillet 1989 (L. n° 89-462, 6 juill. 1989, *JO* 8 juill., p. 8541).

Intitulé « Des rapports entre bailleurs et locataires dans les logements meublés résidence principale », ce titre, **d'ordre public**, est composé des articles 25-3 à 25-11.

La question de l'entrée en vigueur du nouveau régime des meublés.

Tout nouveau meublé conclu depuis le 27 mars 2014 (date d'entrée en vigueur de la loi du 24 mars 2014, dite loi Alur) est intégralement soumis aux nouvelles dispositions.

En revanche, pour les contrats de location meublée à titre de résidence principale en cours au 27 mars 2014, certains articles de la loi du 6 juillet 1989, dans leur rédaction issue de la loi du 24 mars 2014, dite loi Alur, deviennent applicables. Il s'agit des articles 6 et 7 (relatifs aux obligations des parties, v. ss nos 801 s. et 1401 s.), 20-1 (mise aux normes d'un logement non décent, v. ss nos 607 s.) et 25-11 (compétence de la commission départementale de conciliation pour l'examen des litiges relatifs aux logements meublés et résultant de l'application des dispositions relatives aux loyers, aux congés, à l'état des lieux et du mobilier, au dépôt de garantie, aux charges locatives, aux réparations et aux caractéristiques du logement, v. ss nos 2102 s.).

» Obligations des parties

3105 **Mise à la disposition du locataire par le bailleur d'un véritable meublé.** Curieusement, les articles L. 632-1 à L. 632-3 du code de la construction et de l'habitation, textes d'ordre public qui régissaient la matière avant la loi du 24 mars 2014, dite loi Alur, ne définissaient pas ce qu'il fallait entendre par « meublé ». Sur ce thème, l'article L. 632-1 du code de la construction et de l'habitation se bornait à préciser que la location peut, ou non, s'accompagner de « prestations secondaires ».

Dès lors, c'est la jurisprudence qui s'est chargée de combler cette lacune.

Le raisonnement du juge, qui ne s'arrêtera pas à la mention « meublé » sur le contrat (Civ. 3e, 18 juill. 2000, n° 98-21.452, NP; Versailles, 5 févr. 1991), est très pragmatique : pour qu'il y ait location meublée, il faut que le bailleur mette à la disposition du locataire tous les éléments d'équipement essentiels lui permettant d'avoir une « jouissance normale des locaux ». Le locataire ne doit donc rien avoir à acheter pour vivre dans les lieux.

> Si le juge estime que le logement n'est pas meublé, il va requalifier la location en bail non meublé, faisant tomber le contrat sous le coup de la loi du 6 juillet 1989.

Par conséquent, par « meuble », on entendait les meubles meublants (armoire, chaise, table, lit, etc.), mais aussi les éléments d'équipement indispensables. Entrent notamment dans cette catégorie un réfrigérateur et un système permettant de faire la cuisine, une gazinière ou plaques chauffantes (Civ. 3e, 9 févr. 2005 n° 03-15.128, *Bull. civ.* III, n° 35).

Et quand les meubles se limitaient à des chaises, une table et un matelas, il n'y avait pas de meublé au sens de la loi (Civ. 3e, 9 févr. 2005, n° 03-15.128, *Bull. civ.* III, n° 35). Il en allait de même lorsque le mobilier n'était constitué que d'une table et d'une armoire (Paris, 25 mai 1992), ou uniquement d'un placard, d'un lavabo, d'un chauffage électrique et d'une prise de téléphone et de télévision (Paris, 9 déc. 2004, RG n° 03/11005) ou encore lorsque le locataire n'avait l'usage exclusif ni des appareils électroménagers ni la disposition discrétionnaire des toilettes et de la salle de bains (Colmar, 17 mai 2004).

De la même manière, le bailleur devait fournir toute la vaisselle nécessaire au locataire (Bordeaux, 13 mai 2000).

CODE

Apport de la loi Alur (définition de la notion de « meublé »)

Pour les nouveaux baux meublés, l'article 25-4 de loi du 6 juillet 1989, issu de la loi du 24 mars 2014, précise qu'un logement meublé est un logement décent équipé d'un mobilier en nombre et en qualité suffisants pour permettre au locataire d'y dormir, manger et vivre convenablement au regard des exigences de la vie courante.

La liste des éléments que doit comporter ce mobilier a été fixée par le décret n° 2015-981 du 31 juillet 2015 (*JO* 5 août, p. 13432).

Aux termes de ce texte, en vigueur le 1er septembre 2015, chaque pièce d'un logement meublé est équipée d'éléments de mobilier conformes à sa destination.

Le texte nouveau précise par ailleurs que le mobilier d'un logement meublé à titre de résidence principale comporte au moins :

1° une literie comprenant couette ou couverture ;

2° un dispositif d'occultation des fenêtres dans les pièces destinées à être utilisées comme chambre à coucher ;

3° des plaques de cuisson ;

4° un four ou four à micro-ondes ;

5° un réfrigérateur et congélateur ou, au minimum, un réfrigérateur doté d'un compartiment permettant de disposer d'une température inférieure ou égale à – 6 °C ;

6° la vaisselle nécessaire à la prise des repas ;

7° des ustensiles de cuisine ;

8° une table et des sièges ;

9° des étagères de rangement ;

10° des luminaires;
11° un matériel d'entretien ménager adapté aux caractéristiques du logement.

Les parties au contrat prendront donc soin de dresser un inventaire minutieux de tous les meubles qui garnissent le logement (pour un exemple v. s^{s} n° 3127).

Cet inventaire doit être établi en même temps que le contrat de bail (Paris, 20 mars 2008, RG n° 06/17937).

Apport de la loi Alur (inventaire et état du mobilier)
Pour les nouveaux baux meublés, l'article 25-5 de loi du 6 juillet 1989, issu de la loi du 24 mars 2014, précise qu'« un **inventaire** et un **état détaillé du mobilier** sont établis dans les mêmes formes et en autant d'exemplaires que de parties lors de la remise et de la restitution des clés. Ces documents, établis contradictoirement et amiablement, sont signés par les parties ou par un tiers mandaté par elles et joints au contrat de location. Ces documents ne peuvent donner lieu à aucune autre facturation que celle liée à l'établissement de l'état des lieux ».

3106 **Caractère décent du local loué.** Le bailleur qui souhaite louer un meublé doit mettre à la disposition du locataire un logement décent au sens du décret du 30 janvier 2002.

Avant la loi du 24 mars 2014, dite loi Alur, cette solution était justifiée par l'ancien article 2, alinéa 2, de la loi du 6 juillet 1989 (sur les caractéristiques d'un logement décent v. s^{s} n°s 607 s.; sur les recours du locataire en cas de logement indécent v. s^{s} n°s 612 s.).

Depuis l'entrée en vigueur de la loi du 24 mars 2014, le 27 mars 2014, l'article 25-4 de la loi du 6 juillet 1989 précise qu'« un logement meublé est un logement décent (...) ». L'article L. 632-1 du CCH, dans sa rédaction issue de la loi du 24 mars 2014, dite loi Alur, indique par ailleurs que « le local loué (...) doit être équipé du mobilier nécessaire au sommeil et à la vie courante du locataire ainsi qu'être pourvu de chauffage, d'une alimentation en eau et de sanitaires ».

En application de l'article 14 de la loi du 24 mars 2014, dite loi Alur, même pour les contrats en cours au 27 mars 2014 :

- le locataire peut exiger du bailleur qu'il mette le logement en conformité avec les normes de décence;
- la commission départementale de conciliation est compétente pour l'examen des litiges relatifs aux logements meublés et résultant de l'application des dispositions relatives aux caractéristiques du logement (L. 6 juill. 1989, art. 25-11; L. 24 mars 2014, dite loi Alur, art. 14).

> CODE Par ailleurs, aux termes de l'article L. 632-1 du CCH, dans sa rédaction issue de la loi du 24 mars 2014, dite loi Alur, lorsqu'un locataire ou plusieurs locataires ont avec le même bailleur un litige locatif ayant une origine commune, ils peuvent donner par écrit mandat d'agir en justice en leur nom et pour leur compte à une association dont l'un des objets est l'insertion ou le logement des personnes défavorisées ou à une association de défense des personnes en situation d'exclusion par le logement mentionnées à l'article 3 de la loi n° 90-449 du 31 mai 1990 visant à la mise en œuvre du droit au logement. Le texte précise ensuite qu'en cas de litige portant sur le respect des caractéristiques de décence de son logement, une de ces associations peut assister ou représenter un locataire, selon les modalités définies à l'article 828 du code de procédure civile.

3107 **Dossier de diagnostic technique à fournir par le bailleur à son locataire.** Pour les contrats conclus à compter de l'entrée en vigueur de la loi du 24 mars 2014, dite loi Alur (le 27 mars 2014), les obligations du bailleur en matière de **dossier de diagnostic technique** sont les mêmes qu'en matière de logements loués libres à compter de cette date, à savoir, le diagnostic de performance énergétique, le constat de risque d'exposition au plomb, le constat « amiante », l'état de l'installation intérieure d'électricité et de gaz (lorsque le décret d'application sera paru) et, dans les zones concernées, l'état des risques naturels et technologiques (loi du 6 juillet 1989, art. 3-3 et art. 25-3, v. s[s] n°s 403 s.)

CODE **Législation applicable aux contrats en cours au 27 mars 2014**
Pour les contrats en cours à la date d'entrée en vigueur de la loi du 24 mars 2014, dite loi Alur, en application de l'ancien article 2, alinéa 2, de la loi du 6 juillet 1989, comme en matière de loi de 1989, le propriétaire doit fournir à son cocontractant un dossier de diagnostic technique, qui prend la forme d'une annexe comportant :
– le diagnostic de performance énergétique;
– le constat de risque d'exposition au plomb;
– (le cas échéant) l'état des risques naturels et technologiques (v. s[s] n°s 403 s.).

Par ailleurs, depuis le 8 mars 2015, le propriétaire a l'obligation d'installer un détecteur de fumée (sur ce point v. s[s] n° 902).

3108 **Obligation d'occuper le logement à titre de résidence principale.** Tant aux termes de l'ancien article L. 632-1 du CCH que de l'article 25-3 de la loi du 6 juillet 1989, le statut des meublés joue à l'égard d'un locataire (étudiant ou non) qui a sa résidence principale dans les lieux loués.

Il incombe au locataire de prouver qu'il occupe le logement au titre de sa résidence principale (Civ. 3e, 20 sept. 2006, n° 05-16.363, NP) (sur la notion de « résidence principale » v. s[s] n° 112; sur la possibilité, pour le bailleur d'un meublé « résidence principale », de souscrire une garantie des risques locatifs [GRL] v. s[s] n° 510).

3109 **Forme du contrat.** Le bail devra faire l'objet d'un bail écrit (CCH, anc. art. L. 632-1, al. 1er; L. 6 juill. 1989, nouv. art. 25-7).

> **Apport de la loi Alur (contrat-type et Commission de conciliation)**
>
> **Pour les nouveaux baux meublés (conclus à compter du 27 mars 2014)**, l'article 25-7 de loi du 6 juillet 1989, issu de la loi du 24 mars 2014, dite loi Alur, précise que « le contrat de location est établi par écrit et respecte un **contrat type** défini par décret en Conseil d'État, pris après avis de la Commission nationale de concertation » (il s'agit du décret n° 2015-587 du 29 mai 2015, *JO* 31 mai, p. 9035, v. ss n° 3127).
>
> **Pour les baux en cours lors de l'entrée en vigueur de la loi Alur (le 27 mars 2014), comme pour les nouveaux contrats**, la commission départementale de conciliation est compétente pour l'examen des litiges relatifs aux logements meublés et résultant de l'application des dispositions relatives à l'état des lieux et du mobilier (L. 6 juill. 1989, art. 25-11; L. 24 mars 2014, art. 14).

3110 **Durée du contrat.** Tant aux termes de l'ancien article L. 632-1 du CCH que de l'article 25-7 de la loi du 6 juillet 1989, issu de la loi du 24 mars 2014, dite loi Alur, le contrat doit être conclu pour **un an** (« d'au moins un an », précise le texte nouveau). Sauf volonté contraire (sur l'hypothèse du refus de renouvellement v. ss n° 3109), il est tacitement reconduit pour un an. Toutefois, lorsque le contrat est un « **meublé étudiant** », la durée peut être réduite à **neuf mois**. Et lorsque les parties ont opté pour cette durée, la clause de reconduction tacite est – logiquement – écartée. Alors, le bail cesse de produire ses effets une fois le terme atteint.

> Le bailleur est en droit d'exiger un justificatif attestant que le locataire a bien le statut d'étudiant (v. le point 5 de l'exemple de contrat, ss n° 3123).

Cas particulier du bailleur titulaire d'un bail commercial qui sous-loue le local d'habitation en meublé. Lorsque le bailleur qui sous-loue la partie habitation de ses locaux est titulaire d'un bail commercial venant à expiration ou lorsque la cessation d'activité est prévue, le contrat de sous-location peut être d'une durée inférieure à un an et doit mentionner les raisons et événements justificatifs. Toutefois, si le bail commercial du loueur en meublé est renouvelé ou si l'activité est poursuivie, la durée du contrat de bail meublé est portée à un an (CCH, art. L. 632-1).

3111 **Obligations générales des parties.** Pour les baux en cours lors de l'entrée en vigueur de la loi du 24 mars 2014, dite loi Alur (le 27 mars 2014), comme pour les nouveaux contrats, les obligations des parties telles qu'elles ressortent des articles 6 (obligations du bailleur, v. ss nos 801 s.) et 7 (obligations du locataire, v. ss nos 1401 s.) de la loi du 6 juillet 1989 s'appliquent aux baux meublés à titre de résidence principale.

Concernant l'obligation, pour le propriétaire, d'installer et d'entretenir un détecteur de fumée (depuis le 8 mars 2015), v. ss nos 901 s.

Conditions financières du contrat

3112 **Le dépôt de garantie.** La question du **dépôt de garantie**, non réglementée avant la loi du 24 mars 2014, dite loi Alur, est désormais régie par le nouvel article 25-6 de la loi du 6 juillet 1989, applicable aux nouveaux contrats ou aux baux renouvelés (L. n° 2015-990, 6 août 2015, dite Loi Macron, *JO* 7 août, p. 13537, art. 82-II). Par dérogation à l'article 22 de la loi du 6 juillet 1989, le montant du dépôt de garantie exigible par le bailleur est limité à **deux mois de loyer en principal**. Il s'agit d'un maximum, rien n'empêche les parties de convenir d'un montant moindre.

Pour les baux en cours lors de l'entrée en vigueur de la loi du 24 mars 2014, dite loi Alur (le 27 mars 2014), comme pour les nouveaux contrats, la commission départementale de conciliation est compétente pour l'examen des litiges relatifs aux logements meublés et résultant de l'application des dispositions relatives au dépôt de garantie (loi du 6 juillet 1989, art. 25-11 ; loi du 24 mars 2014, art. 14).

3113 **Le loyer.** Quant au **loyer**, librement fixé sous l'empire de l'ancienne législation, depuis la loi du 24 mars 2014, dite loi Alur, il fait l'objet d'un encadrement comparable à celui en vigueur en matière de location d'un logement non meublé (v. s^s^ n°s 1207 s.).

En effet, aux termes de l'article 25-9 de la loi du 6 juillet 1989, applicable uniquement aux nouveaux contrats et aux baux renouvelés (L. n° 2015-990, 6 août 2015, dite Loi Macron, *JO* 7 août, p. 13537, art. 82-II), chaque année, le préfet fixe par catégorie de logement et par secteur géographique, par arrêté, dans les zones tendues mentionnées au I de l'article 17 de la même loi (v. s^s^ n°s 1212 s.) :

- un loyer de référence ;
- un loyer de référence majoré ;
- et un loyer de référence minoré.

Ces trois loyers sont déterminés par l'application d'une majoration unitaire par mètre carré aux loyers de référence définis au I de l'article 17 de la loi du 6 juillet 1989 pour tenir compte du caractère meublé du logement. Cette majoration est déterminée à partir des écarts constatés entre les loyers des logements loués nus et les loyers des logements loués meublés relevés par l'observatoire local des loyers.

Les règles de fixation du loyer de base et du complément de loyer sont les mêmes que celles qui prévalent en matière de logements vides (v. s^s^ n° 1215), en tenant compte, toutefois, des loyers de référence spécifiques aux meublés et, étant précisé que le complément de loyer tient compte des équipements et services associés aux logements meublés.

3114 **La révision du loyer.** À propos de la **révision du loyer**, sous l'empire de l'ancien article L. 632-1 du CCH, lorsque le contrat prévoyait une révision du prix, celle-ci intervenait chaque année à la date convenue par contrat ou, si celui-ci était muet sur ce point, au terme de chaque année du contrat. Quel que soit l'indice choisi, l'augmentation de loyer ne pouvait pas dépasser la variation de l'indice de référence des loyers (**IRL**) en vigueur en matière de loi du 6 juillet 1989 (v. s^s n°s 1225 s.).

Pour les contrats régis par les nouveaux articles 25-3 et suivants de la loi du 6 juillet 1989, le régime de la révision du loyer va suivre le même sort de celle qui prévaut pour les logements loués libres (au I de l'article 17-1 nouveau de la loi du 6 juillet 1989 ; v. s^s n°s 1225 s.).

> CODE
>
> Ainsi, lorsque le contrat prévoit la révision du loyer, celle-ci intervient chaque année à la date convenue entre les parties ou, à défaut, au terme de chaque année du contrat. La variation qui en résulte ne peut excéder, à la hausse, la variation d'un indice de référence des loyers publié par l'Insee chaque trimestre et qui correspond à la moyenne, sur les douze derniers mois, de l'évolution des prix à la consommation hors tabac et hors loyers. À défaut de clause contractuelle fixant la date de référence, cette date est celle du dernier indice publié à la date de signature du contrat de location.
>
> À défaut de manifester sa volonté d'appliquer la révision du loyer dans un délai d'un an suivant sa date de prise d'effet, le bailleur est réputé avoir renoncé au bénéfice de cette clause pour l'année écoulée. Si le bailleur manifeste sa volonté de réviser le loyer dans le délai d'un an, cette révision de loyer prend effet à compter de sa demande.

3115 **Le loyer du bail renouvelé.** Concernant le loyer du bail renouvelé, les règles à appliquer sont identiques à celles qui prévalent en matière de location nue, soit, celles envisagées à l'article 17-2 de la loi du 6 juillet 1989 (v. s[s] n°s 1901 s., 2001 s.).

> CODE Dans sa version issue de la loi n° 2015-990 du 6 août 2015, dite loi Macron (JO 7 août, p. 13537), l'article 25-9 de la loi de 1989 précise toutefois qu'en matière de location meublée, pour l'application de l'article 17-2, la hausse du loyer convenue entre les parties ou fixée judiciairement s'applique au contrat renouvelé. Toutefois, si la hausse est supérieure à 10 %, elle s'applique par tiers annuel au contrat renouvelé et lors des renouvellements ultérieurs.

3116 **Travaux d'amélioration.** Lorsque les parties sont convenues, par une **clause expresse**, **de travaux** d'amélioration du logement que le bailleur fera exécuter ou d'acquisition d'équipements par le bailleur en sus de l'équipement initial, le contrat de location ou un avenant à ce contrat peut fixer une majoration de loyer consécutive à ces opérations.

> CODE Concernant la taxe applicable pour les locaux d'une superficie inférieure ou égale à 14 m² dont le loyer est supérieur à 40 euros/m², v. s[s] n° 1207.

3117 **Examen des litiges.** Pour les baux en cours lors de l'entrée en vigueur de la loi du 24 mars 2014, dite loi Alur (le 27 mars 2014), comme pour les nouveaux contrats, la commission départementale de conciliation est compétente pour l'examen des litiges relatifs aux logements meublés et résultant de l'application des dispositions relatives aux loyers (L. 6 juill. 1989, art. 25-11 ; L. 24 mars 2014, art. 14).

3118 **Charges locatives.** Alors qu'en application de la législation applicable avant la loi du 24 mars 2014, dite loi Alur, les **charges loca-**

tives pouvaient être librement déterminées, aux termes du nouvel article 25-10 de la loi du 6 juillet 1989, pour les baux conclus à compter du 27 mars 2014, les charges locatives accessoires au loyer principal sont récupérées par le bailleur au choix des parties et tel que prévu par le contrat de bail :

1° Soit dans les conditions prévues à l'article 23 de la loi du 6 juillet 1989, lorsqu'il s'agit de **provisions** pour charges (v. s[s] n°s 1301 s.);

2° Soit sous la forme d'un **forfait** versé simultanément au loyer, dont le montant et la périodicité de versement sont définis dans le contrat et qui ne peut donner lieu à complément ou à régularisation ultérieure.

Le montant du forfait de charges est fixé en fonction des montants exigibles par le bailleur en application de l'article 23 de la loi du 6 juillet 1989 et peut être révisé chaque année aux mêmes conditions que le loyer principal. Ce montant ne peut pas être manifestement disproportionné au regard des charges dont le locataire ou, le cas échéant, le précédent locataire se serait acquitté.

Pour les baux en cours lors de l'entrée en vigueur de loi du 24 mars 2014, dite loi Alur (le 27 mars 2014), comme pour les nouveaux contrats, la commission départementale de conciliation est compétente pour l'examen des litiges relatifs aux logements meublés et résultant de l'application des dispositions relatives aux charges locatives (L. 6 juill. 1989, art. 25-11; L. 24 mars 2014, dite loi Alur, art. 14).

» Renouvellement et fin du contrat

3119 **Renouvellement du contrat.** Avant comme après la loi du 24 mars 2014, dite loi Alur, lorsque le bailleur souhaite modifier les conditions du bail, il doit en faire la proposition au locataire avec un **préavis de trois mois**. Et le renouvellement, pour un an, ne sera acté qu'après acceptation du locataire.

3120 **Congé délivré par le bailleur. Sous l'empire de l'ancien article L. 632-1 du CCH**, si le bailleur ne souhaitait pas renouveler le bail, il devait respecter un **préavis de trois mois**, et **motiver sa décision**, soit par sa décision de reprendre ou de vendre le logement, soit par un motif légitime et sérieux, notamment l'inexécution par le locataire de l'une des obligations lui incombant.

On remarquera que le texte ressemblait beaucoup à celui de l'article 15 de la loi du 6 juillet 1989. Toutefois, la transposition n'était pas totale et, par exemple, en cas de congé-reprise, les coordonnées du bénéficiaire n'avaient pas à être indiquées. D'ailleurs, la loi ne posait aucune condition quant au bénéficiaire de la reprise (Paris, 29 mars 2011, *Younes Bouacida c/SCI XXL*). De plus, en cas de congé-vente, le locataire ne bénéficiait pas d'un droit de préemption.

Depuis la loi du 24 mars 2014, dite loi Alur, les règles ont sensiblement évolué, se confondant peu ou prou avec celles qui prévalent en matière de congé donné pour un logement loué non meublé.

En effet, **pour les baux conclus depuis le 27 mars 2014**, l'article 25-8 nouveau de la loi du 6 juillet 1989 précise que, lorsqu'il donne congé à son locataire pour reprendre le logement, le bailleur justifie du caractère réel et sérieux de sa décision de reprise. Le bailleur qui ne souhaite pas renouveler le contrat doit informer le locataire avec un **préavis de trois mois** et **motiver son refus** de renouvellement du bail, soit par sa décision de reprendre ou de vendre le logement, soit par un motif légitime et sérieux, notamment l'inexécution par le locataire de l'une des obligations lui incombant.

À peine de nullité, le congé donné par le bailleur doit indiquer le motif allégué et, en cas de reprise, les nom et adresse du bénéficiaire de la reprise ainsi que la nature du lien existant entre le bailleur et le bénéficiaire de la reprise qui ne peut être que le bailleur, son conjoint, le partenaire auquel il est lié par un Pacs enregistré à la date du congé, son concubin notoire depuis au moins un an à la date du congé, ses ascendants, ses descendants ou ceux de son conjoint, de son partenaire ou de son concubin notoire.

En cas de contestation, le juge peut, même d'office, vérifier la réalité du motif du congé et le respect des obligations prévues au présent article. Il peut notamment déclarer non valide le congé si la non-reconduction du bail n'apparaît pas justifiée par des éléments sérieux et légitimes.

Ce pouvoir de contestation introduit par la loi du 24 mars 2014, dite loi Alur, n'est pas applicable aux baux qui étaient en cours le 27 mars 2014 (Paris, 16 avr. 2015, RG n° 14/08686).

Le fait pour un bailleur de délivrer un congé justifié frauduleusement par sa décision de reprendre ou de vendre le logement est puni d'une amende pénale dont le montant ne peut être supérieur à 6 000 euros pour une personne physique et à 30 000 euros pour une personne morale.
Le montant de l'amende est proportionné à la gravité des faits constatés. Le locataire est recevable dans sa constitution de partie civile et la demande de réparation de son préjudice.

Le congé doit être notifié par lettre recommandée avec demande d'avis de réception, signifié par acte d'huissier, ou, depuis la loi n° 2015-990 du 6 août 2015, dite loi Macron (*JO* 7 août, p. 13537), sur ce point applicable aux contrats en cours, remis en main propre contre récépissé ou émargement.

Le délai de préavis court à compter du jour de la réception de la lettre recommandée, de la signification de l'acte d'huissier ou de la remise en main propre.

Pendant ce délai, le locataire n'est redevable du loyer et des charges que pour le temps où il a occupé réellement les lieux si le congé a été notifié par le bailleur.

À l'expiration du délai de préavis, le locataire est déchu de tout titre d'occupation du logement loué.

3121 **Cas particulier de la cessation d'activité du bailleur.** Lorsque le bailleur, propriétaire ou gérant du fonds, pour quelque motif que ce soit, doit cesser son activité, il en informe le locataire trois mois au moins avant la date à laquelle la cessation d'activité est prévue. Sauf cas de force majeure ou de mise en œuvre des procédures de sauvegarde ou de redressement judiciaire, la cessation d'activité ne peut avoir lieu avant l'expiration des contrats en cours de validité ou avant le relogement des locataires titulaires desdits contrats.

Si, en dépit de la cessation d'activité du bailleur, les locaux gardent leur destination première, le contrat de bail est tacitement reconduit. Si, en revanche, la cessation d'activité est due à une opération d'urbanisme ou d'aménagement, les occupants doivent être relogés aux frais de l'opérateur dans les conditions prévues aux articles L. 314-1 et L. 314-2 du code de l'urbanisme (CCH, art. L. 632-2).

3122 **Cas particulier du locataire âgé ayant de faibles ressources.** Le bailleur ne peut toutefois pas s'opposer au renouvellement du contrat en donnant congé à un **locataire âgé de plus de soixante-cinq ans et ayant de faibles ressources** sans qu'un logement correspondant à ses besoins et à ses possibilités lui soit offert dans un secteur géographique déterminé.

Les **ressources** annuelles en question doivent être inférieures à un plafond de ressources en vigueur pour l'attribution des logements locatifs conventionnés fixé par arrêté du ministre chargé du logement.

Concernant le **secteur géographique** dans lequel le relogement doit être proposé, il s'agit des limites prévues à l'article 13 *bis* de la loi du 1er septembre 1948 (L. n° 48-1360, 1er sept. 1948, *JO* 2 sept., p. 8659 – comme en matière de congé délivré pour un logement loué non meublé, v. ss nos 2428 s.).

L'article 25-8, dans sa version issue de la loi n° 2015-990 du 6 août 2015, dite loi Macron (*JO* 7 août, p. 13537), sur ce point applicable aux contrats en cours, ajoute que cette protection joue aussi lorsque le locataire a à sa charge une personne de plus de soixante-cinq ans vivant habituellement dans le logement et remplissant la condition de ressources précitée et que le montant cumulé des ressources annuelles de l'ensemble des personnes vivant au foyer est inférieur au plafond de ressources susmentionné.

Toutefois, la protection du locataire âgé et peu argenté va tomber lorsque le bailleur est une personne physique âgée de plus de soixante-cinq ans ou si ses ressources annuelles sont inférieures au même plafond que celui qui est opposable par le locataire (voir ci-dessus).

L'âge du locataire ou de la personne à sa charge et **celui du bailleur** sont appréciés à la date d'échéance du contrat; le montant de leurs ressources est apprécié à la date de notification du congé.

⚠ Pour les baux en cours lors de l'entrée en vigueur de la loi du 24 mars 2014, dite loi Alur (le 27 mars 2014), comme pour les nouveaux contrats, la commission départementale de conciliation est compétente pour l'examen des litiges relatifs aux logements meublés et résultant de l'application des dispositions relatives aux congés (L. 6 juill. 1989, art. 25-11; L. 24 mars 2014, art. 14).

3123 **Congé délivré par le locataire.** Sous l'empire de l'ancien article L. 632-1 du CCH ou du nouvel article 25-8 de la loi de 1989, le locataire n'a pas à motiver son départ et n'a **qu'un mois de préavis** à respecter.

• L'article 25-8 de la loi du 6 juillet 1989 précise que ce délai de préavis d'un mois vaut y compris lorsque la durée du bail est réduite à neuf mois.

• Cette résiliation peut intervenir même au cours de la première année de location (Civ. 3e, 6 avr. 2005, no 04-11.374, *Bull. civ.* III, no 85). Par ailleurs, il a été jugé que le délai de préavis d'un mois vaut même lorsque le bail meublé est verbal (Civ. 3e, 15 oct. 2008, no 07-13.294, *Bull. civ.* III, no 153).

• Le congé doit être notifié par lettre recommandée avec demande d'avis de réception ou signifié par acte d'huissier.

• Ce délai court à compter du jour de la réception de la lettre recommandée ou de la signification de l'acte d'huissier.

• Pendant le délai de préavis, le locataire est redevable du loyer et des charges relatifs à l'intégralité de la période couverte par le préavis si c'est lui qui a notifié le congé, sauf si le logement se trouve occupé avant la fin du préavis par un autre locataire en accord avec le bailleur.

• À l'expiration du délai de préavis, le locataire est déchu de tout titre d'occupation du logement loué.

• Pour les baux en cours lors de l'entrée en vigueur de la loi du 24 mars 2014, dite loi Alur (le 27 mars 2014), comme pour les nouveaux contrats, la commission départementale de conciliation est compétente pour l'examen des litiges relatifs aux logements meublés et résultant de l'application des dispositions relatives aux congés (L. 6 juill. 1989, art. 25-11 ; L. 24 mars 2014, art. 14).

3124 **Quelle place pour la liberté contractuelle ?** La place laissée à la liberté contractuelle par le législateur dans le cadre de la conclusion et de l'exécution d'un contrat de bail meublé s'est, avec la loi du 24 mars 2014, dite loi Alur (applicable aux contrats conclus à compter du 27 mars 2014), réduite à sa plus simple expression.

En effet, au-delà de ce qui vient d'être exposé, aux termes de l'article 25-3 de la loi du 6 juillet 1989, les articles suivants de la loi du 6 juillet 1989 sont applicables aux logements meublés :

– article 1er (relatif au droit au logement) ;
– article 3 (forme et contenu du contrat de location) (depuis la modification de l'article 25-3 de la loi de 1989 par L. no 2015-990,

6 août 2015, dite loi Macron, *JO* 7 août, p. 13537, mais uniquement pour les nouveaux baux et les baux faisant l'objet d'un renouvellement ; concernant le contrat type de location, v. ss nº 3127 ; sur le contenu de la notice d'information, v. ss nº 402) ;
- article 3-2 (état des lieux, v. ss nº 601) ;

Pour les baux en cours lors de l'entrée en vigueur de la loi du 24 mars 2014, dite loi Alur (le 27 mars 2014), comme pour les nouveaux contrats, la commission départementale de conciliation est compétente pour l'examen des litiges relatifs aux logements meublés et résultant de l'application des dispositions relatives à l'état des lieux (L. 6 juill. 1989, art. 25-11 ; L. 24 mars 2014, art. 14).

- article 3-3 dossier de diagnostic technique (v. ss nos 403 s.) ;
- article 4 (clauses réputées non-écrites, v. ss nos 333 s.), à l'exception du *I* (durée du renouvellement du bail par tacite reconduction) ;
- article 5 (rémunération des intermédiaires, v. ss nº 320) ;
- article 6 (obligations du bailleur, v. ss nos 801 s.) ;
- article 7 (obligations du locataire, v. ss nos 1401 s.) ;
- article 7-1 (délai de prescription, v. ss nº 1225) ;
- article 8 (cession et sous-location, v. ss nos 2612 s.) ;
- article 8-1 (colocation, v. ss nos 205, 502, 1206) ;
- article 18 (décret d'encadrement des loyers, v. ss nos 1216, 2013, 2205 s.) ;
- article 20-1 (mise aux normes de décence, v. ss nos 607 s.) ;
- article 21 (quittance de loyer, v. ss nos 1219 s.) ;
- article 22 (dépôt de garantie, v. ss nos 508 s., v. toutefois ss nº 3110) ;
- article 22-1 (cautionnement, v. ss nos 501 s.) ;
- article 22-2 (pièces justificatives pouvant être demandées à un candidat locataire et à sa caution, v. ss nº 123) ;
- article 24 (clause résolutoire, v. ss nos 2801 s.) ;
- article 24-1 (action collective) ;
- par ailleurs, aux termes de l'article 24-2 de la loi du 6 juillet 1989 issus de la loi du 24 mars 2014, dite loi Alur, la garantie universelle des loyers est applicable aux logements meublés constituant

la résidence principale du preneur, tels que définis aux articles 25-3 et 25-4 (à propos de la GUL, v. s^s n° 319).

» Règles applicables aux locations meublées à titre de résidence secondaire

3125 **Meublé loué en tant que résidence secondaire.** Concernant le meublé loué en tant que résidence secondaire du locataire, les parties disposent de toute latitude. En effet, pour ce type de bail, c'est le **contrat** et, à défaut, le **code civil** et les **usages locaux** (lorsqu'ils existent) qui vont régir les relations contractuelles entre bailleur et locataire. Tout est donc envisageable, que ce soit en matière de durée du bail, d'obligations des parties, de délai de préavis, etc.

Un tel contrat peut même être conclu verbalement.

3126 **Cas particulier des meublés touristiques.**

⚠ Lorsque le bailleur décide de ne plus louer son local meublé à titre de résidence principale (location touristique au mois, à la semaine ou à la journée), aux termes de l'article L. 631-7 du code de la construction et de l'habitation, le logement n'est plus considéré comme étant à destination d'habitation. D'ailleurs, la loi du 24 mars 2014, dite loi Alur a modifié cet article, qui précise désormais que « le fait de louer un local meublé destiné à l'habitation de manière répétée pour de courtes durées à une clientèle de passage qui n'y élit pas domicile constitue un changement d'usage ».

En conséquence, dans les communes où ce texte s'applique (communes de plus de 200 000 habitants et celles des départements des Hauts-de-Seine, de la Seine-Saint-Denis et du Val-de-Marne), il doit, préalablement, demander l'autorisation pour ce changement d'usage. Cette autorisation est délivrée par le maire de la commune dans laquelle est situé l'immeuble, après avis, à Paris, Marseille et Lyon, du maire d'arrondissement concerné. Et elle peut être subordonnée à une compensation sous la forme de la transformation concomitante en habitation de locaux ayant un autre usage (CCH, art. L. 631-7-1). De plus, le bailleur devra veiller à ce que cette affectation soit conforme à la destination de l'immeuble. Le contrevenant s'expose à une amende de 25 000 euros, ainsi qu'à la condamnation, sous astreinte, à rétablir l'usage d'habitation (CCH, art. L. 651-2). Or, il semblerait que les municipalités concernées (spécialement Paris) aient décidé d'appliquer ces dispositions, longtemps restées lettre morte. La cour d'appel de Paris a d'ailleurs condamné un bailleur à payer une amende de 10 000 euros par infraction constatée (il y en avait cinq), quand bien même le propriétaire se serait, depuis, conformé à la législation (Paris, 4 sept. 2012, RG n° 11/21971 ; v. aussi Paris, 24 mai 2011, RG n° 10/23802).

Toutefois, l'article L. 631-7-1-A du CCH, créé par la loi du 24 mars 2014, dite loi Alur, ouvre la possibilité aux communes, par une délibération du conseil municipal, de définir un **régime d'autorisation temporaire** de changement d'usage permettant à une personne physique de louer pour de courtes durées des locaux destinés à l'habitation à une clientèle de passage qui n'y élit pas domicile.

Le même texte précise par ailleurs, d'une part, que le local à usage d'habitation bénéficiant de cette autorisation temporaire ne change pas de destination, au sens du code de l'urbanisme et, d'autre part, que lorsque le local à usage d'habitation constitue **la résidence principale du loueur**, l'autorisation de changement d'usage n'est pas nécessaire pour le louer pour de courtes durées à une clientèle de passage qui n'y élit pas domicile.

3127 **Contrat type de location meublée.** Ce contrat type est issu du décret n° 2015-587 du 29 mai 2015 (*JO* 31 mai, p. 9035), en vigueur depuis le 1er août 2015. Ce texte d'application de l'article 25-7 de la loi du 6 juillet 1989 (qui, dans son alinéa 1er, indique que le contrat de location meublée est établi par écrit et respecte un contrat type défini par décret en Conseil d'État) s'applique aux locations meublées à titre de résidence principale, à l'exception des colocations de logement meublé formalisées par la conclusion de plusieurs contrats entre les locataires et le bailleur.

Les éléments entre accolades { } sont des précisions apportées en note par le décret.

Contrat type de location ou de colocation de logement meublé

[Soumis au titre Ier *bis* de la loi du 6 juillet 1989 tendant à améliorer les rapports locatifs et portant modification de la loi n° 86-1290 du 23 décembre 1986]

Champ du contrat type : le présent contrat type de location est applicable aux locations et aux colocations de logement meublé et qui constitue la résidence principale du preneur, à l'exception :

– des colocations formalisées par la conclusion de plusieurs contrats entre les locataires et le bailleur ;

– des locations de logement appartenant à un organisme d'habitation à loyer modéré et faisant l'objet d'une convention passée en application de l'article L. 351-2 du code de la construction et de l'habitation.

Modalités d'application du contrat type : le régime de droit commun en matière de baux d'habitation est défini principalement par la loi n° 89-462 du 6 juillet 1989 tendant à améliorer les rapports locatifs et portant modification de la loi n° 86-1290 du 23 décembre 1986. L'ensemble de ces dispositions étant d'ordre public, elles s'imposent aux parties qui, en principe, ne peuvent pas y renoncer.

En conséquence :

– le présent contrat type de location contient uniquement les clauses essentielles du contrat dont la législation et la réglementation en vigueur au jour de sa publication imposent la mention par les parties dans le contrat. Il appartient cependant aux parties de s'assurer des dispositions applicables au jour de la conclusion du contrat ;

– au-delà de ces clauses, les parties sont également soumises à l'ensemble des dispositions légales et réglementaires d'ordre public applicables aux baux d'habitation sans qu'il soit nécessaire de les faire figurer dans le contrat et qui sont rappelées utilement dans la notice d'information qui doit être jointe à chaque contrat ;

Sur le contenu de cette notice d'information, v. ss n° 402

– les parties sont libres de prévoir dans le contrat d'autres clauses particulières, propres à chaque location, dans la mesure où celles-ci sont conformes aux dispositions législatives et réglementaires en vigueur. Les parties peuvent également convenir de l'utilisation de tout autre support pour établir leur contrat, dans le respect du présent contrat type.

Le contrat type de location ou de colocation contient les éléments suivants :

I. Désignation des parties

Le présent contrat est conclu entre les soussignés :

Si le bailleur est une personne physique – [nom et prénom], [domicile], [qualité : personne physique], [adresse électronique] (facultatif);

Si le bailleur est une personne morale – [dénomination], [siège social], [qualité : personne morale] {Préciser si la personne morale est une société civile constituée exclusivement entre parents et alliés jusqu'au quatrième degré inclus}, [adresse électronique] (facultatif);

{à reproduire si pluralité de bailleur}

désigné (s) ci-après « le bailleur » ;

Le cas échéant représenté par le mandataire :

– [nom ou raison sociale et adresse du mandataire ainsi que l'activité exercée];

Le cas échéant – [numéro et lieu de délivrance de la carte professionnelle], [nom et adresse du garant] {mention obligatoire s'appliquant aux professionnels exerçant une activité mentionnée à l'article 1er de la loi n° 70-9 du 2 janvier 1970 réglementant les conditions d'exercice des activités relatives à certaines opérations portant sur les immeubles et les fonds de commerce}.

– [nom et prénom du ou des locataires ou, en cas de colocation, des colocataires], [adresse électronique] (facultatif);

désigné(s) ci-après « le locataire » ;

Il a été convenu ce qui suit :

II. Objet du contrat

Le présent contrat a pour objet la location d'un logement ainsi déterminé :

A. Consistance du logement

– localisation du logement : [PAR EX. : adresse, bâtiment, étage, porte];

– type d'habitat :

❒ individuel ❒ collectif;

– régime juridique de l'immeuble :

❒ mono propriété ❒ copropriété;

– période de construction : [PAR EX. : avant 1949, de 1949 à 1974, de 1975 à 1989, de 1989 à 2005, depuis 2005] ;
– surface habitable : .... m² ;
– nombre de pièces principales : .... ;
Le cas échéant [– autres parties du logement : .... [PAR EX. : grenier, comble aménagé ou non, terrasse, balcon, loggia, jardin] ;
Le cas échéant [– éléments d'équipements du logement : .... [PAR EX. : cuisine équipée, détail des installations sanitaires] ;
– modalité de production de chauffage :
❒ individuelle ❒ collective ; (4) ;
Si chauffage collectif [• modalités de répartition de la consommation du locataire : ....
– modalité de production d'eau chaude sanitaire :
❒ individuelle ❒ collective ; (5).
En cas de production collective [• modalités de répartition de la consommation du locataire : ....

B. Destination des locaux :
❒ usage d'habitation ❒ usage mixte (professionnel et d'habitation)

C. Désignation des locaux et équipements accessoires de l'immeuble à usage privatif du locataire : .... [PAR EX. : cave, parking, garage]

Le cas échéant [*D.* Énumération des locaux, parties, équipements et accessoires de l'immeuble à usage commun : .... [PAR EX. : Garage à vélo, ascenseur, espaces verts, aires et équipements de jeux, laverie, local poubelle, gardiennage, autres prestations et services collectifs]

Le cas échéant [*E.* Équipement d'accès aux technologies de l'information et de la communication : .... [PAR EX. : modalités de réception de la télévision dans l'immeuble, modalités de raccordement internet]

III. Date de prise d'effet et durée du contrat

La durée du contrat et sa date de prise d'effet sont ainsi définies :

A. Date de prise d'effet du contrat : ....

B. Durée du contrat : ....[durée minimale d'un an ou de neuf mois si la location est consentie à un étudiant].

À l'exception des locations consenties à un étudiant pour une durée de neuf mois, les contrats de location de logements meublés sont reconduits tacitement à leur terme pour une durée d'un an et dans les mêmes conditions.

Le locataire peut mettre fin au bail à tout moment, après avoir donné congé.

Le bailleur peut, quant à lui, mettre fin au bail à son échéance et après avoir donné congé :
– soit pour reprendre le logement en vue de l'occuper lui-même ou une personne de sa famille ;
– soit pour le vendre ;
– soit pour un motif sérieux et légitime.

Les contrats de locations meublées consenties à un étudiant pour une durée de neuf mois ne sont pas reconduits tacitement à leur terme et le locataire peut mettre fin au bail à tout moment, après avoir donné congé. Le bailleur peut, quant à lui, mettre fin au bail à son échéance et après avoir donné congé.

IV. Conditions financières

Les parties conviennent des conditions financières suivantes :

A. Loyer

1. Fixation du loyer initial :

a. montant du loyer mensuel : .... {lorsqu'un complément de loyer est appliqué, le loyer mensuel s'entend comme la somme du loyer de base et de ce complément} ;

Le cas échéant [b. modalités particulières de fixation initiale du loyer applicables dans certaines zones tendues {zones d'urbanisation continue de plus de 50 000 habitants où il existe un déséquilibre marqué entre l'offre et la demande de logements, entraînant des difficultés sérieuses d'accès au logement sur l'ensemble du parc résidentiel telles que définies par décret} : ....
– le loyer du logement objet du présent contrat est soumis au décret fixant annuellement le montant maximum d'évolution des loyers à la relocation :
❒ oui ❒ non ;
– mis au loyer de référence majoré fixé par arrêté préfectoral :
❒ oui ❒ non ;

Le cas échéant [– complément de loyer : .... [si un complément de loyer est prévu, indiquer le montant du loyer de base, nécessairement égal au loyer de référence majoré, le montant du complément de loyer et les caractéristiques du logement justifiant le complément de loyer].

Le cas échéant [c. informations relatives au loyer du dernier locataire : .... [montant du dernier loyer acquitté par le précédent locataire, date de versement et date de la dernière révision du loyer] {mention obligatoire si le précédent locataire a quitté le logement moins de dix-huit mois avant le signature du bail}.

Le cas échéant [2. Modalités de révision :

a. date de révision : ....

b. date ou trimestre de référence de l'IRL : ....

B. Charges récupérables

1. Modalité de règlement des charges récupérables : .... [Provisions sur charges avec régularisation annuelle ou paiement périodique des charges sans provision ou récupération des charges par le bailleur sous la forme d'un forfait].

Le cas échéant [2. Montant des provisions sur charges ou du forfait de charges : ....

Le cas échéant [3. Modalités de révision du forfait de charges : .... {si les parties conviennent d'un forfait de charges et de sa révision annuelle, ce forfait est révisé dans les mêmes conditions que le loyer principal}.

Le cas échéant [*C.* En cas de colocation, souscription par le bailleur d'une assurance pour le compte des colocataires :

❒ oui ❒ non

{au cours de l'exécution du contrat de location et dans les conditions prévues par la loi, les colocataires peuvent provoquer la résiliation de l'assurance souscrite par le bailleur pour leur compte}

1. Montant total annuel récupérable au titre de l'assurance pour compte des colocataires : .... {correspond au montant de la prime d'assurance annuelle, éventuellement majoré dans la limite d'un montant fixé par décret en Conseil d'État}.

2. Montant récupérable par douzième : ....

D. Modalités de paiement

– périodicité du paiement : .... {paiement mensuel de droit à tout moment à la demande du locataire};

– paiement :

❒ à échoir ❒ à terme échu;

– date ou période de paiement : ....;

Le cas échéant [– lieu de paiement : ....;

Le cas échéant [– montant total dû à la première échéance de paiement pour une période complète de location : .... [détailler la somme des montants relatifs au loyer, aux charges récupérables, à la contribution pour le partage des économies de charges et, en cas de colocation, à l'assurance récupérable pour le compte des colocataires].

Le cas échéant [*E.* Exclusivement lors d'un renouvellement de contrat, modalités de réévaluation d'un loyer manifestement sous-évalué

1. Montant de la hausse ou de la baisse de loyer mensuelle : ....

2. Modalité d'application annuelle de la hausse : .... [par tiers ou par sixième selon la durée du contrat et le montant de la hausse de loyer].

V. Travaux

Le cas échéant [*A.* Montant et nature des travaux d'amélioration ou de mise en conformité avec les caractéristiques de décence effectués depuis la fin du dernier contrat de location ou depuis le dernier renouvellement : .... {le cas échéant, préciser par ailleurs le montant des travaux d'amélioration effectués au cours des six derniers mois}.

Le cas échéant [*B.* Majoration du loyer en cours de bail consécutive à des travaux d'amélioration entrepris par le bailleur ou d'acquisitions d'équipements : .... [nature des travaux ou des équipements, modalités d'exécution, délai de réalisation ou d'acquisition ainsi que montant de la majoration du loyer] {clause invalide pour les travaux de mise en conformité aux caractéristiques de décence};

Le cas échéant [*C.* Diminution de loyer en cours de bail consécutive à des travaux entrepris par le locataire : .... [durée de cette diminution et, en cas de départ anticipé du locataire, modalités de son dédommagement sur justification des dépenses effectuées].

VI. Garanties

Le cas échéant [Montant du dépôt de garantie de l'exécution des obligations du locataire : .... [inférieur ou égal à deux mois de loyers hors charges].

Le cas échéant [**VII. Clause de solidarité**

Modalités particulières des obligations en cas de pluralité de locataires : .... [clause prévoyant la solidarité des locataires et l'indivisibilité de leurs obligations en cas de pluralité de locataires].

Le cas échéant [**VIII. Clause résolutoire**

Modalités de résiliation de plein droit du contrat : .... [clause prévoyant la résiliation de plein droit du contrat de location pour un défaut de paiement du loyer ou des charges aux termes convenus, le non-versement du dépôt de garantie, la non-souscription d'une assurance des risques locatifs ou le non-respect de l'obligation d'user paisiblement des locaux loués, résultant de troubles de voisinage constatés par une décision de justice passée en force de chose jugée].

Le cas échéant [**IX. Honoraires de location**

{à mentionner lorsque le contrat de location est conclu avec le concours d'une personne mandatée et rémunérée à cette fin}

A. Dispositions applicables

Il est rappelé les dispositions du I de l'article 5 de la loi du 6 juillet 1989, alinéas 1 à 3 : « La rémunération des personnes mandatées pour se livrer ou prêter leur concours à l'entremise ou à la négociation d'une mise en location d'un logement, tel que défini aux articles 2 et 25-3, est à la charge exclusive du bailleur, à l'exception des honoraires liés aux prestations mentionnées aux deuxième et troisième alinéas du présent I.

Les honoraires des personnes mandatées pour effectuer la visite du preneur, constituer son dossier et rédiger un bail sont partagés entre le bailleur et le preneur. Le montant toutes taxes comprises imputé au preneur pour ces prestations ne peut excéder celui imputé au bailleur et demeure inférieur ou égal à un plafond par mètre carré de surface habitable de la chose louée fixé par voie réglementaire et révisable chaque année, dans des conditions définies par décret. Ces honoraires sont dus à la signature du bail.

Les honoraires des personnes mandatées pour réaliser un état des lieux sont partagés entre le bailleur et le preneur. Le montant toutes taxes comprises imputé au locataire pour cette prestation ne peut excéder celui imputé au bailleur et demeure inférieur ou égal à un plafond par mètre carré de surface habitable de la chose louée fixé par voie réglementaire et révisable chaque année, dans des conditions définies par décret. Ces honoraires sont dus à compter de la réalisation de la prestation. »

Plafonds applicables :

– montant du plafond des honoraires imputables aux locataires en matière de prestation de visite du preneur, de constitution de son dossier et de rédaction de bail : .... € / m^2 de surface habitable ;

– montant du plafond des honoraires imputables aux locataires en matière d'établissement de l'état des lieux d'entrée : .... € / m^2 de surface habitable.

B. Détail et répartition des honoraires

1. Honoraires à la charge du bailleur :

– prestations de visite du preneur, de constitution de son dossier et de rédaction de bail : .... [détail des prestations effectivement réalisées et montant des honoraires toutes taxes comprises dus à la signature du bail] ;

Le cas échéant [– prestation de réalisation de l'état des lieux d'entrée : .... [montant des honoraires toutes taxes comprises dus à compter de la réalisation de la prestation] ;

Le cas échéant [– autres prestations : .... [détail des prestations et conditions de rémunération].

2. Honoraires à la charge du locataire : de constitution de son dossier et de rédaction de bail : .... [détail des prestations effectivement réalisées et montant des honoraires toutes taxes comprises dus à la signature du bail] ;

Le cas échéant [– prestation de réalisation de l'état des lieux d'entrée : .... [montant des honoraires toutes taxes comprises dus à compter de la réalisation de la prestation].

X. Autres conditions particulières

[À définir par les parties]

XI. Annexes

Sont annexées et jointes au contrat de location les pièces suivantes :

Le cas échéant [*A.* Un extrait du règlement concernant la destination de l'immeuble, la jouissance et l'usage des parties privatives et communes, et précisant la quote-part afférente au lot loué dans chacune des catégories de charges.

B. Un dossier de diagnostic technique comprenant :

– un diagnostic de performance énergétique ;

– un constat de risque d'exposition au plomb pour les immeubles construits avant le 1er janvier 1949 ;

Le cas échéant [– une copie d'un état mentionnant l'absence ou la présence de matériaux ou de produits de la construction contenant de l'amiante {à compter de l'entrée en vigueur du décret d'application listant notamment les matériaux ou produits concernés} ;

Le cas échéant [– un état de l'installation intérieure d'électricité et de gaz, dont l'objet est d'évaluer les risques pouvant porter atteinte à la sécurité des personnes {à compter de la date d'entrée en vigueur de cette disposition, prévue par décret} ;

Le cas échéant – un état des risques naturels et technologiques pour les zones couvertes par un plan de prévention des risques technologiques ou par un plan de prévention des risques naturels prévisibles, prescrit ou approuvé, ou dans des zones de sismicité {la liste des communes comprises dans ces zones est définie localement par arrêté préfectoral}.

Sur le contenu de cette notice d'information, v. s[s] n° 402

C. Une notice d'information relative aux droits et obligations des locataires et des bailleurs

D. Un état des lieux, un inventaire et un état détaillé du mobilier {ces documents sont établis lors de la remise des clés, dont la date peut être ultérieure à celle de conclusion du contrat}.

Le cas échéant *E.* Une autorisation préalable de mise en location {dispositif applicable dans certains territoires présentant une proportion importante d'habitat dégradé délimité localement par l'établissement public de coopération intercommunale compétent en matière d'habitat ou, à défaut, le conseil municipal (L. n° 2014-366, 24 mars 2014, art. 92)}

Le cas échéant *F.* Les références aux loyers habituellement constatés dans le voisinage pour des logements comparables {lorsque la détermination du montant du loyer est la conséquence d'une procédure liée au fait que le loyer précédemment appliqué était manifestement sous-évalué}.

Le [date], à [lieu],

Signature du bailleur [ou de son mandataire, le cas échéant]

Signature du locataire

Exemple d'inventaire des meubles

3128 **Précision sur l'exemple de l'inventaire proposé.** Il s'agit d'un inventaire des « meubles » au sens large, c'est-à-dire des meubles meublants et des éléments d'équipement quels qu'ils soient, prenant pas en compte le décret n° 2015-981 du 31 juillet 2015 (*JO* 5 août, p. 13432; v. s[s] n° 3105) d'application de la loi du 24 mars 2014, dite loi Alur qui détermine la liste des éléments que doit, *a minima*, comporter le mobilier d'un meublé (les éléments devant nécessairement être présents sont matérialisés en gras).

Le présent inventaire est une annexe au contrat de location meublée conclu le 15 septembre 2012 entre :

Bailleur : M. Dupont, dont le domicile est situé au 21, rue de la monnaie, 14300 Mirifleur

Locataire(s) : M. Durrance, 55, rue de la victoire, 32600 Barfleur et Mlle Tarn, 55, rue de la victoire, 32600 Barfleur, en qualité de locataires solidaires et indivis.

2. Détermination des locaux

2.1. Adresse

Les locaux sont situés ....

2.2. Consistance et désignation des lieux

Si l'appartement est situé dans une copropriété, indiquer également le numéro du lot et ce qu'il représente en millièmes [

Appartement ❒ Maison individuelle ❒

Si l'appartement est situé dans une copropriété : Lot n° 23, représentant 125 millièmes.

Les locaux loués sont composés de 3 pièces et des dépendances suivantes :

- cave ❒ Lot n° 28, représentant 23 millièmes
- grenier ❒
- parking ❒
- autre .... (À préciser)

Cocher la case correspondante et remplir les blancs [

1. Cuisine

- **Appareil de (gazinière ou plaque électrique) munie de ...... brûleurs, de la marque ......, modèle ......** ❒
- **Four à micro-ondes de la marque ......, modèle ......** ❒
- **Réfrigérateur d'une contenance de ...... litres de la marque ......, modèle ......** ❒
- **Lave-vaisselle de la marque ......, modèle ......** ❒
- **Four de la marque ......, modèle ......** ❒
- **Placard ...... portes ...... comprenant :**
  - **... assiettes plates** ❒
  - **... assiettes creuses** ❒
  - **... bols** ❒
  - **... casseroles** ❒
  - **... poêles** ❒
  - **... couteaux** ❒
  - **... grandes cuillers** ❒
  - **... petites cuillers** ❒
  - **... fourchettes** ❒

- **- … verres à eau** ❒
- **- … verres à vin** ❒
- **– Table** ❒
- **– … chaises** ❒
- – Plan de travail ❒
- – Cafetière électrique de la marque ……, modèle …… ❒
- – Poubelle ❒
- – Plafonnier (applique lumineuse) ❒

À préciser [– Autres :

- - … ❒
- - … ❒
- - … ❒

2. Séjour

- – Fauteuils de style …… ❒
- – … canapé de style …… ❒
- – … table de style …… ❒
- – … table basse …… ❒
- – Télévision de la marque ……, modèle …… ❒
- – Lecteur DVD de la marque ……, modèle …… ❒
- – Tapis de style …… ❒
- – Buffet portes de style …… ❒
- – … rideaux ❒
- **– Lampadaire(s)** ❒
- **– Plafonnier (applique lumineuse)** ❒

À préciser [– Autres :

- - … ❒
- - … ❒
- - … ❒

3. Chambre

- **– Sommier 140 de la marque, modèle ……** ❒
- **– Matelas 140 de la marque, modèle ……** ❒
- – … draps ❒
- **– Couvertures** ❒
- **– Couette (applique lumineuse)** ❒
- – Taies d'oreiller ❒
- – Couette ❒
- – Édredon ❒
- – Table(s) de nuit ❒
- – Armoire… portes ❒
- – Miroir(s) ❒

– **Plafonnier (applique lumineuse)** ❒
– **Store occultant** ❒
À préciser [– Autres :
- … ❒
- … ❒
- … ❒

4. Sanitaires

– Salle d'eau comportant :
- Placard(s) ❒
- Rideau de douche ❒
- Flexible de douche ❒
- Lave-linge de la marque, modèle …… ❒
- Étendoir à linge ❒
– **Plafonnier (applique lumineuse)** ❒
– WC comportant :
– **Plafonnier (applique lumineuse)** ❒
- Placard(s) ❒
À préciser [– Autres :
- … ❒
- … ❒
- … ❒

5. Divers

– Aspirateur de la marque, modèle …… ❒
– **Balai** ❒
– Fer à repasser de la marque, modèle …… ❒
– Planche à repasser ❒
– **Produits d'entretien** ❒
À préciser [– Autres :
- … ❒
- … ❒
- … ❒

Le locataire

Fait à Barfleur, le 1er avril 2015

Signature(s) [Signature(s)
précédée(s) de
« *Bon pour accord,*
lu et approuvé »

Le bailleur (ou son représentant)

Fait à Barfleur, le 1er avril 2015

Signature

32 Location saisonnière

Il est avant tout important de **définir** la « location saisonnière » afin d'éviter toute requalification par le juge du contrat de bail (v. s^s n° 3201). En outre, des **règles particulières** s'appliquent concernant la forme du bail (v. s^s n° 3202), la nécessité d'un état descriptif des lieux (v. s^s n°s 3202 et 3203), les modalités de réservation et de paiement (v. s^s n° 3202), le délai de rétractation (v. s^s n° 3202) et le dossier de diagnostics (v. s^s n° 3203). Attention, cependant, aux **clauses abusives** (v. s^s n° 3204).

» Définition de la location saisonnière

3201 **Notion.** Il n'existe pas de définition unique de la notion de « location saisonnière ».

On relèvera notamment que, pour l'application de la loi du 2 janvier 1970 relative aux professionnels de l'immobilier (L. n° 70-9, *JO* 4 janv. 1970, p. 142), dite loi Hoguet, est considérée comme une location saisonnière la location d'un immeuble conclue pour une durée maximale et non renouvelable de quatre-vingt-dix jours consécutifs. L'arrêté du 16 mai 1967 relatif aux locations saisonnières en meublé indique (art. 2), quant à lui, que, « par location saisonnière au sens du présent arrêté, il convient d'entendre les locations en meublé consenties à l'occasion des vacances, quelle que soit la durée de la location ou le mode de location intervenu ».

Il s'agit, en toute hypothèse, d'une location de courte durée, le local, le plus souvent meublé, ne pouvant, en aucune manière, constituer la résidence principale du locataire.

Aux termes de l'article L. 324-1-1 du code de tourisme, dans sa rédaction issue de la loi du 24 mars 2014, dite loi Alur (L. n° 2014-366, 24 mars 2014, *JO* 26 mars, p. 5809), toute personne qui **offre** à la location un **meublé** de tourisme, que celui-ci soit classé ou non en tant que « meublé de tourisme », doit en avoir préalablement fait la déclaration auprès du maire de la commune où est situé le meublé. Toutefois, cette déclaration préalable n'est pas obligatoire lorsque le **local** à usage d'habitation constitue la **résidence principale** du loueur, au sens de la loi du 6 juillet 1989 (L. n° 89-462, 6 juill. 1989, *JO* 8 juill., p. 8541 – sur cette question, v. s[s] n°s 111 s.).

⚠ Sur les risques encourus par le bailleur en cas de location de courte durée dans les grandes agglomérations, v. l'avertissement s[s] n° 3102.

Selon la jurisprudence, un bail saisonnier concerne une période d'activité déterminée pendant une partie de l'année. Par conséquent, selon l'activité en cause, la saison peut être fort brève ou assez longue (spécialement sur la côte d'Azur : Civ. 3e, 22 juill. 1987, n° 86-12.858, *Bull. civ.* III, n° 150).

⚠ Le juge ne s'arrêtera pas à l'intitulé du bail. Il pourra, notamment lorsque le locataire aura installé sa résidence principale dans les lieux, et/ou lorsque l'occupation des lieux sera longue, requalifier le contrat en « bail loi de 1989 », dont le régime est très protecteur des droits du locataire.

› Réservation du logement

3202 **Forme du contrat et annexes.** Préalablement à la conclusion du contrat, le loueur (qu'il soit professionnel ou simple particulier) doit remettre, au preneur éventuel, un état établi selon le modèle annexé à l'arrêté du 16 mai 1967 relatif aux locations saisonnières en meublé (BOSP du 18 mai 1967) précisant la description des lieux loués, leur situation dans la localité et les conditions de leur location.

Par ailleurs, toute offre ou contrat de location saisonnière doit revêtir la **forme écrite** et contenir **l'indication du prix demandé** ainsi qu'un **état descriptif** des lieux (C. tourisme, art. L. 324-2).

Concernant le montant qui peut être réclamé au locataire lors de la réservation, on notera qu'il n'est pas réglementé lorsque le bailleur est un particulier. À l'inverse, si la location est conclue par l'intermédiaire d'un professionnel, en application de l'article 68 du décret n° 72-678 du 20 juillet 1972 (Décr. n° 72-678, 20 juill. 1972, *JO* 22 juill., p. 7773), les versements ne peuvent intervenir plus de six mois avant la remise des clés ni excéder 25 % du montant total du loyer. Quant au solde, il ne peut être exigé qu'un mois, au plus tôt, avant l'entrée dans les lieux. Le texte précise enfin qu'un avis de ces versements est donné au propriétaire ou au bailleur dans les conditions stipulées au mandat.

Lorsque la réservation se fera à distance, *via* un échange de courriers, conformément à l'article L. 121-21 du code de la consommation, le locataire aura quatorze jours pour exercer son droit de rétractation sans avoir à justifier de motifs ni à payer de pénalités, à l'exception, le cas échéant, des frais de retour.

Contrat de location saisonnière

3203 **Contenu du contrat.** Que les locaux soient des meublés de tourisme (dont il est question aux art. L. 324-1 s., C. tourisme) ou non, les parties ont presque toute latitude pour arrêter les termes de leur contrat (obligation de délivrance du bailleur, montant du loyer et des charges, durée du bail, etc.).

Le contrat devra cependant être précis, notamment sur les droits et obligations des parties (v. s[s] n° 3206 pour un exemple de contrat).

À défaut, ce sont les dispositions du code civil qui vont s'appliquer.

En annexe au bail, comme en matière de location meublée, on trouvera un état des lieux (pour un exemple v. s[s] n° 606) et un inventaire des meubles (pour un exemple v. s[s] n° 3128).

Concernant l'obligation, pour le propriétaire, d'installer et d'entretenir un détecteur de fumée (depuis le 8 mars 2015), v. s[s] n° 902.

Contrats de location saisonnière et clauses abusives

3204 **Notion de clauses abusives et recommandations de la Commission des clauses abusives.** Avant d'en venir à notre exemple de bail, précisons que, consciente des abus rencontrés dans ce secteur, la Commission des clauses abusives a émis, en 1994, une recommandation en matière de rédaction d'un contrat de location saisonnière. Elle a recommandé que soient éliminées des contrats les clauses ayant pour objet ou pour effet :

- d'opérer une discrimination permettant au professionnel de résoudre le contrat pour des motifs fondés sur l'âge des occupants;
- de permettre au professionnel de modifier unilatéralement les conditions initiales du contrat;
- de permettre au professionnel de ne pas exécuter le contrat en remboursant au consommateur les sommes versées par celui-ci en excluant toute forme d'indemnité;
- de prévoir qu'en cas de dédit du consommateur, celui-ci sera débiteur de la totalité du loyer prévu par le contrat, alors que le professionnel ne serait pas tenu à une obligation équivalente;
- d'imposer au consommateur un délai inférieur à trois jours pour effectuer, lors de son entrée dans les lieux, toute réclamation relative à l'état de ceux-ci;
- d'exonérer le professionnel de toute responsabilité en cas de manquement à son obligation de délivrance des lieux et des équipements conformes à l'état descriptif et en bon état d'entretien et de fonctionnement;
- de permettre au professionnel de faire effectuer pendant la durée de la location des travaux non dictés par l'urgence manifeste;
- d'exclure, en cas de travaux dictés par l'urgence, tout droit pour le consommateur d'obtenir réparation des troubles de jouissance qu'il aurait subis de ce fait;
- de réserver au professionnel le droit d'effectuer les formalités de sortie de manière unilatérale et après le départ du consommateur, sans offrir à celui-ci la possibilité d'exiger l'établissement d'un état des lieux contradictoire;
- de fixer des délais trop brefs pour les réclamations que peut être amené à faire le consommateur après l'expiration de la location;

– de prévoir une attribution de compétence territoriale à des juridictions commerciales ou encore d'imposer au consommateur des clauses compromissoires.

3205 **Fiscalité.** Voir Location d'un logement meublé, s^{s} n° 3102.

Exemple de contrat de location saisonnière

3206 **Précision sur l'exemple de contrat proposé.** Un contrat de location saisonnière est plus succinct qu'un bail meublé, qui court sur une période plus longue. Il doit toutefois être rempli avec précision, être accompagné d'un inventaire des meubles et donner lieu à un état des lieux en début et en fin d'occupation du logement.

Il est vivement recommandé de remplir un état des lieux en début et en fin de relation contractuelle. En effet, en l'absence d'état des lieux d'entrée, le preneur est réputé avoir reçu les locaux en bon état (C. civ., art. 1731). Quant à l'état des lieux de sortie, il va servir à déterminer les éventuelles dégradations imputables au locataire (concernant l'état des lieux d'entrée, v. s^{s} n°s 602 s. ; sur l'état des lieux de sortie v. s^{s} n°s 2704 s.).

1. Désignation des parties

Si le bailleur est une personne morale, indiquer le nom de la société et son siège social. Ajouter la mention suivante s'il est représenté par un mandataire [représenté le cas échéant par ...... (*nom et adresse du mandataire*)]

Le présent bail est conclu entre :

Bailleur : M. Lunquist Denizot, dont le domicile est situé au 21, rue de la monnaie, 14300 Mirifleur.

Locataire(s) : M. Philibert Fabre, 55, rue de la victoire, 32600 Barfleur.

2. Détermination des locaux

2.1. Adresse

Les locaux sont situés ....

Cocher la (les) case(s) correspondante(s) et remplir les blancs [2.2. Consistance et désignation des lieux

Appartement ❐ Maison individuelle ❐

Les locaux loués sont composés de 2 pièces principales.

Et des dépendances suivantes :

- éléments d'équipement collectifs :
  - chauffage collectif ❐
  - eau chaude collective ❐
  - gardiennage ❐
  - interphone ❐
  - digicode ❐
  - ascenseur ❐
  - antenne TV collective ❐
  - câble ❐
  - autre ....

v. s^{s} n^{o} **3128** [Le détail des éléments d'équipement individuels et des meubles meublants est précisé dans l'inventaire annexé au présent contrat.

2.3. Destination des lieux

Les locaux sont loués à usage exclusif d'habitation.

Ils ne constituent pas la résidence principale du locataire.

2.4. État des lieux loués

Préciser le nombre d'exemplaires [En sus de l'inventaire mentionné au point 2.2, l'état des lieux loués fait l'objet d'un document dressé en autant d'exemplaires qu'il y a de parties au contrat, soit 2 exemplaires et joint à ce dernier.

3. Obligations des parties

3.1. Obligations du bailleur

Inscrire les obligations du bailleur [**Le bailleur s'oblige :**

– à délivrer au locataire un logement en bon état d'usage et de réparation ainsi que les équipements mentionnés dans l'inventaire en bon état de fonctionnement;

– à assurer au locataire la jouissance paisible des lieux loués et, sans préjudice des dispositions de l'article 1721 du code civil [en vertu duquel le bailleur doit garantie (et indemnité éventuelle) au preneur pour tous les vices ou

défauts de la chose louée qui en empêchent l'usage, même si le bailleur les ignorait lors de la signature du bail], de le garantir des vices ou défauts de nature à y faire obstacle ;
– à entretenir les locaux en état de servir à l'usage prévu par le contrat et à y faire toutes les réparations, autres que locatives, nécessaires au maintien en état et à l'entretien normal des locaux loués (v. rubrique 2.3) ;
– à installer et à entretenir dans le logement au moins un détecteur de fumée normalisé.

3.2. Obligations du locataire

Mentionner les obligations du locataire

Le locataire s'oblige :
– à payer le loyer et les charges aux termes convenus ;
– à user paisiblement des locaux loués suivant leur destination contractuelle ;
– à ne pas céder ni sous-louer les locaux loués ;
– à répondre des dégradations et des pertes qui surviennent pendant la durée du bail dans les locaux dont il a la jouissance exclusive, sauf cas de force majeure, faute du bailleur ou fait d'un tiers qu'il n'a pas introduit dans le logement ;
– à ne pas transformer les locaux et équipements loués ;
– à respecter le règlement intérieur de l'immeuble et/ou le règlement de copropriété ;
– à s'assurer contre les risques locatifs et à en justifier lors de la remise des clés (étant entendu que la justification de cette assurance résulte de la remise au bailleur d'une attestation de l'assureur ou de son représentant) ;
– à laisser le bailleur, son mandataire ou le syndic de l'immeuble entrer dans les lieux aussi souvent que nécessaire.

4. Conditions financières du contrat

4.1. Loyer

Le loyer est fixé à 300 euros.

4.2. Charges locatives

Celles-ci, constituées des dépenses d'électricité et de gaz, donneront lieu à la perception d'un forfait de 60 euros.

4.3. Dépôt de garantie

Lors de la remise des clés, le locataire verse au bailleur un dépôt de garantie d'un montant de 100 euros.

La restitution de tout ou partie du dépôt de garantie aura lieu dans les huit jours suivant l'établissement de l'état des lieux de sortie et de la remise des clés en fin de séjour, et sera fonction de l'état du logement.

4.4. Paiement

Le locataire ayant versé 70 euros lors de la réservation de la location, le 1er juin, le solde (230 € + 60 € + 100 €, soit 390 €) ayant été réglé ce jour, à l'occasion de la remise des clés.

5. Durée du contrat

Le présent bail est conclu pour une durée de .... jours, soit, du .... à .... heures au .... à ...... heures.

Au-delà de ce terme, le locataire est, sauf accord exprès du bailleur, déchu de tout titre d'occupation.

6. Clause résolutoire et clause pénale

6.1 Clause résolutoire

À défaut de paiement d'un loyer ou des charges aux termes convenus, il est prévu que le bail sera résilié de plein droit.

6.2. Clause pénale

Sans préjudice de la mise en œuvre éventuelle de la clause résolutoire et de la demande d'allocation de dommages et intérêts, en vertu de l'article 1226 du code civil relatif aux clauses pénales, les parties conviennent qu'un défaut de paiement du loyer ou des charges entraînera une majoration de 15 % des sommes dues.

Cette clause pénale produira ses effets en cas d'inaction du preneur au-delà de sept jours à compter de l'envoi, par le bailleur, d'une mise en demeure par lettre recommandée avec demande d'avis de réception.

7. Élection de domicile

Pour l'exécution du présent bail, le bailleur élit domicile à son propre domicile, tandis que le preneur déclare élire domicile dans les lieux loués.

Préciser le nombre d'exemplaires

8. Nombre d'exemplaires

Le présent bail est établi en 3 exemplaires, soit un exemplaire par partie au contrat et un exemplaire pour la caution.

Citer les textes

9. Pièces annexées au présent contrat

- État des lieux d'entrée ❒
- Inventaire des meubles ❒ v. s[5] n° 3105
- Dossier de diagnostic technique ❒

Le locataire

Fait à Barfleur, le 14 mars 2014

Les signatures viennent en complément du paraphe apposé aux pages précédentes

Signature(s)

Le bailleur (ou son représentant), le 14 mars 2014

Signature

50
Compléments

5100 Mini code de la location

5101 Loi n° 89-462 du 6 juillet 1989 tendant à améliorer les rapports locatifs et portant modification de la loi n° 86-1290 du 23 décembre 1986 modifiée par la loi n° 2014-366 du 24 mars 2014, dite loi Alur

5101 Loi n° 89-462 du 6 juillet 1989 tendant à améliorer les rapports locatifs et portant modification de la loi n° 86-1290 du 23 décembre 1986 modifiée par la loi n° 2014-366 du 24 mars 2014, dite loi Alur

Titre Ier

Des rapports entre bailleurs et locataires

Chapitre Ier

Dispositions générales

Article 1 Le droit au logement est un droit fondamental ; il s'exerce dans le cadre des lois qui le régissent.

L'exercice de ce droit implique la liberté de choix pour toute personne de son mode d'habitation grâce au maintien et au développement d'un secteur locatif et d'un secteur d'accession à la propriété ouverts à toutes les catégories sociales.

Aucune personne ne peut se voir refuser la location d'un logement pour un motif discriminatoire défini à l'article 225-1 du code pénal.

En cas de litige relatif à l'application de l'alinéa précédent, la personne s'étant vu refuser la location d'un logement présente des éléments de fait laissant supposer l'existence d'une discrimination directe ou indirecte. Au vu de ces éléments, il incombe à la partie défenderesse de prouver que sa décision est justifiée. Le juge forme sa conviction après avoir ordonné, en cas de besoin, toutes les mesures d'instruction qu'il estime utiles.

Les droits et obligations réciproques des bailleurs et des locataires doivent être équilibrés dans leurs relations individuelles comme dans leurs relations collectives.

Article 2 Les dispositions du présent titre sont d'ordre public.

Le présent titre s'applique aux locations de locaux à usage d'habitation ou à usage mixte professionnel et d'habitation, et qui constituent la résidence principale du preneur, ainsi qu'aux garages, aires et places de stationnement, jardins et autres locaux, loués accessoirement au local principal par le même bailleur. La résidence principale est entendue comme le logement occupé au moins huit mois par an, sauf obligation professionnelle, raison de santé ou cas de force majeure, soit par le preneur ou son conjoint, soit par une personne à charge au sens du code de la construction et de l'habitation.

Toutefois, ce titre ne s'applique pas :

1° Aux logements-foyers, à l'exception du premier alinéa de l'article 6 et de l'article 20-1 ;

2° Aux logements meublés, régis par le titre Ier *bis* ;

3° Aux logements attribués ou loués en raison de l'exercice d'une fonction ou de l'occupation d'un emploi et aux locations consenties aux travailleurs saisonniers, à l'exception de l'article 3-3, des deux premiers alinéas de l'article 6, de l'article 20-1 et de l'article 24-1.

Article 3 Le contrat de location est établi par écrit et respecte un contrat type défini par décret en Conseil d'État, pris après avis de la Commission nationale de concertation.

Le contrat de location précise :

1° Le nom ou la dénomination du bailleur et son domicile ou son siège social ainsi que, le cas échéant, ceux de son mandataire ;

2° Le nom ou la dénomination du locataire ;

3° La date de prise d'effet et la durée ;

4° La consistance, la destination ainsi que la surface habitable de la chose louée, définie par le code de la construction et de l'habitation ;

5° La désignation des locaux et équipements d'usage privatif dont le locataire a la jouissance exclusive et, le cas échéant, l'énumération des parties, équipements et accessoires de l'immeuble qui font l'objet d'un usage commun, ainsi que des équipements d'accès aux technologies de l'information et de la communication ;

6° Le montant du loyer, ses modalités de paiement ainsi que ses règles de révision éventuelle ;

7° Le loyer de référence et le loyer de référence majoré, correspondant à la catégorie de logement et définis par le représentant de l'État dans le département dans les zones où s'applique l'arrêté mentionné au I de l'article 17 ;

8° Le montant et la date de versement du dernier loyer appliqué au précédent locataire, dès lors que ce dernier a quitté le logement moins de dix-huit mois avant la signature du bail ;

9° La nature et le montant des travaux effectués dans le logement depuis la fin du dernier contrat de location ou depuis le dernier renouvellement du bail ;

10° Le montant du dépôt de garantie, si celui-ci est prévu.

Le renoncement, le cas échéant, au bénéfice de la garantie universelle des loyers, telle que prévue à l'article 24-2, doit être expressément mentionné dans le contrat de location. À défaut, le bailleur s'engage à déclarer le contrat de location auprès de l'agence mentionnée au II du même article 24-2.

Une notice d'information relative aux droits et obligations des locataires et des bailleurs ainsi qu'aux voies de conciliation et de recours qui leur sont ouvertes pour régler leurs litiges est annexée au contrat de location. Cette notice d'information précise également les droits, obligations et effets, pour les parties au contrat de location, de la mise en œuvre de la garantie universelle des loyers, telle que prévue au même article 24-2. Un arrêté du ministre chargé du Logement, pris après avis de la Commission nationale de concertation, détermine le contenu de cette notice.

Lorsque l'immeuble est soumis au statut de la copropriété, le copropriétaire bailleur est tenu de communiquer au locataire les extraits du règlement de copropriété concernant la destination de l'immeuble, la jouissance et l'usage des parties privatives et communes, et précisant la quote-part afférente au lot loué dans chacune des catégories de charges.

Le bailleur ne peut pas se prévaloir de la violation du présent article.

Chaque partie peut exiger de l'autre partie, à tout moment, l'établissement d'un contrat conforme au présent article. En cas de mutation à titre gratuit ou onéreux du logement, le nouveau bailleur est tenu de notifier au locataire son nom ou sa dénomination et son domicile ou son siège social ainsi que, le cas échéant, ceux de son mandataire.

En cas d'absence dans le contrat de location d'une des informations relatives à la surface habitable, aux loyers de référence et au dernier loyer acquitté par le précédent locataire, le locataire peut, dans un délai d'un mois à compter de la prise d'effet du contrat de location, mettre en demeure le bailleur de porter ces informations au bail. À défaut de réponse du bailleur dans le délai d'un mois ou en cas de refus de ce dernier, le locataire peut saisir, dans le délai de trois mois à compter de la mise en demeure, la juridiction compétente afin d'obtenir, le cas échéant, la diminution du loyer.

Article 3-1 Lorsque la surface habitable de la chose louée est inférieure de plus d'un vingtième à celle exprimée dans le contrat de location, le bailleur supporte, à la demande du locataire, une diminution du loyer proportionnelle à l'écart constaté. À défaut d'accord entre les parties ou à défaut de réponse du bailleur dans un délai de deux mois à compter de la demande en diminution de loyer, le juge peut être saisi, dans le délai de quatre mois à compter de cette même demande, afin de déterminer, le cas échéant, la diminution de loyer à appliquer. La diminution de loyer acceptée par le bailleur ou prononcée par le juge prend effet à la date de signature du bail. Si la demande en diminution du loyer par le locataire intervient plus de six mois à compter de la prise d'effet du bail, la diminution de loyer acceptée par le bailleur ou prononcée par le juge prend effet à la date de la demande.

Article 3-2 Un état des lieux est établi selon des modalités définies par décret en Conseil d'État, pris après avis de la Commission nationale de concertation, dans les mêmes formes et en autant d'exemplaires que de parties lors de la remise et de la restitution des clés. Il est établi contradictoirement et amiablement par les parties ou par un tiers mandaté par elles et joint au contrat de location.

Si l'état des lieux ne peut être établi dans les conditions prévues au premier alinéa, il est établi par un huissier de justice, sur l'initiative de la partie la plus diligente, à frais partagés par moitié entre le bailleur et le locataire et à un coût fixé par décret en Conseil d'État. Dans ce cas, les parties en sont avisées par l'huissier au moins sept jours à l'avance, par lettre recommandée avec demande d'avis de réception.

À défaut d'état des lieux ou de la remise d'un exemplaire de l'état des lieux à l'une des parties, la présomption établie par l'article 1731 du code civil ne peut être invoquée par celle des parties qui a fait obstacle à l'établissement de l'acte ou à sa remise à l'une des parties.

Le locataire peut demander au bailleur ou à son représentant de compléter l'état des lieux d'entrée dans un délai de dix jours à compter de son établissement. Si cette demande est refusée, le locataire peut saisir la commission départementale de conciliation territorialement compétente.

Pendant le premier mois de la période de chauffe, le locataire peut demander que l'état des lieux soit complété par l'état des éléments de chauffage.

Le propriétaire ou son mandataire complète les états des lieux d'entrée et de sortie par les relevés des index pour chaque énergie, en présence d'une installation de chauffage ou d'eau chaude sanitaire individuelle, ou collective avec un comptage individuel. L'extrait de l'état des lieux correspondant est mis à la disposition de la personne chargée d'établir le diagnostic de performance énergétique prévu à l'article L. 134-1 du code de la construction et de l'habitation qui en fait la demande, sans préjudice de la mise à disposition des factures.

Article 3-3 Un dossier de diagnostic technique, fourni par le bailleur, est annexé au contrat de location lors de sa signature ou de son renouvellement et comprend :

1° Le diagnostic de performance énergétique prévu à l'article L. 134-1 du code de la construction et de l'habitation ;

2° Le constat de risque d'exposition au plomb prévu aux articles L. 1334-5 et L. 1334-7 du code de la santé publique ;

3° Une copie d'un état mentionnant l'absence ou, le cas échéant, la présence de matériaux ou produits de la construction contenant de l'amiante. Un décret en Conseil d'État définit les modalités d'application du présent 3°, notamment la liste des matériaux ou produits concernés ;

4° Un état de l'installation intérieure d'électricité et de gaz, dont l'objet est d'évaluer les risques pouvant porter atteinte à la sécurité des personnes. Un décret en Conseil d'État définit les modalités d'application du présent 4° ainsi que les dates d'entrée en vigueur de l'obligation en fonction des enjeux liés aux différents types de logements, dans la limite de six ans à compter de la publication de la loi n° 2014-366 du 24 mars 2014 pour l'accès au logement et un urbanisme rénové.

Dans les zones mentionnées au I de l'article L. 125-5 du code de l'environnement, le dossier de diagnostic technique est complété à chaque changement de locataire par l'état des risques naturels et technologiques.

Le locataire ne peut se prévaloir à l'encontre du bailleur des informations contenues dans le diagnostic de performance énergétique, qui n'a qu'une valeur informative.

Le propriétaire bailleur tient le diagnostic de performance énergétique à la disposition de tout candidat locataire.

Article 4 Est réputée non écrite toute clause :

a) Qui oblige le locataire, en vue de la vente ou de la location du local loué, à laisser visiter celui-ci les jours fériés ou plus de deux heures les jours ouvrables ;

b) Par laquelle le locataire est obligé de souscrire une assurance auprès d'une compagnie choisie par le bailleur ;

c) Qui impose comme mode de paiement du loyer l'ordre de prélèvement automatique sur le compte courant du locataire ou la signature par avance de traites ou de billets à ordre ;

d) Par laquelle le locataire autorise le bailleur à prélever ou à faire prélever les loyers directement sur son salaire dans la limite cessible ;

e) Qui prévoit la responsabilité collective des locataires en cas de dégradation d'un élément commun de la chose louée ;

f) Par laquelle le locataire s'engage par avance à des remboursements sur la base d'une estimation faite unilatéralement par le bailleur au titre des réparations locatives;

g) Qui prévoit la résiliation de plein droit du contrat en cas d'inexécution des obligations du locataire pour un motif autre que le non-paiement du loyer, des charges, du dépôt de garantie, la non-souscription d'une assurance des risques locatifs ou le non-respect de l'obligation d'user paisiblement des locaux loués, résultant de troubles de voisinage constatés par une décision de justice passée en force de chose jugée;

h) Qui autorise le bailleur à diminuer ou à supprimer, sans contrepartie équivalente, des prestations stipulées au contrat;

i) Qui autorise le bailleur à percevoir des amendes ou des pénalités en cas d'infraction aux clauses d'un contrat de location ou d'un règlement intérieur à l'immeuble;

j) Qui interdit au locataire l'exercice d'une activité politique, syndicale, associative ou confessionnelle;

k) Qui impose au locataire la facturation de l'état des lieux de sortie dès lors que celui-ci n'est pas établi par un huissier de justice dans le cas prévu par l'article 3-2;

l) Qui prévoit le renouvellement du bail par tacite reconduction pour une durée inférieure à celle prévue à l'article 10;

m) Qui interdit au locataire de rechercher la responsabilité du bailleur ou qui exonère le bailleur de toute responsabilité;

n) Qui interdit au locataire d'héberger des personnes ne vivant pas habituellement avec lui;

o) Qui impose au locataire le versement, lors de l'entrée dans les lieux, de sommes d'argent en plus de celles prévues aux articles 5 et 22;

p) Qui fait supporter au locataire des frais de relance ou d'expédition de la quittance ainsi que les frais de procédure en plus des sommes versées au titre des dépens et de l'article 700 du code de procédure civile;

q) Qui prévoit que le locataire est automatiquement responsable des dégradations constatées dans le logement;

r) Qui interdit au locataire de demander une indemnité au bailleur lorsque ce dernier réalise des travaux d'une durée supérieure à vingt et un jours;

s) Qui permet au bailleur d'obtenir la résiliation de plein droit du bail au moyen d'une simple ordonnance de référé insusceptible d'appel;

t) Qui impose au locataire, en surplus du paiement du loyer pour occupation du logement, de souscrire un contrat pour la location d'équipements.

Article 5

I. – La rémunération des personnes mandatées pour se livrer ou prêter leur concours à l'entremise ou à la négociation d'une mise en location d'un logement, tel que défini aux articles 2 et 25-3, est à la charge exclusive du bailleur, à l'exception des honoraires liés aux prestations mentionnées aux deuxième et troisième alinéas du présent I.

Les honoraires des personnes mandatées pour effectuer la visite du preneur, constituer son dossier et rédiger un bail sont partagés entre le bailleur et le preneur. Le montant toutes taxes comprises imputé au preneur pour ces prestations ne peut excéder celui imputé au bailleur et demeure inférieur ou égal à un plafond par mètre carré de surface habitable de la chose louée fixé par voie réglementaire et révisable chaque année, dans des conditions définies par décret. Ces honoraires sont dus à la signature du bail.

Les honoraires des personnes mandatées pour réaliser un état des lieux sont partagés entre le bailleur et le preneur. Le montant toutes taxes comprises imputé au locataire pour cette prestation ne peut excéder celui imputé au bailleur et demeure inférieur ou égal à un plafond par mètre carré de surface habitable de la chose louée fixé par voie réglementaire et révisable chaque année, dans des conditions définies par décret. Ces honoraires sont dus à compter de la réalisation de la prestation.

Les trois premiers alinéas du présent I ainsi que les montants des plafonds qui y sont définis sont reproduits, à peine de nullité, dans le contrat de bail lorsque celui-ci est conclu avec le concours d'une personne mandatée et rémunérée à cette fin.

II. – Les professionnels qui interviennent, à quelque titre que ce soit, lors de la conclusion du contrat de bail d'un logement, lors de la location ou pour en assurer la gestion locative communiquent à l'observatoire local des loyers compétent, tel que défini à l'article 16, des informations relatives au logement et au contrat de location. Cette communication s'effectue directement ou par l'intermédiaire d'un organisme tiers qui transmet ces informations à l'association mentionnée au cinquième alinéa du même article 16, selon une méthodologie validée par l'instance scientifique mentionnée audit article.

La nature de ces informations et les conditions dans lesquelles elles sont transmises sont définies par décret.

Toute personne intéressée peut communiquer à l'observatoire local des loyers les informations mentionnées au premier alinéa du présent II.

En cas de manquement à l'obligation mentionnée au même premier alinéa d'une personne exerçant une activité mentionnée à l'article 1er de la loi n° 70-9 du 2 janvier 1970 réglementant les conditions d'exercice des activités relatives à certaines opérations portant sur les immeubles et les fonds de commerce, l'observatoire local des loyers saisit la commission de contrôle mentionnée à l'article 13-5 de la même loi.

Article 6 Le bailleur est tenu de remettre au locataire un logement décent ne laissant pas apparaître de risques manifestes pouvant porter atteinte à la sécurité physique ou à la santé, répondant à un critère de performance énergétique minimale et doté des éléments le rendant conforme à l'usage d'habitation. Un décret en Conseil d'État définit le critère de performance énergétique minimale à respecter et un calendrier de mise en œuvre échelonnée.

Les caractéristiques correspondantes sont définies par décret en Conseil d'État pour les locaux à usage de résidence principale ou à usage mixte mentionnés au deuxième alinéa de l'article 2 et les locaux visés aux 1° à 3° du même article, à l'exception des logements-foyers et des logements destinés aux travailleurs agricoles qui sont soumis à des règlements spécifiques.

Le bailleur est obligé :

a) De délivrer au locataire le logement en bon état d'usage et de réparation ainsi que les équipements mentionnés au contrat de location en bon état de fonctionnement ; toutefois, les parties peuvent convenir par une clause expresse des travaux que le locataire exécutera ou fera exécuter et des modalités de leur imputation sur le loyer ; cette clause prévoit la durée de cette imputation et, en cas de départ anticipé du locataire, les modalités de son dédommagement sur justification des dépenses effectuées ; une telle clause ne peut concerner que des logements répondant aux caractéristiques définies en application des premier et deuxième alinéas ;

b) D'assurer au locataire la jouissance paisible du logement et, sans préjudice des dispositions de l'article 1721 du code civil, de le garantir des vices ou défauts de nature à y faire obstacle hormis ceux qui, consignés dans l'état des lieux, auraient fait l'objet de la clause expresse mentionnée au *a* ci-dessus ;

c) D'entretenir les locaux en état de servir à l'usage prévu par le contrat et d'y faire toutes les réparations, autres que locatives, nécessaires au maintien en état et à l'entretien normal des locaux loués ;

d) De ne pas s'opposer aux aménagements réalisés par le locataire, dès lors que ceux-ci ne constituent pas une transformation de la chose louée.

Article 6-1 Après mise en demeure dûment motivée, les propriétaires des locaux à usage d'habitation doivent, sauf motif légitime, utiliser les droits dont ils disposent en propre afin de faire cesser les troubles de voisinage causés à des tiers par les personnes qui occupent ces locaux.

Article 7 Le locataire est obligé :

a) De payer le loyer et les charges récupérables aux termes convenus ; le paiement mensuel est de droit lorsque le locataire en fait la demande. Le paiement partiel du loyer par le locataire réalisé en application des articles L. 542-2 et L. 831-3 du code de la sécurité sociale ne peut être considéré comme un défaut de paiement du locataire ;

b) D'user paisiblement des locaux loués suivant la destination qui leur a été donnée par le contrat de location ;

c) De répondre des dégradations et pertes qui surviennent pendant la durée du contrat dans les locaux dont il a la jouissance exclusive, à moins qu'il ne prouve qu'elles ont eu lieu par cas de force majeure, par la faute du bailleur ou par le fait d'un tiers qu'il n'a pas introduit dans le logement ;

d) De prendre à sa charge l'entretien courant du logement, des équipements mentionnés au contrat et les menues réparations ainsi que l'ensemble des réparations locatives définies par décret en Conseil d'État, sauf si elles sont occasionnées par vétusté, malfaçon, vice de construction, cas fortuit ou force majeure. Les modalités de prise en compte de la vétusté de la chose louée sont déterminées par décret en Conseil d'État, après avis de la Commission nationale de concertation. Lorsque les organismes bailleurs mentionnés à l'article L. 411-2 du code de la construction et de l'habitation ont conclu avec les représentants de leurs locataires des accords locaux portant sur les modalités de prise en compte de la vétusté et établissant des grilles de vétusté applicables lors de l'état des lieux, le locataire peut demander à ce que les stipulations prévues par lesdits accords soient appliquées ;

e) De permettre l'accès aux lieux loués pour la préparation et l'exécution de travaux d'amélioration des parties communes ou des parties privatives du même immeuble, de travaux nécessaires au maintien en état ou à l'entretien normal des locaux loués, de travaux d'amélioration de la performance énergétique à réaliser dans ces locaux et de travaux qui permettent de remplir les obligations mentionnées au premier alinéa de l'article 6. Les deux derniers alinéas de l'article 1724 du code civil sont applicables à ces travaux sous réserve du respect de la loi n° 67-561 du 12 juillet 1967 relative à l'amélioration de l'habitat. Avant le début des travaux, le locataire est informé par le bailleur de leur nature et des modalités de leur exécution par une notification de travaux qui lui est remise en main propre ou par lettre recommandée avec demande d'avis de réception. Aucuns travaux ne peuvent être réalisés les samedis, dimanches et jours fériés sans l'accord exprès du locataire. Si les travaux entrepris dans un local d'habitation occupé, ou leurs conditions de réalisation, présentent un caractère abusif ou vexatoire ou ne respectent pas les conditions définies dans la notification de préavis de travaux ou si leur exécution a pour effet de rendre l'utilisation du local impossible ou dangereuse, le juge peut prescrire, sur demande du locataire, l'interdiction ou l'interruption des travaux entrepris ;

f) De ne pas transformer les locaux et équipements loués sans l'accord écrit du propriétaire ; à défaut de cet accord, ce dernier peut exiger du locataire, à son départ des lieux, leur remise en l'état ou conserver à son bénéfice les transformations effectuées sans que le locataire puisse réclamer une indemnisation des frais engagés ; le bailleur a toutefois la faculté d'exiger aux frais du locataire la remise immédiate des lieux en l'état lorsque les transformations mettent en péril le bon fonctionnement des équipements ou la sécurité du local. Toutefois, des travaux d'adaptation du logement aux personnes en situation de handicap ou de perte d'autonomie peuvent être réalisés aux frais du locataire. Ces travaux font l'objet d'une demande écrite par lettre recommandée avec demande d'avis de réception auprès du bailleur. L'absence de réponse dans un délai de quatre mois à compter de la date de réception de la demande vaut décision d'acceptation du bailleur. Au départ du locataire, le bailleur ne peut pas exiger la remise des lieux en l'état. La liste des travaux ainsi que les modalités de mise en œuvre sont fixées par décret en Conseil d'État ;

g) De s'assurer contre les risques dont il doit répondre en sa qualité de locataire et d'en justifier lors de la remise des clés puis, chaque année, à la demande du bailleur. La justification de cette assurance résulte de la remise au bailleur d'une attestation de l'assureur ou de son représentant.

Toute clause prévoyant la résiliation de plein droit du contrat de location pour défaut d'assurance du locataire ne produit effet qu'un mois après un commandement demeuré infructueux. Ce commandement reproduit, à peine de nullité, les dispositions du présent alinéa.

À défaut de la remise de l'attestation d'assurance et après un délai d'un mois à compter d'une mise en demeure non suivie d'effet, le bailleur peut souscrire une assurance pour compte du locataire, récupérable auprès de celui-ci.

Cette mise en demeure doit informer le locataire de la volonté du bailleur de souscrire une assurance pour compte du locataire et vaut renoncement à la mise en œuvre de la clause prévoyant, le cas échéant, la résiliation de plein droit du contrat de location pour défaut d'assurance du locataire.

Cette assurance constitue une assurance pour compte au sens de l'article L. 112-1 du code des assurances. Elle est limitée à la couverture de la responsabilité locative mentionnée au premier alinéa du présent *g*. Le montant total de la prime d'assurance annuelle, éventuellement majoré dans la limite d'un montant fixé par décret en Conseil d'État, est récupérable par le bailleur par douzième à chaque paiement du loyer. Il est inscrit sur l'avis d'échéance et porté sur la quittance remise au locataire.

Une copie du contrat d'assurance est transmise au locataire lors de la souscription et à chaque renouvellement du contrat.

Lorsque le locataire remet au bailleur une attestation d'assurance ou en cas de départ du locataire avant le terme du contrat d'assurance, le bailleur résilie le contrat souscrit pour le compte du locataire dans le délai le plus bref permis par la législation en vigueur. La prime ou la fraction de prime exigible dans ce délai au titre de la garantie souscrite par le bailleur demeure récupérable auprès du locataire.

Article 7-1 Toutes actions dérivant d'un contrat de bail sont prescrites par trois ans à compter du jour où le titulaire d'un droit a connu ou aurait dû connaître les faits lui permettant d'exercer ce droit.

Toutefois, l'action en révision du loyer par le bailleur est prescrite un an après la date convenue par les parties dans le contrat de bail pour réviser ledit loyer.

Article 8 Le locataire ne peut ni céder le contrat de location, ni sous-louer le logement sauf avec l'accord écrit du bailleur, y compris sur le prix du loyer. Le prix du loyer au mètre carré de surface habitable des locaux sous-loués ne peut excéder celui payé par le locataire principal. Le locataire transmet au sous-locataire l'autorisation écrite du bailleur et la copie du bail en cours.

En cas de cessation du contrat principal, le sous-locataire ne peut se prévaloir d'aucun droit à l'encontre du bailleur ni d'aucun titre d'occupation.

Les autres dispositions de la présente loi ne sont pas applicables au contrat de sous-location.

Article 8-1

I. – La colocation est définie comme la location d'un même logement par plusieurs locataires, constituant leur résidence principale, et formalisée par la conclusion d'un contrat unique ou de plusieurs contrats entre les locataires et le bailleur, à l'exception de la location consentie exclusivement à des époux ou à des partenaires liés par un pacte civil de solidarité au moment de la conclusion initiale du contrat.

II. – Lorsque la colocation est formalisée par la conclusion de plusieurs contrats entre les locataires et le bailleur, elle constitue une division du logement tenue au respect des articles L. 111-6-1 et L. 111-6-1-1 du code de la construction et de l'habitation.

Chaque contrat de bail formalisant une colocation respecte le présent titre Ier ou, s'il concerne un logement loué meublé, le titre Ier *bis* de la présente loi.

Le montant de la somme des loyers perçus de l'ensemble des colocataires ne peut être supérieur au montant du loyer applicable au logement en application des articles 17 ou 25-9. Les articles 17-1 et 17-2 sont applicables.

Les normes de peuplement prises en application du 2° du I de l'article L. 831-3 du code de la sécurité sociale s'imposent aux logements loués en colocation.

Un décret en Conseil d'État adapte aux logements loués en colocation les caractéristiques applicables aux conditions de décence.

III. – Le contrat de bail d'une colocation respecte un contrat type défini par décret en Conseil d'État, pris après avis de la Commission nationale de concertation.

IV. – Les parties au contrat de bail d'une colocation peuvent convenir dans le bail de la souscription par le bailleur d'une assurance pour compte récupérable auprès des colocataires dans les conditions prévues au *g* de l'article 7. Les colocataires peuvent provoquer la résiliation de l'assurance pour compte récupérable dans les conditions fixées au même article.

V. – Les charges locatives accessoires au loyer principal d'un contrat de bail d'une colocation sont récupérées par le bailleur au choix des parties comme prévu par ce contrat :

1° Soit dans les conditions prévues à l'article 23, lorsqu'il s'agit de provisions pour charges ;

2° Soit sous la forme d'un forfait versé simultanément au loyer, dont le montant et la périodicité de versement sont définis dans le contrat et qui ne peut donner lieu à complément ou à régularisation ultérieure. Le montant du forfait de charges est fixé en fonction des montants exigibles par le bailleur en application de l'article 23 et peut être révisé chaque année aux mêmes conditions que le loyer principal. Ce montant ne doit pas être manifestement disproportionné au regard des charges dont le locataire ou, le cas échéant, le précédent locataire se serait acquitté.

VI. – La solidarité d'un des colocataires et celle de la personne qui s'est portée caution pour lui prennent fin à la date d'effet du congé régulièrement délivré et lorsqu'un nouveau colocataire figure au bail. À défaut, elles s'éteignent au plus tard à l'expiration d'un délai de six mois après la date d'effet du congé.

L'acte de cautionnement des obligations d'un ou de plusieurs colocataires résultant de la conclusion d'un contrat de bail d'une colocation identifie nécessairement, sous peine de nullité, le colocataire pour lequel l'extinction de la solidarité met fin à l'engagement de la caution.

Article 9 Lorsque deux locataires occupant deux logements appartenant au même propriétaire et situés dans un même ensemble immobilier demandent à procéder à un échange de logements entre eux, cet échange est de droit dès lors que l'une des deux familles concernées comporte au moins trois enfants et que l'échange a pour conséquence d'accroître la surface du logement occupé par la famille la plus nombreuse.

Dans les contrats en cours, chaque locataire se substitue de plein droit à celui auquel il succède et ne peut être considéré comme un nouvel entrant.

Ces dispositions ne sont pas applicables lorsque l'un des deux ou les deux logements sont soumis aux dispositions du chapitre III du titre Ier de la loi n° 48-1360 du 1er septembre 1948 portant modification et codification de la législation relative aux rapports des bailleurs et locataires ou occupants des locaux à usage d'habitation ou à usage professionnel et instituant des allocations de logement.

Article 9-1 Nonobstant les dispositions des articles 515-4 et 1751 du code civil, les notifications ou significations faites en application du présent titre par le bailleur sont de plein droit opposables au partenaire lié par un pacte civil de solidarité au locataire ou au conjoint du locataire si l'existence de ce partenaire ou de ce conjoint n'a pas été préalablement portée à la connaissance du bailleur.

Chapitre II

De la durée du contrat de location

Article 10 Le contrat de location est conclu pour une durée au moins égale à trois ans pour les bailleurs personnes physiques ainsi que pour les bailleurs définis à l'article 13 et à six ans pour les bailleurs personnes morales.

Si le bailleur ne donne pas congé dans les conditions de forme et de délai prévues à l'article 15, le contrat de location parvenu à son terme est soit reconduit tacitement, soit renouvelé.

En cas de reconduction tacite, la durée du contrat reconduit est de trois ans pour les bailleurs personnes physiques ainsi que pour les bailleurs définis à l'article 13, et de six ans pour les bailleurs personnes morales.

En cas de renouvellement, la durée du contrat renouvelé est au moins égale à celles définies au premier alinéa du présent article. L'offre de renouvellement est présentée dans les conditions de forme et de délai prévues pour le congé, à l'article 15. Le loyer du contrat renouvelé est défini selon les modalités prévues à l'article 17-2.

À titre dérogatoire, après l'accord exprès des parties, le contrat de location peut être renouvelé avant l'expiration du bail en cours quand le propriétaire a signé avec l'Agence nationale de l'habitat une convention avec travaux mentionnée aux articles L. 321-4 et L. 321-8 du code de la construction et de l'habitation, et sous réserve que les ressources du locataire en place soient conformes aux plafonds prévus par cette convention. L'offre de renouvellement est présentée dans le délai de trois mois après l'accord des parties et dans les formes prévues à l'article 15 de la présente loi pour le congé. Le montant du loyer fixé par le contrat de location renouvelé doit être alors fixé selon les règles applicables au conventionnement des logements avec l'Agence nationale de l'habitat.

Concernant les locaux à usage d'habitation, régis par les dispositions d'ordre public de la présente loi, le contrat de bail conclu par l'emphytéote avec le locataire se poursuit automatiquement avec le propriétaire de l'immeuble jusqu'au terme du bail prévu par le contrat de location, lorsque le bail à construction ou le bail emphytéotique prend fin avant la fin du contrat de location. Toute clause contraire est réputée non écrite.

Article 11 Quand un événement précis justifie que le bailleur personne physique ait à reprendre le local pour des raisons professionnelles ou familiales, les parties peuvent conclure un contrat d'une durée inférieure à trois ans mais d'au moins un an. Le contrat doit mentionner les raisons et l'événement invoqués.

Par dérogation aux conditions de délai prévues à l'article 15, le bailleur confirme, deux mois au moins avant le terme du contrat, la réalisation de l'événement.

Dans le même délai, le bailleur peut proposer le report du terme du contrat si la réalisation de l'événement est différée. Il ne peut user de cette faculté qu'une seule fois.

Lorsque l'événement s'est produit et est confirmé, le locataire est déchu de plein droit de tout titre d'occupation du local au terme prévu dans le contrat.

Lorsque l'événement ne s'est pas produit ou n'est pas confirmé, le contrat de location est réputé être de trois ans.

Si le contrat prévu au présent article fait suite à un contrat de location conclu avec le même locataire pour le même local, le montant du nouveau loyer ne peut être supérieur à celui de l'ancien éventuellement révisé conformément à l'article 17-1.

Article 11-1 Quand un congé pour vente conforme aux dispositions de l'article 15 est délivré par un bailleur relevant de secteurs locatifs définis aux quatrième et cinquième alinéas de l'article 41 *ter* de la loi n° 86-1290 du 23 décembre 1986 précitée, dans le cadre d'une vente par lots de plus de cinq logements dans le même immeuble, le bail peut être expressément reconduit pour une durée inférieure à celle prévue par l'article 10. Quand ce congé pour vente intervient moins de deux ans avant le terme du bail, la reconduction du bail est de droit, à la demande du locataire, afin de lui permettre, dans tous les cas, de disposer du logement qu'il occupe pendant une durée de deux ans à compter de la notification du congé pour vente.

La reconduction du bail est établie par écrit entre les parties au plus tard quatre mois avant l'expiration du bail en cours. À l'expiration de la durée fixée par les parties pour le bail reconduit, celui-ci est résilié de plein droit.

Article 11-2 Lorsqu'un immeuble à usage d'habitation ou à usage mixte d'habitation et professionnel de cinq logements ou plus, situé dans une des zones mentionnées au I de l'article 17, est mis en copropriété :

1° Les baux en cours dont le terme intervient moins de trois ans après la date de mise en copropriété sont prorogés de plein droit d'une durée de trois ans ;

2° Les autres baux en cours sont prorogés d'une durée permettant au locataire d'occuper le logement pendant une durée de six ans à compter de la mise en copropriété.

Article 12 Le locataire peut résilier le contrat de location à tout moment, dans les conditions de forme et de délai prévues à l'article 15.

Article 13 Les dispositions de l'article 11 et de l'article 15 peuvent être invoquées :

a) Lorsque le bailleur est une société civile constituée exclusivement entre parents et alliés jusqu'au quatrième degré inclus, par la société au profit de l'un des associés ;

b) Lorsque le logement est en indivision, par tout membre de l'indivision.

Article 14 En cas d'abandon du domicile par le locataire, le contrat de location continue :

- au profit du conjoint sans préjudice de l'article 1751 du code civil ;

- au profit des descendants qui vivaient avec lui depuis au moins un an à la date de l'abandon du domicile ;

- au profit du partenaire lié au locataire par un pacte civil de solidarité ;

- au profit des ascendants, du concubin notoire ou des personnes à charge, qui vivaient avec lui depuis au moins un an à la date de l'abandon du domicile.

Lors du décès du locataire, le contrat de location est transféré :

- au conjoint survivant qui ne peut se prévaloir des dispositions de l'article 1751 du code civil ;

- aux descendants qui vivaient avec lui depuis au moins un an à la date du décès ;

- au partenaire lié au locataire par un pacte civil de solidarité ;

- aux ascendants, au concubin notoire ou aux personnes à charge, qui vivaient avec lui depuis au moins un an à la date du décès.

En cas de demandes multiples, le juge se prononce en fonction des intérêts en présence.

À défaut de personnes remplissant les conditions prévues au présent article, le contrat de location est résilié de plein droit par le décès du locataire ou par l'abandon du domicile par ce dernier.

Article 14-1 Lorsque des éléments laissent supposer que le logement est abandonné par ses occupants, le bailleur peut mettre en demeure le locataire de justifier qu'il occupe le logement.

Cette mise en demeure, faite par acte d'huissier de justice, peut être contenue dans un des commandements visés aux articles 7 et 24.

S'il n'a pas été déféré à cette mise en demeure un mois après signification, l'huissier de justice peut procéder, dans les conditions prévues aux articles L. 142-1 et L. 142-2 du code des procédures civiles d'exécution, à la constatation de l'état d'abandon du logement.

Pour établir l'état d'abandon du logement en vue de voir constater par le juge la résiliation du bail, l'huissier de justice dresse un procès-verbal des opérations. Si le logement lui semble abandonné, ce procès-verbal contient un inventaire des biens laissés sur place, avec l'indication qu'ils paraissent ou non avoir valeur marchande.

Le juge qui constate la résiliation du bail autorise, si nécessaire, la vente aux enchères des biens laissés sur place et peut déclarer abandonnés les biens non susceptibles d'être vendus.

Un décret en Conseil d'État précise les conditions d'application du présent article.

Article 14-2 La résiliation du contrat de location peut être prononcée par le bailleur Assistance publique-hôpitaux de Paris, le bailleur hospices civils de Lyon ou le bailleur Assistance publique-hôpitaux de Marseille en vue d'attribuer ou de louer le logement à une personne en raison de l'exercice d'une fonction ou de l'occupation d'un emploi dans l'un de ces établissements publics de santé et dont le nom figure sur la liste des personnes ayant formulé une demande de logement.

La résiliation prononcée en application du premier alinéa ne peut produire effet avant l'expiration d'un délai de six mois à compter de la notification de sa décision par l'un des établissements publics de santé susmentionnés à l'occupant. Cette décision comporte le motif de la résiliation et la nature des fonctions occupées par la ou les personnes auxquelles le bailleur envisage d'attribuer ou de louer le logement.

Dans le cas où le bien n'est pas attribué ou loué à l'une des personnes mentionnées au premier alinéa, l'établissement public de santé concerné est tenu, sur simple demande de l'ancien occupant, de conclure avec ce dernier un nouveau contrat de location pour la durée prévue à l'article 10.

Article 15

I. – Lorsque le bailleur donne congé à son locataire, ce congé doit être justifié soit par sa décision de reprendre ou de vendre le logement, soit par un motif légitime et sérieux, notamment l'inexécution par le locataire de l'une des obligations lui incombant. À peine de nullité, le congé donné par le bailleur doit indiquer le motif allégué et, en cas de reprise, les nom et adresse du bénéficiaire de la reprise ainsi que la nature du lien existant entre le bailleur et le bénéficiaire de la reprise qui ne peut être que le bailleur, son conjoint, le partenaire auquel il est lié par un pacte civil de solidarité enregistré à la date du congé, son concubin notoire depuis au moins un an à la date du congé, ses ascendants, ses descendants ou ceux de son conjoint, de son partenaire ou de son concubin notoire. Lorsqu'il donne congé à son locataire pour reprendre le logement, le bailleur justifie du caractère réel et sérieux de sa décision de reprise. Le délai de préavis applicable au congé est de six mois lorsqu'il émane du bailleur. En cas d'acquisition d'un bien occupé :

– lorsque le terme du contrat de location en cours intervient plus de trois ans après la date d'acquisition, le bailleur peut donner congé à son locataire pour vendre le logement au terme du contrat de location en cours ;

– lorsque le terme du contrat de location en cours intervient moins de trois ans après la date d'acquisition, le bailleur ne peut donner congé à son locataire pour vendre le logement qu'au terme de la première reconduction tacite ou du premier renouvellement du contrat de location en cours ;

– lorsque le terme du contrat en cours intervient moins de deux ans après l'acquisition, le congé pour reprise donné par le bailleur au terme du contrat de location en cours ne prend effet qu'à l'expiration d'une durée de deux ans à compter de la date d'acquisition.

En cas de contestation, le juge peut, même d'office, vérifier la réalité du motif du congé et le respect des obligations prévues au présent article. Il peut notamment déclarer non valide le congé si la non-reconduction du bail n'apparaît pas justifiée par des éléments sérieux et légitimes.

Toutefois, la possibilité pour un bailleur de donner congé à un locataire et la durée du bail sont suspendues à compter :

a) De la réception de l'avis de tenue de la réunion de la commission départementale compétente en matière d'environnement, de risques sanitaires et technologiques, notifié par le représentant de l'État dans le département dans les conditions prévues aux articles L. 1331-26 et L. 1331-27 du code de la santé publique ;

b) De l'engagement par le maire de la procédure contradictoire prévue à l'article L. 511-2 du code de la construction et de l'habitation, relative aux bâtiments menaçant ruine.

Cette suspension est levée à l'expiration d'un délai maximal de six mois à compter de la réception du courrier de l'autorité administrative compétente engageant l'une des procédures mentionnées aux *a* et *b*, faute de notification d'un des arrêtés prévus à leur issue ou de leur abandon.

Lorsque l'autorité administrative compétente a notifié les arrêtés prévus respectivement aux articles L. 1331-25 et L. 1331-28 du code de la santé publique ou à l'article L. 511-2 du code de la construction et de l'habitation, il est fait application des articles L. 521-1 et L. 521-2 du même code.

Une notice d'information relative aux obligations du bailleur et aux voies de recours et d'indemnisation du locataire est jointe au congé délivré par le bailleur en raison de sa décision de reprendre ou de vendre le logement. Un arrêté du ministre chargé du Logement, pris après avis de la Commission nationale de concertation, détermine le contenu de cette notice.

Lorsqu'il émane du locataire, le délai de préavis applicable au congé est de trois mois.

Le délai de préavis est toutefois d'un mois :

1° Sur les territoires mentionnés au premier alinéa du I de l'article 17 ;

2° En cas d'obtention d'un premier emploi, de mutation, de perte d'emploi ou de nouvel emploi consécutif à une perte d'emploi ;

3° Pour le locataire dont l'état de santé, constaté par un certificat médical, justifie un changement de domicile ;

4° Pour les bénéficiaires du revenu de solidarité active ou de l'allocation adulte handicapé ;

5° Pour le locataire qui s'est vu attribuer un logement défini à l'article L. 351-2 du code de la construction et de l'habitation.

Le locataire souhaitant bénéficier des délais réduits de préavis mentionnés aux 1° à 5° précise le motif invoqué et le justifie au moment de l'envoi de la lettre de congé. À défaut, le délai de préavis applicable à ce congé est de trois mois.

Le congé doit être notifié par lettre recommandée avec demande d'avis de réception, signifié par acte d'huissier ou remis en main propre contre récépissé ou émargement. Ce délai court à compter du jour de la réception de la lettre recommandée, de la signification de l'acte d'huissier ou de la remise en main propre.

Pendant le délai de préavis, le locataire n'est redevable du loyer et des charges que pour le temps où il a occupé réellement les lieux si le congé a été notifié par le bailleur. Il est redevable du loyer et des charges concernant tout le délai de préavis si c'est lui qui a notifié le congé, sauf si le logement se trouve occupé avant la fin du préavis par un autre locataire en accord avec le bailleur.

À l'expiration du délai de préavis, le locataire est déchu de tout titre d'occupation des locaux loués.

II. – Lorsqu'il est fondé sur la décision de vendre le logement, le congé doit, à peine de nullité, indiquer le prix et les conditions de la vente projetée. Le congé vaut offre de vente au profit du locataire : l'offre est valable pendant les deux premiers mois du délai de préavis. Les dispositions de l'article 46 de la loi n° 65-557 du 10 juillet 1965 fixant le statut de la copropriété des immeubles bâtis ne sont pas applicables au congé fondé sur la décision de vendre le logement.

À l'expiration du délai de préavis, le locataire qui n'a pas accepté l'offre de vente est déchu de plein droit de tout titre d'occupation sur le local.

Le locataire qui accepte l'offre dispose, à compter de la date d'envoi de sa réponse au bailleur, d'un délai de deux mois pour la réalisation de l'acte de vente. Si, dans sa réponse, il notifie son intention de recourir à un prêt, l'acceptation par le locataire de l'offre de vente est subordonnée à l'obtention du prêt et le délai de réalisation de la vente est porté à quatre mois. Le contrat de location est prorogé jusqu'à l'expiration du délai de réalisation de la vente. Si, à l'expiration de ce délai, la vente n'a pas été réalisée, l'acceptation de l'offre de vente est nulle de plein droit et le locataire est déchu de plein droit de tout titre d'occupation.

Dans le cas où le propriétaire décide de vendre à des conditions ou à un prix plus avantageux pour l'acquéreur, le notaire doit, lorsque le bailleur n'y a pas préalablement procédé, notifier au locataire ces conditions et prix à peine de nullité de la vente. Cette notification est effectuée à l'adresse indiquée à cet effet par le locataire au bailleur; si le locataire n'a pas fait connaître cette adresse au bailleur, la notification est effectuée à l'adresse des locaux dont la location avait été consentie. Elle vaut offre de vente au profit du locataire. Cette offre est valable pendant une durée d'un mois à compter de sa réception. L'offre qui n'a pas été acceptée dans le délai d'un mois est caduque.

Le locataire qui accepte l'offre ainsi notifiée dispose, à compter de la date d'envoi de sa réponse au bailleur ou au notaire, d'un délai de deux mois pour la réalisation de l'acte de vente. Si, dans sa réponse, il notifie son intention de recourir à un prêt, l'acceptation par le locataire de l'offre de vente est subordonnée à l'obtention du prêt et le délai de réalisation de la vente est porté à quatre mois. Si, à l'expiration de ce délai, la vente n'a pas été réalisée, l'acceptation de l'offre de vente est nulle de plein droit.

Les termes des cinq alinéas précédents sont reproduits à peine de nullité dans chaque notification.

Ces dispositions ne sont pas applicables aux actes intervenant entre parents jusqu'au troisième degré inclus, sous la condition que l'acquéreur occupe le logement pendant une durée qui ne peut être inférieure à deux ans à compter de l'expiration du délai de préavis, ni aux actes portant sur les immeubles mentionnés au deuxième alinéa de l'article L. 111-6-1 du code de la construction et de l'habitation.

Dans les cas de congés pour vente prévus à l'article 11-1, l'offre de vente au profit du locataire est dissociée du congé. En outre, le non-respect de l'une des obligations relatives au congé pour vente d'un accord conclu en application de l'article 41 *ter* de la loi n° 86-1290 du 23 décembre 1986 tendant à favoriser l'investissement locatif, l'accession à la propriété de logements sociaux et le développement de l'offre foncière, et rendu obligatoire par décret, donne lieu à l'annulation du congé.

Est nul de plein droit le congé pour vente délivré au locataire en violation de l'engagement de prorogation des contrats de bail en cours, mentionné au premier alinéa du A du I de l'article 10-1 de la loi n° 75-1351 du 31 décembre 1975 relative à la protection des occupants de locaux à usage d'habitation.

III. – Le bailleur ne peut s'opposer au renouvellement du contrat en donnant congé dans les conditions définies au paragraphe I ci-dessus à l'égard de tout locataire âgé de plus de soixante-cinq ans et dont les ressources annuelles sont inférieures à un plafond de ressources en vigueur pour l'attribution des logements locatifs conventionnés fixé par arrêté du ministre chargé du Logement, sans qu'un logement correspondant à ses besoins et à ses possibilités lui soit offert dans les limites géographiques prévues à l'article 13 *bis* de la loi n° 48-1360 du 1er septembre 1948 précitée. Le présent alinéa est également applicable lorsque le locataire a à sa charge une personne de plus de soixante-cinq ans vivant habituellement dans le logement et remplissant la condition de ressources précitée et que le montant cumulé des ressources annuelles de l'ensemble des personnes vivant au foyer est inférieur au plafond de ressources déterminé par l'arrêté précité.

Toutefois, les dispositions de l'alinéa précédent ne sont pas applicables lorsque le bailleur est une personne physique âgée de plus de soixante-cinq ans ou si ses ressources annuelles sont inférieures au plafond de ressources mentionné au premier alinéa.

L'âge du locataire, de la personne à sa charge et celui du bailleur sont appréciés à la date d'échéance du contrat ; le montant de leurs ressources est apprécié à la date de notification du congé.

IV. – Le fait pour un bailleur de délivrer un congé justifié frauduleusement par sa décision de reprendre ou de vendre le logement est puni d'une amende pénale dont le montant ne peut être supérieur à 6 000 € pour une personne physique et à 30 000 € pour une personne morale.

Le montant de l'amende est proportionné à la gravité des faits constatés.

Le locataire est recevable dans sa constitution de partie civile et la demande de réparation de son préjudice.

Chapitre III

Du loyer, des charges et du règlement des litiges

Article 16 Des observatoires locaux des loyers peuvent être créés à l'initiative des collectivités territoriales, des établissements publics de coopération intercommunale à fiscalité propre compétents en matière d'habitat ou de l'État. Ces observatoires ont notamment pour mission de recueillir les données relatives aux loyers sur une zone géographique déterminée et de mettre à la disposition du public des résultats statistiques représentatifs sur ces données.

Le parc de référence pour l'observation et l'analyse des loyers est constitué de l'ensemble des locaux à usage d'habitation ou à usage mixte professionnel et d'habitation, à l'exception de ceux appartenant aux organismes d'habitations à loyer modéré et aux sociétés d'économie mixte de construction et de gestion des logements sociaux, ainsi que de ceux appartenant aux organismes bénéficiant de l'agrément relatif à la maîtrise d'ouvrage prévu à l'article L. 365-2 du code de la construction et de l'habitation.

Les observatoires locaux des loyers mentionnés au premier alinéa sont agréés par le ministre chargé du Logement, dans des conditions fixées par décret, après avis du comité régional de l'habitat et de l'hébergement ou du conseil départemental de l'habitat et de l'hébergement mentionnés à l'article L. 364-1 du même code et sous condition du respect des prescriptions méthodologiques émises par une instance scientifique indépendante chargée de conseiller le ministre chargé du Logement, dans des conditions définies par décret. L'agrément n'est accordé qu'aux observatoires dont les statuts assurent la représentation équilibrée des bailleurs, des locataires et des gestionnaires au sein de leurs organes dirigeants ainsi que la présence de personnalités qualifiées au sein de ces organes. L'État et les établissements publics de coopération intercommunale dotés d'un programme local de l'habitat exécutoire sont représentés au sein des organes dirigeants des observatoires. Toutefois, peuvent être agréés, à titre transitoire et jusqu'au 31 décembre 2015, les observatoires locaux des loyers dont les statuts ne sont pas conformes aux dispositions du présent article. Les observatoires locaux des loyers sont intégrés dans le dispositif d'observation de l'habitat défini à l'article L. 302-1 dudit code.

Les observatoires locaux des loyers peuvent prendre la forme d'association ou de groupement d'intérêt public.

Ils transmettent l'ensemble de leurs données à l'association nationale mentionnée au troisième alinéa de l'article

L. 366-1 du même code. Un décret fixe les conditions dans lesquelles ces données sont transmises et peuvent être communiquées à des tiers.

L'organisme mentionné à l'article L. 223-1 du code de la sécurité sociale transmet à l'association nationale mentionnée au troisième alinéa de l'article L. 366-1 du code de la construction et de l'habitation les données dont il dispose relatives aux loyers et aux caractéristiques des logements dont les occupants bénéficient de l'allocation mentionnée aux articles L. 542-1 et L. 831-1 du code de la sécurité sociale, ainsi que le nom et l'adresse des propriétaires de ces logements. Un décret en Conseil d'État fixe la nature de ces données et leurs conditions de transmission et d'utilisation.

Article 17

I. – Les zones d'urbanisation continue de plus de 50 000 habitants où il existe un déséquilibre marqué entre l'offre et la demande de logements, entraînant des difficultés sérieuses d'accès au logement sur l'ensemble du parc résidentiel existant, qui se caractérisent notamment par le niveau élevé des loyers, le niveau élevé des prix d'acquisition des logements anciens ou le nombre élevé de demandes de logement par rapport au nombre d'emménagements annuels dans le parc locatif social, sont dotées d'un observatoire local des loyers prévu à l'article 16 de la présente loi. Un décret fixe la liste des communes comprises dans ces zones.

Dans ces zones, le représentant de l'État dans le département fixe chaque année, par arrêté, un loyer de référence, un loyer de référence majoré et un loyer de référence minoré, exprimés par un prix au mètre carré de surface habitable, par catégorie de logement et par secteur géographique.

Les catégories de logement et les secteurs géographiques sont déterminés en fonction de la structuration du marché locatif constatée par l'observatoire local des loyers.

Chaque loyer de référence est égal au loyer médian calculé à partir des niveaux de loyers constatés par l'observatoire local des loyers selon les catégories de logement et les secteurs géographiques.

Chaque loyer de référence majoré et chaque loyer de référence minoré sont fixés respectivement par majoration et par minoration du loyer de référence.

Les compétences attribuées au représentant de l'État dans le département par le présent article sont exercées, dans la région d'Île-de-France, par le représentant de l'État dans la région.

Le loyer de référence majoré est égal [Rédaction conforme à l'article 1er de la décision du Conseil constitutionnel n° 2014-691 DC du 20 mars 2014] à un montant supérieur de 20 % au loyer de référence.

Le loyer de référence minoré est égal [Rédaction conforme à l'article 1er de la décision du Conseil constitutionnel n° 2014-691 DC du 20 mars 2014] au loyer de référence diminué de 30 %.

II. – A. – Dans les zones où s'applique l'arrêté mentionné au I, le loyer de base des logements mis en location est fixé librement entre les parties lors de la conclusion du contrat de bail, dans la limite du loyer de référence majoré. Une action en diminution de loyer peut être engagée si le loyer de base prévu dans le contrat de bail est supérieur au loyer de référence majoré en vigueur à la date de signature dudit contrat.

B. – Un complément de loyer [Dispositions déclarées non conformes à la Constitution par la décision du Conseil constitutionnel n° 2014-691 DC du 20 mars 2014] peut être appliqué au loyer de base tel que fixé au A pour des logements présentant des caractéristiques de localisation ou de confort [Dispositions déclarées non conformes à la Constitution par la décision du Conseil constitutionnel n° 2014-691 DC du 20 mars 2014] par comparaison avec les logements de la même catégorie situés dans le même secteur géographique. Les modalités d'application du présent alinéa sont précisées par décret en Conseil d'État.

Le montant du complément de loyer [Dispositions déclarées non conformes à la Constitution par la décision du Conseil constitutionnel n° 2014-691 DC du 20 mars 2014] et les caractéristiques du logement le justifiant sont mentionnés au contrat de bail.

Lorsqu'un complément de loyer [Dispositions déclarées non conformes à la Constitution par la décision du Conseil constitutionnel n° 2014-691 DC du 20 mars 2014] est appliqué, le loyer s'entend comme la somme du loyer de base et de ce complément.

Un complément de loyer [Dispositions déclarées non conformes à la Constitution par la décision du Conseil constitutionnel n° 2014-691 DC du 20 mars 2014] ne peut être appliqué à un loyer de base inférieur au loyer de référence majoré.

Le locataire qui souhaite contester le complément de loyer [Dispositions déclarées non conformes à la Constitution par la décision du Conseil constitutionnel n° 2014-691 DC du 20 mars 2014] dispose d'un délai de trois mois à compter de la signature du bail pour saisir la commission départementale de conciliation prévue à l'article 20 de la présente loi.

En cas de contestation, il appartient au bailleur de démontrer que le logement présente des caractéristiques de localisation ou de confort [Dispositions déclarées non conformes à la Constitution par la décision du Conseil constitutionnel n° 2014-691 DC du 20 mars 2014] par comparaison avec les logements de la même catégorie situés dans le même secteur géographique.

En cas de conciliation, le montant du loyer, tenant compte de l'éventuel complément de loyer [Dispositions déclarées non conformes à la Constitution par la décision du Conseil constitutionnel n° 2014-691 DC du 20 mars 2014], est celui fixé par le document de conciliation délivré par la commission départementale de conciliation.

En l'absence de conciliation, le locataire dispose d'un délai de trois mois à compter de la réception de l'avis de la commission départementale de conciliation pour saisir le juge d'une demande en annulation ou en diminution du complément de loyer [Dispositions déclarées non conformes à la Constitution par la décision du Conseil constitutionnel n° 2014-691 DC du 20 mars 2014]. La fin de non-recevoir tirée de l'absence de saisine préalable de la commission départementale de conciliation peut être soulevée d'office par le juge.

Dans les deux cas, le loyer résultant du document de conciliation ou de la décision de justice s'applique à compter de la prise d'effet du bail.

III. – En dehors des territoires mentionnés au I, la fixation du loyer des logements mis en location est libre.

IV. – Un décret en Conseil d'État fixe les modalités d'application du présent article.

Article 17-1

I. – Lorsque le contrat prévoit la révision du loyer, celle-ci intervient chaque année à la date convenue entre les parties ou, à défaut, au terme de chaque année du contrat.

La variation qui en résulte ne peut excéder, à la hausse, la variation d'un indice de référence des loyers publié par l'Institut national de la statistique et des études économiques chaque trimestre et qui correspond à la moyenne, sur les douze derniers mois, de l'évolution des prix à la consommation hors tabac et hors loyers. À défaut de clause contractuelle fixant la date de référence, cette date est celle du dernier indice publié à la date de signature du contrat de location.

À défaut de manifester sa volonté d'appliquer la révision du loyer dans un délai d'un an suivant sa date de prise d'effet, le bailleur est réputé avoir renoncé au bénéfice de cette clause pour l'année écoulée.

Si le bailleur manifeste sa volonté de réviser le loyer dans le délai d'un an, cette révision de loyer prend effet à compter de sa demande.

II. – Lorsque les parties sont convenues, par une clause expresse, de travaux d'amélioration du logement que le bailleur fera exécuter, le contrat de location ou un avenant à ce contrat peut fixer la majoration du loyer consécutive à la réalisation de ces travaux. Cette majoration ne peut faire l'objet d'une action en diminution de loyer.

Article 17-2

I. – Lors du renouvellement du contrat, et dans les zones où s'applique l'arrêté mentionné au I de l'article 17, une action en diminution de loyer peut être engagée si le montant du loyer fixé au contrat de bail, hors montant du complément de loyer le cas échéant, est supérieur au loyer de référence majoré.

Dans ces mêmes zones, lors du renouvellement du contrat, une action en réévaluation de loyer peut être engagée dès lors que le loyer est inférieur au loyer de référence minoré.

Dans ces deux cas, l'une ou l'autre des parties peut proposer un nouveau loyer à son cocontractant, au moins six mois avant le terme du contrat pour le bailleur et au moins cinq mois avant le terme du contrat pour le locataire, dans les conditions de forme prévues à l'article 15. Le montant du loyer de référence majoré ou minoré pris en compte correspond à celui qui est en vigueur à la date de la proposition émise par l'une des parties.

Le nouveau loyer proposé dans le cadre d'une action en réévaluation de loyer est inférieur ou égal au loyer de référence minoré. Le locataire peut, par référence aux loyers habituellement constatés dans le voisinage pour des logements comparables, contester l'action en réévaluation de loyer selon la procédure prévue au présent article.

Les loyers servant de références doivent être représentatifs de l'ensemble des loyers habituellement constatés dans le voisinage pour des logements comparables, situés soit dans le même groupe d'immeubles, soit dans tout autre groupe d'immeubles comportant des caractéristiques similaires et situés dans la même zone géographique. Un décret en Conseil d'État définit les éléments constitutifs de ces références.

Le nombre minimal de références à fournir est de trois. Toutefois, il est de six dans les communes, dont la liste est fixée par décret, faisant partie d'une agglomération de plus d'un million d'habitants.

Lorsque le bailleur fait application du présent I, il ne peut donner congé au locataire pour la même échéance du contrat.

La notification d'une proposition d'un nouveau loyer reproduit intégralement, à peine de nullité, les dispositions du présent I et mentionne le montant du loyer ainsi que le loyer de référence majoré ou le loyer de référence minoré ayant servi à le déterminer.

En cas de désaccord ou à défaut de réponse du cocontractant saisi quatre mois avant le terme du contrat, l'une ou l'autre des parties peut saisir la commission départementale de conciliation mentionnée à l'article 20.

À défaut d'accord constaté par la commission départementale de conciliation, le juge peut être saisi, avant le terme du contrat. À défaut de saisine du juge, le contrat est reconduit de plein droit aux conditions antérieures du loyer, éventuellement révisé en application de l'article 17-1. Le contrat dont le loyer est fixé judiciairement est réputé renouvelé pour la durée définie à l'article 10, à compter de la date d'expiration du contrat. La décision du juge est exécutoire par provision.

Lorsque les parties s'accordent sur une hausse du loyer ou lorsque cette hausse est fixée judiciairement, celle-ci s'applique par tiers ou par sixième selon la durée du contrat.

Toutefois, cette hausse s'applique par sixième annuel au contrat renouvelé, puis lors du renouvellement ultérieur, dès lors qu'elle est supérieure à 10 % si le premier renouvellement avait une durée inférieure à six ans.

La révision éventuelle résultant de l'article 17-1 s'applique à chaque valeur ainsi définie.

II. – Dans les zones où ne s'applique pas l'arrêté mentionné au I de l'article 17, lors du renouvellement du contrat, le loyer ne donne lieu à réévaluation que s'il est manifestement sous-évalué.

Dans ce cas, le bailleur peut proposer au locataire, au moins six mois avant le terme du contrat et dans les conditions de forme prévues à l'article 15, un nouveau loyer fixé par référence aux loyers habituellement constatés dans le voisinage pour des logements comparables dans les conditions définies aux cinquième et sixième alinéas du I du présent article.

Lorsque le bailleur fait application des dispositions du présent II, il ne peut donner congé au locataire pour la même échéance du contrat.

La notification reproduit intégralement, à peine de nullité, les dispositions du présent II et mentionne le montant du loyer ainsi que la liste des références ayant servi à le déterminer.

En cas de désaccord ou à défaut de réponse du locataire quatre mois avant le terme du contrat, l'une ou l'autre des parties saisit la commission départementale de conciliation.

À défaut d'accord constaté par la commission, le juge est saisi avant le terme du contrat. À défaut de saisine, le contrat est reconduit de plein droit aux conditions antérieures du loyer, éventuellement révisé. Le contrat dont le loyer est fixé judiciairement est réputé renouvelé pour la durée définie à l'article 10 à compter de la date d'expiration du contrat. La décision du juge est exécutoire par provision.

La hausse convenue entre les parties ou fixée judiciairement s'applique par tiers ou par sixième selon la durée du contrat.

Toutefois, cette hausse s'applique par sixième annuel au contrat renouvelé, puis lors du renouvellement ultérieur, dès lors qu'elle est supérieure à 10 % si le premier renouvellement avait une durée inférieure à six ans.

La révision éventuelle résultant de l'article 17-1 s'applique à chaque valeur ainsi définie.

Article 18 Pour chacune des zones d'urbanisation continue de plus de 50 000 habitants où il existe un déséquilibre marqué entre l'offre et la demande de logements, entraînant des difficultés sérieuses d'accès au logement sur l'ensemble du parc résidentiel existant qui se caractérisent notamment par le niveau élevé des loyers, le niveau élevé des prix d'acquisition des logements anciens ou le nombre élevé de demandes de logement par rapport au nombre d'emménagements annuels dans le parc locatif social, un décret en Conseil d'État, pris après avis de la Commission nationale de concertation, fixe annuellement le montant maximum d'évolution des loyers des logements vacants et des contrats renouvelés.

Ce décret peut prévoir des adaptations particulières, notamment en cas de travaux réalisés par les bailleurs ou de loyers manifestement sous-évalués.

En cas de litige entre les parties résultant de l'application de ce décret, la commission départementale de conciliation est compétente et sa saisine constitue un préalable obligatoire à la saisine du juge par l'une ou l'autre des parties.

Article 19 (abrogé)

Article 20 Il est créé, auprès du représentant de l'État dans chaque département, une commission départementale de conciliation composée de représentants d'organisations de bailleurs et d'organisations de locataires, en nombre égal. La commission rend un avis dans le délai de deux mois à compter de sa saisine et s'efforce de concilier les parties.

La compétence de la commission porte sur :

1° Les litiges résultant de l'application des articles 17, 17-1, 17-2 et 18 de la présente loi et des articles 30 et 31 de la loi n° 86-1290 du 23 décembre 1986 tendant à favoriser l'investissement locatif, l'accession à la propriété de logements sociaux et le développement de l'offre foncière ;

2° Les litiges relatifs aux caractéristiques du logement mentionnées aux deux premiers alinéas de l'article 6 de la présente loi ;

3° Les litiges relatifs à l'état des lieux, au dépôt de garantie, aux charges locatives et aux réparations ;

4° Les litiges relatifs aux congés délivrés en application de l'article 15 ;

5° Les difficultés résultant de l'application des accords collectifs nationaux ou locaux prévus aux articles 41 *ter* et 42 de la loi n° 86-1290 du 23 décembre 1986 précitée ou de l'application du plan de concertation locative prévu à l'article 44 *bis* de la même loi et les difficultés résultant des modalités de fonctionnement de l'immeuble ou du groupe d'immeubles.

Pour le règlement des litiges mentionnés aux 1° à 4° du présent article, la commission départementale de conciliation peut être saisie par le bailleur ou le locataire. Pour le règlement des difficultés mentionnées au 5°, elle peut être saisie par le bailleur, plusieurs locataires ou une association représentative de locataires.

À défaut de conciliation entre les parties, elle rend un avis comportant l'exposé du différend et la position des parties ainsi que, le cas échéant, celle de la commission. Cet avis peut être transmis au juge par l'une ou l'autre des parties. En cas de conciliation, elle établit un document de conciliation comportant les termes de l'accord trouvé.

La composition de la commission départementale de conciliation, le mode de désignation de ses membres, son organisation et ses règles de saisine et de fonctionnement sont fixés par décret.

Article 20-1 Si le logement loué ne satisfait pas aux dispositions des premier et deuxième alinéas de l'article 6, le locataire peut demander au propriétaire sa mise en conformité sans qu'il soit porté atteinte à la validité du contrat en cours. À défaut d'accord entre les parties ou à défaut de réponse du propriétaire dans un délai de deux mois, la commission départementale de conciliation peut être saisie et rendre un avis dans les conditions fixées à l'article 20. La saisine de la commission ou la remise de son avis ne constitue pas un préalable à la saisine du juge par l'une ou l'autre des parties.

L'information du bailleur par l'organisme payeur de son obligation de mise en conformité du logement, telle que prévue aux articles L. 542-2 et L. 831-3 du code de la sécurité sociale, tient lieu de demande de mise en conformité par le locataire.

Le juge saisi par l'une ou l'autre des parties détermine, le cas échéant, la nature des travaux à réaliser et le délai de leur exécution. Il peut réduire le montant du loyer ou suspendre, avec ou sans consignation, son paiement et la durée du bail jusqu'à l'exécution de ces travaux. Le juge transmet au représentant de l'État dans le département l'ordonnance ou le jugement constatant que le logement loué ne satisfait pas aux dispositions des premier et deuxième alinéas de l'article 6.

Article 21 Le bailleur ou son mandataire est tenu de transmettre gratuitement une quittance au locataire qui en fait la demande. La quittance porte le détail des sommes versées par le locataire en distinguant le loyer et les charges.

Aucuns frais liés à la gestion de l'avis d'échéance ou de la quittance ne peuvent être facturés au locataire.

Avec l'accord exprès du locataire, le bailleur peut procéder à la transmission dématérialisée de la quittance.

Si le locataire effectue un paiement partiel, le bailleur est tenu de délivrer un reçu.

Article 22 Lorsqu'un dépôt de garantie est prévu par le contrat de location pour garantir l'exécution de ses obligations locatives par le locataire, il ne peut être supérieur à un mois de loyer en principal. Au moment de la signature du bail, le dépôt de garantie est versé au bailleur directement par le locataire ou par l'intermédiaire d'un tiers.

Un dépôt de garantie ne peut être prévu lorsque le loyer est payable d'avance pour une période supérieure à deux mois; toutefois, si le locataire demande le bénéfice du paiement mensuel du loyer, par application de l'article 7, le bailleur peut exiger un dépôt de garantie.

Il est restitué dans un délai maximal de deux mois à compter de la remise en main propre, ou par lettre recommandée avec demande d'avis de réception, des clés au bailleur ou à son mandataire, déduction faite, le cas échéant, des sommes restant dues au bailleur et des sommes dont celui-ci pourrait être tenu, aux lieu et place du locataire, sous réserve qu'elles soient dûment justifiées. À cette fin, le locataire indique au bailleur ou à son mandataire, lors de la remise des clés, l'adresse de son nouveau domicile.

Il est restitué dans un délai maximal d'un mois à compter de la remise des clés par le locataire lorsque l'état des lieux de sortie est conforme à l'état des lieux d'entrée, déduction faite, le cas échéant, des sommes restant dues au bailleur et des sommes dont celui-ci pourrait être tenu, en lieu et place du locataire, sous réserve qu'elles soient dûment justifiées.

Lorsque les locaux loués se situent dans un immeuble collectif, le bailleur procède à un arrêté des comptes provisoire et peut, lorsqu'elle est dûment justifiée, conserver une provision ne pouvant excéder 20 % du montant du dépôt de garantie jusqu'à l'arrêté annuel des comptes de l'immeuble. La régularisation définitive et la restitution du solde, déduction faite, le cas échéant, des sommes restant dues au bailleur et des sommes dont celui-ci pourrait être tenu en lieu et place du locataire, sont effectuées dans le mois qui suit l'approbation définitive des comptes de l'immeuble. Toutefois, les parties peuvent amiablement convenir de solder immédiatement l'ensemble des comptes.

Le montant de ce dépôt de garantie ne porte pas intérêt au bénéfice du locataire. Il ne doit faire l'objet d'aucune révision durant l'exécution du contrat de location, éventuellement renouvelé.

À défaut de restitution dans les délais prévus, le dépôt de garantie restant dû au locataire est majoré d'une somme égale à 10 % du loyer mensuel en principal, pour chaque période mensuelle commencée en retard. Cette majoration n'est pas due lorsque l'origine du défaut de restitution dans les délais résulte de l'absence de transmission par le locataire de l'adresse de son nouveau domicile.

En cas de mutation à titre gratuit ou onéreux des locaux loués, la restitution du dépôt de garantie incombe au nouveau bailleur. Toute convention contraire n'a d'effet qu'entre les parties à la mutation.

Article 22-1 Le cautionnement ne peut pas être demandé, à peine de nullité, par un bailleur qui a souscrit une assurance, ou toute autre forme de garantie, garantissant les obligations locatives du locataire, sauf en cas de logement loué à un étudiant ou un apprenti. Cette disposition ne s'applique pas au dépôt de garantie mentionné à l'article 22.

Si le bailleur est une personne morale autre qu'une société civile constituée exclusivement entre parents et alliés jusqu'au quatrième degré inclus, le cautionnement ne peut être demandé que :

- s'il est apporté par un des organismes dont la liste est fixée par décret en Conseil d'État;

- ou si le logement est loué à un étudiant ne bénéficiant pas d'une bourse de l'enseignement supérieur.

Lorsqu'un cautionnement pour les sommes dont le locataire serait débiteur dans le cadre d'un contrat de location conclu en application du présent titre est exigé par le bailleur, celui-ci ne peut refuser la caution présentée au motif qu'elle ne possède pas la nationalité française ou qu'elle ne réside pas sur le territoire métropolitain.

Le cautionnement pour les sommes dont le locataire serait débiteur s'étend également aux sommes correspondant aux aides versées au bailleur en application de l'article 24-2.

Lorsque le cautionnement d'obligations résultant d'un contrat de location conclu en application du présent titre ne comporte aucune indication de durée ou lorsque la durée du cautionnement est stipulée indéterminée, la caution peut le résilier unilatéralement. La résiliation prend effet au terme du contrat de location, qu'il s'agisse du contrat initial ou d'un contrat reconduit ou renouvelé, au cours duquel le bailleur reçoit notification de la résiliation.

La personne qui se porte caution fait précéder sa signature de la reproduction manuscrite du montant du loyer et des conditions de sa révision tels qu'ils figurent au contrat de location, de la mention manuscrite exprimant de façon explicite et non équivoque la connaissance qu'elle a de la nature et de l'étendue de l'obligation qu'elle contracte et de la reproduction manuscrite de l'alinéa précédent. Le bailleur remet à la caution un exemplaire du contrat de location. Ces formalités sont prescrites à peine de nullité du cautionnement.

Article 22-1-1 La garantie autonome prévue à l'article 2321 du code civil ne peut être souscrite qu'en lieu et place du dépôt de garantie prévu à l'article 22 et que dans la limite du montant résultant des dispositions du premier alinéa de cet article.

Article 22-2 La liste des pièces justificatives pouvant être exigées du candidat à la location ou de sa caution par le bailleur, préalablement à l'établissement du contrat de location, est définie par décret en Conseil d'État, pris après avis de la Commission nationale de concertation.

En préalable à l'établissement du contrat de location, le bailleur ne peut imposer la cosignature d'un ascendant ou d'un descendant du candidat à la location.

Les manquements au présent article sont punis d'une amende administrative, prononcée par le représentant de l'État dans le département, dont le montant ne peut être supérieur à 3 000 € pour une personne physique et à 15 000 € pour une personne morale.

Le montant de l'amende est proportionné à la gravité des faits constatés.

L'amende ne peut être prononcée plus d'un an à compter de la constatation des faits.

L'amende est prononcée après que l'intéressé a été informé de la possibilité de présenter ses observations dans un délai déterminé.

Article 23 Les charges récupérables, sommes accessoires au loyer principal, sont exigibles sur justification en contrepartie :

1° Des services rendus liés à l'usage des différents éléments de la chose louée ;

2° Des dépenses d'entretien courant et des menues réparations sur les éléments d'usage commun de la chose louée. Sont notamment récupérables à ce titre les dépenses engagées par le bailleur dans le cadre d'un contrat d'entretien relatif aux ascenseurs et répondant aux conditions de l'article L. 125-2-2 du code de la construction et de l'habitation, qui concernent les opérations et les vérifications périodiques minimales et la réparation et le remplacement de petites pièces présentant des signes d'usure excessive ainsi que les interventions pour dégager les personnes bloquées en cabine et le dépannage et la remise en fonctionnement normal des appareils ;

3° Des impositions qui correspondent à des services dont le locataire profite directement.

La liste de ces charges est fixée par décret en Conseil d'État. Il peut y être dérogé par accords collectifs locaux portant sur l'amélioration de la sécurité ou la prise en compte du développement durable, conclus conformément à l'article 42 de la loi n° 86-1290 du 23 décembre 1986 précitée.

Les charges locatives peuvent donner lieu au versement de provisions et doivent, en ce cas, faire l'objet d'une régularisation annuelle. Les demandes de provisions sont justifiées par la communication de résultats antérieurs arrêtés lors de la précédente régularisation et, lorsque l'immeuble est soumis au statut de la copropriété ou lorsque le bailleur est une personne morale, par le budget prévisionnel.

Un mois avant cette régularisation, le bailleur en communique au locataire le décompte par nature de charges ainsi que, dans les immeubles collectifs, le mode de répartition entre les locataires et, le cas échéant, une note d'information sur les modalités de calcul des charges de chauffage et de production d'eau chaude sanitaire collectifs. Durant six mois à compter de l'envoi de ce décompte, les pièces justificatives sont tenues, dans des conditions normales, à la disposition des locataires.

À compter du 1er septembre 2015, le bailleur transmet également, à la demande du locataire, le récapitulatif des charges du logement par voie dématérialisée ou par voie postale.

Lorsque la régularisation des charges n'a pas été effectuée avant le terme de l'année civile suivant l'année de leur exigibilité, le paiement par le locataire est effectué par douzième, s'il en fait la demande.

Pour l'application du présent article, le coût des services assurés dans le cadre d'un contrat d'entreprise ou d'un contrat d'achat d'électricité, d'énergie calorifique ou de gaz naturel combustible, distribués par réseaux correspond à la dépense, toutes taxes comprises, acquittée par le bailleur.

Article 23-1 Lorsque des travaux d'économie d'énergie sont réalisés par le bailleur dans les parties privatives d'un logement ou dans les parties communes de l'immeuble, une contribution pour le partage des économies de charge peut être demandée au locataire du logement loué, à partir de la date d'achèvement des travaux, sous réserve que ces derniers lui bénéficient directement et qu'ils lui soient justifiés. Elle ne peut toutefois être exigible qu'à la condition qu'un ensemble de travaux ait été réalisé ou que le logement atteigne un niveau minimal de performance énergétique.

Cette participation, limitée au maximum à quinze ans, est inscrite sur l'avis d'échéance et portée sur la quittance remise au locataire. Son montant, fixe et non révisable, ne peut être supérieur à la moitié du montant de l'économie d'énergie estimée.

Un décret en Conseil d'État, pris après avis de la Commission nationale de concertation, précise les conditions d'application du présent article, notamment la liste des travaux éligibles à réaliser et les niveaux minimaux de performance énergétique à atteindre, ainsi que les modalités d'évaluation des économies d'énergie, de calcul du montant de la participation demandée au locataire du logement et de contrôle de ces évaluations après travaux.

Article 24

I. – Toute clause prévoyant la résiliation de plein droit du contrat de location pour défaut de paiement du loyer ou des charges aux termes convenus ou pour non-versement du dépôt de garantie ne produit effet que deux mois après un commandement de payer demeuré infructueux.

Le commandement de payer reproduit, à peine de nullité, les dispositions du présent article et des trois premiers alinéas de l'article 6 de la loi n° 90-449 du 31 mai 1990 visant la mise en œuvre du droit au logement, en mentionnant la faculté pour le locataire de saisir le fonds de solidarité pour le logement, dont l'adresse de saisine est précisée.

Lorsque les obligations résultant d'un contrat de location conclu en application du présent titre sont garanties par un cautionnement, le commandement de payer est signifié à la caution dans un délai de quinze jours à compter de sa signification au locataire. À défaut, la caution ne peut être tenue au paiement des pénalités ou des intérêts de retard.

Le représentant de l'État dans le département fixe, par arrêté, le montant et l'ancienneté de la dette au-delà desquels les commandements de payer, délivrés à compter du 1er janvier 2015 pour le compte d'un bailleur personne physique ou société civile constituée exclusivement entre parents et alliés jusqu'au quatrième degré inclus, sont signalés par l'huissier de justice à la commission de coordination des actions de prévention des expulsions locatives prévue à l'article 7-2 de la loi n° 90-449 du 31 mai 1990 précitée. Ce signalement est fait dès lors que l'un des deux seuils est atteint, par simple lettre reprenant les éléments essentiels du commandement. Il peut s'effectuer par voie électronique, selon des modalités fixées par décret.

L'arrêté mentionné à l'avant-dernier alinéa du présent I est pris après avis du comité responsable du plan local d'action pour le logement et l'hébergement des personnes défavorisées ainsi que de la chambre départementale des huissiers de justice. Les modalités de détermination du montant et de l'ancienneté de la dette au-delà desquels les commandements sont signalés sont fixées par décret en Conseil d'État.

II. – À compter du 1er janvier 2015, les bailleurs personnes morales autres qu'une société civile constituée exclusivement entre parents et alliés jusqu'au quatrième degré inclus ne peuvent faire délivrer, sous peine d'irrecevabilité de la demande, une assignation aux fins de constat de résiliation du bail avant l'expiration d'un délai de deux mois suivant la saisine de la commission de coordination des actions de prévention des expulsions locatives prévue à l'article 7-2 de la loi n° 90-449 du 31 mai 1990 précitée. Cette saisine est réputée constituée lorsque persiste une situation d'impayés, préalablement signalée dans les conditions réglementaires aux organismes payeurs des aides au logement en vue d'assurer le maintien du versement des aides mentionnées à l'article L. 351-2 du code de la construction et de l'habitation et aux articles L. 542-1 et L. 831-1 du code de la sécurité sociale. Cette saisine peut s'effectuer par voie électronique, selon des modalités fixées par décret.

III. – À peine d'irrecevabilité de la demande, l'assignation aux fins de constat de la résiliation est notifiée à la diligence de l'huissier de justice au représentant de l'État dans le département, par lettre recommandée avec demande d'avis de réception, au moins deux mois avant l'audience, afin qu'il saisisse l'organisme compétent désigné par le plan local pour le logement et l'hébergement des personnes défavorisées, suivant la répartition de l'offre globale de services d'accompagnement vers et dans le logement prévue à l'article 4 de la loi n° 90-449 du 31 mai 1990 précitée. Cette saisine peut s'effectuer par voie électronique, selon des modalités fixées par décret. L'organisme saisi réalise un diagnostic social et financier au cours duquel le locataire et le bailleur sont mis en mesure de présenter leurs observations, et le transmet au juge avant l'audience, ainsi qu'à la commission de coordination des actions de prévention des expulsions locatives ; le cas échéant, les observations écrites des intéressés sont jointes au diagnostic.

IV. – Les II et III sont applicables aux assignations tendant au prononcé de la résiliation du bail lorsqu'elle est motivée par l'existence d'une dette locative du preneur. Ils sont également applicables aux demandes additionnelles et reconventionnelles aux fins de constat ou de prononcé de la résiliation motivées par l'existence d'une dette locative, la notification au représentant de l'État dans le département incombant au bailleur.

V. – Le juge peut, même d'office, accorder des délais de paiement dans la limite de trois années, par dérogation au délai prévu au premier alinéa de l'article 1244-1 du code civil [1343-5 du code civil à compter du 1er octobre 2016], au locataire en situation de régler sa dette locative. L'article 1244-2 du même code [1343-5, al. 4 à compter du 1er octobre 2016] s'applique lorsque la décision du juge est prise sur le fondement du présent alinéa. Le juge peut d'office vérifier tout élément constitutif de la dette locative et le respect de l'obligation prévue au premier alinéa de l'article 6 de la présente loi.

Pendant le cours des délais ainsi accordés, les effets de la clause de résiliation de plein droit sont suspendus ; ces délais et les modalités de paiement accordés ne peuvent affecter l'exécution du contrat de location et notamment suspendre le paiement du loyer et des charges.

Si le locataire se libère dans le délai et selon les modalités fixés par le juge, la clause de résiliation de plein droit est réputée ne pas avoir joué ; dans le cas contraire, elle reprend son plein effet.

VI. – La notification de la décision de justice prononçant l'expulsion indique les modalités de saisine et l'adresse de la commission de médiation prévue à l'article L. 441-2-3 du code de la construction et de l'habitation.

Article 24-1 Lorsqu'un locataire a avec son bailleur un litige locatif ou lorsque plusieurs locataires ont avec un même bailleur un litige locatif ayant une origine commune, ils peuvent donner par écrit mandat d'agir en justice en leur nom et pour leur compte à une association siégeant à la Commission nationale de concertation ; si le litige porte sur les caractéristiques du logement mentionnées aux premier et deuxième alinéas de l'article 6, ce mandat peut être donné en outre à une association dont l'un des objets est l'insertion ou le logement des personnes défavorisées ou à une association de défense des personnes en situation d'exclusion par le logement mentionnées à l'article 3 de la loi n° 90-449 du 31 mai 1990 visant à la mise en œuvre du droit au logement. Une association précitée peut assister ou représenter, selon les modalités définies à l'article 828 du code de procédure civile, un locataire en cas de litige portant sur le respect des caractéristiques de décence de son logement. La collectivité territorialement compétente en matière d'habitat ainsi que les organismes payeurs des aides au logement territorialement compétents peuvent être destinataires du mandat à agir mentionné au présent alinéa.

Les dispositions de l'alinéa précédent sont applicables aux locataires des locaux mentionnés aux 1° à 3° de l'article 2 lorsque le litige locatif porte sur la décence du logement.

Article 24-2

I. – Il est créé sous la dénomination de garantie universelle des loyers un dispositif ayant pour objet de couvrir, sous la forme d'un système d'aides, les bailleurs contre les risques d'impayés de loyer, afin de favoriser l'accès au logement et de prévenir les risques d'expulsion.

Les impayés de loyer, au sens du présent article, s'entendent des loyers, des charges récupérables et de la contribution pour le partage des économies de charges prévue à l'article 23-1 demeurés impayés.

Au sens du présent article, la conclusion d'un contrat de location s'entend de sa conclusion initiale, de son renouvellement dans des conditions différentes ou de la conclusion d'un avenant.

A. – La garantie universelle des loyers s'applique aux contrats de location des catégories de logements suivantes :

1° Logements constituant la résidence principale du preneur définis à l'article 2 ;

2° Logements meublés constituant la résidence principale du preneur, tels que définis aux articles 25-3 et 25-4 ;

3° Logements constituant la résidence principale de l'occupant qui sont loués ou gérés par un organisme de maîtrise d'ouvrage d'insertion ou un organisme qui exerce les activités d'intermédiation locative ou de gestion locative sociale mentionnés, respectivement, aux articles L. 365-2 et L. 365-4 du code de la construction et de l'habitation.

La garantie universelle des loyers s'applique également aux contrats de sous-location des logements mentionnés au 3° du présent A. Pour l'application du présent article à ces contrats, le contrat de sous-location s'entend du contrat de location, le bailleur s'entend du locataire, et le locataire s'entend du sous-locataire.

En sont exclus les contrats de location ou de sous-location des logements relevant du service d'intérêt général défini à l'article L. 411-2 du même code et appartenant ou étant gérés par les organismes d'habitations à loyer modéré mentionnés à ce même article ou par les sociétés d'économie mixte mentionnées à l'article L. 481-1 dudit code, ainsi que les contrats de location portant sur les logements appartenant ou étant gérés par ces mêmes organismes et sociétés, situés dans les départements et régions d'outre-mer et à Mayotte, et construits, acquis ou améliorés avec le concours financier de l'État.

B. – Les aides versées au titre de la garantie ne peuvent être accordées que lorsque les conditions suivantes sont satisfaites par le bailleur :

1° Le bailleur n'a pas demandé le cautionnement mentionné à l'article 22-1 de la présente loi ;

2° Le bailleur n'a pas souscrit d'assurance pour les risques couverts par la garantie universelle des loyers ;

3° Le logement satisfait aux caractéristiques de décence prévues à l'article 6 ;

4° Le bailleur ne loue pas le logement à l'un de ses ascendants ou descendants, ou à ceux de leur conjoint ou concubin ou de toute personne liée à eux par un pacte civil de solidarité ;

5° Le bailleur a déclaré son contrat de location auprès de l'agence mentionnée au II du présent article dans les conditions prévues au même II ;

6° Le contrat de location est établi par écrit, respecte le contrat type prévu à l'article 3 et ne mentionne pas le renoncement au bénéfice de la garantie universelle des loyers ;

7° Lorsque le locataire bénéficie de l'aide personnelle au logement, le bailleur demande son versement entre ses mains dans des conditions fixées par décret.

Toutefois, le 1° du présent B ne s'applique pas lorsque le locataire est étudiant ou apprenti.

Le bénéfice de la garantie est refusé lorsque le bailleur a fait l'objet d'une interdiction de bénéficier de la garantie en application du E du II ou lorsque, depuis moins de dix ans, il a été mis en demeure de faire cesser la mise à disposition aux fins d'habitation de locaux impropres à l'habitation en application de l'article L. 1331-22 du code de la santé publique ou a proposé à la location un logement ayant fait l'objet d'un arrêté de péril pris en application des articles L. 511-1 ou L. 511-3 du code de la construction et de l'habitation ou d'un arrêté d'insalubrité mentionné aux articles L. 1331-26-1 ou L. 1331-28 du code de la santé publique, sauf lorsque l'autorité responsable a prononcé la mainlevée de l'arrêté.

C. – Le bénéfice de la garantie est subordonné au contrôle, par le bailleur, du respect des conditions suivantes par le locataire à la date de la conclusion du contrat de location :

1° Le locataire n'est pas redevable d'une dette créée ou augmentée depuis moins de deux ans vis-à-vis de l'agence mentionnée au II du présent article et supérieure à un seuil défini par décret, sauf si l'une des conditions suivantes est remplie :

a) Le locataire a signé un plan d'apurement de cette dette ;

b) Sa demande formée en application du premier alinéa du I de l'article L. 331-3 du code de la consommation a été déclarée recevable ;

c) Le locataire loue un logement loué ou géré par un organisme mentionné au IV du présent article ;

2° Le locataire ne fait pas l'objet d'une interdiction de bénéficier de la garantie en application du E du II.

Pour la mise en œuvre du présent C, un justificatif du respect de ces conditions est délivré au candidat locataire, à sa demande.

D. – Le montant de l'aide versée au titre de la garantie est ainsi calculé :

1° Le montant est déterminé par référence au montant des impayés de loyer ;

2° L'aide est versée dans la limite d'un plafond modulé en fonction de la localisation du logement, de sa catégorie et de sa surface.

Dans les zones mentionnées au I de l'article 17, ce plafond est égal au loyer de référence mentionné au même article ou, lorsque le logement est loué meublé, au loyer de référence mentionné à l'article 25-9.

Le plafond est majoré lorsque le locataire est, à la date de conclusion du contrat de location, étudiant, apprenti, salarié titulaire d'un contrat autre qu'un contrat à durée indéterminée ou demandeur d'emploi. Dans les zones mentionnées au quatrième alinéa du présent D, ce plafond majoré ne peut être supérieur au loyer de référence majoré mentionné au même article 17 ou, lorsque le logement est loué meublé, au loyer de référence majoré mentionné au même article 25-9.

En outre, ce plafond est complété :

a) D'un montant représentatif des charges récupérables déterminé en fonction de la localisation du logement, de sa catégorie et de sa surface ;

b) De la contribution pour le partage des économies de charges, si elle s'applique au contrat de location ;

3° L'aide est versée sous réserve d'un montant minimal d'impayés de loyers ouvrant droit à la garantie et n'est accordée qu'à l'issue d'un délai de carence après la conclusion du contrat de location et pour une durée maximale fixés par voie réglementaire ;

4° Le montant de l'aide est réduit ou l'aide est supprimée dans les cas suivants :

a) Le bailleur déclare tardivement les impayés de loyer ;

b) Le bailleur fait preuve de négligence dans l'exercice de ses droits ;

c) Le loyer représente plus de la moitié des ressources du locataire à la date de conclusion du contrat de location.

Toutefois, dans le cas prévu au *c*, la réduction ou la suppression de l'aide ne s'applique pas dans les cas suivants :

– le locataire est étudiant ou apprenti, à la date de conclusion du contrat de location, et dispose du cautionnement mentionné à l'article 22-1 ;

– le logement est loué ou géré par un organisme mentionné au IV du présent article ;

5° Une franchise est appliquée.

Cette franchise ne peut pas être appliquée lorsque le logement est loué ou géré par un organisme mentionné au même IV ou lorsque, à la date de conclusion du contrat de location, le locataire est étudiant, apprenti ou salarié titulaire d'un contrat autre qu'un contrat à durée indéterminée ou demandeur d'emploi ;

6° Lorsque le logement est à usage mixte professionnel et d'habitation, l'aide peut être réduite.

E. – Les aides versées au titre de la garantie ouvrent droit à un recours subrogatoire contre le locataire et, le cas échéant, contre la personne qui s'est portée caution.

Toutefois, l'agence mentionnée au II peut exercer ses droits à l'encontre du locataire par préférence aux droits du bailleur existant au jour de l'octroi de l'aide. Dans tous les cas, l'agence dispose de la faculté de ne pas exercer une partie ou la totalité de ses droits si elle juge que la situation d'impayés est principalement due aux graves difficultés économiques et sociales du locataire.

Le recouvrement des créances au profit de l'agence est effectué par l'État, comme en matière de créances étrangères à l'impôt. L'État est subrogé dans les droits de l'agence pour le recouvrement des créances à l'encontre du locataire mentionné au premier alinéa.

Les sommes recouvrées par l'État pour le compte de l'agence lui sont reversées.

F. – Les actions contentieuses introduites par le bailleur en raison du non-paiement du loyer, des charges récupérables ou de la contribution pour le partage des économies de charges ne peuvent être rejetées du seul fait que le bailleur a perçu une aide en application du présent article.

G. – Un décret en Conseil d'État fixe les modalités d'application du présent I, sauf le montant minimal d'impayés ouvrant droit à la garantie, le plafond pris en compte pour le calcul de l'aide, le montant représentatif des charges récupérables, les modalités d'application de la franchise, la durée maximale d'octroi de l'aide et le délai de carence mentionnés au D, qui sont fixés par décret. Le décret en Conseil d'État définit, notamment, les conditions et délais de déclaration à respecter pour le bénéfice de la garantie, ainsi que les conditions de versement de l'aide.

II. – Il est créé, sous la forme d'un établissement public administratif de l'État, une Agence de la garantie universelle des loyers.

A. – L'Agence de la garantie universelle des loyers est chargée de mettre en place et d'administrer la garantie prévue au I, directement ou par l'intermédiaire des organismes mentionnés au III, et de contrôler sa mise en œuvre ainsi que l'activité desdits organismes. À ce titre, elle peut financer des actions d'accompagnement social des locataires en situation d'impayés de loyer.

L'agence peut également, à titre complémentaire, mettre en place un dispositif d'aide au profit des bailleurs pour les frais contentieux et pour les dégradations locatives des logements loués ou gérés par les organismes mentionnés au IV.

L'agence agrée les organismes mentionnés aux III et IV pour l'application de la garantie universelle des loyers.

L'agence peut gérer, directement ou par l'intermédiaire des organismes mentionnés au III, au nom et pour le compte des personnes concernées, les aides aux bailleurs que des personnes publiques ou morales de droit privé apportent sur leur budget propre.

Pour l'exercice des attributions mentionnées aux troisième et quatrième alinéas du présent A, l'agence conclut des conventions avec les organismes et personnes en cause.

L'agence peut également mener toute étude ou action ayant pour objet de sécuriser les relations entre bailleurs et locataires ou d'améliorer la gestion et le traitement des impayés de loyer et l'accompagnement des locataires en situation d'impayés.

B. – L'agence est administrée par un conseil d'administration composé de quatre collèges :

1° Un collège de représentants de l'État ;

2° Un collège de représentants d'organisations syndicales et patronales membres de l'Union des entreprises et des salariés pour le logement mentionnée à l'article L. 313-17 du code de la construction et de l'habitation ;

3° Un collège de parlementaires comprenant autant de sénateurs que de députés ;

4° Un collège de personnalités qualifiées.

Le nombre de voix attribuées à chacun des membres du conseil d'administration est précisé par décret. Le premier collège détient la moitié des voix délibératives au sein du conseil d'administration. Le président du conseil d'administration est nommé par décret, pris sur le rapport du ministre chargé du Logement, parmi les membres du quatrième collège. Le vice-président est désigné par le deuxième collège en son sein.

L'agence est dirigée par un directeur général.

Un comité d'orientation est chargé de faire toute proposition utile afin d'améliorer la gestion de la garantie universelle des loyers.

C. – Pour l'accomplissement de sa mission, l'Agence de la garantie universelle des loyers peut disposer des ressources suivantes :

1° Les contributions et subventions de l'État et de ses établissements publics, de l'Union européenne, ainsi que de toute autre personne morale publique ou privée ;

2° Les recettes fiscales affectées par la loi ;

3° Les contributions de la participation des employeurs à l'effort de construction ;

4° Le produit issu du remboursement des aides versées au titre de la garantie ;

5° Les sommes correspondant aux aides accordées par d'autres personnes morales qui lui sont versées en application des conventions mentionnées au A ;

6° Les emprunts et le produit des placements financiers qu'elle est autorisée à faire ;

7° Le produit des dons et legs ;

8° Les recettes accessoires, notamment la rémunération des services rendus aux tiers, dans des conditions fixées par le conseil d'administration ;

9° Toutes les ressources dont elle peut disposer en vertu des lois et règlements.

D. – Pour bénéficier des aides mentionnées au I, les bailleurs déclarent auprès de l'Agence de la garantie universelle des loyers la conclusion des contrats de location entrant dans le champ d'application du A du I, dans un délai fixé par décret. Cette déclaration peut s'effectuer de façon dématérialisée. Les locataires sont informés de cette déclaration, selon des modalités fixées par décret.

E. – L'agence peut prononcer des sanctions à l'encontre des bailleurs ayant sollicité ou obtenu un versement par fraude d'aides au titre de la garantie et à l'encontre des locataires en cas de fausse déclaration.

L'agence peut prononcer les sanctions suivantes, après avoir mis en œuvre la procédure prévue à l'article 24 de la loi n° 2000-321 du 12 avril 2000 relative aux droits des citoyens dans leurs relations avec les administrations :

1° Une sanction pécuniaire, qui ne peut excéder, pour les bailleurs, un montant équivalant à deux ans de loyer et, pour les locataires, deux fois le plafond mensuel de la sécurité sociale. Ces sanctions sont recouvrées par l'État au profit de l'agence comme en matière de créances étrangères à l'impôt;

2° L'interdiction de bénéficier de la garantie universelle des loyers pendant une durée maximale de dix ans pour les bailleurs, de deux ans pour les locataires.

Un comité des sanctions prononce les sanctions mentionnées aux 1° et 2°. Ce comité est composé :

a) D'un magistrat de l'ordre administratif, désigné par le vice-président du Conseil d'État, président du comité;

b) D'un magistrat de l'ordre judiciaire, désigné par le premier président de la Cour de cassation;

c) De trois membres désignés en raison de leur compétence en matière de logement par le ministre chargé du Logement;

d) D'un représentant des associations de défense des consommateurs représentatives au niveau national œuvrant dans le domaine du logement, désigné par le ministre chargé du Logement;

e) D'un représentant des organisations représentatives au plan national des bailleurs ou des gestionnaires, désigné par le ministre chargé du Logement.

Les membres du comité sont désignés pour un mandat de cinq ans, non renouvelable. Ils peuvent se faire suppléer par un membre relevant de la même catégorie et nommé dans les mêmes conditions.

Le directeur général de l'agence est chargé de l'instruction. Il procède, à cet effet, aux investigations nécessaires. Il notifie les griefs au comité. Il peut présenter des observations devant le comité. Il n'assiste pas au délibéré.

F. – L'agence peut communiquer aux organismes payeurs de prestations familiales, aux départements et à la commission mentionnée à l'article 7-2 de la loi n° 90-449 du 31 mai 1990 visant à la mise en œuvre du droit au logement les données relatives aux impayés de loyer et aux locataires en situation d'impayés, dans des conditions prévues par décret en Conseil d'État. Elle peut également communiquer aux observatoires locaux des loyers mentionnés à l'article 16 de la présente loi les données utiles pour l'exercice de leur mission, dans des conditions prévues par décret en Conseil d'État.

Les organismes chargés du paiement de l'allocation de logement communiquent à l'agence, à sa demande, l'information selon laquelle un locataire est bénéficiaire de l'aide personnelle au logement et un récapitulatif des versements des aides personnelles au logement entre les mains des locataires et des bailleurs.

G. – Un décret en Conseil d'État définit les modalités d'organisation, de gestion et de fonctionnement de l'agence.

III. – Des organismes, dénommés « centres de gestion agréés », sont agréés par l'Agence de la garantie universelle des loyers pour la mise en œuvre de la garantie universelle des loyers. À ce titre, ils ont pour missions :

1° D'assister les bailleurs dans la déclaration mentionnée au D du II, pour la vérification du respect des conditions exigées pour bénéficier de la garantie universelle des loyers et dans toutes démarches pour le bénéfice de la garantie ;

2° D'instruire les dossiers d'impayés de loyer et les demandes d'aides ;

3° De délivrer aux candidats locataires qui en font la demande le justificatif mentionné au C du I ;

4° D'informer les locataires des déclarations d'impayés de loyer ainsi que des conséquences de cette déclaration, et notamment des voies de recours dont les locataires disposent dans ce cadre ;

5° De proposer un plan d'apurement au locataire ;

6° D'identifier et orienter les locataires en situation d'impayés de loyer nécessitant un accompagnement social, et d'accompagner, s'il y a lieu, les locataires dans la recherche d'un autre logement.

Ces organismes peuvent également procéder au versement des aides aux bailleurs et proposer des prestations complémentaires, dont la liste est fixée par décret, dans le cadre de la mise en œuvre de la garantie universelle des loyers.

Toutefois, l'instruction des demandes d'aide d'un propriétaire doit être autonome de la sélection des locataires et de l'encaissement des loyers à l'échéance éventuellement effectués pour le compte de ce propriétaire.

Ces organismes sont soumis au respect d'un cahier des charges fixé par décret.

Pour le financement de leurs missions, ces organismes perçoivent un financement de l'agence mentionnée au II. Ils peuvent également percevoir des sommes acquittées par les bailleurs, dans des conditions fixées par décret.

IV. – Pour pouvoir bénéficier des conditions spécifiques d'application de la garantie universelle des loyers prévues aux *c* du 1° du C du I et au septième alinéa du 4° et au second alinéa du 5° du D de ce même I, ainsi que de l'aide complémentaire prévue au deuxième alinéa du A du II pour les logements qu'ils louent ou gèrent, les organismes qui exercent les activités d'intermédiation locative et de gestion locative sociale, ainsi que les organismes qui exercent des activités de maîtrise d'ouvrage d'insertion agréés dans les conditions prévues, respectivement, aux articles L. 365-2 et L. 365-4 du code de la construction et de l'habitation, doivent obtenir un agrément de l'agence mentionnée au II du présent article dans des conditions définies par décret.

V. – Le présent article s'applique aux contrats de location conclus à compter du 1er janvier 2016.

À compter de cette même date, les parties peuvent rendre applicable le présent article, par voie d'avenant, aux contrats de location en cours, sous réserve que le bailleur et le locataire remplissent les conditions qu'il fixe.

Le bénéfice de la garantie pour les logements déjà occupés par le locataire est soumis à un délai de carence qui ne peut être inférieur à six mois, sauf dans le cas d'un renouvellement d'un contrat de location qui a été déclaré dans les conditions mentionnées au D du II du présent article ou d'un avenant à un tel contrat. Ce délai de carence ne s'applique pas dans le cas d'un renouvellement d'un contrat de location qui a fait l'objet d'un contrat d'assurance contre les impayés de loyer respectant le cahier des charges prévu au *g* de l'article L. 313-3 du code de la construction et de l'habitation ou d'un avenant à un tel contrat.

L'agence mentionnée au II est créée à une date fixée par décret, et au plus tard le 1er janvier 2015.

Article 25 Les décrets pris en application des articles 7 et 18 abrogés et de l'article 29 modifié de la loi n° 86-1290 du 23 décembre 1986 tendant à favoriser l'investissement locatif, l'accession à la propriété de logements sociaux et le développement de l'offre foncière restent en vigueur pour l'application de la présente loi jusqu'à l'intervention des décrets correspondants pris en application de la présente loi.

Article 25-1 À l'exception du troisième alinéa de l'article 9, des articles 16 à 20, du deuxième alinéa de l'article 24 et de l'article 25, les dispositions du présent titre sont applicables en Polynésie française sous réserve des adaptations suivantes :

1° Au quatrième alinéa de l'article 3, les mots : « prévues à l'article 19 » sont remplacés par les mots : « prévues par délibération de l'assemblée locale »;

2° À la fin du a de l'article 6, les mots : « en application des premier et deuxième alinéas » sont remplacés par les mots : « par la réglementation territoriale »;

3° À l'article 15 :

a) Dans le septième alinéa du II, les mots : « ni aux actes portant sur les immeubles mentionnés au deuxième alinéa de l'article L. 111-6-1 du code de la construction et de l'habitation » ne sont pas applicables;

b) Aux premier et deuxième alinéas du III, les mots : « salaire minimum de croissance » sont remplacés par les mots : « salaire minimum interprofessionnel garanti » ;

c) Au premier alinéa du III, les mots : « dans les limites géographiques prévues à l'article 13 *bis* de la loi n° 48-1360 du 1er septembre 1948 » sont remplacés par les mots : « à une distance au plus égale à 5 kilomètres » ;

4° Le sixième alinéa de l'article 24 est remplacé par les dispositions suivantes :

Le commandement de payer reproduit, à peine de nullité, les dispositions des alinéas précédents.

Article 25-2 Jusqu'à leur terme, les contrats de location en cours en Polynésie française à la date du 15 septembre 1998 demeurent soumis aux dispositions qui leur étaient applicables.

Titre Ier *bis*

Des rapports entre bailleurs et locataires dans les logements meublés résidence principale

Article 25-3 Les dispositions du présent titre sont d'ordre public et s'appliquent aux contrats de location de logements meublés tels que définis à l'article 25-4 dès lors qu'ils constituent la résidence principale du locataire au sens de l'article 2.

Les articles 1er, 3, 3-2, 3-3, 4, à l'exception du I, 5, 6, 7, 7-1, 8, 8-1, 18, 20-1, 21, 22, 22-1, 22-2, 24 et 24-1 sont applicables aux logements meublés.

Le présent titre ne s'applique ni aux logements-foyers, ni aux logements faisant l'objet d'une convention avec l'État portant sur leurs conditions d'occupation et leurs modalités d'attribution.

Le présent titre ne s'applique ni aux logements attribués ou loués en raison de l'exercice d'une fonction ou de l'occupation d'un emploi, ni aux locations consenties aux travailleurs saisonniers.

Article 25-4 Un logement meublé est un logement décent équipé d'un mobilier en nombre et en qualité suffisants pour permettre au locataire d'y dormir, manger et vivre convenablement au regard des exigences de la vie courante.

La liste des éléments que doit comporter ce mobilier est fixée par décret.

Article 25-5 Un inventaire et un état détaillé du mobilier sont établis dans les mêmes formes et en autant d'exemplaires que de parties lors de la remise et de la restitution des clés. Ces documents, établis contradictoirement et amiablement, sont signés par les parties ou par un tiers mandaté par elles et joints au contrat de location. Ces documents ne peuvent donner lieu à aucune autre facturation que celle liée à l'établissement de l'état des lieux.

Article 25-6 Par dérogation à l'article 22, le montant du dépôt de garantie exigible par le bailleur est limité à deux mois de loyer en principal.

Article 25-7 Le contrat de location est établi par écrit et respecte un contrat type défini par décret en Conseil d'État, pris après avis de la Commission nationale de concertation.

Il est conclu pour une durée d'au moins un an.

Si les parties au contrat ne donnent pas congé dans les conditions prévues à l'article 25-8, le contrat de location parvenu à son terme est reconduit tacitement pour une durée d'un an.

Lorsque la location est consentie à un étudiant, la durée du bail peut être réduite à neuf mois. Dans ce cas, la reconduction tacite prévue au troisième alinéa du présent article est inapplicable.

Article 25-8

I. – Le locataire peut résilier le contrat à tout moment, sous réserve du respect d'un préavis d'un mois, y compris lorsque la durée du bail est réduite à neuf mois.

Le bailleur qui souhaite, à l'expiration du contrat, en modifier les conditions doit informer le locataire avec un préavis de trois mois. Si le locataire accepte les nouvelles conditions, le contrat est renouvelé pour un an.

Lorsqu'il donne congé à son locataire pour reprendre le logement, le bailleur justifie du caractère réel et sérieux de sa décision de reprise.

Le bailleur qui ne souhaite pas renouveler le contrat doit informer le locataire avec un préavis de trois mois et motiver son refus de renouvellement du bail soit par sa décision de reprendre ou de vendre le logement, soit par un motif légitime et sérieux, notamment l'inexécution par le locataire de l'une des obligations lui incombant.

À peine de nullité, le congé donné par le bailleur doit indiquer le motif allégué et, en cas de reprise, les nom et adresse du bénéficiaire de la reprise ainsi que la nature du lien existant entre le bailleur et le bénéficiaire de la reprise qui ne peut être que le bailleur, son conjoint, le partenaire auquel il est lié par un pacte civil de solidarité enregistré à la date du congé, son concubin notoire depuis au moins un an à la date du congé, ses ascendants, ses descendants ou ceux de son conjoint, de son partenaire ou de son concubin notoire.

En cas de contestation, le juge peut, même d'office, vérifier la réalité du motif du congé et le respect des obligations prévues au présent article. Il peut notamment déclarer non valide le congé si la non-reconduction du bail n'apparaît pas justifiée par des éléments sérieux et légitimes.

Le congé doit être notifié par lettre recommandée avec demande d'avis de réception ou signifié par acte d'huissier ou remis en main propre contre récépissé ou émargement. Ce délai court à compter du jour de la réception de la lettre recommandée ou de la signification de l'acte d'huissier ou de la remise en main propre.

Pendant le délai de préavis, le locataire n'est redevable du loyer et des charges que pour le temps où il a occupé réellement les lieux si le congé a été notifié par le bailleur. Il est redevable du loyer et des charges relatifs à l'intégralité de la période couverte par le préavis si c'est lui qui a notifié le congé, sauf si le logement se trouve occupé avant la fin du préavis par un autre locataire en accord avec le bailleur.

À l'expiration du délai de préavis, le locataire est déchu de tout titre d'occupation du logement loué.

II. – Le bailleur ne peut s'opposer au renouvellement du contrat en donnant congé dans les conditions définies au I à l'égard de tout locataire âgé de plus de soixante-cinq ans et dont les ressources annuelles sont inférieures à un plafond de ressources en vigueur pour l'attribution des logements locatifs conventionnés fixé par arrêté du ministre chargé du Logement, sans qu'un logement correspondant à ses besoins et à ses possibilités lui soit offert dans les limites géographiques prévues à l'article 13 *bis* de la loi n° 48-1360 du 1er septembre 1948 précitée. Le présent alinéa est également applicable lorsque le locataire a à sa charge une personne de plus de soixante-cinq ans vivant habituellement dans le logement et remplissant la condition de ressources précitée et que le montant cumulé des ressources annuelles de l'ensemble des personnes vivant au foyer est inférieur au plafond de ressources déterminé par l'arrêté précité.

Toutefois, les dispositions du premier alinéa du présent II ne sont pas applicables lorsque le bailleur est une personne physique âgée de plus de soixante-cinq ans ou si ses ressources annuelles sont inférieures au plafond de ressources mentionné au même premier alinéa.

L'âge du locataire ou de la personne à sa charge et celui du bailleur sont appréciés à la date d'échéance du contrat; le montant de leurs ressources est apprécié à la date de notification du congé.

III. – Le fait pour un bailleur de délivrer un congé justifié frauduleusement par sa décision de reprendre ou de vendre le logement est puni d'une amende pénale dont le montant ne peut être supérieur à 6 000 € pour une personne physique et à 30 000 € pour une personne morale.

Le montant de l'amende est proportionné à la gravité des faits constatés. Le locataire est recevable dans sa constitution de partie civile et la demande de réparation de son préjudice.

Article 25-9

I. – Le représentant de l'État dans le département fixe chaque année, par arrêté, dans les zones mentionnées au

I de l'article 17, un loyer de référence, un loyer de référence majoré et un loyer de référence minoré par catégorie de logement et par secteur géographique. Le loyer de référence, le loyer de référence majoré et le loyer de référence minoré sont déterminés par l'application d'une majoration unitaire par mètre carré aux loyers de référence définis au I de l'article 17 pour tenir compte du caractère meublé du logement. Cette majoration est déterminée à partir des écarts constatés entre les loyers des logements loués nus et les loyers des logements loués meublés observés par l'observatoire local des loyers.

Les compétences attribuées au représentant de l'État dans le département par le présent article sont exercées, dans la région d'Île-de-France, par le représentant de l'État dans la région.

Le II de l'article 17 et l'article 17-2 de la présente loi sont applicables aux logements meublés, en tenant compte des loyers de référence définis au premier alinéa du présent I. Pour l'application de ces articles, le complément de loyer tient compte des équipements et services associés aux logements meublés. Pour l'application de l'article 17-2, la hausse du loyer convenue entre les parties ou fixée judiciairement s'applique au contrat renouvelé. Toutefois, si la hausse est supérieure à 10 %, elle s'applique par tiers annuel au contrat renouvelé et lors des renouvellements ultérieurs.

II. – Le I du présent article n'est pas applicable aux logements meublés situés dans une résidence avec services gérée selon un mode d'organisation adapté aux nécessités des résidents par un mandataire unique, définis au *c* de l'article 261 D du code général des impôts.

III. – Pour la révision du loyer, le I de l'article 17-1 est applicable aux logements meublés.

Lorsque les parties sont convenues, par une clause expresse, de travaux d'amélioration du logement que le bailleur fera exécuter ou d'acquisition d'équipements par le bailleur en sus de l'équipement initial, le contrat de location ou un avenant à ce contrat peut fixer une majoration de loyer consécutive à ces opérations.

Article 25-10 Les charges locatives accessoires au loyer principal sont récupérées par le bailleur au choix des parties et tel que prévu par le contrat de bail :

1° Soit dans les conditions prévues à l'article 23, lorsqu'il s'agit de provisions pour charges ;

2° Soit sous la forme d'un forfait versé simultanément au loyer, dont le montant et la périodicité de versement sont définis dans le contrat et qui ne peut donner lieu à complément ou à régularisation ultérieure. Le montant du forfait de charges est fixé en fonction des montants exigibles par le bailleur en application du même article 23 et peut être révisé chaque année aux mêmes conditions que le loyer principal. Ce montant ne peut pas être manifestement disproportionné au regard des charges dont le locataire ou, le cas échéant, le précédent locataire se serait acquitté.

Article 25-11 La commission départementale de conciliation mentionnée à l'article 20 est compétente pour l'examen des litiges relatifs aux logements meublés et résultant de l'application des dispositions relatives aux loyers, aux congés, à l'état des lieux et du mobilier, au dépôt de garantie, aux charges locatives, aux réparations et aux caractéristiques du logement mentionnées aux deux premiers alinéas de l'article 6.

Titre II

Dispositions diverses

Article 40

I. – Les 4°, 7° à 9° et le dernier alinéa de l'article 3, l'article 3-1, le II de l'article 5, les articles 8, 8-1, 10 à 12, 15 à 18, le 1° de l'article 20, les cinq premiers alinéas de l'article 23 et les articles 25-3 à 25-11 ne sont pas applicables aux logements appartenant aux organismes d'habitations à loyer modéré et ne faisant pas l'objet d'une convention passée en application de l'article L. 351-2 du code de la construction et de l'habitation. L'article 14 leur est applicable à condition que le bénéficiaire du transfert ou de la continuation du contrat remplisse les conditions d'attribution et que le logement soit adapté à la taille du ménage. Ces deux conditions ne sont pas requises envers le conjoint, le partenaire lié au locataire par un pacte civil de solidarité ou le concubin notoire et, lorsqu'ils vivaient effectivement avec le locataire depuis plus d'un an, les ascendants, les personnes présentant un handicap au sens de l'article L. 114 du code de l'action sociale et des familles et les personnes de plus de soixante-cinq ans. Lorsque le bénéficiaire du transfert est un descendant remplissant les conditions de ressources mais pour lequel le logement est inadapté à la taille du ménage, l'organisme bailleur peut proposer un relogement dans un logement plus petit pour lequel l'intéressé est prioritaire.

Les treizième à vingt-troisième alinéas du I de l'article 15 sont applicables lorsque le congé émane du locataire.

II. – Les dispositions des articles 3, 3-1, 8 à 20, du premier alinéa de l'article 22 et de l'article 24 ne sont pas applicables aux logements dont le loyer est fixé en application des dispositions du chapitre III de la loi n° 48-1360 du 1er septembre 1948 précitée.

III. – Les 4°, 7° à 9° et le dernier alinéa de l'article 3, l'article 3-1, le II de l'article 5, les articles 8, 8-1, 10 à 12, 15 et 17, le II de l'article 17-1, les articles 17-2 et 18 et le premier alinéa de l'article 22 ne sont pas applicables aux logements régis par une convention conclue en application de l'article L. 351-2 du code de la construction et de l'habitation.

L'article 14 leur est applicable à condition que le bénéficiaire du transfert ou de la continuation du contrat remplisse les conditions d'attribution et que le logement soit adapté à la taille du ménage. Ces deux conditions ne sont pas requises envers le conjoint, le partenaire lié au locataire par un pacte civil de solidarité ou le concubin notoire et, lorsqu'ils vivaient effectivement avec le locataire depuis plus d'un an, les ascendants, les personnes présentant un handicap au sens de l'article L. 114 du code de l'action sociale et des familles et les personnes de plus de soixante-cinq ans.

Les treizième à vingt-troisième alinéas du I de l'article 15 leur sont applicables.

L'article 16, le I de l'article 17-1, l'article 18, le 1° de l'article 20, les cinq premiers alinéas de l'article 23 et les articles 25-3 à 25-11 ne sont pas applicables aux logements régis par une convention conclue en application de l'article L. 353-14 du code de la construction et de l'habitation.

IV. – Les dispositions des cinq premiers alinéas de l'article 23 ne sont pas applicables aux logements dont les conditions sont réglementées en contrepartie de primes ou prêts spéciaux à la construction consentis par le Crédit foncier de France ou la Caisse centrale de coopération économique.

V. – Les articles 10,15, à l'exception des treizième à vingt-troisième alinéas du I, 17 et 17-2 ne sont pas applicables aux logements donnés en location à titre exceptionnel et transitoire par les collectivités locales.

VI. – Les loyers fixés en application des articles 17,17-1 et 17-2 ou négociés en application des articles 41 *ter* et 42 de la loi n° 86-1290 du 23 décembre 1986 précitée ne peuvent ni excéder, pour les logements ayant fait l'objet de conventions passées en application de l'article L. 351-2 du code de la construction et de l'habitation, les loyers plafonds applicables à ces logements, ni déroger, pour les logements ayant fait l'objet de primes ou de prêts spéciaux à la construction du Crédit foncier de France ou de la Caisse centrale de coopération économique, aux règles applicables à ces logements.

Les accords conclus en application des articles 41 *ter* et 42 de la loi n° 86-1290 du 23 décembre 1986 précitée ne peuvent conduire à déroger, pour les logements dont le loyer est fixé en application du chapitre III de la loi n° 48-1360 du 1er septembre 1948 précitée, aux règles de fixation de ce loyer ni, pour les logements gérés par les organismes d'habitations à loyer modéré, aux règles de fixation et d'évolution des loyers prévues à l'article L. 442-1 du code de la construction et de l'habitation.

VII. – Les dispositions des articles 17 à 20 ne sont pas applicables aux logements auxquels s'appliquent les dispositions de l'article L. 472-1-3 du code de la construction et de l'habitation.

Les dispositions de l'article 17, du I de l'article 17-1, des articles 17-2 et 18 et du 1° de l'article 20 ne sont pas applicables aux sociétés d'économie mixte pour les logements régis par un cahier des charges en application du chapitre V du titre IV du livre IV du code de la construction et de l'habitation.

VIII. – Les 4°, 7°, 8°, 9° et dernier alinéa de l'article 3, les articles 3-1, 8, 10 à 11-1, 15, 17, 17-2, 18, les sixième à dernier alinéas de l'article 23 et le II de l'article 17-1 ne sont pas applicables aux logements des résidences universitaires définies à l'article L. 631-12 du code de la construction et de l'habitation et régies par une convention conclue en application de l'article L. 351-2 du même code. Toutefois, les treizième à vingt-troisième alinéas du I de l'article 15 sont applicables lorsque le congé émane du locataire.

Les articles 3-1, 8, 10 à 11-1 et les sixième à dernier alinéas de l'article 23 ne sont pas applicables aux logements des résidences universitaires définies audit article L. 631-12.

Les charges locatives accessoires au loyer principal des logements des résidences universitaires peuvent être récupérées par le bailleur sous la forme d'un forfait versé simultanément au loyer, dont le montant et la périodicité de versement sont définis au contrat et qui ne peut donner lieu à complément ou à régularisation ultérieure. Le montant du forfait de charges est fixé en fonction des montants exigibles par le bailleur en application de l'article 23. Ce montant ne doit pas être manifestement disproportionné au regard des charges dont le locataire ou, le cas échéant, le précédent locataire se serait acquitté.

Article 41 Pour la période du 13 novembre 1982 au 31 décembre 1986, les services rendus liés à l'usage des différents éléments de la chose louée prévus par l'article L. 442-3 du code de la construction et de l'habitation, dans sa rédaction tirée du paragraphe I de l'article 9 de la loi n° 81-1161 du 30 décembre 1981 relative à la modération des loyers, n'incluent pas les dépenses du personnel chargé de l'entretien des parties communes et de l'élimination des rejets. La présente disposition, qui est interprétative, a un caractère d'ordre public.

Article 41-1 Les dispositions de l'article 20-1 sont applicables aux contrats en cours.

5200 Glossaire

AGENT IMMOBILIER Personne physique ou morale qui, d'une manière habituelle, se livre ou prête son concours, même à titre accessoire, aux opérations portant sur les biens d'autrui et relatives, notamment à l'achat, l'échange, la location ou la sous-location en nu ou en meublé d'immeubles bâtis ou non bâtis. L'agent immobilier est soumis à la loi du 2 janvier 1970 (L. n° 70-9, *JO* 4 janv. 1970, p. 142), dite loi Hoguet, l'obligeant à détenir une carte professionnelle, à s'assurer pour sa responsabilité civile professionnelle auprès d'une société de caution, à conclure un mandat avec son client avant toute intervention de sa part, etc.

AMÉLIORATION (TRAVAUX D') Travaux apportant une plus-value au bien loué.

AMÉNAGEMENT Adaptation des lieux à laquelle le bailleur ne peut s'opposer. Par exemple : travaux de peinture, pose de moquette ou de boiseries, modification de l'agencement des pièces, aménagement des combles ou installation d'un éclairage extérieur.

ASSIGNATION Acte de procédure prenant la forme d'un acte d'huissier par lequel le demandeur invite le défendeur à se présenter devant le juge.

ASSURANCE IMPAYÉS DE LOYERS Assurance qui garantit le paiement du loyer et prend en charge le coût de la remise en état du logement en cas de dégradations constatées en fin de bail. Cette prestation est facturée en plus des honoraires de gestion (généralement 2 ou 3 % de toutes les sommes encaissées par l'agence). Elle n'est ouverte qu'au propriétaire qui accepte de louer son bien à des locataires répondant à des critères drastiques de solvabilité.

ASSURANCE LOCATIVE Assurance que le locataire doit souscrire contre les risques locatifs (dégât des eaux, explosion et incendie).

BAIL MIXTE Bail à usage d'habitation et à usage professionnel.

CAUTION Garantie demandée à une tierce personne par le créancier (ici, le bailleur) pour pallier les éventuelles défaillances du débiteur (en l'occurrence, le locataire). À ne pas confondre avec le dépôt de garantie.

CESSION DE BAIL Contrat conclu entre le locataire (appelé « cédant ») et une personne (« cessionnaire ») aux termes duquel le cessionnaire devient locataire de tout ou partie des locaux loués en lieu et place du cédant. En principe interdite, la cession de bail nécessite l'accord exprès du bailleur.

CHARGES RÉCUPÉRABLES Charges accessoires au loyer qu'il incombe au locataire de payer.

CLAUSE ABUSIVE Clause insérée dans un contrat proposé par un professionnel à un consommateur ayant pour objet ou pour effet de créer, au détriment du consommateur, un déséquilibre significatif entre les droits et les obligations des parties.

CLAUSE ILLICITE Clause réputée non écrite par la loi. Le juge qui est saisi d'une clause illicite doit automatiquement la déclarer nulle.

CLAUSE PÉNALE Clause par laquelle les parties évaluent d'avance et forfaitairement l'indemnité due en cas d'irrespect, par l'une d'entre elles, de ses obligations.

CLAUSE RÉSOLUTOIRE Également appelée « clause de résiliation de plein droit », la clause résolutoire est la clause par laquelle le locataire accepte, par avance, que la méconnaissance de l'une au moins des obligations visées entraînera la résiliation pure et simple du bail.

CLAUSE DE TRAVAUX Clause du bail par laquelle le locataire s'engage à réaliser un certain nombre de travaux dans le logement moyennant une diminution temporaire du loyer.

COLOCATAIRES Ensemble des locataires ayant signé le bail.

COMMANDEMENT DE PAYER Acte de procédure signifié au locataire par huissier de justice l'invitant à régler sa dette locative. Préalable indispensable à la mise en œuvre de la clause résolutoire.

COMMANDEMENT DE QUITTER LES LIEUX Acte de procédure signifié au locataire par huissier de justice l'invitant à quitter les lieux, suite à la décision d'expulsion dont il est frappé.

COMMISSION Rémunération de l'agent immobilier.

COMMISSION DÉPARTEMENTALE DE CONCILIATION Instance paritaire compétente notamment pour tenter de concilier les parties en matière de fixation de loyer, de renouvellement et de litiges relatifs à l'état des lieux, au dépôt de garantie, aux charges locatives et aux réparations.

COMMISSION DES CLAUSES ABUSIVE Émanation de la Direction générale de la concurrence, de la consommation et de la répression des fraudes (DGCCRF), cette commission, qui rend des recommandations, a pour mission de débusquer les clauses abusives.

CONCUBINAGE Union de fait, caractérisée par une vie commune présentant un caractère de stabilité et de continuité, entre deux personnes, de sexe différent ou de même sexe, qui vivent en couple.

CONCUBINAGE NOTOIRE Le concubinage est notoire lorsqu'il est porté à la connaissance de tous par une déclaration en mairie, sur la foi de témoignages concordants attestant de la stabilité et de la continuité de l'union.

CONGÉ Manifestation de volonté du locataire ou du bailleur par lequel l'un ou l'autre décide de mettre fin au bail.

DÉPÔT DE GARANTIE Somme (d'un montant égal, au plus, à deux mois de loyer hors charges) que le locataire doit verser lors de la signature du bail et qui est destinée à « garantir l'exécution de ses obligations locatives par le locataire » (un impayé de loyer ponctuel, des dégradations, etc.). À ne pas confondre avec la caution.

DESTINATION DES LIEUX Usage auquel les locaux loués sont destinés (soit à destination d'habitation, soit à destination mixte, d'habitation et professionnelle).

DETTE LOCATIVE Ensemble des sommes dues par le locataire. Il peut s'agir des loyers, des charges, mais aussi du coût des réparations locatives que le locataire n'a pas exécutées et, plus généralement, des conséquences financières de tout manquement du locataire à ses obligations.

DOMICILIATION Possibilité offerte par la loi à toute personne physique ou morale demandant son immatriculation au Registre du commerce et des sociétés (RCS) d'installer le siège de son entreprise au domicile de la personne physique ou du représentant légal de la personne morale.

DROIT DE PRÉEMPTION Droit permettant, en priorité, au locataire de se porter acquéreur du logement qu'il occupe lorsque le bailleur lui a délivré un congé pour vente.

ÉLIMINATION DES REJETS Action consistant à sortir les containers à ordures. Réalisée par le concierge, le gardien ou l'employé d'immeuble, son coût donne lieu à récupération (pour partie ou intégralement) par le bailleur auprès du locataire.

EXPULSION Action d'obliger le locataire ou l'occupant sans titre à quitter les lieux suite à une décision de justice l'ordonnant.

FONDS DE SOLIDARITÉ POUR LE LOGEMENT Fonds départemental destiné à accorder des aides financières sous forme de cautions, prêts, garanties et subventions à des personnes éprouvant des difficultés particulières, en raison, notamment, de l'inadaptation de leurs ressources ou de leurs conditions d'existence et qui entrent dans un logement locatif ou qui, étant locataires ou sous-locataires, se trouvent dans l'impossibilité d'assumer leurs obligations relatives au paiement du loyer et des charges.

GRILLE DE VÉTUSTÉ Prise en compte par certains organismes de logement social, sous la forme de tableaux, de la vétusté des équipements et des locaux, vétusté dont le locataire n'a pas à répondre.

GUL Garantie universelle des loyers.

INDEMNITÉ D'OCCUPATION Montant à caractère compensatoire et indemnitaire dont doit s'acquitter l'occupant sans titre.

INDIVISION Situation juridique, souvent issue d'une succession, dans laquelle plusieurs personnes ont un droit de propriété sur le ou les même(s) bien(s), sans que chacun soit, en propre, titulaire d'une part.

JOUISSANCE PAISIBLE DES LIEUX LOUÉS Comportement du bailleur qui respecte la tranquillité du locataire et comportement du locataire qui respecte la tranquillité du bailleur et du voisinage des lieux loués.

JUGE DE L'EXÉCUTION Président du tribunal de grande instance ou magistrat désigné par lui, chargé de connaître des problèmes liés à la mise en œuvre d'un titre exécutoire (tel un jugement) et aux difficultés concernant une procédure d'exécution forcée (telle l'expulsion).

JUGE DES RÉFÉRÉS Juge d'instance (ou premier président de la cour d'appel) ayant le pouvoir de prendre des mesures provisoires.

JURISPRUDENCE Ensemble des décisions rendues par les juridictions. Lorsque toutes les décisions sont rendues dans le même sens sur un même problème, on parle de « jurisprudence constante ».

LOYER PORTABLE Est portable, le loyer qui, aux termes du bail, doit être porté au domicile du bailleur par le locataire.

LOYER QUÉRABLE Le loyer est quérable lorsqu'il ressort des clauses du bail qu'il incombe au bailleur de venir le chercher au domicile du locataire.

MALFAÇON Une malfaçon est une réalisation qui ne respecte pas les règles de l'art. Par exemple, une fenêtre neuve qui, bien qu'étant aux bonnes dimensions, ne ferme pas.

MANDAT Contrat liant l'agent immobilier, appelé « mandant », à son client (« mandataire »), que celui-ci soit le bailleur à la recherche d'un locataire ou désireux de faire gérer ses biens, ou le candidat locataire à la recherche d'un logement. Le mandat doit toujours être signé avant toute intervention du professionnel.

MARCHAND DE LISTES Personne physique ou morale qui, d'une manière habituelle, se livre ou prête son concours, même à titre accessoire, aux opérations portant sur les biens d'autrui et relatives, à la vente de listes ou de fichiers concernant l'achat, la vente, la location ou sous-location en nu ou en meublé d'immeubles bâtis ou non bâtis.

OCCUPANT SANS TITRE Se dit du locataire qui est resté dans les lieux au-delà du terme du bail, alors qu'il a reçu congé, et plus généralement, de la personne qui se trouve dans les lieux sans avoir de bail en cours de validité (tel le squatter).

PACTE CIVIL DE SOLIDARITÉ Contrat conclu entre deux personnes physiques majeures, de sexe différent ou de même sexe, pour organiser leur vie commune.

PRÉAVIS Période située entre la délivrance du congé par le bailleur ou le locataire et la fin du bail.

PRÉ-ÉTAT DES LIEUX Acte par lequel les parties décident, quelques jours avant l'établissement de l'état des lieux de sortie, de lister les réparations imputables au locataire, permettant à celui-ci de les effectuer, ce qui lui permettra de ne pas voir leur montant défalqué de la somme lui revenant au titre de son dépôt de garantie.

QUITTANCE DE LOYER Document par lequel le bailleur reconnaît que le locataire s'est totalement acquitté de ses obligations financières (loyer et provisions sur charges) pour une période donnée (en général, un mois).

RECONDUCTION TACITE Renouvellement du contrat qui s'opère sans que ni le bailleur ni le locataire ne se manifestent : le locataire est laissé dans les lieux au-delà du terme du contrat, qui se trouve ainsi reconduit pour trois ans (si le bailleur est une personne physique) ou six ans (bailleur personne morale).

REÇU Document par lequel le bailleur reconnaît que le locataire s'est partiellement acquitté de ses obligations financières (loyer et provisions sur charges) pour une période donnée (en général, un mois).

RENOUVELLEMENT Manifestation de volonté du bailleur et du locataire qui, au terme du contrat, décident de conclure un nouveau bail, avec ou non augmentation de loyer. Le renouvellement est au moins de trois ans lorsque le bailleur est une personne physique et de six ans en présence d'un bailleur personne morale.

RÉPARATIONS LOCATIVES Ensemble des réparations qu'il incombe au locataire d'assumer, soit directement, soit par l'intermédiaire d'une entreprise.

RÉSILIATION JUDICIAIRE Procédure au terme de laquelle le juge met fin au bail en cours d'exécution en raison de la destruction de la chose louée ou d'un manquement de l'une ou l'autre des parties. À l'inverse de la résiliation de plein droit poursuivie en application d'une clause résolutoire, le juge est libre d'apprécier si la gravité de la situation nécessite ou non la résiliation pure et simple du contrat.

RESTITUTION DES LIEUX Événement à partir duquel le locataire va être déchargé de toutes ses obligations, notamment, celle de la garde de la chose louée et celle de payer la contrepartie financière à l'occupation des lieux. Pour qu'il y ait juridiquement restitution des lieux de la part du locataire, le locataire doit avoir quitté matériellement les lieux, les lieux doivent être libres de toute occupation et le locataire doit avoir rendu toutes les clés.

SIGNIFICATION Acte de procédure réalisé par huissier de justice à la demande de l'une des parties au contrat de location, portant un acte ou une décision de justice à la connaissance de l'autre.

SOUS-LOCATION Il y a sous-location lorsqu'une autre personne que le locataire occupe tout ou partie du logement loué et que cette personne verse une contrepartie au locataire, lequel ne perd pas cette qualité, même en cas de sous-location totale. En principe interdite, la sous-location nécessite l'accord exprès du bailleur.

SURFACE HABITABLE Selon l'article R. 111-2 du code de la construction et de l'habitation, il s'agit de la surface de plancher construite, après déduction des surfaces occupées par les murs, cloisons, marches et cages d'escaliers ; étant précisé qu'il n'est pas tenu compte de la superficie des combles non aménagés, caves, sous-sols, remises, garages, terrasses, loggias, balcons, séchoirs extérieurs au logement, vérandas, volumes vitrés, locaux communs et autres dépendances des logements, ni des parties de locaux d'une hauteur inférieure à 1,80 mètre.

TERME À ÉCHOIR Lorsque le loyer est payable à terme à échoir, le locataire s'acquitte de sa dette pour le mois à venir.

TERME ÉCHU Lorsque le loyer est payable à terme échu, le locataire s'acquitte de sa dette pour le mois qui vient de s'écouler.

TROUBLE DE DROIT Attitude du bailleur qui cherche à porter atteinte au fondement même du droit pour le locataire de rester dans les lieux. Par exemple, se rend coupable d'un trouble de droit, le bailleur qui loue son logement deux fois et qui tente d'expulser le locataire en place.

TROUBLE DE FAIT Un trouble de fait est un trouble qui résulte du simple comportement du bailleur. Par exemple, se rend coupable d'un trouble de fait, le bailleur qui pénètre dans les lieux loués sans l'accord du locataire et/ou en dehors des plages horaires prévues au contrat.

TROUBLE DE VOISINAGE Comportement troublant la tranquillité des voisins.

Lorsqu'il est le fait du locataire, il peut justifier le congé donné par le bailleur pour motif légitime et sérieux.

USUFRUIT Démembrement de la propriété d'un bien conférant à son titulaire le droit de le mettre en location et de percevoir le loyer, mais non celui de le vendre.

VÉTUSTÉ Usure de la chose louée et de ses équipements suite à une utilisation normale des lieux. Le locataire n'a pas à répondre de la vétusté.

VICE DE CONSTRUCTION Un vice de construction est une réalisation qui respecte les règles de l'art mais qui n'est pas adaptée à la construction.

VICE APPARENT Est apparent, le vice de construction qui peut être décelé par un profane.

VICE CACHÉ Est caché, le vice de construction qui ne peut être décelé par un profane.

ZONE URBAINE SENSIBLE Zone identifiée par les pouvoirs publics comme étant « à risques ». Les zones urbaines sensibles se caractérisent par la présence de grands ensembles ou de quartiers d'habitat dégradé et par un déséquilibre accentué entre l'habitat et l'emploi. Elles comprennent les zones de redynamisation urbaine et les zones franches urbaines.

5300 Liste des exemples

5400 Foire aux questions (FAQ)

Une question .. .. .. Une réponse
.. .. numéro

Index thématique alphabétique

A

B

C

E

F

M

N

O

Q

R

T

U

V

PHOTOCOMPOSITION
SCM • Toulouse

716116 (I) OSB-P 60 g SCM (CDR)
Achevé d'imprimer sur les presses de L.E.G.O. S.p.A, Italie
Dépôt légal : Avril 2016